倭国伝

中国正史に描かれた日本

全訳注
藤堂明保・竹田　晃・影山輝國

講談社学術文庫

序

西暦三世紀に書かれた中国の正史『三国志』の「魏志」(「魏書」ともいう)に「倭人伝」なる一章があり、古代日本に卑弥呼《ひめこ》と称する女王に統治される邪馬壱国《やまたいこく》(日本では「耶馬台国」と表記される場合も多い)という国があると記録されていることは、古くから日本でも知られている。そしてその邪馬壱国が、いったい日本のどこにあったのか、ということが関心の的とされ、学者たちから一般の歴史好きな人々に及ぶまで、広い範囲で長い間種々論議がなされてきた。

特に昭和初期からは、天皇制を基幹とする国家主義的な意識にもとづく、いわゆる皇国史観による研究がその主流を形成していた。戦後、このような歴史観の桎梏から解放された状況の下で、この「邪馬壱国」問題は、もう一度原点に立ちもどって考えようとする歴史学・考古学・民族学等、広範囲な学界の研究者を始めとする、多くのこの問題に関心をもつ人々を巻きこむ議論が展開されるようになった。

その議論の最大のテーマは、邪馬壱国の位置について、「九州説」と「畿内大和説」のいずれをとるか、というものであった。そして一九七〇年代には、この問題に関する研究論文・研究書が数多く発表されたり、講演会が開かれたりして、七七年一月にはそれぞれの学界を代表する碩学井上光貞・江上波夫両氏を講師とする「邪馬台国公開シンポジウム」が開催されるなど、一種の「邪馬台国ブーム」現象を生じていた。

当時、恩師藤堂明保《とうどうあきやす》先生（中国語音韻学者）は、東京大学を退職され、日中学院院長を務めておられたが、この邪馬台国論争を見て、日本の知識人がこの問題を、基本的な資料を正しく理解するところから出発して正しい認識を得る必要を強く感じて、日中学院の教養クラスにおいて、「魏志・倭人伝」を始めとする中国歴代の正史に記録された日本、ないしは日中交流の状況、たとえば、遣唐使や留学生・留学僧のこと、日本側で言う「元寇」のこと、中国側の言う「倭寇」のことなどを聴講生と共に精読しようと思い立たれ、一九八二・八三年度の授業でそれを実行されたのであった。

一方、藤堂先生は、奈良・平安時代の昔から日本人が広く親しみ、日本文化の中に深く根をおろしてきている中国の古典を、戦後数十年を経た新しい時代の中で、もう一度、しかも新しい観点に立って日本の知識人に読んでもらいたい、という熱い思いから、中国の古典をまとまった形で世に紹介することを思い立たれた。こうして先生の企画・監修による「中国の古典」全三十三巻のシリーズが、先生の畢生の大事業『学研漢和大字典』を一九七八年に刊行した学習研究社から出版されることとなった。

この「中国の古典」は、藤堂先生が自ら筆を執られた『論語』が一九八一年に刊行されたのを皮切りにして、主として先生の教えを受けた若手の研究者たちを執筆者として以後続々と刊行された。藤堂先生はこのシリーズの三十三の各書の冒頭に掲げた「監修のことば」の中で、「〝オフィスや茶の間でも読める〟ことをねらいとして」と述べておられる。そして、日本人になじみ深い「中国の古典」とは必ずしも言いきれない中国歴代の正史の中の日本に関する記録を、あえてこのシリーズに加えたことについて「特に『倭国伝』を加えて二千年以来の日中関係をしのぶよすがとした」と説明されている。

中国の歴代正史の「倭国伝」（日本に関する記録）は、藤堂先生のこのような思いを託されて「日本人になじみの深い中国の古典」の中に加えられたのである。そして藤堂先生はこの『倭国伝』を、日中学院での講読記録にもとづいて自ら執筆されていたが、一九八五年二月、思いがけない事態が生じた。先生が急逝されたのである。

学習研究社編集部にとっても、われわれ編集のお手伝いをしていた者にとっても大変なショックであった。しかしわれわれは先生の遺志を継いでこの「中国の古典」シリーズの完結を期した。同時に、この『倭国伝』についても、なんとかして藤堂先生の構想を生かして完成させようということになり、編集者の一人に名を連ねていた私竹田が、影山輝國氏の協力を得てその任に当たることとなった。

もとより、当時はまだまだ未熟な研究者であり、この「倭国伝」の領域については門外漢に近かった私が、藤堂先生の未完の著を完成させることなどは僭越の沙汰であると自覚していたので、お引き受けすることにしたのは大いに躊躇した末の決断であった。

ともかく、こうして『倭国伝』は「中国の古典」シリーズの一冊として一九八五年十月に陽の目を見ることとなった。この書の最終的な出来ばえが果たして藤堂先生にご満足いただけるものになったかどうか、今でも忸怩《じくじ》たる思いから免れることができない。

このような経緯をたどって刊行された『倭国伝』は、「中国の古典」の中でのユニークな存在であるのだが、それだけでなく、日本における出版物を見渡しても他に類を見ない存在だと言える。

中国の正史における日本に関する記録の翻訳としては、たとえば「魏志・倭人伝」などを個別に翻訳、刊行した例は二、三あるが、本書のように、「後漢書」から「明史」に及ぶ九種の正史を網羅して扱った例は見られない。また、日本についての記事だけでなく、日中両国と歴史的・文化的に極めて関係の深い朝鮮半島に興亡した国々の記事も収録したことは、本書の読者にとって大変有益であろうと思う。

『倭国伝』が刊行されてからすでに四半世紀の歳月が流れた。現在、中国は〝経済大国〟となり、その発展の勢いはなおやむことがない。隣国日本との関係も、時を追って新しい状況、新しい条件が生じている。この時に当たって、中国の正史の記録を通して、二千年にわたる隣国の人々の目を、日本人としてもう一度見なおし、見すえることには、恐らく新しい意義を生み出すことになるであろう。

今この『倭国伝』が、新たに講談社学術文庫に加えられ、著者の右のような思いを江湖の読者諸氏にお伝えできるのは極めて喜ばしいことであり、泉下の藤堂先生にもきっと喜んでいただけるものと思う。

終わりに、講談社学術文庫版の刊行に当たって種々ご尽力いただいた稲吉稔氏に御礼申し上げると同時に、この新しい刊行に理解を示された学習研究社のご好意にも謝意を表する。

なお、今回の刊行に当たって、学研版の誤まりや訂正を要する若干の箇所については、竹田と影山が朱を入れた。

また、学研版に付録として収録した「使琉球録」「使事紀略」「夷語附」は、今回は紙幅の関係で割愛した。

二〇一〇年八月

竹田　晃

目次

凡例

一、本書は上段が書き下し文、下段が語釈、そのあとに現代語訳の形式で成り立っている。また、原文は巻末にまとめて掲げた。

二、原文は中華書局版を底本とし、その他の諸本を参照して定めた。

三、書き下し文の〔 〕の中の言葉は、読み下すうえで訳者が補ったものである。

四、使用漢字は、常用漢字表で示されているものはその字体を、その他は原則として正字を用いた。原文は、すべて正字を用いた。

五、送りがな・ふりがなは、現代かなづかいに従った。

倭国伝

中国正史に描かれた日本

「倭国伝」について

中国の「正史」

中国の歴史書における日本の位置を考えるとき、第一の資料は、それぞれの時代に著された歴史書となる。特に明代以前については、「正史《せいし》」の記述が一般的な通説の基本となるだろう。

「正史」とは、中国で歴代王朝が認めた特定の歴史書をいう。各王朝は自らの正統性を示すために、前代の王朝の記録を整理して歴史書をつくった。つまり官撰の歴史書として権威づけられたときに、「正史」は別史、雑史に対する言葉として使われるようになった。はじめのうちは、いくつか成立していた歴史書のうちの一つを正史として認めたが、のちには天子の命による国家事業として歴史編纂所をつくり、学者を集めて、組織的な資料蒐集、編纂を行うようになった。

一般的には『史記《しき》』から『明史《みんし》』まで、もっとも基本的で権威あるものとして二十四種が選ばれて「正史」と呼ばれ、まとめて「二十四史《にじゅうしし》」と呼ばれる。二十四史というその数も、清《しん》の乾隆帝《けんりゅうてい》が明《みん》代までのものをそう定めたにすぎないので、中華民国《ちゅうかみんこく》になって一種を加えて「二十五史《にじゅうごし》」ということもある。

清代以降の歴史は、史料そのものも膨大な量になり、中華民国から中華人民共和国への混乱も続いて未だ整理されていない。趙爾巽《ちょうじそん》の『清史稿《しんしこう》』、張其昀《ちょうきいん》の『清史《しんし》』などはあるが、「正史」とは認められていない。

さて、日本に関する記録を別史、雑史を含めた中国の歴史書の中で見ると、「正史」の記述は概して質、量ともにぬきんでており、各時代の中国から見た日本観が大づかみにでき、なおかつ刊本も多くて入手しやすいのが基本資料とされる所以であるといえよう。ただ、ある王朝が国家の事業としての修史を行ったものである以上、当然いろいろな制約を受けている面やかたよった見方が多いことは否めない。注意が必要な点である。

中国史書の三つの型

中国の歴史書は、記述の形で分類すれば、およそ次の三つにわけられる。紀伝体《きでんたい》、編年体《へんねんたい》、紀事本末体《きじほんまつたい》の三種類である。

編年体とは、経書《けいしょ》の『春秋《しゅんじゅう》』に代表される年月の順に王や諸侯の事蹟、事件を記していくもので、事件の年を追った経過、時代の傾向等を知るには便利である。宋《そう》・元《げん》ころから多く書かれだした。司馬光《しばこう》の『資治通鑑《しじつがん》』などがその代表である。

紀伝体は、司馬遷《しばせん》が『史記《しき》』を書くにあたって創出した方法で、本紀《ほんぎ》・表《ひょう》・書《しょ》・世家《せいか》・列伝《れつでん》からなる。

「本紀」は、天下の中心軸としての天子の年代記的な記録。『史記』のみは、その天下の中心軸に沿う副軸としての「世家」をたてて本紀と列伝の間に入れるが、『漢書《かんじょ》』以下にはない。「列伝」は、歴史を動かす無数の歯車の役割を果たした個人の記録である。そして「本紀」や「列伝」では覆いきれない時間・空間的な隙間を埋めるのが世系表や年表など各種の「表」。個人には還元しきれない社会の重要事項をまとめたのが「書」で、これは『漢書』以降では「志《し》」と呼ばれる。このうち、「表」「志」は省かれることも多かった。この紀伝体は、歴史を動かした個人を中心として記述するもので、事柄や人間の活動を有機的に見ることにすぐれている。

紀事本末体とは、事件ごとに始めから終わりまで（本末）をまとめて記録する形式で、事件の因果関係等を知るには便利である。これには編年体の『資治通鑑』を編みなおした型の『通鑑紀事本末《つがんきじほんまつ》』、紀伝体の『宋史《そうし》』を編みなおした『宋史紀事本末《そうしきじほんまつ》』等がある。

王朝ごとの断代史を書くとき、紀伝体はその時代全体の姿を見渡して述べるのに都合がいい。そのため『漢書』以下の「正史」は全て紀伝体のものになってしまった。

正史における日本の位置

では、これら「正史」の中では、日本はどのように扱われているのだろうか。

倭人など東アジアの周辺諸国との交渉を持ちはじめたときの中国の王朝自身は、すでにその東アジアの中心として、強大な国家を形成していた。自らが世界の中心であると自任している強国にとって、ようやく国の態をなすかなさぬかの周辺の小国は、溟濛の闇からやがては王者の徳により中華へ収斂されるべき蛮夷《ばんい》、夷狄《いてき》であると認識されていた。倭国《わこく》も含まれる周辺諸国諸民族は、正史の執筆者によって記述の必要があるとされたときにはそれぞれ北《ほく》狄《てき》、東夷《とうい》、南蛮《なんばん》、西戎《せいじゅう》として分類され、個人の伝のあとにひとまとめにしておかれている。

その民族が強大な勢力を持つようになり、中国王朝としても大きな問題として扱わざるを得ないときに、はじめて「匈奴伝《きょうどでん》」とか「吐蕃伝《とばんでん》」などとして独立する。しかし、その正史における位置はあくまで中国と対等の力と型を持ったものとしての位置ではなく、その王朝の歴史を動かす歯車の一つとして列伝の末尾に置かれるにすぎない。

このように夷狄として立てられていた列伝は、元《げん》王朝が編纂した前王朝史である『宋史《そうし》』において、はじめて「外国伝《がいこくでん》」として扱われる。征服王朝を建てたモンゴル人は、自らを夷狄と蔑《さげす》むわけにはいかなかったからである。同じ征服王朝である清《しん》朝が編纂した『明史《みんし》』においても「外国伝」とされる。

周辺諸国諸民族間の配列は、各王朝の対外的関心がどの方角に向いていたかで当然違う。しかし、中国の東方諸国のうちでは、倭国及び日本は、常に朝鮮半島の諸国の後位に記述するのが中国からの日本認識であった。

日本に関する記事が、当該列伝、条の他に、本紀や関連列伝の中にも散在するのは当然のことである。

本書で扱う九種の史書

明までの「正史」二十四のうち、日本の伝を載せるものは十四ある。この十四の「正史」は必ずしも王朝の年代順に編纂されたものではなく、史料の扱い方でも、前史の記事をそのまま用いたものもあるなど精粗さまざまである。

そこで、この書では、次に示す史料的に価値の高い九つを取りあげた。また当時の東アジア諸国の中での日本の位置を示す手がかりとして、『三国志』『隋書』『新唐書』では朝鮮関係の各伝をも載せてある。

㈠『後漢書《ごかんじょ》』一二〇巻。帝紀《ていき》（本紀）一〇巻と列伝《れつでん》八〇巻は南朝宋《なんちょうそう》の范曄《はんよう》（三九八〜四四五年）の、志三〇巻は西晋《せいしん》の司馬彪《しばひょう》（?〜三〇六年?）の手になる。

倭国については簡単に触れているにすぎない。范曄は『三国志《さんごくし》』の著者陳寿《ちんじゅ》より後の人だが、時代の順として冒頭にかかげた。

㈡『三国志《さんごくし》』六五巻。うち魏書《ぎしょ》（魏志《ぎし》）三〇巻、蜀書《しょくしょ》（蜀志《しょくし》）一五巻、呉書《ごしょ》（呉志《ごし》）二〇巻。西晋の陳寿《ちんじゅ》（二三三〜二九七年）の撰《せん》。のちの南朝宋《なんちょうそう》の裴松之《はいしょうし》（三七二〜四五一年）が補注をつけたものが伝わっている。

『三国志』はこの裴松之の注を得て、名史の誉れを高くしたとも言われる。本文は魏《ぎ》の魚豢《ぎょかん》の『魏略《ぎりゃく》』によったと思われる所が多く、東夷伝《とういでん》の裴松之注も『魏略』、西晋の夏《か》侯湛《こうたん》の『魏書《ぎしょ》』など（いずれも逸書）を引用していて、三世紀の倭国についての貴重な史料である。

三　『宋書《そうじょ》』（南朝宋《なんちょうそう》）一〇〇巻。南朝宋《なんちょうそう》の徐爰《じょえん》（三九四～四七五年）撰、のち南朝梁《なんちょうりょう》の沈約《しんやく》（四四一～五一三年）修訂。

速成ゆえの無味乾燥との評はあるが、日本については倭の五王の頃、朝鮮三国と倭国の外交的かけひきを知る絶好の史料。

四　『隋書《ずいしょ》』八五巻。唐《とう》の魏徴《ぎちょう》（五八〇～六四三年）らの撰。志は長孫無忌《ちょうそんむき》（？～六五九年）の撰。

日本関係では交渉が密になったことにより史料も豊富で遣隋使とその答礼使の往来のほか、九州を中心とする日本国一般の地理や生活も述べられている。

五　『旧唐書《くとうじょ》』二〇〇巻。五代後晋《ごだいこうしん》の劉昫《りゅうく》（八八七～九四六年）らの撰。

安史《あんし》の乱《らん》や唐末の内乱による混乱のための史料不足と、文章がまわりくどいとの評はあるが、史料を忠実に伝えているということでの評価は高い。中国では「倭国」と新たに登場した「日本国」との関係が謎となっている。しかしそれは無理もない。その間に「謎の四世紀」を挟んでいるからでもある。

六　『新唐書《しんとうじょ》』二二五巻。本紀《ほんぎ》、志《し》、表《ひょう》は宋《そう》の欧陽脩《おうようしゅう》（一〇〇七～一〇七二年）、列伝《れつでん》は宋祁《そうき》（九九八～一〇六一年）の撰。

史料豊富で文章流麗ではあるが、原史料を縮めすぎて誤読を招く所もある。遣唐使の往来と彼らのもたらした情報が中心となっている。

七『宋史《そうし》』四九六巻。元《げん》の脱脱《トオトオ》（一三一四～一三五五年）らの撰。

宋の残した国史史料によっている。日中の間を往来する商人の船と、それに便乗して仏教の霊場をたずねる禅僧が話題となる。平安末の日本の行政区分（街道筋）と天皇家の系譜が見え、日本に関するかなり詳細な知識が中国に伝わっていたことがわかる。


八『元史《げんし》』二一〇巻。明《みん》の宋濂《そうれん》（一三一〇～一三八一年）らの撰。

短時日のうちに作ったため粗雑だとの評はあるが、原史料をそのまま使ったところが多いので、かえって史料としての価値が大きいというところもある。元《げん》が朝鮮の船と江《こう》南《なん》の兵を率いて日本に攻め入って大敗するいきさつ（いわゆる文永《ぶんえい》の役《えき》・弘安《こうあん》の役《えき》）が中心となる。


九『明史《みんし》』三三六巻。清《しん》の張廷玉《ちょうていぎょく》（一六七二～一七五五年）らの撰。

明《みん》滅亡直後に編纂に着手し、多数の学者を動員して完成し、傑出した正史といわれている。東海の海賊と組んで華南・華中を荒らす倭寇《わこう》の記事が詳しい。足利将軍家《あしかがしょうぐんけ》と、天《てん》皇家、および九州の懐良《かねなが》親王の関係が、初めは中国にはのみこめないが、やがて足利将軍家（義満《よしみつ》）を日本代表と認めて「勘合貿易《かんごうぼうえき》」に踏み切る。また豊臣秀吉《とよとみひでよし》の朝鮮出兵（いわゆる文禄《ぶんろく》・慶長《けいちょう》の役《えき》）に際し、調停を試みた沈惟敬《しんいけい》らが暗躍するが、やがて明の出兵により日本が敗れる。

＊

この書は、昭和五十七、五十八年に「日中学院」の教養クラスにおいて日中関係を知る基礎となる史書を講読した際、聴講者が筆録した講義録がもとになっている。筆録をまとめて下さったのは左記の皆さんである。名前をあげて感謝したい。

林敏・安田美幸・山田和子・石山路子・殷静如・上村明子・菱刈礼子・須江万里子・中野実・大沼典子・清水秀晃・須藤はるみ・鈴木幸雄・中沢繁子・丸山良子・村瀬大翼・村野みのり・米倉弓子・横沢澄枝・横山英子・大島光二（順不同）

後漢書（巻八十五・東夷列伝）

後漢時代の東北アジア
挹婁
夫余
高句麗
沃沮
鮮卑
玄菟郡
遼東属国
遼水
（玄菟郡 前82〜106）
馬訾水
国内城
遼西郡
遼東郡
浿水
列水
（玄菟郡 前108〜前82）
幽州
濊貊
（蒼海郡 前128〜前126）
漁陽郡
右北平郡
楽浪郡
（臨屯郡 前108〜前82）
（真番郡 前108〜前82）
辰韓
馬韓
弁韓
勃海郡
冀州
河水
青州
東萊郡
兗州
琅邪国
倭
司隷
雒陽
後漢
東海郡
徐州
豫州
呉郡
交州
江水
会稽郡
揚州
朱崖洲
珠崖郡
儋耳郡
（前110〜前46）
（前110〜前82）
0 200 400 600km
東冶
夷洲

倭《わ》

倭《わ》は、(1)韓《かん》の東南大海の中に在《あ》り、〔倭人《わじん》は〕山島に依《よ》りて(2)居《すまい》を為《つく》り、凡《およ》そ百余国あり。武帝《ぶてい》の(3)朝鮮《ちょうせん》を滅ぼしてより、(4)使駅の漢《かん》に通ずる者、三十許《ばかり》の国ありて、国ごとに皆《みな》王と称《しょう》し、世世《よよ》統を伝う。其《そ》の大倭《だいわ》王《おう》は邪馬台国《やまとこく》に居《すまい》す。(5)楽浪郡《らくろうぐん》の(6)徼《きょう》は、其《そ》の国を去ること〔一〕万二千里(7)にして、其《そ》の西北界の、(8)拘邪韓国《くやかんこく》を去ること七千余里なり。其《そ》の地、大較《おおむね》(9)会稽《かいけい》・(10)東冶《とうや》の東に在《あ》り、(11)朱崖《しゅがい》・(12)儋耳《たんじ》と相《あい》近し。故に其《そ》の法、俗は同じきところ多し。

土《ど》は禾稲《かとう》・麻紵《まちょ》・蚕桑《さんそう》に宜《よろ》しく、〔倭人《わじん》は〕織績《しょくせき》を知り、(13)縑布《けんぷ》を為《つく》る。〔倭《わ》の地から〕(14)白珠・(15)青玉を出《い》だす。其《そ》の山には(16)丹土《たんど》有り。

〈語　釈〉

1 三韓（馬韓・辰韓・弁韓）。**2** 村落。**3** 前一〇八年、漢は衛氏朝鮮を滅ぼし、楽浪郡など四郡を設置した。**4** 通訳つきの使者。駅は訳の誤り。**5** 郡治は平壌。**6** 境。**7** 後漢代の一里は約四一〇メートルだが、単なる換算に意味はない。**8** 弁韓十二国の一、のち加羅とも。**9** 浙江省紹興県。郡および州は領域を表す場合と、役所の置かれた地そのものを指す場合がある。以下、現地名はその役所の所在地を示す。**10** 福建省福州市。**11** 海南島東部。**12** 海南島北部。**13** 絹布。**14** 真珠または貝の小玉。**15** 碧玉。**16** 水銀を含む朱砂。

気は温暖《おんだん》にして、冬夏〔ともに〕(1)菜茹《さいじょ》生《は》ゆ。〔倭《わ》の地には〕牛・馬・虎・豹《ひょう》・羊・(2)鵲《じゃく》無し。其《そ》の兵に(3)矛《ぼう》・楯《じゅん》・木弓・竹矢有り、或《あ》いは骨を以《も》って(4)鏃《ぞく》を為《つく》ることあり。

男子は皆《みな》(5)黥面文身《げいめんぶんしん》し、其《そ》の(6)文の左右大小を以《も》って、尊卑の差を別《わか》つ。其《そ》の男の衣は皆《みな》(7)横幅にして、(8)結束して相《あい》連ぬ。女人は(9)被髪屈紒《ひはっくつけい》し、衣は単被《たんぴ》の如《ごと》く、貫頭《かんとう》して之《これ》を著《ちゃく》し、並《なら》びに丹朱《たんしゅ》を以《も》って身に坋《ふん》すること、中国の(10)粉を用うるが如《ごと》し。(11)城柵《じょうさく》・(12)屋室《おくしつ》有り。父母兄弟は(13)処を異にするも、唯《た》だ(14)会同には男女別無し。

飲食は手を以《も》ってするも、(15)籩豆《へんとう》を用う。

俗は皆《みな》(16)徒跣《とせん》し、(17)蹲踞《そんきょ》を以《も》って恭敬と為《な》す。人の性は酒を嗜《たしな》む。

(18)寿考《じゅこう》多く、百余歳に至る者、甚《はなは》だ衆《おお》し。国には女子多し。

1 やわらかい菜。**2** かささぎ。鶏とするテキストもある。

3 武器。**4** やじり。

5 顔や身体に入れ墨して。**6** 模様。**7** ひと幅の布を横にして使う。**8** 結びあわせて、針や糸では縫わない。**9** 髪を左右に振りわけ、曲げて結ぶ。紒は束髪。みずら。**10** おしろい。

11 とりで。**12** 屋根のある家。**13** 居室。**14** 集会。

15 竹皿や高坏。

16 はだしで歩く。**17** うずくまって、かかとの上に尻をすえる。

18 長寿の人。**19** お偉方。**20**

(19)大人《たいじん》は皆《みな》四、五妻《さい》を有し、其《そ》の余も或《ある》いは両《ふたり》、或《ある》いは三《みたり》〔の妻あり〕。女人は(20)淫《いん》せず妒《と》せず。又《また》(21)俗《ぞく》は(22)盗窃《とうせつ》せず、(23)争訟《そうしょう》少なし。法を犯す者は、〔倭《わ》の役人が〕其《そ》の妻子を(24)没《ぼっ》し、〔罪の〕重き者は、其《そ》の(25)門族を滅ぼす。

其《そ》の死には(26)喪《なきがら》を停《とど》むること十余日、〔死者の〕家人は哭《こく》泣《きゅう》して酒食を進めざるも、(27)等類《とうるい》就《つ》きて歌舞し楽《がく》を為《な》す。(28)骨を灼《や》きて以《も》って卜《ぼく》し、用《も》って吉凶を決す。行来《こうらい》に海を渡るときは、〔船中の〕一人をして(29)櫛沐《しつもく》せず、肉を食《く》らわず、婦人を近づけしめず、〔このことを〕名づけて「(30)持衰《じさい》」と曰《い》う。若《も》し(31)塗《みち》に在《あ》りて(32)吉利《きつり》ならば、則《すなわ》ち雇《むく》ゆるに財物を以《も》ってす。如《も》し〔渡海した者たちが〕病疾《びょうしっ》し害《がい》に遭《あ》わば、以《も》って持衰《じさい》すること謹《つつし》まずと為《な》し、便《すなわ》ち共に之《これ》を殺す。

(33)建武中元《けんむちゅうげん》二年、倭《わ》の奴国《なこく》〔の使者〕、(34)貢《みつぎ》を奉《ささ》げて朝賀す。

ふしだらをせず、やきもちをやかない。

21 一般に。**22** 盗み。**23** 争いごと。**24** 奴隷にし。**25** 一族皆殺しにする。

26 家の傍に屍をとどめておく「かりもがり」をさす。**27** 同族は死者の傍で。**28** 殷代以来の骨占いの太占（ふとまに）をさす。**29** 髪をすいたり身体を洗ったりせず。**30** ものいみする。**31** 途中。**32** 幸運。

33 後漢、光武帝の年号。**34** 後漢の朝廷に挨拶にきた。

(1)使人は自《みずか》ら大夫《たいふ》と称《とな》う。〔倭《わ》の奴国《なこく》は〕倭国《わこく》の極南界なり。光武《こうぶ》は賜うに(2)印綬《いんじゅ》を以《も》ってす。

安帝《あんてい》の永初《えいしょ》元年、倭国王《わこくおう》の帥升等《すいしょうら》、(3)生口《せいこう》百六十人を献《けん》じ、願いて見《まみ》えんことを請う。

桓《かん》〔帝《てい》〕・霊《れい》〔帝《てい》〕の間、倭国《わこく》大いに乱れ、(4)更相《こもごもあい》攻伐し、年を歴《ふ》るも(5)主無し。一女子有り、名を(6)卑弥呼《ひめこ》と曰《い》い、(7)年長ずるも嫁《か》せず、(8)鬼神《きしん》の道に事《つか》えて、能《よ》く(9)妖《よう》を以《も》って衆を惑《まどわ》す。是《ここ》に於《お》いて〔倭国《わこく》の人々は彼女を〕共に立てて王と為《な》す。〔卑弥呼《ひめこ》の王宮には〕侍婢《じひ》千人〔あれども、卑弥呼《ひめこ》に〕見《まみ》えしこと有る者少なし。唯《た》だ男子一人有りて、(10)飲食を給《きゅう》し、〔彼女の〕(11)辞語《じご》を伝う。〔卑弥呼《ひめこ》の〕居処の宮室・楼観《ろうかん》・城柵《じょうさく》は、皆兵《みなへい》を持して守衛す。(12)法俗は厳峻《げんしゅん》なり。

女王国自《じょおうこくよ》り東のかた海を度《わた》ること千余里にして、拘奴国《くなこく》に至る。〔拘奴国《くなこく》の人は〕皆《みな》(13)倭種《わしゅ》なりと雖《いえど》も、女王に属せず。

1使者。2いわゆる印綬冊封。印綬は印章と、それにつく紐。地位に応じた印の材質や形、紐の色などが細かく定められていた。
3奴隷。

4かわるがわる。5君主。6ひめこ（姫子）。「ひみこ（日御子）」と読むのは新井白石の説。7結婚する年になっても。8神がかりして託宣する。9シャーマン（巫女）として。10食事の世話をし。11ことば。12取り締まりや習俗はきびしい。

13倭人の仲間。14小びとの国。15身長。後漢代の一尺は約二三センチメートル。

女王国自《じょおうこくよ》り南のかた四千余里にして(14)朱儒国《しゅじゅこく》に至る。〔その地の〕人の(15)長《たけ》は三、四尺。朱儒自《しゅじゅよ》り東南のかた船を(16)行《や》ること一年にして、(17)裸国《らこく》・黒歯国《こくしこく》に至る。(18)使駅の伝うる所、此《ここ》に極《きわ》まる。

会稽《かいけい》の海外に(19)東鯷人《とうていじん》有り、分かれて二十余国と為《な》る。又《また》(20)夷洲《いしゅう》及び(21)澶洲《せんしゅう》有り。伝えて言う、(22)秦《しん》の始皇《しこう》、(23)方士《ほうし》の徐《じょ》福《ふく》を遣《つか》わし、(24)童男女数千人を将《ひき》いて海に入り、(25)蓬萊《ほうらい》の神仙《しんせん》を求めしめしも、〔神仙に会うを〕得ず、徐福《じょふく》(26)誅《ちゅう》を畏《おそ》れて敢《あ》えて還《かえ》らず、遂《つい》に此《こ》の洲《しゅう》に止《とど》まり、(27)世世《よよ》相承《あいう》けて、数万家有り、と。〔夷洲《いしゅう》や澶洲《せんしゅう》の〕人民は時《とき》に会稽《かいけい》の市《いち》に至る。会稽《かいけい》・東冶県《とうやけん》の人、海に入りて行くに風に遭《あ》い、(28)流移して澶洲《せんしゅう》に至る者有り。〔夷洲《いしゅう》・澶洲《せんしゅう》の〕所在は(29)絶遠にして、往《ゆ》き来《き》すべからず。

16海路を進む。**17**はだかの国とお歯黒の国。いずれも東南アジアの国々をさす。**18**通訳つきの使者の往来する所。

19海洋民族か。

20台湾。**21**琉球か。**22**秦帝国（前二二一～前二〇六年）の建国者、始皇帝（在位前二二一～前二一〇年）。**23**神仙方術家。**24**幼い。**25**東方海中にいるといわれる神仙。**26**殺されることを恐れ。**27**次々と子孫が増え。

28漂流して。**29**距離が遠すぎて。

〈現代語訳〉

倭《わ》は、韓《かん》（朝鮮半島南部）の東南方の大海中にある。倭人《わじん》は山の多い島に村落をつくっており、全部で百国余りある。前漢《ぜんかん》の武帝《ぶてい》が衛氏《えいし》朝鮮《ちょうせん》を滅ぼした後、漢に通訳と使者を派遣してきたのはそのうち三十国ほどである。それらの国の首長は、それぞれ王を名乗り、王は世襲制である。その大倭王《だいわおう》は邪馬台国《やまとこく》に住んでいる。

楽浪郡《らくろうぐん》の境界は、邪馬台国から一万二千里離れており、また邪馬台国の西北の境界にある拘邪韓国《くやかんこく》から、七千里余り離れている。倭の地は、ほぼ中国の会稽郡《かいけいぐん》・東冶県《とうやけん》の東方に位置し、朱崖《しゅがい》や儋耳《たんじ》とも近い。そのため倭の制度や風習は、朱崖・儋耳と同じものが多い。

倭の土地は、稲・麻・養蚕に適しており、倭人は糸をより、布を織ることを知っていて、絹布をつくっている。倭の地からは白珠や青玉を産出し、山には丹土がある。

気候は温暖で、冬でも夏でも野菜ができる。牛・馬・虎・豹《ひょう》・羊・かささぎはいない。

倭人の武器としては、矛《ほこ》・楯《たて》・木の弓・竹の矢などがあり、動物の骨で鏃《やじり》をつくることもある。

倭人の男は、みな顔や身体に入れ墨をしており、その模様の位置や大小で身分の区別をつけている。倭人の男の衣服は、みな布を横にして身体につけ、針や糸を使わずに結び合わせている。女子は髪を左右に振りわけ、耳の上で曲げて輪に結び、衣服は単衣のうちかけのようで、穴から頭を出して着ている。みな丹朱《たんしゅ》を身体にまぶしているが、これは中国で白粉《おしろい》をつけているようなものである。

　砦《とりで》や家屋がある。家の中では父母兄弟が別々の居室にいるが、集会などの時は男女の区別はない。

　飲み食いするときは、箸を使わず手づかみで食べるが、竹皿《たけざら》や高坏《たかつき》はある。

　一般にみなはだしで歩き、目上の人に対するときは、蹲踞《そんきょ》の姿勢をとって敬意を示す。倭人はみな酒を好む。

　長生きの人が多く、百歳以上に達する者が、沢山いる。男と女では女の方が多い。諸国の有力者はみな妻を四、五人持ち、それ以外の者でも二、三人の妻を持っている。女性はふしだらでなく、やきもちもやかない。

　また一般に、泥棒がおらず、争いごとも少ない。法を犯した者は、役人がその妻子を取り上げて奴隷にし、罪が重い者は、一族皆殺しにしてしまう。

　人が死んだときは、遺骸を家のそばに十数日留めておき、家族は哭泣《こくきゅう》の礼を行って酒や食物をとらないが、同族は遺骸の傍で歌舞し、音楽を演奏する。

　動物の骨を焼いて占い、物事の吉凶を決める。

　往来に海を渡るときは、一行の中の一人に髪をすいたり身体を洗ったりさせず、肉を食べず、婦人を近づけたりしないようにさせる。これを「持衰《じさい》」という。もし、その航海がうまくいけば、褒美として財物を与える。もし、一行の中に病人が出たり、事故に遭ったりすれば、持衰のしかたが足りなかったためだとして、すぐにみなでその者を殺してしまう。

建武中元《けんむちゆうげん》二年（五七年）、倭《わ》の奴国《なこく》の使者が、貢ぎ物を奉げて後漢《ごかん》の光武帝《こうぶてい》のもとに挨拶にきた。使者は大夫《たいふ》と自称した。倭の奴国は倭国の一番南の地である。光武帝は倭の奴国の王に、印章と下げ紐を賜わった。

安帝《あんてい》の永初《えいしよ》元年（一〇七年）、倭国王の帥升《すいしよう》らは奴隷百六十人を献上して、皇帝の謁見を願ってきた。

桓帝《かんてい》・霊帝《れいてい》の頃（一四六〜一八九年）に、倭国の国内は混乱し、各国が互いに攻め合って、何年もの間統一した君主がなかった。その時、一人の女子がいて、名前を卑弥呼《ひめこ》といった。成長しても結婚せず、神がかりになって託宣し、巫女《みこ》として振舞い、人々を惑わしていた。そこで、互いに戦っていた倭国《わこく》の人々は、ともに卑弥呼を立てて王とした。

卑弥呼の王宮には、侍女が千人もかしずいているが、卑弥呼の姿を直接見たものは少ない。ただ一人の男子が食事の世話をし、卑弥呼の言葉を伝えている。卑弥呼の住んでいる宮室・高殿《たかどの》・砦《とりで》は、皆武器を持った者に守られていて、規律は厳しい。

女王国《じよおうこく》から東へ、海を渡ること千里余りで拘奴国《くなこく》に至る。拘奴国の人は皆倭人《わじん》の仲間ではあるが、女王国には服属していない。女王国から南へ四千里余り離れて、朱儒国《しゆじゆこく》がある。その国の人の身長は、三、四尺である。朱儒国から東南へ、海路を行くこと一年で、裸国《らこく》・黒《こく》歯国《しこく》に至る。中国への使者や通訳が往来する所としては、ここが最遠の地である。

会稽郡《かいけいぐん》の海の彼方には東鯷人《とうていじん》がいる。分かれて二十余りの国をつくっている。また、夷洲《いしゆう》および澶洲《せんしゆう》も会稽の海の彼方にある。そこは、秦《しん》の始皇帝《しこうてい》が、神仙方術家の徐《じよ》福《ふく》を派遣し、幼い男女数千人を率いて海上に出、蓬萊《ほうらい》の仙人を捜させたが、仙人に会うことが出来ず、徐福は罰せられることを恐れて帰国せず、この澶洲に止《とど》まった。その子孫は次々と増えて、数万家になったと伝えられている。その夷洲や澶洲の人々はときたま会稽の市《いち》に来る。

会稽郡・東冶《とうや》県《けん》の人で、海に出たときに大風に遭い、漂流して澶洲にまで行った者がいる。夷洲・澶洲は大変遠い所にあり、距離が遠すぎるので、往き来はできない。

三国志（巻三十・魏書三十・烏丸鮮卑東夷伝）

三国時代の東北アジア
弱水
挹婁
北沃沮
夫余
大興安嶺
鮮卑
広開土王碑
沃沮
玄菟郡
沸流水
大遼水
遼東郡
高句麗
烏桓
昌黎郡
丸都
蓋馬大山
(玄菟郡 前108～前82)
沃沮城
幽州
遼隧
馬訾水
不耐
漁陽郡
遼西郡
西安平
単単大嶺
濊貊
楽浪郡
幽州
(燕)
右北平郡
帯方郡
馬韓
辰韓
(趙)
冀州
(渤海)
(斉)
東萊郡
河水
(山東半島)
(弁韓)
(弁辰)
青州
琅邪国
日本海
魏
兗州
東海国
徐州
倭
(済州島)
洛陽
下邳郡
豫州
毗陵
建業
呉郡
銅鐸と銅利器の出土地
揚州
江水
会稽郡
0 200 400 600km
新都郡
呉

夫《ふ》余《よ》

夫余《ふよ》は長城《ちょうじょう》の北に在《あ》り、(1)玄菟《げんと》を去ること千里、南は(2)高句麗《こうくり》と、東は(3)挹婁《ゆうろう》と、西は(4)鮮卑《せんぴ》と接し、北に(5)弱水《じゃくすい》有り、方二千里可《ばか》り。戸《こ》は八万、其《そ》の民土著《どちゃく》にして、宮室・倉庫・牢獄有り。山陵《さんりょう》・広沢《こうたく》多く、東夷《とうい》の域に於《お》いて最も平敞《へいしょう》なり。土地は(6)五穀《ごこく》に宜《よろ》しけれど、(7)五果《ごか》を生《しょう》ぜず。

其《そ》の人、(8)麤《そ》大《だい》、性は彊勇《きょうゆう》にして謹厚、(9)寇鈔《こうしょう》せず。

国に君王有り、皆六畜《みなりくちく》を以《も》って官に名づく。馬加《ばか》・牛加《ぎゅうか》・(10)豬加《ちょか》・(11)狗加《くか》・(12)大使《たいし》・大使者《だいししゃ》・使者《ししゃ》有り。(13)邑落《ゆうらく》には豪民有り、下戸《げこ》を名づけて皆奴《みなど》僕《ぼく》と為《な》す。(14)諸加《しょか》の別主は四出し、(15)道の大なる者は数千家を主《つかさど》り、小なる者も数百家なり。

食飲には皆《みな》(16)俎豆《そとう》を用い、会同《かいどう》・拝爵《はいしゃく》・洗爵《せんしゃく》には、(17)揖譲《ゆうじょう》して升降《しょうこう》す。(18)殷《いん》の正月を以《も》って天を祭り、国中、大会して、連

〈語　釈〉

1遼寧省瀋陽市付近。**2**中国東北地方南部から朝鮮北部に住んだ民族。**3**中国東北地方中部から日本海沿岸に住んだ民族。**4**大興安嶺以西に住んだ半猟半農のトルコ系民族。**5**松花江か黒竜江。**6**稲・黍・稷・麦・菽。**7**桃・李・杏・栗・棗。五穀とともに諸説あり。**8**身体がごつい。**9**他国を略奪強盗しない。**10**豚。**11**犬。**12**犬使か。**13**むら。**14**もろもろの貴族。**15**東西南北に分かれ出て。**16**台座と高坏。**17**手を前に組んであいさつする。**18**殷王朝は北斗七星の柄が日没直後に丑の方角を指す月(旧暦十二月)を正月とした。

日飲食歌舞し、名づけて迎鼓《げいこ》と曰《い》う。是《こ》の時に於《お》いて(1)刑獄を断《だん》じ、囚徒《しゅうと》を解く。

国に在《あ》りて、衣は白を尚《たっと》び、(2)白布《はくふ》大袂《たいへい》・(3)袍《ほう》・(4)袴《こ》、(5)革鞜《かくとう》を履《は》く。国を出《い》でては、則《すなわ》ち(6)繒《そう》・(7)繡《しゅう》・(8)錦《きん》・(9)罽《けい》を尚《たっと》び、大人は(10)狐狸《こり》・(11)狖《ゆう》・(12)白黒貂《はくこくちょう》の裘《かわごろも》を加え、金銀を以《も》って帽を飾る。訳人辞を伝うるに、皆跪《ひざまず》きて、(13)手を地に拠《きょ》して窃《ひそ》やかに語る。

刑を用うること厳急にして、人を殺したる者は死せしめ、其《そ》の(14)家人を(15)没《ぼっ》して奴婢《ぬひ》と為《な》す。一を窃盗せるは責むること(16)十二。男女の淫《いん》、婦人の(17)妒《と》、皆《みな》之《これ》を殺す。尤《もっと》も妒《と》を憎み、已《すで》に殺したるうえ、之《これ》を国の南の山上に(18)尸《つら》ね、腐爛《ふらん》に至らしむ。女の家〔屍《しかばね》を〕得んと欲せば、牛馬を(19)輸《ゆ》してのち乃《すなわ》ち之《これ》を与《あた》う。兄死すれば(20)嫂《そう》を妻《めと》るは、匈奴《きょうど》と同俗なり。

1 刑を執行する。
2 白い布の大袖。**3** うちかけ。**4** ズボン。**5** 革靴。**6** 綾絹。**7** 縫取り。**8** にしき。**9** 毛織り。**10** きつね。**11** くろざる。**12** しろてん、くろてん。**13** 手を地面につき、体を支えて小声で。
14 家族。**15** 官に没収して。
16 十二倍をつぐなわせる。**17** 女性のやきもち。**18** 並べてさらし。**19** あがないとして納め。**20** あによめ。

其《そ》の国、善く牲《せい》[21]を養い、名馬・赤玉・貂狖《ちょうゆう》[22]・美珠を出《い》だす。珠《たま》の大なるは酸棗《さんそう》[23]の如《ごと》し。弓・矢・刀・矛《ぼう》を以《も》って兵[24]と為《な》し、家家に自《おの》[25]ずから鎧仗《がいじょう》[26]有り。国の耆老《きろう》[27]自《みずか》ら古《いにしえ》の亡人《ぼうじん》[28]と説《い》う。城柵《じょうさく》を作るに皆員《みなまる》[29]く、牢獄に似たる有り。道を行くときは、昼夜、老幼と無く皆《みな》歌いて、通日[30]、声[31]絶えず。

軍事有るときも亦《ま》た天を祭り、牛を殺し蹄《ひづめ》を観《み》て以《も》って吉《きっ》凶《きょう》を占い、蹄[32]の解けたるは凶と為《な》し、合いたるは吉《きち》と為《な》す。敵有れば、諸加《しょか》[33]自《みずか》ら戦い、下戸《げこ》は倶《とも》[34]に糧《かて》を担《にな》いて之《これ》[35]に飲食せしむ。其《そ》の死するときは、夏月には皆《みな》氷を用う。人を殺して徇葬《じゅんそう》[36]せしめ、多きは百もて数う。厚葬[37]にして、槨《かく》[38]有れども棺《かん》[39]無し。

夫余《ふよ》は本《もと》玄菟《げんと》[40]に属す。漢《かん》の末、公孫度《こうそんど》[41]、海東《かいとう》[42]に雄張[43]し、外夷を威服す。夫余《ふよ》王《おう》の尉仇台《いきゅうだい》、更《あら》めて遼東《りょうとう》[44]に属す。時に〔高《こう》〕句麗《くり》・鮮卑《せんぴ》は彊《つよ》し。〔公孫《こうそん》〕度《ど》は、夫余《ふよ》の二虜[45]の間に在《あ》

21家畜。**22**てん・くろざるの毛皮。**23**なつめの実。**24**武器。**25**それぞれ。**26**よろいと武器。**27**年寄り。**28**他所から亡命してきたもの。**29**ぐるりと囲む。**30**ひねもす。**31**その歌声。

32ひづめの間がひらいている。**33**貴族たち。**34**あいつれて。**35**貴族。**36**殉葬。**37**ぜいたくな埋葬。**38**外ばこ。**39**内棺。

40漢の玄菟郡。**41**後漢末の武将（?～二〇四年）。遼東太守となり、中国東北地方南部から山東半島に勢力を拡げた。**42**長城の北、渤海ぞい。**43**勢力をふるい。**44**漢の遼東郡、遼寧省遼陽市。**45**高句麗と鮮卑。

るを以《も》って、妻《めあわ》すに宗女《そうじょ》(1)を以《も》ってす。尉仇台《いきゅうだい》死して簡位居《かんいきょ》立《りつ》す。適子《ちゃくし》(2)無く、孽子《げつし》(3)麻余《まよ》なるもの有り。位居《いきょ》死せしとき、諸《しょ》加《か》共に麻余《まよ》を立つ。

牛加《ぎゅうか》(4)の兄の子、名は位居《いきょ》なるものが大使《たいし》と為《な》り、財を軽ん(5)じ善く施す、国人之《これ》に附《つ》く。歳歳《さいさい》使いを遣わして京都《けいと》(6)に詣《いた》り貢献す。

正始《せいし》(7)中、幽州《ゆうしゅう》(8)の刺史《しし》(9)毌丘倹《かんきゅうけん》、〔高〕《こう》句麗《くり》を討つ。玄菟《げんと》の太守王頎《たいしゅおうき》(10)を遣わして夫余《ふよ》に詣《いた》らしむ。位居《いきょ》、大加《たいか》(11)を遣わして郊迎《こうげい》(12)し、軍糧を供す。季父《きふ》(13)の牛加《ぎゅうか》、二心有り。位居《いきょ》、季父父子を殺し、財物を籍没(14)し、使いを遣わして簿斂《ぼれん》して官に送らしむ。

旧夫余《もとふよ》の俗(15)は、水旱調《すいかんちょう》(16)せず、五穀熟せざれば、輒《すなわ》ち咎《とが》を王に帰し、或《ある》いは当《まさ》に〔王を〕易《か》うべしと言い、或《ある》いは当《まさ》に〔王を〕殺すべしと言う。麻余《まよ》死し、其《そ》の子依慮《いりょ》、年は六歳、

1自分の一族の娘。**2**嫡子。**3**妾腹の子。

4貴族の称号の一つ。**5**財貨を惜しまず。**6**魏の都、洛陽。

7魏の斉王芳の年号。**8**河北省北部・遼寧省南部・朝鮮北部の諸郡を統轄した行政区画、州治は今の北京市。**9**州の長官。**10**郡の長官。**11**高位の貴族。**12**郊外まで出迎える。**13**末のおじ。**14**没収し。

15習俗では。**16**出水干魃など、気候が不順で。

立て以《も》って王と為《な》す。漢《かん》の時、夫余王《ふよおう》の葬《そう》には玉匣《ぎょくこう》(17)を用い、常に予《あらかじ》め以《も》って玄《げん》菟郡《とぐん》に付《ふ》す。王、死せば、則《すなわ》ち〔玉匣《ぎょくこう》を〕迎え取りて以《も》って葬る。(18)公孫淵《こうそんえん》、誅《ちゅう》に伏せしとき、玄菟《げんと》の庫《くら》に猶《な》お玉匣《ぎょくこう》(19)一具有り。今夫余《ふよ》の庫《くら》に玉璧《ぎょくへき》(20)・珪《けい》(21)・瓚《さん》、数代の物有り。世に伝えて以《も》って宝と為《な》し、耆老《きろう》(22)、先代の賜わりし所なりと言う。其《そ》の印文(23)に言う、「濊王之印《わいおうのいん》」と。国に故城の濊城《わいじょう》と名づくるもの有り、蓋《けだ》し本《もと》(24)濊貊《わいばく》の地にして、夫余《ふよ》は其《そ》の中に王たり。自《みずか》ら「亡人《ぼうじん》」(25)と謂《い》えるは、抑以《そもそもゆえ》有るなり。

17玉のはこ。18三国時代の武将（?〜二三八年）。公孫度の孫。毌丘倹を破り遼寧省一帯で、燕王と称したが、魏の将軍司馬懿に討たれた。19ひとそろい。20五角形の玉器。21玉のひしゃく。22年寄りたち。23印章に刻した文字。24東北朝鮮に住んだ民族。『三国志』魏書濊の項参照。25中国より来た亡命者。

〈現代語訳〉

夫余《ふよ》（夫餘）は長城の北方にある。玄菟郡《げんとぐん》から千里ほどはなれており、南は高句麗《こうくり》、東は挹婁《ゆうろう》、西は鮮卑《せんぴ》と接していて、北には弱水《じゃくすい》がある。広さはおよそ二千里四方である。

家は八万戸あり、その住民は定住していて、宮室・倉庫・牢獄がある。山や丘や広い沢《さわ》が多く、東夷《とうい》の勢力圏の中では、もっとも平坦な地方である。土地は五穀の栽培には適しているが、五果はできない。

人々は身体がごつく、性格は勇猛だが、温厚で略奪強盗をしない。

国に君王がいる。官吏の役職に六畜の名をつけている。馬加《ばか》・牛加《ぎゅうか》・豬加《ちょか》・狗加《くか》・大使《たいし》・大使《だいし》者《しゃ》・使《し》者《しゃ》などがある。村には豪民がいて、下戸《げこ》を奴僕といっている。貴族たちの別主は東西南北に分かれ出て、権力のある者は数千家を支配し、権力がそう強くなくても、数百家を支配している。

飲食には、みな台座と高坏《たかつき》を用い、集会のときや、酒杯をいただくとき、洗爵するときには手を前に組んで挨拶して座敷に上がったり降りたりする。殷《いん》の正月（十二月）に天を祭り、国じゅうをあげて連日飲み食いをしたり、歌をうたったり、舞を踊ったりする、このことを「迎鼓《げいこ》」という。このときには刑を執行したり、囚人を放免したりする。

国にいるときには、衣は白い布の大袖《おおそで》や打掛《うちかけ》の外套を着て、ズボンをはき、また革靴をはいている。国外に行くときは、綾絹《あやぎぬ》・縫取り・錦《にしき》・毛織物を着て、大人は狐《きつね》、くろざる、白《しろ》貂《てん》、黒貂《くろてん》の毛皮を身につけ、金や銀で帽子をかざる。通訳は言葉を伝えるのに、みな跪《ひざまず》き、手を地面につけて、小声で話す。

刑は大変厳《きび》しく、殺人を犯した者は死刑にし、家族は官に没収され、奴婢とされる。一つを盗めばその十二倍を償わせる。男女の姦淫《かんいん》、婦人のやきもち、みな死刑にされる。特に女性のやきもちによる罪をもっとも憎み、死刑に処した後、屍《しかばね》を国の南の山上に並べて曝《さら》し、腐るまで放置する。その女の屍を引き取るには、牛馬を贖《あがな》いとして納めてのち、やっと引き取ることができる。兄が死んだ場合、兄嫁を弟が娶《めと》るのは匈奴と同じ風俗である。その国では家畜をよく養い、名馬・赤玉・てんの毛皮、くろざるの毛皮や真珠を産出する。珠の大きいものは棗《なつめ》の実ほどもある。武器としては弓・矢・刀・矛《ほこ》があり、それぞれの家に鎧《よろい》と武器がある。国の年寄りたちは、みずから自分たちは昔、他所から亡命してきた者だと言う。砦《とりで》を作るときはぐるりと囲み、牢獄に似ている。道を歩くときは、昼夜の別なく、老いも若きもだれかれとなく歌をうたい、終日その歌声は絶えることがない。

戦争のあるときもまた天を祭り、牛を殺し、その蹄《ひづめ》をみて吉凶《きっきょう》を占う。蹄の間が開いているのを凶とし、がっちり閉まっているのを吉とする。敵がいれば、戦士である貴族はみずから戦い、下戸は相連《あいつ》れて食糧を担いでいき、貴族に食べさせる。死んだときが夏であれば氷を用いて腐乱を防ぐ。人を殺して殉葬し、多いものでは数百人にのぼる。厚葬し、外棺はあるが内棺はない。

夫余《ふよ》はもと漢の玄菟《げんと》郡に属していた。後漢《ごかん》の末、遼東太守《りょうとうたいしゅ》の公孫度《こうそんど》は海東《かいとう》に勢力を拡げ、外夷を威力で服従させていったので、夫余王《ふよおう》の尉仇台《いきゅうだい》はあらためて後漢の遼東郡《りょうとうぐん》に服属した。その頃は高句麗《こうくり》と鮮卑《せんぴ》が強かったので、公孫度は夫余が、高句麗と鮮卑の間にあって危ういその立場を強めるために、自分の一族の娘を夫余王に嫁がせた。尉仇台《いきゅうだい》が死んで後、簡《かん》位居《いきょ》が即位した。位居には嫡子はなく、妾腹の子の麻余《まよ》なる者がいた。位居が死んだとき、夫余の貴族たちはその麻余を即位させた。

牛加《ぎゅうか》の兄の子で位居《いきょ》という者が大使《たいし》となり、財産を惜しまずよく施したので、国人は彼を慕っていた。位居は毎年、都の洛陽《らくよう》に使者を送り、魏《ぎ》に朝貢していた。

魏の正始《せいし》中（二四〇〜二四九年）、幽州《ゆうしゅう》の長官毌丘倹《かんきゅうけん》が高句麗《こうくり》征討を行った。毌丘倹は玄《げん》菟《と》郡《ぐん》の太守《たいしゅ》王頎《おうき》を夫余《ふよ》に派遣した。夫余の大使の位居は、位の高い貴族をつかわして郊外まで出迎えさせ、王頎の軍隊に糧食を提供した。位居の末のおじの牛加《ぎゅうか》にはふたごころがあった。位居はおじ親子を殺し、その没収した財産を使者に命じて帳簿に記録し、箱におさめさせ、魏の玄菟郡に送った。

もともと夫余の習慣では、出水・干魃《かんばつ》など気候が不順で五穀が不作の場合は、その罪を王にきせ、あるいは、王をかえろと言い、あるいは、王を殺せと言うことがあった。麻余《まよ》が死にその子の依慮《いりょ》は六歳にして王となった。

後漢《ごかん》の時代、夫余王《ふよおう》の葬式には玉でできた棺を用い、常にあらかじめその棺を玄菟郡にあずけておいた。王が死ぬとその玉製の棺をとりよせて葬った。公孫淵《こうそんえん》が魏《ぎ》の司馬懿《しばい》に討たれて死んだとき、玄菟郡の庫《くら》にはなおひとそろいの玉製の棺があった。いま、夫余王の庫には玉璧《ぎょくへき》・珪《けい》・瓚《さん》など数代にわたって伝えられてきた物がある。世々伝えられた宝であるとされ、年寄りたちは先祖が中国の朝廷から下賜された物だという。その印章には、「濊王之印《わいおうのいん》」としるされている。夫余には濊城《わいじょう》という名の古城があるので、思うにこの国は濊貊《わいばく》の土地だったのだろう。そして夫余はそこの王となったのだろう。みずから中国からの亡命者と名乗るのはそもそも由来があるからである。

高句麗《こうくり》

高句麗《こうくり》は(1)遼東《りようとう》〔郡《ぐん》〕の東千里に在《あ》り、南は朝鮮《ちようせん》・濊貊《わいばく》と、東は(2)沃沮《よくそ》と、北は夫余《ふよ》と接す。(3)丸都《がんと》の下《ふもと》に都し、方二千里可《ばか》り、戸三万。大山深谷多く、原沢《げんたく》無し。(4)山谷に随《したが》いて以《も》って居を為《な》し、(5)澗水《かんすい》を食す。良田無く、佃作《でんさく》に力《つと》むと雖《いえど》も、以《も》って口腹《こうふく》を実《み》たすに足らず。

其《そ》の俗は食を節し、好みて宮室を治《おさ》む。居《す》む所の左右に於《お》いて大屋を立て、鬼神を祭り、又《また》(6)霊星《れいせい》・(7)社稷《しやしよく》を祀《まつ》る。其《そ》の人、性は(8)凶急にして、(9)寇鈔《こうしよう》を喜ぶ。其《そ》の国に王有り、其《そ》の官には、(10)相加《そうか》・対盧《たいろ》・沛者《はいしや》・古雛加《こすか》・主簿《しゆぼ》・優台丞《ゆうたいじよう》・使者《ししや》・皁《そう》衣《い》・先人《せんじん》有りて、尊卑各《おのおの》等級有り。東夷《とうい》の(11)旧語は、以《も》って夫余《ふよ》の別種と為《な》す。言語〔および〕諸《もろもろ》の事は、多く夫余《ふよ》と同じきも、其《そ》の(12)性気・衣服は異なること有り。

〈語　釈〉

1遼寧省遼陽市。**2**沿海州にいた狩猟民。**3**吉林省集安市。**4**谷川にそって。**5**谷川の水。

6農業を司る星の名。**7**土地・穀物の神。**8**せっかちであらい。**9**略奪。**10**加は夫余族の貴族の称。**11**古い言い伝えでは。**12**気性。

本《もと》五族有り。涓奴部《けんどぶ》・絶奴部《ぜつどぶ》・順奴部《じゅんどぶ》・灌奴部《かんどぶ》・桂婁部《けいろうぶ》有り。本涓奴部《もとけんどぶ》〔のかしら〕王為《た》りしも、(1)稍《ようや》く微弱となりて、今は桂婁部《けいろうぶ》、之《これ》に代わる。(2)漢《かん》の時、(3)鼓吹《こすい》の技人《わざびと》を(4)賜わり、常に(5)玄菟郡《げんとぐん》より(6)朝服衣幘《いさく》を受け、高句麗《こうくり》の(7)令《れい》、其《そ》の(8)名籍を主《つかさど》る。後稍《のちようや》く(9)驕恣《きょうし》にして、復《ま》た郡に詣《いた》らずして、東界に于《お》いて小城を築き、朝服衣幘《いさく》を其《そ》の中に置きて、(10)歳時に来たりて之《これ》を取る。今、(11)胡《こ》猶《な》お此《こ》の城を名づけて幘溝漊《さくこうろう》と為《な》す。溝漊《こうろう》とは、〔高《こう》〕句麗《くり》の城に名づくる〔言葉〕なり。

其《そ》の官を置くに、対盧《たいろ》有らば則《すなわ》ち沛者《はいしゃ》を置かず。沛者《はいしゃ》有らば則《すなわ》ち対盧《たいろ》を置かず。王の(12)宗族《そうぞく》、其《そ》の(13)大加《たいか》は皆《みな》古雛加《こすか》と称《しょう》す。涓奴部《けんどぶ》は本《もと》国主なり。今、王為《た》らずと雖《いえど》も、(14)適統《ちゃくとう》の大人は、古雛加《こすか》と称《しょう》するを得、亦《ま》た宗廟《そうびょう》を立て、霊星《れいせい》・社稷《しゃしょく》を祠《まつ》ることを得《う》。

絶奴部《ぜつどぶ》は、(15)世《よよ》王と婚《こん》し、古雛《こす》〔加《か》〕の号《よびな》を加う。

1その後しだいに。**2**前漢の武帝の時。**3**鼓吹楽。**4**漢からいただき。**5**遼寧省新賓県付近。**6**礼服とかぶりもの。**7**県長にあたる地方官。**8**名簿。**9**わがまま。**10**季節ごとに。**11**高句麗の人。

12血縁の一族。**13**貴族。**14**嫡統、直系。

15王家と婚姻する氏族が決まっていることを示す。匈奴の風習と同じ。

諸《もろもろ》の大加《たいか》も亦《ま》た自《みずか》ら使者《ししゃ》・皁衣《そうい》・先人《せんじん》を置く、〔その〕(16)名は皆《みな》王に達するは、卿大夫《けいたいふ》の家臣の如《ごと》し。〔陪臣たちは〕(17)会同にて坐起するときは、王家の使者《ししゃ》・皁衣《そうい》・先人《せんじん》と(18)同列なることを得ず。

其《そ》の国中の(19)大家は佃作《でんさく》せず、(20)坐食する者〔一〕万余口。下《げ》戸《こ》は遠く米糧魚塩を担《にな》いて之《これ》に供給す。其《そ》の民《たみ》は歌舞を喜《この》み、国中の(21)邑落《ゆうらく》には(22)暮夜に男女群れ聚《あつま》り、(23)相就《あいつ》きて歌戯す。大いなる倉庫無く、家家に自《みずか》ら小倉有り。之《これ》を名づけて桴京《ふけい》と為《な》す。

其《そ》の人は(24)絜清《けっせい》を自《みずか》ら喜《この》む。善く(25)蔵醸《ぞうじょう》す。(26)跪拝《きはい》するときは一脚を申《の》ばすこと、夫余《ふよ》と異なる。行歩するときは皆《みな》(27)走る。十月を以《も》って天を祭る。〔そのとき〕国中〔の人びと〕大会し、名づけて東盟《とうめい》と曰《い》う。其《そ》の公会のときは、衣服は皆《みな》(28)錦繍《きんしゅう》金銀以《も》って自《みずか》ら飾る。大加《たいか》・主簿《しゅぼ》は頭に(29)幘《さく》を著《つ》く、幘《さく》の如《ごと》くし

16 家臣の名簿を王に届ける。 17 集会。 18 一段席が低いところに列する。

19 豪族。 20 労働せずに食らうもの。 21 村むら。 22 夕暮れから夜にかけて。 23 一緒になって。

24 きれいずき。 25 穀物から酒をかもす。 26 体をかがめて挨拶する。 27 小ばしり。 28 縫取りのある綾絹。 29 中国の頭巾。

て余《かざり》無し、其《そ》の小加《しょうか》[1]は折風《せっぷう》を著《つ》く。形は弁《べん》[2]の如《ごと》し。其《そ》の国の東に大穴有り、隧穴《すいけつ》[3]と名づく。十月国中大会するときには、隧《すい》[4]神《しん》を迎えて国の東に還《かえ》り之《これ》を上《あが》め祭る。木隧《もくすい》[5]を神坐に置く。

牢獄無し。罪有れば諸加《しょか》[6]評議し、便《すなわ》[7]ち之《これ》を殺し、妻子を没入[8]して奴婢《ぬひ》と為《な》す。

其《そ》の俗、婚姻を作《な》すときは、言語[9]已《すで》に定まらば、女家にて小屋を大屋の後ろに作り、壻屋《せいおく》[10]と名づく。壻《むこ》、暮《く》れに女家の戸外に至り、自《みずか》ら名のりて跪拝《きはい》[11]し、女《むすめ》の宿に就《つ》くを得んことを乞う。是《かく》の如《ごと》き者《こと》再三にして、女《むすめ》の父母乃《すなわ》[12]ち聴《ゆる》して小屋の中に就《つ》きて宿らしむ、傍《かたわら》に銭帛《せんぱく》を頓《つ》[13]む。子を生みて已《すで》に長大なるに至らば、乃《すなわ》ち婦を将《ひき》いて家[14]に帰る。

其《そ》の俗、淫《いん》なり。男女已《すで》に嫁娶《かしゅ》[15]せば、便《すなわ》ち稍《すこし》く送終[16]の衣を作る。厚く葬り、金銀財幣、送死[17]に尽《つ》[18]くす。石を積みて封《ほう》[19]と為《な》し、松柏《しょうはく》を列《なら》べ種《う》う。

1下級貴族。**2**中国の弁冠。**3**奥深いトンネル。**4**洞穴の主。**5**かみくら。
6もろもろの貴族。**7**ただちに。**8**没収。
9婚約の話。**10**むこ部屋。**11**腰を低めて拝礼し。**12**やっとのことで。**13**ずっしりと積む。**14**わが家。
15結婚。**16**死別のときの葬衣。**17**葬式。**18**使いはたしてしまう。**19**塚。

其《そ》の馬皆《みな》小にして、登山に便なり。

国人は(20)気力有り、(21)戦闘に習い、沃沮《よくそ》・東濊《とうわい》皆《みな》焉《これ》に属す。

又小水貊《またしょうすいばく》有り。〔高《こう》〕句麗《くり》、国を作るには、(22)大水に依《よ》りて居《す》む。(23)西安平県《せいあんぺいけん》の北に(24)小水有り、南流して(25)海に入る。〔高《こう》〕句麗《くり》の別種、小水に依《よ》りて国を作り、因《よ》って之《これ》に名づけて小《しょう》水貊《すいばく》と為《な》す。好《よ》き弓を出《い》だす。所謂貊弓《いわゆるばくきゅう》、是《これ》なり。

〔新《しん》の〕王莽《おうもう》、初め高句麗《こうくり》の兵を発し以《も》って胡《こ》を伐《う》たしむ。〔高句麗《こうくり》〕行くことを欲せず。(26)彊迫《きょうはく》して、之《これ》を遣わす。皆塞《みなとりで》より(27)亡出して寇盗《こうとう》と為《な》る。(28)遼西《りょうせい》〔郡《ぐん》〕の(29)大尹田譚《たいいんでんたん》、之《これ》を追撃し殺す所と為《な》る。州郡県《しゅうぐんけん》、咎《とが》を(30)〔高《こう》〕句麗《くり》侯騶《こうとう》に帰《き》す。(31)厳《げん》尤《ゆう》、奏言す、

「貊人《ばくじん》、法を犯せり。罪は騶《とう》より起こらず。且《しばら》く宜《よろ》しく安慰すべし。今、猥《みだり》に之《これ》に大罪を被《こうむ》らせば、其《そ》の遂《つい》に反せんことを恐る」と。

20勇気。 **21**なれている。

22大河のほとりに。今の鴨緑江か。 **23**遼寧省丹東市付近。 **24**渾江か。 **25**日本海。

26強迫。 **27**逃げ出して。 **28**遼寧省義県。 **29**郡の太守（長官）のこと。新の王莽のときに用いられた官名。 **30**高句麗王騶とも。 **31**王莽の将軍。

〔王〕莽《もう》、聴《き》かず。〔厳《げん》〕尤《ゆう》に詔《みことのり》して之《これ》を撃《う》たしむ。尤《ゆう》〔高《こう》〕句麗《くり》侯騊《こうとう》を誘期(1)して、至(2)りて之《これ》を斬《き》り、其《そ》の首を伝送し長安《ちょうあん》に詣《いた》らしむ。莽《もう》、大いに悦《よろこ》び、天下に布告し、高句麗《こうくり》を更名《こうめい》(3)して下句麗《かくり》と為《な》す。此《こ》(4)の時に当たりて、侯国《こうこく》(5)と為《な》す。

漢《かん》(6)の光武帝《こうぶてい》の八年(7)、高句麗王《こうくりおう》(8)、使いを遣わして朝貢し、始めて見《まみ》えて王と称《しょう》す。

殤《しょう》〔帝《てい》〕・安《あん》〔帝《てい》〕の間に至り、〔高《こう》〕句麗《くり》王の宮《おうきゅう》(9)、数《しばしば》遼東《りょうとう》〔郡《ぐん》〕を寇《こう》(10)し、更《あら》めて玄菟《げんと》(11)〔郡《ぐん》〕に属す。遼東《りょうとう》の太守蔡《たいしゅさい》風《ふう》・玄菟《げんと》の太守姚光《たいしゅようこう》、宮《きゅう》を以《も》って二郡の害と為《な》し、師を興して之《これ》を伐《う》つ。宮《きゅう》、詐《いつわ》り降りて和を請えば、二郡進まず。宮密《きゅうひそ》かに軍を遣わして玄菟《げんと》を攻めしめ、候城《こうじょう》(12)を焚焼《ふんしょう》し、遼《りょう》の隧《すい》(13)に入り、吏民を殺す。後、宮《きゅう》復《ま》た遼東《りょうとう》を犯す。蔡風《さいふう》軽《かるがる》しく吏士を将《ひき》いて之《これ》を追討せしも、軍敗れて没せり。

宮《きゅう》死して、子の伯固《はくこ》(14)立つ。順《じゅん》〔帝《てい》〕・桓《かん》〔帝《てい》〕の間、復《ま》た

1 さそい出して。**2** 出てきたところを。**3** 名称を改めて。**4** 始建国四年。**5** 諸侯待遇の属国。

6 後漢。**7** 建武八年。**8** 大武神王無恤。

9 太祖大王。**10** 略奪し。**11** 遼寧省瀋陽市付近。周辺諸族、特に高句麗の圧力により、前一〇八年の設置以来、前八二年、一〇六年の二回にわたり西遷した。**12** 物見のとりで。玄菟郡のすぐ南西の候城県のこととする説もある。**13** 隧は境のこと。『後漢書』には「遼隧」とあり、遼隧県（今の遼寧省鞍山市西方）のこととする説もある。**14** 新大王。宮の弟ともい

遼東《りょうとう》を犯し、新安《しんあん》・居郷《きょごう》を寇《こう》し、又西安平《またせいあんへい》を攻め、道上に于《お》いて(15)帯方《たいほう》〔郡《ぐん》〕の令《れい》を殺し、(16)楽浪《らくろう》〔郡《ぐん》〕太守《たいしゅ》の妻子を略得(17)す。霊帝《れいてい》の建寧《けんねい》二年、玄菟《げんと》の太守耿臨之《たいしゅこうりんこれ》を討ち、(18)首虜《しゅりょ》を斬《き》ること数百級。伯固《はくこ》降り、遼東《りょうとう》に属す。(19)熹平《きへい》中、伯固《はくこ》、玄菟《げんと》に属せんことを乞《こ》う。(20)公孫度《こうそんど》の(21)海東《かいとう》に雄たるや、伯固《はくこ》、(22)大加《たいか》の優居《ゆうきょ》・主簿《しゅぼ》の然人《ぜんじん》等《ら》を遣わして度《ど》を助けて富山《ふざん》の賊を撃ち、之《これ》を破る。

伯固《はくこ》、死して、二子有り。長子は抜奇《ばっき》、小子は伊夷模《いいも》なり。抜奇《ばっき》は不肖(23)なれば、国人便《すなわ》ち共に伊夷模《いいも》を立て王(24)と為《な》す。伯固《はくこ》の時より、数《しばしば》遼東《りょうとう》を寇《こう》し、又《ま》た亡胡(25)五百余家を受く。

(26)建安《けんあん》中、(27)公孫康《こうそんこう》、軍を出《い》だして之《これ》を撃ち、(28)其《そ》の国を破り、邑落《ゆうらく》を焚焼《ふんしょう》す。抜奇《ばっき》、兄為《た》るに〔かかわらず〕立つことを得ざりしを怨《うら》み、(29)涓奴《けんど》の加《か》と各《おのおの》下《げ》戸《こ》三万余口を将《ひき》いて〔公《こう》

う。**15**平壌南方。**16**平壌。**17**身柄をさらう。**18**敵の首。**19**霊帝の年号。**20**後漢末の武将（?〜二〇四年）。遼東太守となる。**21**遼寧省から朝鮮半島北部。**22**貴族。**23**不出来な子。**24**故国川王。**25**匈奴から逃げてきた者。**26**後漢の献帝の年号。**27**後漢末、三国初めの武将（?〜二二一年）。公孫度の子。魏の曹操より襄平侯に封ぜられ左将軍となる。**28**高句麗。**29**涓奴部族の族長。

孫《そん》〕康《こう》に詣《いた》りて降り、還《かえ》りて(1)沸流水《ふつりゅうすい》〔のほとり〕に住む。(2)降胡も亦《ま》た伊夷模《いいも》に叛《そむ》く。伊夷模《いいも》更《あらた》めて新しき国を作る。今日の在《あ》る所是《これ》なり。抜奇《ばっき》遂《つい》に遼東《りょうとう》に往《ゆ》きしも、子有りて〔高《こう》〕句麗国《くりこく》に留《とど》まる。今の古雛加《こすか》の駮位居《はくいきょ》是《これ》なり。

其《そ》の後、〔高句麗《こうくり》〕復《ま》た玄菟《げんと》を撃つ。玄菟《げんと》、遼東《りょうとう》と合して撃ち、大いに之《これ》を破る。

伊夷模《いいも》、子無し。灌奴部《かんどぶ》に(3)淫《いん》して、子を生み、位宮《いきゅう》と名づく。伊夷模《いいも》死して、〔子の位宮《いきゅう》を〕立てて以《も》って王と為《な》す。今の〔高《こう》〕句麗王《くりおう》の(4)宮《きゅう》是《これ》なり。其《そ》の曾祖、名は宮《きゅう》なり、生まれて能《よ》く目を開き視《み》る。其《そ》の国人之《これ》を悪《にく》む。(5)長大するに及び、果たして凶虐にして、数《しばしば》(6)寇鈔《こうしょう》し、〔そのために〕国、残破せらる。今の王生まれて地に堕《お》ち、亦《ま》た能《よ》く目を開きて人を視《み》る。〔高《こう》〕句麗《くり》〔のことばで〕は相《あい》似たることを呼びて位《い》と為《な》す。〔宮《きゅう》〕其《そ》の祖に似たり、故に之《これ》を名づけて位宮《いきゅう》

1鴨緑江上流。2先に投降してきた匈奴も。3ひそかに女と通じて。4山上王延優、あるいは東川王優位居。5成長。6略奪。

と為《な》す。

位宮《いきゅう》、力・勇有り、鞍馬《あんば》に便にして、猟射を善《よ》くす。(7)景初《けいしょ》二年、(8)太尉《たいい》の(9)司馬《しば》宣王《せんおう》、衆を率《ひき》いて(10)公孫淵《こうそんえん》を討つ。宮《きゅう》、主《しゅ》簿《ぼ》・大加《たいか》を遣わして数千人を将《ひき》いて〔魏《ぎ》の〕軍を助けしむ。

(11)正始《せいし》三年、宮《きゅう》、西安平《せいあんぺい》を寇《こう》し、其の五年、幽州刺史《ゆうしゅうしし》の毌丘《かんきゅう》倹《けん》の破る所と為《な》る。語は、倹《けん》の(12)伝《でん》に在《あ》り。

7魏の明帝の年号。**8**軍の司令官。**9**のちの晋の宣帝、司馬懿（一七九～二五一年）。西晋王朝の基礎を築いた。**10**三国時代の武将（?～二三八年）。公孫度の孫。一時、燕王を称したが司馬懿のために敗死。**11**魏の斉王芳の年号。**12**『三国志』魏書二八。

〈現代語訳〉

高句麗《こうくり》は遼東郡《りょうとうぐん》の東の方、千里のところにある。南は朝鮮《ちょうせん》・濊貊《わいばく》と、東は沃沮《よくそ》と、北は夫《ふ》余《よ》と地つづきである。丸都《がんと》山《ざん》のふもとに都がある。国の大きさは二千里四方、戸数は三万。国内には、大きな山、深い谷が多く、平原や沼沢《しょうたく》はない。谷川ぞいに家をつくり、谷川の水を飲料水として使っている。よい土地がなく、農業にはげんではいるが、収穫は十分ではない。

そこの風俗、習慣では、食べものを倹約し、建物をつくるのが好きである。居住地のそばに大きな建物をつくり、鬼神を祭り、また、霊星《れいせい》や社稷《しゃしょく》も祭っている。人々の性格は、せっかちで荒っぽく、略奪を好む。王がいて、そこの役人には相加《そうか》・対盧《たいろ》・沛者《はいしゃ》・古雛加《こすか》・主《しゅ》簿《ぼ》・優台丞《ゆうたいじょう》・使者《ししゃ》・皁衣《そうい》・先人《せんじん》というものがあり、上下それぞれ階級がある。東夷《とうい》の古い言い伝えでは、高句麗《こうくり》は夫余《ふよ》の別種ということになっている。言語やさまざまなことは、大体、夫余に似ているけれど、彼らの気性とか衣服には、ちがうところもある。もともと五つの種族、涓奴部《けんどぶ》・絶奴部《ぜつどぶ》・順奴部《じゅんどぶ》・灌奴部《かんどぶ》・桂婁部《けいろうぶ》があった。もとは涓奴部の首領が王になっていたが、涓奴部が弱くなるにつれて、今は桂婁部が代わっている。前漢《ぜんかん》のとき、漢の朝廷から太鼓や笛の楽人を送ってもらった。それからずっと玄菟郡《げんとぐん》から朝廷用の礼服とかぶりものを受け、漢の地方官の高句麗の令《れい》が、その名簿の保管をつかさどった。その後、だんだん傲慢《ごうまん》になってきて、以前のように、玄菟郡に来なくなって、郡の東の境に小さな城を築き、礼服・かぶりもの類をその中に置いておき、季節ごとに来て、取り出すようになった。今なお、高句麗の人々はこの城を「幘溝漊《さくこうろう》」とよんでいる。溝漊というのは、高句麗での城をよぶことばである。

高句麗の役人の任命のしかたは、対盧《たいろ》があれば沛者《はいしゃ》を置かないし、沛者がいれば対盧は置かない。王の一族は、大加《たいか》をみな古雛加《こすか》と称する。涓奴部はもと国王を出した一族である。今、王を出していないといっても、本家の大人が古雛加と称することはできるし、また宗廟をたてて、霊星《れいせい》・社稷《しゃしょく》をまつることはできる。

絶奴部は、代々、王の妃を出し、古雛加の号《よびな》が与えられている。

貴族たちもまた、自分のところに使者・皁衣・先人の官職を置く。そしてその官職についた人の名前は、みな王に届け出るが、それは中国に於ける卿大夫の家臣と同じである。陪臣たちは、集会で同席する場合、王家の使者・皁衣・先人と同列になることはできない。

高句麗の豪族は耕作はしない。働かずに生活する者が一万人以上いる。民は遠くから米糧魚塩を運んで豪族に供給する。その民は歌やおどりを好み、村々では、夕暮れから夜にかけて男女が群れ集まり、歌いあそぶ。大きな倉庫は無くそれぞれの家に小さな倉庫がある。これを桴京《ふけい》といっている。

人々の性質はきれいずきで、穀物を容器に入れて酒をかもすのが上手である。体をかがめてあいさつするときに片足をうしろにのばすところが夫余と違う。道を行くときは皆小ばしりになる。十月に天を祭る。そのときは国中の人々が集まり、この大会を東盟《とうめい》と名づける。公の会のときには、衣服はみな縫取りのある綾絹を着、金銀の装飾品で自分を飾る。貴族の官職で大加・主簿《しゅぼ》は頭に頭巾《ずきん》をかぶる。中国の頭巾のようであるがかざりは無い。小加《しょうか》は折風をかぶる。形は中国の弁冠のようである。高句麗の東に大きな穴があり、隧穴《すいけつ》と名づけている。十月の国家的大会のときには、この穴の神、隧神《すいしん》を迎えて国の東に還り、あがめて祭る。木製の穴の神を神坐《かみくら》に置く。

牢獄はない。罪があれば、貴族たちで評議し、ただちにこれを殺し、妻子を没収して奴婢にする。

高句麗の風習として、婚姻を結ぶときは、婚約の話がまとまると、女性の家ではおもやの後ろにはなれを作る。これをむこ部屋という。むこは、夜になって女性の家の戸外に来て、自ら名のり腰を低めて拝礼し、女性の所に行くことの許可を願う。こうしたことを何度も繰り返してから、女性の父母はやっとのことで許し、はなれの中に入れ泊めてやる。このときに傍に銭や絹をずっしりと積んでおく。子が産まれて大きくなると、そこでやっと妻を連れて自分の家に帰る。

高句麗《こうくり》の男女の風俗は淫《みだ》らである。男女は結婚をすればすぐさま少しずつ死別のときの葬衣をつくりはじめる。死ねば手厚く葬り、金銀財宝を葬式に使いはたしてしまう。墓は石を積んで塚をつくり松と柏を並べて植える。

馬は皆小さくて登山の時に役立つ。

人々は勇気があり、戦いになれていて、沃沮《よくそ》・東濊《とうわい》などみな高句麗につき従う。また小水貊《しょうすいばく》もいる。高句麗は、国を大河のほとりに作って住んでいる。西安平県《せいあんへいけん》の北に小河があり、南に流れて日本海に入る。高句麗の別種はこの小河のほとりに国を作っているので、これを小水貊と名づけている。この国は好い弓を作った。貊弓《ばくきゅう》というのがこれである。

新《しん》の王莽《おうもう》は初め高句麗の兵を使って匈奴《きょうど》を伐《う》たせた。高句麗の兵は行きたがらなかったので、王莽は強迫してむりやり出発させた。高句麗の兵はみな塞《とりで》から逃げ出して盗人になった。遼西《りょうせい》の大尹《たいいん》、田譚《でんたん》は彼らをおいかけ逆に殺された。幽州《ゆうしゅう》やその下の郡・県はみな罪を高句麗侯の駒《とう》にかぶせた。厳尤《げんゆう》は、

「高句麗人《こうくりじん》は法を犯しました。しかし、駒には責任がありません。当面は落ち着かせておきましょう。今、やたらに駒に大罪をきせると、しまいに反抗させることになりかねません」

と言った。王莽はこの進言をきかず、厳尤にみことのりして高句麗を攻撃させた。厳尤は高

句麗侯騶をさそい出して斬《き》り、首を宿継ぎの馬で長安《ちょうあん》に送った。王莽は非常に喜び、高句麗の名称を改めて下句麗《かくり》とすることを天下に布告した。そしてこの時に高句麗を新《しん》の属国にした（一二年）。

後漢《ごかん》の光武帝《こうぶてい》の建武《けんむ》八年（三二年）に、高句麗王は使いを出して朝貢し、はじめて光武帝に謁見して、後漢の支配下にある王と称した。

殤帝《しょうてい》・安帝《あんてい》の在世中（一〇五～一二五年）、高句麗王の宮《きゅう》は、しばしば遼東郡《りょうとうぐん》を略奪し、あらためて玄菟郡《げんとぐん》に所属した。遼東郡の長官蔡風《さいふう》と玄菟郡の長官姚光《ようこう》は、宮を遼東・玄菟の二郡を荒らすくせ者であるとして、軍隊を派遣して討伐した。宮は詐《いつわ》って降伏し和を請うた。そのため二郡の軍隊がそれ以上進撃しなかったところ、その間に宮はこっそりと自分の軍隊を出して玄菟郡を攻撃し、候城《こうじょう》を焼き払い、遼東郡の一角にも入り、吏民を殺した。その後も宮はまた遼東郡に侵入した。蔡風は軽率にも役人たちを率いて宮を追撃したが、敗れて戦死した。

宮が死んだ後、子の伯固《はくこ》が即位した。順帝《じゅんてい》・桓帝《かんてい》の時（一二五～一六七年）、伯固は遼東郡に侵入し、新安《しんあん》・居郷《きょごう》を略奪した。また西安平県を攻め、その途上、帯方郡《たいほうぐん》の長官を殺し、楽浪郡《らくろうぐん》の長官の妻子をさらってしまった。

霊帝《れいてい》の建寧《けんねい》二年（一六九年）、玄菟郡の長官耿臨《こうりん》が伯固を討ち、数百の敵の首を斬《き》った。伯固は降伏し、遼東郡に臣属した。

後漢の霊帝熹平《れいていきへい》中（一七二～一七八年）、伯固は玄菟郡に所属することを願い出た。公孫《こうそん》度《ど》が海東《かいとう》地域に勢力を伸ばすと、高句麗《こうくり》王《おう》の伯固《はくこ》は大加《たいか》の優居《ゆうきょ》、主簿《しゅぼ》の然人《ぜんじん》らを派遣して公孫度を助け、富山《ふざん》の賊を攻撃し、これを破った。

伯固が死んだとき、二人の子がいた。長男は抜奇《ばっき》、次男は伊夷模《いいも》といった。抜奇は不出来だったので国民は一致して伊夷模を王に立てた。伯固の治世のときから、高句麗はしばしば遼東郡《りょうとうぐん》を侵略し、また匈奴《きょうど》から逃げてきた者五百余家を受け入れていた。後漢《ごかん》の献帝《けんてい》の建安《けんあん》中（一九六〜二二〇年）、公孫康《こうそんこう》は軍を出して高句麗を撃ち、その国を破り、村落を焼き払った。抜奇は兄なのに即位できなかったことを怨《うら》み、涓奴《けんど》の加《か》とともにおのおの下戸《げこ》三万余人を将《ひき》いて公孫康に降伏を申し出、後、沸流水《ふつりゅうすい》のほとりに住んだ。降伏して来ていた匈奴もまた伊夷模を裏切った。伊夷模は場所をあらためて新しい国を作った。今日、高句麗の在《あ》る所がこれである。抜奇は遂《つい》に遼東郡に住んだが、子供は高句麗国に留まった。現在の古雛加《こすか》の駮位居《はくいきょ》がこれである。

その後また、高句麗は玄菟郡《げんとぐん》を攻撃した。玄菟郡は遼東郡と一緒に迎え撃ち、大勝利を収めた。

伊夷模には子がなかったので、灌奴部《かんどぶ》の女とひそかに通じて子をつくった。その子は位宮《いきゅう》と名づけられた。伊夷模の死後、位宮を王に立てた。今の高句麗王の宮《きゅう》がこれである。その曾祖父も、名を宮という。曾祖父の宮は生まれるとすぐによく目を開いてみることができた。その国人はこれをいやがった。成長するにしたがって、残虐になり、しばしば他国に侵攻略奪し、そのために国は疲弊荒廃してしまった。今の王も生まれおちたとたんにまた、よく目を開いて人をみた。高句麗のことばでは、似たものを「位《い》」と呼ぶ。今の王もその曾祖父に似ているが故に、名づけて位宮とした。

位宮は力が強く、勇気もあった。乗馬が達者で狩猟を得意とした。魏《ぎ》の明帝《めいてい》の景初《けいしょ》二年(二三八年)、太尉《たいい》の司馬《しば》宣王《せんおう》が、大軍を率いて公孫淵《こうそんえん》を討った。位宮は、主簿や大加《たいか》に数千人を率いさせ魏の軍を助けた。

魏の廃帝《はいてい》の正始《せいし》三年(二四二年)、位宮は西安平《せいあんぺい》を略奪したが、正始五年(二四四年)、幽《ゆう》州《しゅう》長官の毌丘倹《かんきゅうけん》に敗れた。その話は毌丘倹の伝《でん》に記されている。

東沃沮《とうよくそ》

東沃沮《とうよくそ》は、高句麗《こうくり》の(1)蓋馬大山《がいまたいざん》の東に在《あ》り、(2)大海に浜《ひん》して居《す》む。其《そ》の地形は東北に狭く、西南に長く、千里可《ばか》りなり。北は挹婁《ゆうろう》・夫余《ふよ》と、南は濊貊《わいばく》と接す。戸は五千、大なる君王無く、世世《よよ》(3)邑落《ゆうらく》ありて、各《おのおの》(4)長帥《ちょうすい》有り。其《そ》の言語は〔高《こう》〕句麗《くり》と大むね同じなれども、時時《ときどき》小《すこ》しく異なる。

漢《かん》の初め、燕《えん》の(5)亡人衛満《えいまん》、朝鮮《ちょうせん》に王となりし時、沃沮《よくそ》は皆《みな》焉《これ》に属す。漢《かん》の武帝《ぶてい》、元封《げんぽう》二年、朝鮮《ちょうせん》を伐《う》ち、満《まん》の孫、右渠《ゆうきょ》を殺し、其《そ》の地を分かちて(6)四郡と為《な》す。(7)沃沮《よくそ》城《じょう》を以《も》って玄菟《げんと》郡《ぐん》と為《な》す。後《のち》、(8)夷貊《いばく》の侵《おか》す所と為《な》り、郡を〔高《こう》〕句麗《くり》の西北に徙《うつ》す。今の所謂《いわゆる》玄菟《げんと》の(9)故府は是《これ》なり。

沃沮《よくそ》は還《ま》た(10)楽浪《らくろう》〔郡《ぐん》〕に属す。漢《かん》は、〔楽浪郡《らくろうぐん》の〕土地広遠なるを以《も》って、(11)単単大領《たんたんたいれい》の東に在《あ》りて(12)東部都尉《とうぶとい》を分置し、

〈語　釈〉

1蓋馬高原を指すか。**2**日本海。**3**集落。**4**かしら。**5**亡命者。漢の高祖のとき、燕から千余人を率いて朝鮮北部に入り、箕氏朝鮮を滅ぼして衛氏朝鮮を建国したといわれる。**6**楽浪郡・真番郡・玄菟郡・臨屯郡。**7**咸鏡南道咸興。**8**濊貊。**9**遼寧省新賓県付近。**10**平壌。**11**狼林山脈か。**12**不耐都尉とも。都尉は軍政官。**13**江原道安

(13)不耐城《ふたいじょう》に治《ち》せしめ、別に(14)東の七県を主領せしむ。時に沃沮《よくそ》も亦《ま》た皆《みな》県と為《な》る。(15)漢《かん》の(16)建武《けんむ》六年、(17)辺郡を省《はぶ》く。〔東部《とうぶ》〕都尉《とい》、此《こ》れより罷《や》む。其《そ》の後、皆其《みなそ》の県の中の(18)渠帥《きょすい》を以《も》って県侯《けんこう》と為《な》す。不耐《ふたい》・(19)華麗《かれい》・沃沮《よくそ》の諸県は、皆《みな》(20)侯国《こうこく》と為《な》る。夷狄《いてき》は更《こもごも》相《あい》攻伐せしも、唯不耐濊侯《ただふたいわいこう》のみは、今に至るまで猶《な》お(21)功曹《こうそう》・(22)主簿《しゅぼ》の(23)諸曹《しょそう》を置く。(24)皆濊民《みなわいみん》、之《これ》と作《な》る。沃沮《よくそ》の諸《もろもろ》の邑落《ゆうらく》の渠帥《きょすい》は、皆《みな》自《みずか》ら三老《さんろう》と称《しょう》す。則《すなわ》ち故《もと》の県・国の制《さだめ》なり。

国小にして、大国の間に迫《せま》られ、遂《つい》に〔高《こう》〕句麗《くり》に臣属す。〔高《こう》〕句麗《くり》は復《ま》た(25)其《そ》の中の(26)大人《たいじん》を(27)置きて(28)使者《ししゃ》と為《な》し、相《あい》主領せしめ、又《また》(29)大加《たいか》をして其《そ》の租税を(30)統責《とうせき》せしむ。(31)貊布《ばくふ》・魚・塩・(32)海中の食物は、千里〔の途《みち》を〕(33)担負《たんぷ》して(34)之《これ》を致し、又其《またそ》の美女を送りて以《も》って婢妾《ひしょう》と為《な》す。〔高句麗《こうくり》〕之《これ》を遇すること奴僕《どぼく》の如《ごと》し。

辺。**14**『漢書』地理志によれば、東暆・不耐・蚕台・華麗・邪頭昧・前莫・沃沮。**15**後漢。**16**光武帝の年号。**17**辺地の郡。**18**首長。**19**咸鏡南道高原付近か。**20**諸侯あつかいの属国。**21**戸籍収税を扱う役人。**22**書記。**23**下級役人。**24**現地の住民を任用している。

25沃沮の中の。**26**豪族。**27**とりたてて。**28**高句麗の官職の名。**29**貴族。**30**責任をもって集める。**31**貊族の織った布。**32**日本海でとれる海産物。**33**背ににになう。**34**内陸の高句麗にとどけ。

其《そ》の土地は肥美《ひび》にして、山を背にして海に向かい、五穀(1)に宜《よろ》しく、田種《でんしゅ》(2)に善《よろ》し。人の性《さが》は質直彊勇《きょうゆう》(3)にして、牛馬少なきゆえに、便《すなわ》ち矛《ほこ》を持ちて歩戦す。食飲居処、衣服礼節は、〔高《こう》〕句麗《くり》に似たること有り。

其《そ》の葬るには大なる木槨《もくかく》(4)を作る、長さ十余丈(5)、一頭(6)を開きて戸(7)を作る。新《あら》たに死する者は、皆《みな》仮に之《これ》を埋め、才《わず》かに形を覆(8)わしむ。皮肉尽くれば、乃《すなわ》ち骨を取りて槨中《かくちゅう》に置く。家(9)を挙げて皆《みな》一槨《かく》を共にし、木を刻みて生きたる形《すがた》の如《ごと》くし、死者に随って数を為《な》す。又《また》瓦鑩《がれき》(10)有り、米を其《そ》の中に置き、(11)編《へん》して之《これ》を(12)槨戸《かくと》の辺《ほとり》に(13)県《か》く。

(14)毌丘倹《かんきゅうけん》、〔高《こう》〕句麗《くり》を討ちしとき、〔高《こう》〕句麗《くり》王の宮沃沮《きゅうよくそ》(15)に奔《はし》る。遂《つい》に師を進めて之《これ》を撃つ。沃沮《よくそ》の邑落《ゆうらく》は〔毌丘倹《かんきゅうけん》が〕皆之《みなこれ》を破り、首虜《しゅりょ》(16)を斬獲《ざんかく》すること三千余級、〔高句麗王《こうくりおう》〕宮《きゅう》は北沃沮《ほくよくそ》に奔《はし》る。

1穀物の総称。**2**畑作。**3**強勇。

4外箱。**5**魏代の一丈は、約二・四メートル。記述の通りでは大きすぎる。**6**片方の端。**7**とびら。**8**土で死体をかくす。**9**家じゅうの者で。**10**素焼きのかめ。**11**紐をつけて。**12**外箱の入口。**13**懸ける。

14魏の将軍。**15**位宮。**16**敵の首。

北沃沮《ほくよくそ》[17]は、一《いっ》に置溝婁《ちこうろう》と名づけ、南沃沮《なんよくそ》[18]を去ること八百余里、其《そ》の俗は南北皆《みな》同じ。挹婁《ゆうろう》[19]と接す。挹婁《ゆうろう》は喜《この》んで船に乗りて寇鈔《こうしょう》[20]す。北沃沮《ほくよくそ》之《これ》を畏《おそ》れ、夏月には恒《つね》に山巌深穴の中に在《あ》りて守備を為《な》す。冬月《とうげつ》には氷《こおり》凍《こお》りて、船道通ぜず、乃《すなわ》ち下りて村落に居《お》る。

王頎《おうき》[21]、別に遣わされて〔高句麗王《こうくりおう》〕宮《きゅう》を追討し、其《そ》の東[22]の界を尽《つ》くす。其《そ》の耆老《きろう》[23]に問う、

「海東[24]に復《ま》た人有りや不《いな》や」と。

耆老《きろう》、言う、

「〔わが〕国の人、嘗《かっ》て船に乗りて魚を捕らう。風に遭《あ》いて吹かること数十日、東に一島[25]を得たり。〔島〕上に人有り、言語相暁《あいさと》[26]らず。其《そ》の俗、常に七月を以《も》って童女を取りて海[27]に沈む」と。

又《また》言う、

17 咸鏡北道からロシアのウスリー江口に居た先住民。**18** 東沃沮。**19** ロシアの沿海州からアムール河口に居た先住民。次の条参照。**20** 略奪。**21** 魏の将軍。**22** 東の果ての日本海岸まで行った。**23** 北沃沮の長老。**24** 日本海の東。**25** 一つの島が見つかった。**26** たがいに通じない。**27** いけにえとする。

「一国有りて亦《ま》た海中に在《あ》り、(1)純女にして男無し」と。

又説《またい》う、

「(2)一布衣《ふい》を得たり、海中より浮き出《い》ず。其《そ》の身《みなり》は中人《ちゅうじん》の衣の如《ごと》く、其《そ》の両袖は長さ三丈。又《また》一破船を得たり、波に随《したが》いて海岸の辺《ほとり》に出在す、一人有りて(3)項中《こうちゅう》に復《ま》た(4)面有り。之《これ》を(5)生得して、与《とも》に語るに相《あい》通ぜず、〔もの〕食《く》らわずして死す」と。

其《そ》の域は、皆沃沮《みなよくそ》の東の大海の中に在《あ》り。

1女ばかりで。 2庶民。 3うなじのまん中。 4顔。 5生け捕りにして。

〈現代語訳〉

東沃沮《とうよくそ》は、高句麗《こうくり》の蓋馬大山《がいまたいざん》の東の大海のほとりに住んでいる。土地の形は東北に狭く、西南に長く、千里くらいである。北方は挹婁《ゆうろう》・夫余《ふよ》と、南方は濊貊《わいばく》と地つづきである。戸数は五千戸で、大君王は無く、代々、村を作っていてそれぞれの村に長《おさ》がいる。その言語は高句麗とほぼ同じで、たまに違うところがある。

漢《かん》の初め、燕《えん》からの亡命者衛満《えいまん》が、朝鮮《ちょうせん》の王となっていた時は、沃沮も朝鮮に属していた。漢の武帝《ぶてい》は、元封《げんぽう》二年（前一〇九年）に朝鮮を攻め、衛満の孫、衛右渠《えいゆうきょ》を殺して、その土地を分けて四つの郡にした。その時、沃沮城《よくそじょう》を玄菟郡《げんとぐん》としたのである。その後、濊貊に攻められて、漢は玄菟郡を高句麗の西北にうつした。今、玄菟の故府《こふ》といわれている所はその跡である。

のち沃沮は、こんどは楽浪郡《らくろうぐん》に属することになった。漢《かん》は、楽浪郡の土地が広すぎるというので、単単大領《たんたんたいれい》の東に、東部都尉《とうぶとい》を別に置き、不耐城《ふたいじょう》に役所を置いて単単大領の東の七県を支配させた。この時、沃沮もまた他と一緒に漢の県になったのである。

後漢《ごかん》の光武帝《こうぶてい》の建武《けんむ》六年（三〇年）、辺境の郡を減らした。東部都尉はこのときから廃止された。その後、それぞれの県の中で、首長《しゅちょう》を県侯《けんこう》とした。不耐・華麗《かれい》・沃沮の県も、そろって侯国となった。夷狄《いてき》はお互いに攻めあって衰えたが、不耐濊侯《ふたいわいこう》だけは、今でもなお、功《こう》曹《そう》・主簿《しゅぼ》などの下級役人を置き、それにはみな、濊の民が任ぜられている。沃沮の諸集落の首長が、みな三老《さんろう》と自称するのは、もとの漢が支配した時代の県・国の制度の名残なのである。

東沃沮は国が小さく、大国の間にはさまれているので、いきおい高句麗に臣属した。高句麗はまた、東沃沮の中の大人《たいじん》を自分の「使者《ししゃ》」として支配させ、さらに、高級貴族の大加《たいか》を派遣して、租税取り立ての責任を持たせた。貊布《ばくふ》・魚・塩・海産物は千里のみちのりをかついで高句麗に届けさせ、さらに、東沃沮の美女をも送らせて婢妾《ひしょう》とし、奴隷のように扱った。

その土地は肥沃で、山と海の間にあって、五穀を植えるのに適していて、畑作にもよい。人々の性質は、質実剛健である。牛や馬が少ないため、矛《ほこ》を使って徒歩で戦う。飲食・住居・衣服・礼節は高句麗に似たところがある。

死者を葬るには、大きな木棺の外箱を作る。長さ十余丈。一方をあけて扉にする。死んだばかりの者は、誰《だれ》であろうと仮埋葬をして、亡骸がやっとかくれるほどに土をかけておく。皮や肉が腐ってなくなったところで、骨を取り出し槨《かく》の中に置く。家中で一つの槨を共有する。木を刻んで生前の姿をかたどり、死者の数だけつくる。それから瓦鑑《がれき》がある。米をその中に入れて、紐《ひも》で槨の扉のあたりに吊《つ》るしておく。

毌丘倹《かんきゅうけん》が高句麗《こうくり》を攻めたとき、高句麗王の宮《きゅう》は、沃沮《よくそ》に逃げた。そこで毌丘倹は軍を進めて、沃沮を攻撃した。毌丘倹は沃沮の村々をみな破壊し、三千あまりの首を取った。宮は北《ほく》沃沮《よくそ》に逃げた（二四五年）。

北沃沮の別名は、置溝婁《ちこうろう》といい、南沃沮《なんよくそ》から八百余里離れている。風俗は、南北とも同じであり、挹婁《ゆうろう》と境を接している。挹婁は、よく船に乗ってきて略奪をするので、北沃沮はこれをこわがり、夏はいつも、山の洞穴《ほらあな》の中に住んで挹婁に備えている。冬、氷がはると、船が往来できなくなるので、山をおりて、村に住むのである。

魏《ぎ》の将軍王頎《おうき》が、別動隊として派遣され、宮《きゅう》を攻めたとき、北沃沮の東の界《さかい》をきわめた。そこの年寄りに、

「海（日本海）の東に、まださらに住んでいる人がいるのかどうか」

と聞くと、年寄りが言うには、

「北沃沮の者が船で魚を取っていたとき、大風にあって何十日も吹き流され、東の島にたどり着いた。島には人がいて、言葉が通じなかった。そこの習慣では、毎年七月に少女を海に

沈める」

更に年寄りが言うには、

「もう一つの国が海の中にあり、そこは女ばかりで男はいない」

更に年寄りが言うには、

「一人の庶民を引きあげたことがある。海上を漂ってきたものであった。身につけている服は、中背の人の服の大きさほどであったが、両袖《そで》の長さが三丈もあった。それから難破船を手に入れたこともある。波にもまれて岸辺に寄ってきたもので、その船の中に一人、首筋の後ろ正面に別の顔のあるものがいた。彼を生け捕りにしたが、言葉が通ぜず、物を食べずに死んでしまった」

これらの地は、どれも沃沮の東、大海の中にある。

挹《ゆう》婁《ろう》

挹婁《ゆうろう》は、夫余《ふよ》の東北千余里に在《あ》り、(1)大海に浜《ひん》し、南は北沃《ほくよく》沮《そ》と接し、未《いま》だ其《そ》の北の(2)極まる所を知らず。其《そ》の土地は山険多し。其《そ》の人、形《すがた》は夫余《ふよ》に似て、言語は夫《ふ》余《よ》・〔高《こう》〕句麗《くり》と同じからず。(3)五穀・牛・馬・麻布有り。人、勇力多し。大なる君長無く、(4)邑落《ゆうらく》に各《おのおの》(5)大人《たいじん》有り。山林の間に処《お》り、常に穴居し、大家は深きこと九(6)梯《てい》、〔梯の〕多きを以《も》って好と為《な》す。(7)土気の寒きこと、夫余《ふよ》より劇《はげ》し。

其《そ》の俗、好んで(8)豬《ちよ》を養い、其《そ》の肉を食し、其《そ》の皮を衣《き》る。冬は豬の膏《あぶら》を以《も》って身に塗り、厚さ数分(9)、以《も》って風寒を禦《ふせ》ぐ。夏は則《すなわ》ち(10)裸《ら》袒《たん》し、(11)尺布を以《も》って其《そ》の前後を隠し、以《も》って(12)形体を蔽《おお》う。其《そ》の人(13)不絜にして、(14)溷《こん》を作りて中央に在《あ》り、人、其《そ》の(15)表を囲みて居《す》む。

〈語　釈〉

1日本海。2どこまで行けば北端があるかわからない。
3穀物の総称。
4集落。5首長。6九つのはしご。7気候。
8豚。9一分は約二ミリ。10はだか。11一尺の布。12からだ。13不潔。14便所。15外側。

其《そ》の弓の長さ四尺、(16)〔弓の〕力は弩《(17)ど》の如《ごと》し。矢は楛《(18)こ》を用い、長さ〔一〕尺(19)八寸、青石を鏃《やじり》と為《な》す。古《いにしえ》の(20)粛慎氏《しゅくしんし》の国なり。射を善くし人を射ば皆《みな》目に入る。矢には毒を施し、人、中《あた》れば皆《みな》死す。赤玉・(21)好貂《こうちょう》を出《いだ》す、今の所謂《いわゆる》「挹婁貂《ゆうろうちょう》」是《これ》なり。

漢《かん》より已来《このかた》、夫余《ふよ》に臣属す。夫余《ふよ》は、其《そ》の租賦を責むること重ければ、(22)黄初《こうしょ》中を以《も》って(23)之《これ》に叛《そむ》く。夫余《ふよ》数《しばしば》之《これ》を伐《う》つ。其《そ》の人、(24)衆は少なしと雖《いえど》も、(25)所は山険に在《あ》りて、隣国の人、其《そ》の弓矢を畏《おそ》れ、卒《つい》に服すること能《あた》わざるなり。其《そ》の国〔人〕便《すなわ》ち船に乗りて(26)寇盗《こうとう》し、隣国、之《これ》を患《うれ》う。

東夷《とうい》の〔人びと〕飲食の類《たぐい》は、皆《みな》(27)俎《そ》豆《とう》を用うれども、(28)唯《ただ》挹婁《ゆうろう》のみはしかせず、(29)法俗、最も綱紀無きなり。

16約九六センチ。17石弩。18やまえのき。19約四四センチ。20春秋戦国時代から文献に見える塞外民族名。楛矢と石弩を使い、三世紀以後、挹婁が粛慎と考えられた。21てん。

22魏、文帝の年号。23夫余に。24人民。25居住地。26侵入略奪。

27台座と高坏。28挹婁だけは用いない。29社会習慣。

〈現代語訳〉

挹婁《ゆうろう》は夫余《ふよ》の東北千余里にあって大海の岸辺ぞいに、南は北沃沮《ほくよくそ》と接し、どこまで行けば北端があるかわからない。

その土地は険しい山が多い。そこの人々の姿は夫余人《ふよじん》に似ているが、言語は夫余・高句麗《こうくり》とは違う。五穀・牛・馬・麻布などを産す。

人々は勇気があり、力が強い。大首長《しゅちょう》はいなくて、集落ごとにそれぞれの長がいる。山林に穴を掘って住居とし、大きな家は九つのはしごがあるほど深い。そして穴の住居ははしごの数が多ければ多いほどよいとしている。寒気は夫余よりもはげしい。

人々は好んで豚を飼い、その肉を食べ、皮を衣服にする。冬は豚の膏《あぶら》を一センチくらい体に塗り、それによって風や寒さを禦《ふせ》ぐ。夏ははだかで、一尺の布で体の前後を隠し、蔽《おお》いとする。人々は不衛生で便所を家の真ん中に作り、人はその周りで生活している。

その人々の使う弓は長さが四尺あって、力は弩《いしゅみ》のようである。矢には楛《こ》という木を使い、矢の長さは一尺八寸あり、青石を鏃《やじり》としている。そこは古《いにしえ》の粛慎《しゅくしん》氏の国である。人々は弓を射ることが上手で、人を射れば必ず目に当たる。鏃に毒が塗ってあるので当たった人は必ず死ぬ。赤玉と立派な貂《てん》を産出する。今日でいう「挹婁貂《ゆうろうちょう》」がこれである。

挹婁は漢《かん》以来、ずっと夫余の臣下となっていた。夫余の租税の取り立てがきびしいので挹婁は魏《ぎ》の文帝の黄初《こうしょ》中（二二〇～二二六年）に叛《そむ》いた。夫余はしばしば挹婁を討伐した。挹婁は人口は少ないけれど居住地は山の険しいところにあるので、隣国の人々は彼らの弓矢がこわくてとうとう屈服させることができなかった。挹婁の人は船で略奪に出かけたので、隣国では困っていた。

東夷《とうい》の人々は食器として俎豆《そとう》を使うけれど、挹婁だけはこれを使わない。挹婁は東夷の中で最も風俗・習慣に筋道がない。

濊《わい》

濊《わい》は、南は(1)辰韓《しんかん》と、北は高句麗《こうくり》・(2)沃沮《よくそ》と接し、東は(3)大海に窮《きわ》まる。今の(4)朝鮮《ちょうせん》の東は、皆《みな》其《そ》の地なり。戸は二万。

昔、(5)箕子《きし》、既《すで》に朝鮮《ちょうせん》に適《ゆ》き、(6)八条の教えを作り以《も》って之《これ》に教う。門戸の閉ずること無くして、民、盗を為《な》さず。

其《そ》の後《のち》四十余世、朝鮮侯《ちょうせんこう》、〔名は〕準《じゅん》、(7)僭号《せんごう》して王と称《しょう》す。(8)陳勝《ちんしょう》等《ら》起《た》ち、天下、秦《しん》に叛《そむ》く。燕《えん》・斉《せい》・趙《ちょう》の民、地を朝鮮《ちょうせん》に(9)避くるもの数万口なり。燕人《えんひと》衛満《えいまん》、(10)魋結夷《ついけつい》服《ふく》し、復《ま》た来たりて(11)之《これ》に王たり。漢《かん》の武帝《ぶてい》、伐《う》ちて朝鮮《ちょうせん》を(12)滅ぼし、其《そ》の地を分かちて、(13)四郡と為《な》す。是《これ》より後、(14)胡《こ》・漢《かん》、稍《やや》別る。

大なる君長無し。漢《かん》より已来《いらい》、其《そ》の官に(15)侯邑君《こうゆうくん》・(16)三老《さんろう》有りて、(17)下戸《げこ》を統主す。其《そ》の耆老《きろう》、旧《ふる》く自《みずか》ら〔高《こう》〕句麗《くり》と同種なりと謂《い》う。

〈語　釈〉

1のちの新羅。**2**沿海州にいた先住民。**3**日本海岸。**4**楽浪・帯方の両郡。**5**殷の貴族の名。**6**『漢書』地理志にある伝説で、殺人犯はすぐ殺す、傷害犯は穀物で償うなどの禁法をつくったという。**7**勝手に王を称した。**8**秦末、陳勝・呉広の乱。**9**戦乱から避難した移住者。**10**さいづちまげを結い東夷の服を着る。**11**衛氏朝鮮という。**12**元封三年。**13**楽浪・玄菟・真番・臨屯。**14**東夷と漢人植民とがしだいに分かれ住むようになった。**15**首長に与えた称号。**16**長老。**17**庶民。

其《そ》の人、性、(18)愿慤《げんかく》にして、(19)嗜欲《しよく》少なく、(20)廉恥《れんち》有りて、(21)請《せい》匃《かい》せず。言語法俗、大抵《たいてい》は〔高《こう》〕句麗《くり》と同じなれども、衣服は異なること有り。男女の衣《ころも》は、皆《みな》(22)曲領《きょくれい》を著《つ》け、男子は(23)銀花の広さ(24)数寸なるものを繋《つな》ぎて、以《も》って飾りと為《な》す。

(25)単単大山領自《たんたんたいざんれいよ》り以西は楽浪《らくろう》〔郡《ぐん》〕に属し、領自《れいよ》り以東の(26)七県は、(27)都尉《とい》、之《これ》を主《つかさど》る。皆濊《みなわい》を以《も》って民と為《な》す。後に(28)都尉《とい》を省き、其《そ》の(29)渠帥《きょすい》を封《ほう》じて(30)侯《こう》と為《な》す。今の不耐濊《ふたいわい》は皆其《みなそ》の種なり。漢《かん》の末《すえ》、更《あらた》めて〔高《こう》〕句麗《くり》に属す。

其《そ》の俗は、山川を重んじ、山川には各《おのおの》(31)部分有りて、妄《みだり》に相渉入《あいしょうにゅう》することを得ず。同姓は婚《こん》せず。(32)忌諱《きき》多く、疾病死亡せば、輒《すなわ》ち旧宅を(33)捐棄《えんき》し、更《あらた》めて新居を作る。麻布有り、蚕桑して(34)緜《めん》を作る。

暁《あかつき》に星宿を候《うかが》い、予《あらかじ》め(35)年歳の(36)豊約《ほうやく》を知る。珠玉を以《も》って宝と為《な》さず。常に十月の節を用《も》って天を祭り、昼夜、飲酒歌

18きまじめ。**19**欲望。**20**かどめ正しく恥を知る。**21**ものごい。**22**丸い襟。**23**銀のアクセサリー。**24**魏代の一寸は約二・四センチ。

25狼林山脈か。領は嶺。**26**朝鮮北部東海岸沿いに置かれた漢の七つの県。**27**軍政官の名、不耐都尉をさす。**28**後漢、光武帝の建武六年。**29**首長。**30**不耐侯。

31なわばり。**32**いみごと。**33**うちすてる。**34**棉花ではなく、絹糸や真綿のこと。

35みのり。**36**豊凶。

舞す、之《これ》を名づけて「舞天《ぶてん》」と為《な》す。又《また》虎を祭り、以って神と為《な》す。

其《そ》の(1)邑落相《ゆうらくあい》侵犯さば、輒《すなわ》ち相《あい》罰して(2)生口牛馬を(3)責《もと》む。之《これ》を名づけて責禍《せきか》と為《な》す。人を殺す者は死をもて償《つぐな》う。(4)寇盗《こうとう》少なし。矛《ほこ》の長さ三(5)丈なるを作り、或《ある》ときは数人にて共に之《これ》を持ち、能《よ》く歩戦す。(6)楽浪《らくろう》〔郡《ぐん》〕の(7)檀弓《だんきゅう》は、其《そ》の地に出《い》ず。

其《そ》の(8)海は、(9)班魚《はんぎょ》の皮を出《い》だす。土地には(10)文豹《ぶんぴょう》饒《ゆたか》にして、又《また》(11)果下馬《かかば》を出《い》だす。漢《かん》の桓《かん》〔帝《てい》〕の時、之《これ》を献《けん》ず。

(12)正始《せいし》六年、楽浪《らくろう》〔郡《ぐん》〕の太守劉茂《たいしゅりゅうも》・(13)帯方《たいほう》〔郡《ぐん》〕の太守弓《きゅう》遵《じゅん》、(14)領東《れいとう》の濊《わい》の〔高《こう》〕句麗《くり》に属せしを以《も》って、師を興して之《これ》を伐《う》ち、不耐侯等《ふたいこうら》邑《ゆう》を挙げて降る。

其《そ》の(15)八年、(16)闕《けつ》に詣《いた》りて朝貢す。詔《みことのり》して更《あらた》めて不耐濊王《ふたいわいおう》を(17)拝す。

居《す》む処《ところ》は、雑《まじ》わりて民間に在《あ》り。四時《しじ》、(18)郡《ぐん》に詣《いた》りて朝謁

1集落。2奴隷。3つぐないとして求める。4強盗、ぬすびと。5一丈は約二四〇センチ。6平壌付近。7まゆみの木で作った弓は、濊の地の産物。
8日本海。9まだら模様の魚。10皮に模様のある豹。11乗ったまま果樹の下を歩ける背の低い馬。12魏、斉王芳の年号。13黄海北道沙里院付近。14単単大山嶺以東の濊人。
15二四七年。16都の王城の門。17任命した。
18楽浪郡と帯方郡。19軍の

す。二郡に軍征(19)・賦・調有らば、供給役使し(20)、之《これ》を遇することと民の如《ごと》し。

出征や財物の徴集。**20** 濊人に物資を出させ、労役に服せしめ。

〈現代語訳〉

朝鮮《ちょうせん》の東海岸に住む濊《わい》の国は、南は辰韓《しんかん》と、北は高句麗《こうくり》・沃沮《よくそ》と境界を接し、東は海となっている。今の朝鮮の東の地のすべてが濊の国である。戸数は二万戸である。

昔、殷《いん》の貴族である箕子《きし》が朝鮮に行き、国をつくり、八条の教えをこしらえて民に教えた。門にかんぬきをおろさなくても、人民の中で盗みをするものはいなかった。

その後、王が四十余代替わり、朝鮮侯《ちょうせんこう》の準《じゅん》が、自分勝手に王と名のった。秦末《しん》に陳勝《ちんしょう》たちが鋒起《ほうき》して、天下の人々が秦にそむいた（前二〇九年）。燕《えん》・斉《せい》・趙《ちょう》の人民で戦乱を避けて、朝鮮に逃げた人は、数万人もあった。燕の出身で、衛満《えいまん》という人が、さいづちまげを結い朝鮮族の服装をして、この人々の王となった。漢《かん》の武帝《ぶてい》が朝鮮を攻めて滅ぼした時（前一〇八年）、その地方を漢の領土として四つの郡《ぐん》を置いた。これから後、胡族《こぞく》と漢族《かんぞく》とは分かれて住むようになった。

大きな長《おさ》というものはなく、漢以後、その官職として侯邑君《こうゆうくん》・三老《さんろう》というものがいて、庶民をおさめた。そこの年寄りは、昔は、自分たちは高句麗と同種であったといっている。

人々の性格は、きまじめで禁欲的であり、恥というものを知っていて、ものごいはやらない。言語・法律・習慣の大部分は高句麗《こうくり》と同じであるが、衣服には違ったところがある。男も女も上着には丸襟《まるえり》をつけ、男性は銀でつくった花で大きさ数センチのものを繋いでアクセサリーとしている。

単単大山嶺《たんたんたいざんれい》から西は、楽浪郡《らくろうぐん》の土地であり、山嶺から東の七県は軍政官の不耐都尉《ふたいとい》がおさめている。どちらも濊《わい》の種の民である。その後、都尉をやめて（二一〇年）、濊の首長《しゅちょう》を封《ほう》じて不耐侯《ふたいこう》にした。今の不耐濊《ふたいわい》は、その種族の末孫である。後漢《ごかん》の末期にはかわって、高句麗に属した。

濊の風俗は、山や川の神を大事にして、あちこちに聖域を設けていてやたらに立ち入ることはできない。姓が同じであるもの同士は結婚しない。タブーが多く、病人や死人がでると、古い家をすてて、新しく建てかえをする。麻布があり、桑でかいこを飼って、絹やまわたをつくる。

夜明けに星をみて、その年の収穫を予知する。真珠や玉《ぎょく》を宝物とは思わない。毎年十月には天をまつり、昼も夜も酒を飲み、歌ったり踊ったりして、これを「舞天《ぶてん》」と呼んでいる。また、虎をまつって、神様であるといっている。

濊のある集落が他の集落の領域を侵すと、侵犯を行った集落から奴隷・牛馬を罰として取り立て、これを名づけて「責禍《せきか》」といっている。人を殺したものは、死をもって償《つぐな》わされる。盗賊は少ない。長さ三丈ぐらいの矛《ほこ》があり、何人かでいっしょに持ち、徒歩で戦うのが上手である。楽浪郡の有名な檀弓《だんきゅう》は、この土地の産物である。

濊の海からは、まだら模様の魚の皮が生産される。陸では、模様のある豹《ひょう》の皮がたくさんとれ、果下馬《かかば》がいて、後漢《ごかん》の桓帝《かんてい》の時（一四六～一六七年）、これを献上してきた。

正始《せいし》六年（二四五年）、楽浪郡の太守《たいしゅ》である劉茂《りゅうも》と、帯方郡《たいほうぐん》の太守である弓遵《きゅうじゅん》は、単単大山嶺以東の濊人が、勝手に高句麗に服属してしまったので、軍隊を出してこれを攻めた。不耐侯たちは、集落を挙げて降参した。

濊人は正始八年（二四七年）、魏《ぎ》の都洛陽《らくよう》にきて貢ぎ物を献じて挨拶した。魏では詔《みことのり》を出して不耐濊王《ふたいわいおう》に任命した。

濊王には宮殿というものはなく、住居は、一般の民家の中にある。季節ごとに、楽浪・帯方の二郡に御機嫌伺《うかが》いにくる。楽浪郡・帯方郡ともに、軍隊の出動や、財物の徴集などということがあるので、濊人にその物資を出させたり、労役に使ったりして、二郡の人民のように扱っている。

韓《かん》

韓《かん》(1)は帯方《たいほう》〔郡《ぐん》〕の南に在《あ》り、東西は海を以《も》って限《かぎ》りと為《な》し、南は倭《わ》と接す。方四千里可《ばか》り。三種有り、一に馬韓《ばかん》と曰《い》い、二に辰韓《しんかん》と曰い、三に弁韓《べんかん》と曰う。辰韓《しんかん》とは、古《いにしえ》の辰《しん》国也《こくなり》。

馬韓《ばかん》は西に在《あ》り。其《そ》の民土著にして、(2)種植《しゅしょく》し、蚕桑《さんそう》を知り、綿布を作る。

各《おのおの》(3)長帥《ちょうすい》有り、大なる者は自《みずか》ら名づけて(4)臣智《しんち》と為《な》し、其《そ》の次は(5)邑借《ゆうしゃく》と為《な》す。(6)散《さん》じて山海の間に在《あ》り、城郭無し。

(7)爰襄国《えんじょうこく》・牟《む》水国《すいこく》・桑外国《そうがいこく》・小石索国《しょうせきさくこく》・大石索国《だいせきさくこく》・優休牟涿国《ゆうきゅうむたくこく》・臣濆沽国《しんふんここく》・伯済国《はくさいこく》・速盧不斯国《そくろふしこく》・日華国《にっかこく》・古誕者国《こたんしゃこく》・古離国《こりこく》・怒藍国《どらんこく》・(8)月支国《げっしこく》・咨離牟盧国《しりむろこく》・素謂乾国《そいかんこく》・古爰国《こえんこく》・莫盧国《ばくろこく》・卑離国《ひりこく》・占離卑国《せんりひこく》・臣釁国《しんきんこく》・支侵国《ししんこく》・狗盧国《くろこく》・卑弥《ひみ》

〈語釈〉

1 黄海北道沙里院付近。

2 農耕。

3 首長。 4 国王。 5 君長。

6 (国々は)。

7 以下、馬韓の諸国を列挙。 8 目支国。 9 不弥支国。 10 半狗国。 11 素捷国。

国《こく》・監奚卑離国《かんけいひりこく》・古蒲国《こほこく》・致利鞠国《ちりきくこく》・冉路国《ぜんろこく》・児林国《じりんこく》・駟盧《しろ》国《こく》・内卑離国《ないひりこく》・感奚国《かんけいこく》・万盧国《ばんろこく》・辟卑離国《へきひりこく》・臼斯烏旦国《きゅうしうたんこく》・一《いち》離国《りこく》(9)・不弥国《ふみこく》(10)・支半国《しはんこく》・狗素国《くそこく》(11)・捷盧国《しょうろこく》・牟盧卑離国《むろひりこく》・臣蘇《しんそ》塗国《とこく》・莫盧国《ばくろこく》・古臘国《ころうこく》・臨素半国《りんそはんこく》・臣雲新国《しんうんしんこく》・如来卑離国《にょらいひりこく》・楚山塗卑離国《そさんとひりこく》・一難国《いちなんこく》・狗奚国《くけいこく》・不雲国《ふうんこく》・不斯濆邪国《ふしふんやこく》・爰池《えんち》国《こく》・乾馬国《かんばこく》・楚離国《そりこく》有り、凡《およ》そ五十余国。

大国は〔一〕万余家、小国は数千家、総《すべ》て十余万戸。辰王《しんおう》、月支国《げっしこく》を治む。臣智《しんち》は或《ある》いは優呼臣雲遣支報安邪踧《ゆうこしんうんけんしほうあんやしゅく》支濆臣離児不例拘邪秦支廉《しふんしんりじふれいくやしんしれん》の号を加う。其《そ》の官には魏《ぎ》の率《そつ》善《ぜん》・邑君《ゆうくん》・帰義侯《きぎこう》・中郎将《ちゅうろうしょう》・都尉《とい》・伯長《はくちょう》有り。

(12)侯準《こうじゅん》既《すで》に僭号《せんごう》して王を称《しょう》するも、燕《えん》の亡人《ぼうじん》、衛満《えいまん》の攻奪する所と為《な》りぬ。其《そ》の左右の宮人《きゅうじん》を将《ひき》いて走りて海に入り、韓地《かんち》に居して、自《みずか》ら韓王《かんおう》と号《ごう》す。其《そ》の後絶滅せるも、今韓人《かんひと》猶《な》お其《そ》の祭祀《さいし》を奉《ほう》ずる者有り。

12 朝鮮侯箕準。

漢《かん》の時、(1)楽浪郡《らくろうぐん》に属《ぞく》し、四時《しじ》朝謁す。(2)桓《かん》〔帝《てい》〕・霊《れい》〔帝《てい》〕の末、韓《かん》・濊《わい》、彊盛《きょうせい》にして、(3)郡県制《ぐんけんせい》する能《あた》わず、民多く韓国《かんこく》に流入す。(4)建安《けんあん》中、(5)公孫康《こうそんこう》、(6)屯有県《とんゆうけん》以南の荒地を分かちて帯方郡《たいほうぐん》と為《な》し、公孫模《こうそんも》・張敞等《ちょうしょうら》を遣わして〔漢《かん》の〕遺民《いみん》を収集せしめ、兵を興して韓《かん》・濊《わい》を伐《う》つ。旧民〔韓《かん》より〕稍《やや》出ず。是《こ》の後《のち》、倭《わ》・韓《かん》は遂《つい》に帯方《たいほう》に属す。

景初《けいしょ》中、明帝《めいてい》、密《ひそ》かに(7)帯方太守劉昕《たいほうたいしゅりゅうきん》・楽浪太守鮮于嗣《らくろうたいしゅせんうし》を遣わし、海を越えて二郡を定め、諸韓国《しょかんこく》の臣智《しんち》に邑君《ゆうくん》の(8)印綬《いんじゅ》を加賜す。其《そ》の次には邑長《ゆうちょう》〔の印綬〕を与《あた》う。其《そ》の俗《ぞく》は衣幘《いさく》を好み、(9)下戸《げこ》、郡《ぐん》に詣《いた》りて朝謁するに、皆《みな》、衣幘《いさく》を仮《か》る。自《みずか》ら印綬衣幘《いんじゅいさく》を服するもの千有余人。

(10)部従事《ぶじゅうじ》の呉林《ごりん》、楽浪《らくろう》は本韓国《もとかんこく》を統《す》ぶるを以《も》って、辰韓《しんかん》の八国を分割し、以《も》って楽浪《らくろう》に与《あた》う。吏訳《りやく》転ずるに異同有り、臣《しん》

1 平壌付近。
2 後漢。 3 楽浪郡とその下の県。
4 後漢、献帝の年号。 5 公孫康の注（五一頁27）参照。 6 黄海北道黄州。
7 長官。 8 印章と下げ紐。
9 庶民。
10 郡に置かれた監督官。

智《ち》、韓《かん》を激して忿《いか》らしめ、帯方郡《たいほうぐん》の崎離営《きりえい》を攻めしむ。時に〔帯方《たいほう》〕太守弓遵《たいしゅきゅうじゅん》・楽浪太守劉茂《らくろうたいしゅりゅうも》、兵を興《おこ》して之《これ》を伐《う》つ。遵《じゅん》、戦いて死するも、二郡遂《つい》に韓《かん》を滅ぼす。

其《そ》の俗綱紀《ぞくこうき》少なく、国邑《こくゆう》(11)、主帥《しゅすい》(12)有りと雖《いえど》も、邑落は雑居し、善《よ》く相《あい》制御する能《あた》わず。跪拝《きはい》(13)の礼《れい》無し。居処《きょしょ》は草屋土室を作り、形は冢《ちょう》(14)の如《ごと》し。其《そ》の戸は上に在《あ》り、家を挙げて共に中に在り。長幼男女の別無し。其《そ》の葬《そう》は槨《かく》(15)有りて棺《かん》(16)無し。牛馬に乗るを知らず。牛馬は死を送るに尽くす。瓔珠《えいしゅ》(17)を以《も》って財宝と為《な》し、或《ある》いは以《も》って衣に綴《つづ》りて飾《かざ》りと為《な》し、或《ある》いは以《も》って頸《くび》に県《か》(18)け耳に垂《た》る。金銀錦繡《きんしゅう》を以《も》って珍《ちん》と為《な》さず。

其《そ》の人、性《せい》は彊勇《きょうゆう》、魁頭《かいとう》(19)露紒《ろけい》し、炅兵《けいへい》(20)の如し、布袍《ふほう》(21)を衣《き》、足には革の蹻蹋《きょうとう》(22)を履《は》く。

其の国中為《な》す所有ると及び官家《かんけ》の城郭を築かしむるとには、諸《もろもろ》の年少勇健なる者、皆《みな》脊皮《せきひ》(23)を鑿《さく》し、大縄を以《も》っ

11国の都。12首長。13ひざまずいておがむ。14塚。15外箱。16内棺。17珠玉をつないだもの。18懸け。

19頭に何もかぶらず、まげを現す。20のろしを扱う兵。21あさぬの。22底の厚いぞうり。23背中の皮に孔をあける通過儀礼の苦行的行事とも、朝鮮特有の背負子に重荷用の背当てをつけたところを描写したとも考えられる。

て之《これ》を貫き、又《また》〔一〕(1)丈許《ばか》りなる木を以《も》って之《これ》を(2)錙《そう》し通日、(3)嚾呼《かんこ》作力《さくりき》して、以《も》って痛みと為《な》さず。既《すで》に以《も》って(4)勧作《かんさ》し、且《か》つ以《も》って健《けん》なりと為す。

常に五月を以《も》って種《たね》を下し訖《おわ》るや、鬼神《きしん》を祭り、群聚《ぐんしゅう》して歌舞し、酒を飲みて昼夜休《や》む無し。其《そ》の舞、数十人倶《とも》に起《た》ちて相随《あいしたが》い、地を踏《ふ》みて低昂《ていこう》す。手足相《あい》応じ、(5)節奏は(6)鐸舞《たくぶ》に似たる有り。

十月に農功畢《おわ》るときも、亦《ま》た復《ま》た之《かく》の如《ごと》し。鬼神《きしん》を信じ、(7)国邑には各《おのおの》一人を立てて天神を主祭せしむ。之《これ》を天君《てんくん》と名づく。

又《また》諸国各《おのおの》別邑《べつゆう》有りて、之《これ》を名づけて蘇塗《そと》と為《な》す。(8)大木を立て、鈴鼓《れいこ》を県《か》け、鬼神に事《つか》う。諸《もろもろ》の(9)亡《ぼう》、逃げて其《そ》の中《うち》に至れば、皆之《みなこれ》を還《かえ》さず、好んで賊を作《な》す。其《そ》の蘇塗《そと》を立つるの義は、(10)浮屠《ふと》に似たること有るも、行う所の善悪異なること

1約二・四メートル。2縄にさしこむ。3叫び声をあげて仕事につとめる。4力づけて。

5リズム。6大きな鈴を持って舞う雑舞。

7国の都。

8大木を伝わって高い所から神が降ってくるという信仰。9逃亡者。10仏寺の塔。

有り。

其《そ》の北方、(11)郡《ぐん》に近き諸国差《やや》礼俗《れいぞく》を(12)暁《さと》るも、其《そ》の遠き処《ところ》は直《ただ》囚徒《しゅうと》・奴婢《ぬひ》の相聚《あいあつま》れるが如《ごと》し。

他に珍宝無し。禽獣《きんじゅう》草木《そうもく》は略《ほぼ》中国《ちゅうごく》と同じ。大栗《だいりつ》を出《い》だす、大なること梨の如し。又《また》(13)細尾鶏《さいびけい》を出《い》だす、其《そ》の尾皆《みな》長さ五(14)尺余。

其《そ》の男子(15)時時に(16)文身《ぶんしん》すること有り。

又州胡《またしゅうこ》有りて馬韓《ばかん》の西海中の(17)大島上に在《あ》り。其《そ》の人差《やや》短小にして、言語は韓《かん》と同じからず、皆《みな》(18)髠頭《こんとう》すること鮮卑《せんぴ》の如《ごと》し。但《た》だ韋《い》を衣《き》て、牛及び(19)豬《ちょ》を養うを好む。其《そ》の衣《ころも》は上有りて下無く、略裸《ほぼら》勢《せい》の如し。船に乗りて往《ゆ》き来《き》し、韓中《かんちゅう》に(20)市《し》買《ばい》す。

辰韓《しんかん》は馬韓《ばかん》の東に在《あ》り。其《そ》の耆老《きろう》、世に伝えて、自《みずか》ら言う、古《いにしえ》の(21)亡人《ぼうじん》、秦《しん》の役《えき》を避け来《き》たりて韓国《かんこく》に適《ゆ》き、馬《ば》韓《かん》其《そ》

11 帯方・楽浪。 12 わきまえる。 13 尾長鶏。 14 魏代の一尺は、約二四センチ。 15 ときたま。 16 入れ墨。 17 済州島。 18 坊主頭。 19 豚。 20 貿易。 21 亡命した民。

の東界の地を割《さ》きて之《これ》に与《あた》うと。

城柵《じょうさく》有り。其《そ》の言語は馬韓《ばかん》と同じからずして、国を名づけて邦《ほう》と為《な》し、弓を弧《こ》と為し、賊を寇《こう》と為し、行酒(1)を行觴《こうしょう》と為す。相《あい》呼ぶに皆徒《みなと》と為し、秦人《しんひと》に似たる有り、但《た》だに燕(2)《えん》・斉《せい》の物に名づくるのみに非ざるなり。楽浪《らくろう》の人を名づけて阿残《あざん》と為す。東方の人、我(3)を名づけて阿《あ》と為す、楽浪《らくろう》の人は本其《もとそ》の残余の人なるを謂(4)《い》う。今之《これ》を名づけて秦韓《しんかん》と為《な》す者有り。始め六国有り、稍《ようや》く分かれて十二国と為る。

弁辰《べんしん》も亦《ま》た十二国、又諸《またもろもろ》の小別邑《しょうべつゆう》有りて、各《おのおの》(5)渠帥《きょすい》有り。大なる者を臣智《しんち》と名づけ、其《そ》の次に険側《けんそく》有り、次に樊《はん》濊《わい》有り、次に殺奚《さつけい》有り、次に邑借《ゆうしゃく》有り。

已柢国《いていこく》・不斯国《ふしこく》・弁辰弥離弥凍国《べんしんみりみとうこく》・弁辰接塗国《べんしんせつとこく》・勤耆国《きんきこく》・難弥離弥凍国《なんみりみとうこく》・弁辰古資弥凍国《べんしんこしみとうこく》・弁辰古淳是国《べんしんこじゅんぜこく》・冉奚国《ぜんけいこく》・弁《べん》辰半路国《しんはんろこく》・弁辰楽奴国《べんしんらくぬこく》・軍弥国《ぐんみこく》(6)・弁軍弥国《べんぐんみこく》・弁辰弥烏邪馬《べんしんみうやま》

1酒杯をすすめる。 2河北省・山東省。 3自分。 4思っている。

5首長。

6重複か。 7重複か。

国《こく》・如湛国《じょたんこく》・弁辰甘路国《べんしんかんろこく》・戸路国《とろこく》・州鮮国《しゅうせんこく》・馬延国《ばえんこく》・弁辰狗邪国《べんしんくやこく》・弁辰走漕馬国《べんしんそうそうばこく》・弁辰安邪国《べんしんあんやこく》(7)・馬延国《ばえんこく》・弁辰瀆盧国《べんしんとくろこく》・斯盧国《しろこく》・優由国《ゆうゆこく》有り。弁《べん》・辰韓《しんかん》、合わせて二十四国、大国は四、五千家、小国は六、七百家、総じて四、五万戸。

其《そ》の十二国は辰王《しんおう》に属す。辰王《しんおう》、常に馬韓《ばかん》の人を用いて之《これ》に作《な》し、世世《よよ》相継《あいつ》ぐ。辰王《しんおう》、自立して王為《た》るを得ず。

土地肥美にして、五穀及び稲を種《う》うるに宜《よろ》し。蚕桑《さんそう》することを暁《し》り、(8)縑布《けんぷ》を作り、牛馬に乗駕《じょうが》す。嫁娶《かしゅ》礼俗、男女別《べつ》有り。大鳥の羽を以《も》って死を送り、其《そ》の意は死者をして飛揚せしめんと欲するなり。国は鉄を出《い》だし、韓《かん》・濊《わい》・倭《わ》皆《みな》従いて之《これ》を取る。諸《もろもろ》の市買《しばい》には皆《みな》鉄を用い、中国の銭を用いるが如《ごと》くして、又以《またも》って(9)二郡《にぐん》に供給す。

俗は歌舞・飲酒を喜《この》む。瑟《しつ》有り、其《そ》の形は筑《ちく》に似たり、之《これ》を弾ずるに亦《ま》た音曲有り。児《こ》生まるれば、便《すなわ》ち石を以《も》って其《そ》

8 二本合わせた糸で細かく織った絹。 9 帯方郡・楽浪郡。

の頭を厭《おさ》え、其《そ》の(1)褊《へん》ならんことを欲す。今、辰韓《しんかん》の人皆褊頭《みなへんとう》なり。男女は倭《わ》に近く、亦《ま》た(2)文身《ぶんしん》す。便《すなわ》ち歩戦し、兵仗(3)は馬《ば》韓《かん》と同じ。其《そ》の俗《ぞく》、行者相逢《こうしゃあいあ》わば、皆住《みなとど》まりて路《みち》を譲る。

弁辰《べんしん》、辰韓《しんかん》と雑居し、亦《ま》た城郭有り。衣服居処は辰韓《しんかん》と同じ。言語・法俗相《あい》似たるも、鬼神《きしん》を祠祭《しさい》するに異なる有り、(4)竈《そう》を施すに皆《みな》戸の西に在《あ》り。其《そ》の瀆盧国《とくろこく》は倭《わ》と界《さかい》を接す。十二国亦《ま》た王有り、其《そ》の人、形皆《みな》大なり。衣服は絜清《けっせい》にして長髪。亦《ま》た広幅の細布(5)を作る。法俗特に厳峻《げんしゅん》なり。

1たいら。2入れ墨。3兵器。4かまどをこしらえる。5目の細かい布。

〈現代語訳〉

韓《かん》は帯方郡《たいほうぐん》の南にあって、東西は海まで続いている。南は倭《わ》と境を接している。面積はおよそ四千里四方である。三種類に分かれていて、一つめは馬韓《ばかん》、二つめは辰韓《しんかん》、三つめを弁韓《べんかん》という。辰韓は昔の辰国《しんこく》のことである。

馬韓は西に位置している。そこの人は土着の民で、耕作をし、絹を作ることを知り、綿布も織っていた。

それぞれの国には権力者がいて、勢力の大きな者は自らを臣智《しんち》といい、その次のものは邑《ゆう》借《しゃく》といった。その国々は、山々の間や海上の島に散らばっていて、城郭を築くことはない。

馬韓には、爰襄国《えんじょうこく》・牟水国《むすいこく》・桑外国《そうがいこく》・小石索国《しょうせきさくこく》・大石索国《だいせきさくこく》・優休牟涿国《ゆうきゅうむたくこく》・臣濆沽国《しんふんここく》・伯《はく》済国《さいこく》・速盧不斯国《そくろふしこく》・日華国《にっかこく》・古誕者国《こたんしゃこく》・古離国《こりこく》・怒藍国《どらんこく》・月支国《げっしこく》・咨離牟盧国《しりむろこく》・素謂乾国《そいかんこく》・古爰国《こえんこく》・莫盧国《ばくろこく》・卑離国《ひりこく》・占離卑国《せんりひこく》・臣釁国《しんきんこく》・支侵国《ししんこく》・狗盧国《くろこく》・卑弥国《ひみこく》・監奚卑離国《かんけいひりこく》・古蒲国《こほこく》・致利鞠国《ちりきくこく》・冉路国《ぜんろこく》・児林国《じりんこく》・駟盧国《しろこく》・内卑離国《ないひりこく》・感奚国《かんけいこく》・万盧国《ばんろこく》・辟卑離国《へきひりこく》・臼斯烏旦国《きゅうしうたんこく》・一離国《いちりこく》・不弥国《ふみこく》・支半国《しはんこく》・狗素国《くそこく》・捷盧国《しょうろこく》・牟盧卑離国《むろひりこく》・臣蘇塗国《しんそとこく》・莫盧国《ばくろこく》・古臘国《ころうこく》・臨素半国《りんそはんこく》・臣雲新国《しんうんしんこく》・如来卑離国《にょらいひりこく》・楚山塗卑離国《そさんとひりこく》・一難国《いちなんこく》・狗奚国《くけいこく》・不雲国《ふうんこく》・不斯濆邪国《ふしふんやこく》・爰池国《えんちこく》・乾馬国《かんばこく》・楚離国《そりこく》などがあり、全部で五十余国となる。

国の大きなものは、一万余戸、小さなものは数千戸の人家があり、馬韓全体では十数万戸になる。

辰王《しんおう》は月支国を統治していて、臣智は、優呼臣雲遣支報安邪踧支濆臣離児不例拘邪秦支廉《ゆうこしんうんけんしほうあんやしゅくしふんしんりじふれいくやしんしれん》とも号《ごう》を加えることがある。辰王の臣下には、魏《ぎ》から率善《そつぜん》・邑君《ゆうくん》・帰義侯《きぎこう》・中郎将《ちゅうろうしょう》・都《と》尉《い》・伯長《はくちょう》などの官名を受けている者がいる。

朝鮮侯《ちょうせんこう》の箕準《きじゅん》は、以前から自分で王と名乗っていたが、燕《えん》から亡命してきた衛満《えいまん》に国を攻めとられてしまった。箕準は側近の官人たちを率いて逃げ、海路、馬韓人の土地に入って住みつき、自《みずか》ら韓王《かんおう》といった。箕準の子孫はその後絶えてしまったが、韓人には今でも箕準の祭祀を奉る人がいる。

韓は、中国の漢《かん》代には楽浪郡《らくろうぐん》に属し、季節ごとに郡の役所に挨拶に来ていた。

後漢《ごかん》の桓帝《かんてい》・霊帝《れいてい》時代（一四六〜一八九年）の末頃になると、韓《かん》や濊《わい》が強盛になり、楽浪《らくろう》郡《ぐん》やその支配下の県が統制することができなくなってきた。そして、それらの郡県の人々が多数韓の諸国に流入した。

建安《けんあん》年間（一九六〜二二〇年）には、公孫康《こうそんこう》が楽浪郡の屯有県《とんゆうけん》以南の荒地を分割して帯方《たいほう》郡《ぐん》を新設した。また公孫模《こうそんも》・張敞《ちょうしょう》らを帯方郡に派遣して、漢《かん》の遺民を集結させて、軍隊を組織し、韓・濊を征討させた。そのため、韓・濊の諸国に住んでいたもとの漢の郡県の支配下にあった人々が、少しずつ出てくるようになった。このあとで、倭《わ》も韓も帯方郡に所属するようになったのである。

魏《ぎ》の景初《けいしょ》中（二三七〜二三九年）、明帝《めいてい》は密かに帯方太守劉昕《たいほうたいしゅりゅうきん》と楽浪太守鮮于嗣《らくろうたいしゅせんうし》を派遣して、海を渡って帯方・楽浪の二郡を平定させた。そして諸韓国の国王たちである臣智《しんち》には邑《ゆう》君《くん》の印綬《いんじゅ》を賜い、次位の者には邑長《ゆうちょう》の印綬を下し与えた。一般の風習としては、衣服と頭巾《ずきん》を好み、庶民が楽浪郡や帯方郡に来て挨拶するときは、みな衣服と頭巾を借りて身につける。自分で印綬や衣服・頭巾をつける者は千人以上もいる。

魏の部従事《ぶじゅうじ》の呉林《ごりん》は、楽浪郡がもともと韓の諸国を統轄していたという理由で、辰韓《しんかん》のうち八国を分割し、楽浪郡に編入した。その際、役人の通訳に、話の違うところがあった。臣《しん》智《ち》は諸韓国《かんこく》の人々をも奮激させて怒り、帯方郡の崎離営《きりえい》を攻撃した。当時の帯方郡太守《たいしゅ》の弓遵《きゅうじゅん》と楽浪郡太守《らくろうぐんたいしゅ》の劉茂《りゅうも》は、軍隊を編成して韓族を討伐した。弓遵は戦死したが、帯方・楽浪の連合軍はとうとう韓族を制圧してしまった。

韓の人々の風俗は、法律規則は少なく、諸国の都には主帥《しゆすい》がいるけれども、村落は入り混っていてなかなか統轄できない。人々の間に跪拝《きはい》の礼は無い。住居として、屋根を草で葺《ふ》いた土の家をつくるが、その形は中国の冢《はか》のようである。家の戸口は上にあって家族は全部その中で暮らしている。年齢や男女による区別はない。死んだ者を葬るときには、墓に槨はあるが棺はない。牛馬を乗用に使うことは知らない。牛馬はみな副葬に使用してしまう。珠玉を財宝とし、衣服に縫いつけて飾りとしたり、頸飾《くびかざ》りとしたり、耳飾りとしたりする。金や銀や縫取りのある綾絹などを珍重することはない。

韓の人々は、性格は強く勇敢で、頭に何も被らずまげを見せているところは、狼火《のろし》を扱う兵のようである。そして麻布の衣服を着、足に底の厚い革ぞうりを履《は》いている。

国をあげて何事かを行うときや、また国が城郭を築造させるときには、少年たちの勇敢で健康な者たちに背負わせた皮に孔をあけ、太い縄で綴《つづ》り、また長さ一丈ほどの木をこれに差し込み、一日中叫び声をあげて作業をして、少年たちはこれを苦痛とはしない。そうした作業をやらせておいて、その上で壮健な者と認めるのである。

毎年五月には作物の種を播《ま》き終え、そこで鬼神を祭る。多数が集まって歌い踊り酒を飲んで昼夜休まず遊ぶ。その踊りは、数十人が一緒に起ち上がって互いに調子をあわせ、地を踏んで高く低く、手足はそれに応じて動き、リズムは中国の鐸舞《たくぶ》のようである。

十月に収穫が終わったときも、またこのようにする。鬼神を信じ、国の都ごとに一人を立てて天神を祭る司祭とし、天君《てんくん》と名づけている。

また国ごとにそれぞれ、蘇塗《そと》と呼ばれる特別な村がある。そこには大木を立て、鈴と鼓を懸けて、鬼神に仕えている。いろいろな理由をもった逃亡者が、この村に逃げ込めば、追っ手に彼を引き渡すことはしない。そのため盗賊が多くなっている。この蘇塗を立てるのは、仏教で塔を立てることに似てはいるが、行っていることの善悪は違っている。

馬韓《ばかん》諸国の北部の、帯方郡《たいほうぐん》や楽浪郡《らくろうぐん》に近い国々では、やや礼儀をわきまえているが、両郡から遠い国々では、まさに囚人や奴婢が集まったにすぎないような様子である。

馬韓にはとりたてて珍しい宝はない。動物や植物はほぼ中国と同じである。大きさが梨くらいある大栗を産する。また尾の長さが五尺あまりの尾長鶏がいる。

馬韓の男には、時々入れ墨をしているものがいる。

また州胡国《しゅうここく》が馬韓の西の海上の大きな島にある。そこの人はやや背が低く、言葉は韓族と同じではない。みな鮮卑族《せんぴぞく》のように坊主頭にしている。ただし、なめし革を着て、好んで牛と豚を飼っている。その衣服は上部があって下部がなく、ほとんど裸のようである。船を使って往き来し、韓国《かんこく》中で貿易をしている。

辰韓《しんかん》は馬韓の東方にある。辰韓の老人たちは、代々こう言い伝えている。

「昔、中国の秦《しん》の代に、労役を避けて韓国に逃げてきたものがいて、馬韓が、東部の地域を割《さ》いてその人々に与えた。それが我々である」

辰韓には砦《とりで》がある。言葉は馬韓とは異なり、国を邦《ほう》といい、弓を弧《こ》といい、賊を寇《こう》といい、酒を杯にそそいですすめることを行觴《こうしょう》という。お互いを呼び合うには徒《と》という。これらは秦人《しんひと》の言葉に似ているところがあり、ただ燕《えん》や斉《せい》の物の名称だけが伝わったのではないことを示している。

楽浪郡の人を阿残《あざん》と呼んでいる。これは、東方の人々は自分のことを阿といっていて、楽浪郡の人はもともとその土地に残留した人だという意味である。今、辰韓を秦韓《しんかん》と呼ぶ者もいる。はじめは六国だった。のち、しだいに分かれて十二国となった。

弁辰《べんしん》もまた十二国である。他にもまた多くの小さな国（別邑《べつゆう》）があって、それぞれに渠帥《きょすい》がいる。そのうち勢力の大きいものを臣智《しんち》と名づけ、その次の勢力を持つものは、険側《けんそく》と名づけ、その次を樊濊《はんわい》といい、次を殺奚《さっけい》といい、次を邑借《ゆうしゃく》といった。已柢国《いていこく》・不斯国《ふしこく》・弁辰弥離弥凍国《べんしんみりみとうこく》・弁辰接塗国《べんしんせっとこく》・勤耆国《きんきこく》・難弥離弥凍国《なんみりみとうこく》・弁辰古資弥凍国《べんしんこしみとうこく》・弁辰古淳是国《べんしんこじゅんぜこく》・冉奚国《ぜんけいこく》・弁辰半路国《べんしんはんろこく》・弁辰楽奴国《べんしんらくぬこく》・軍弥国《ぐんみこく》・弁軍弥国《べんぐんみこく》・弁辰弥烏邪馬国《べんしんみうやまこく》・如湛国《じょたんこく》・弁辰甘路国《べんしんかんろこく》・戸路国《ころこく》・州鮮国《しゅうせんこく》・馬延国《ばえんこく》・弁辰狗邪国《べんしんくやこく》・弁辰走漕馬国《べんしんそうそうばこく》・弁辰安邪国《べんしんあんやこく》・馬延国《ばえんこく》・弁辰瀆盧国《べんしんとくろこく》・斯盧国《しろこく》・優由国《ゆうゆこく》があって、弁辰と辰韓を合わせて二十四国となる。その中の大国は戸数四、五千、小国は戸数六、七百で総計四、五万戸である。

辰韓十二国は辰王《しんおう》に服属している。辰王には常に馬韓の人を当てていて、代々世襲である。辰王は、馬韓から独立して王となることはできない。

弁辰《べんしん》の土地は肥沃で、五穀や稲をつくるのに適している。蚕を飼い桑を植えることを知っており、縑布《けんぷ》を作り、牛馬に乗ったり車を引かせたりしている。婚姻の際の礼儀風習は、男女の区別がなされている。死者を送るときは、大鳥の羽を飾る。その意味は、死者をその大鳥の羽で天へ飛翔させようとするものである。弁辰《べんしん》の国々は鉄を産出し、韓《かん》・濊《わい》・倭《わ》の人々はみなこの鉄を取っている。いろいろな商取引にはみな鉄を用い、中国で銅銭を用いるのと同じである。またこの鉄は帯方《たいほう》・楽浪《らくろう》の二郡にも供給されている。

弁辰の風俗としては、歌舞や、飲酒を好む。筑《ちく》に似た形の瑟《しつ》があって、これで弾く音曲もある。子供が産まれると、石でもってその頭を圧迫し、平らにしようとする。それで、今、辰韓の人はみな扁平《へんぺい》な頭をしている。男女の風習は倭人《わじん》のそれに近く、男女ともに入れ墨をしている。戦闘では歩戦し、兵器は馬韓と同じである。弁辰の習慣では、道で人に行き会えば、みなとまって路をゆずる。

弁辰は、辰韓の人と入り混って生活している。また城郭がある。衣服や住居などは辰韓と同じである。言葉や生活の規律はお互いに似ているが、鬼神の祭り方は違っている。竈《かまど》はみな家の西側につくっている。弁辰の瀆盧国《とくろこく》は倭《わ》と隣り合っている。弁辰の十二国にはそれぞれ王がいる。弁辰の人は、みな背が高い。衣服は清潔で、髪は長くのばしている。また広幅の目の細かい布を織ることができる。規律は大変厳《きび》しい。

倭《わ》人《じん》

倭人《わじん》は、(1)帯方《たいほう》〔郡《ぐん》〕の東南、大海の中に在《あ》り、山島に依《よ》りて国邑《こくゆう》を為《つく》る。旧《もと》百余国あり。(2)漢《かん》の時に朝見する者有り。今、(3)使訳の通ずる所(4)三十国なり。

〔帯方《たいほう》〕郡《ぐん》従《よ》り倭《わ》に至るには、海岸に循《したが》いて水行し、〔諸〕韓国《かんこく》を歴《へ》て乍《たちま》ち南し、乍《たちま》ち東し、其《そ》の北岸(5)狗邪韓国《くやかんこく》に到る。〔郡より〕(6)七千余里にして、始めて(7)一つの海を度《わた》り、千余里にして対馬国《つしまこく》に至る。其《そ》の大官を(8)卑狗《ひこ》と曰《い》い、副を(9)卑奴母離《ひなもり》と曰う。〔対馬《つしま》は〕居《お》る所、絶島にして、方四百余里可《ばか》りなり。〔その〕土地は、山険しくして、深き林多く、道路は禽《きん》鹿《ろく》の径《ほそみち》の如《ごと》し。千余戸有り。良田無く、海の物を食《くら》いて自活す。船に乗り、南北に〔ゆきて〕市糴《してき》す。

又《また》南して(10)一つの海を渡る。千余里なり。名づけて(11)瀚海《かんかい》と曰《い》

〈語　釈〉

1黄海北道沙里院付近。後漢末、楽浪郡の南半を分割して公孫康が設け、約一世紀存続した中国の郡名。**2**『漢書』地理志の「夫楽浪海中有倭人、分為百余国、以歳時来献見云」、『後漢書』東夷伝倭条、光武帝紀建武中元二年、安帝紀永初元年など。**3**通訳つきの使者。**4**狗邪韓国と斯馬国以下二十九国。**5**伽羅韓国。金海加羅とも。**6**魏代の一里はほぼ四三四メートルだが、実際は約八〇〇キロ。狗邪韓国―対馬間の千余里も、実際は約一三〇キロ。**7**朝鮮海峡。**8**彦。**9**鄙守。**10**対馬海峡。**11**玄界灘。

う。(1)一大国《いちだいこく》に至る。官を亦《ま》た卑狗《ひこ》と曰《い》い、副を卑奴母離《ひなもり》と曰《い》う。方三百里可《ばか》りなり。竹木の叢林《そうりん》多し。三千許《ばか》りの家有り。差《やや》田地有りて、田を耕せども、猶《な》お食《くら》うに足らず。亦《ま》た南北に市糴《してき》す。

又《また》(2)一つの海を渡り、千余里にして(3)末盧国《まつらこく》に至る。四千余戸有り。山海に(4)浜《ひん》して居《す》む。草木茂り盛《さか》えて、行くに前人(6)〔のかげも〕見えず。魚・(5)鰒《ふく》を捕らうることを好み、水は深浅と無く、皆《みな》、(7)沈没して之《これ》を取る。

東南に陸行すること五百里にして、(8)伊都国《いとこく》に到る。官を(9)爾《ね》支《ぎ》と曰《い》い、副を(10)泄謨觚《えもこ》・柄渠觚《へごこ》と曰《い》う。千余戸有り。世《よよ》王有り。皆《みな》、女王国に(11)統属す。〔帯方郡《たいほうぐん》の〕郡使《ぐんし》往来するとき、常に駐《とど》まる所なり。

東南して(12)奴国《なこく》に至る、百里なり。官を(13)兕馬觚《しまこ》と曰《い》い、副を卑奴母離《ひなもり》と曰《い》う。二万余戸有り。

1 壱岐。『翰苑』所引『魏略』及び『梁書』『北史』等には一支国とあり、大は明らかに支の誤り。

2 壱岐水道。 3 佐賀県唐津市の名護屋か。 4 すれすれに接して。 5 あわび。 6 深さにこだわらず。 7 水にもぐり。

8 福岡県糸島市か。 9 禰宜（ねぎ）または稲置（いなぎ）。 10 妹子（いもこ）・彦子（ひここ）。 11 すべられる。

12 福岡県福岡市。 13 島子（しまこ）。

東に行きて不弥国《ふみこく》[14]に至る、百里なり。官を多模《たま》[15]と曰《い》い、副を卑奴母離《ひなもり》と曰《い》う。千余家有り。

南して投馬国《つまこく》に至る。水行すること二十日なり。官を弥弥《みみ》[16]と曰《い》い、副を弥弥那利《みみなり》[17]と曰う、五万余戸可《ばか》り。

南して邪馬壱国《やまとこく》[18]に至る。女王の都する所なり。〔投馬国《つまこく》より〕水行すること十日、陸行すること一月なり。官には伊支《いき》[19]馬《ま》有り。次は弥馬升《みまと》[20]と曰い、次は弥馬獲支《みまわけ》[21]と曰い、次は奴佳《なか》[22]鞮《で》と曰う。七万余戸可《ばか》り。

　女王国自《よ》り以北は、其《そ》の戸数・道里、略《ほぼ》載することを得べけれど、其《そ》の余《ほか》の旁国[23]は遠く絶《はな》れて、詳《つまびら》かにすることを得べからず。

〔されども略記すれば〕次に斯馬国《しまこく》有り、次に已百支国《いはきこく》有り、次に伊邪国《いやこく》有り、次に都支国《つきこく》有り、次に弥奴国《みなこく》有り、次に好古都国《こくつこく》有り、次に不呼国《ふここく》有り、次に姐奴国《しゃなこく》有り、次に対《と》

14 福岡県糟屋郡宇美か。**15** 玉または魂。
16 耳。**17** 耳成。
18 邪馬台国。『太平御覧』巻七八二所引『魏志』及び『後漢書』『梁書』『北史』『隋書』等はいずれも壱（壹）を台（臺）につくる。壱は台の誤り。**19** 活目（いきめ）か。**20** 御間戸（みまと）か。**21** 御間別（みまわけ）か。**22** 中手・中跡か。
23 わきのくにぐに。

蘇《さ》国《こく》有り、次に蘇《さ》奴《な》国《こく》有り、次に呼《こ》邑《お》国《こく》有り、次に華《げ》奴《な》蘇《さ》奴《な》国《こく》有り、次に鬼《き》国《こく》有り、次に為《い》吾《が》国《こく》有り、次に鬼《き》奴《ぬ》国《こく》有り、次に邪《や》馬《ま》国《こく》有り、次に躬《く》臣《じ》国《こく》有り、次に巴《は》利《り》国《こく》有り、次に支《き》惟《い》国《こく》有り、次に烏《お》奴《な》国《こく》有り、次に奴《な》国《こく》有り、此《こ》れ女王の〔治むる〕境界の尽《つ》くる所なり。

其《そ》の南には(1)狗《く》奴《な》国《こく》有り。男子を王と為《な》す。其の官には(2)狗《く》古《こ》智《ち》卑《ひ》狗《こ》有り、女王に属せず。

〔帯《たい》方《ほう》〕郡より女王国に至るまで〔一〕万二千余里なり。

男子は(3)大小と無く、皆《みな》、(4)黥面文身《げいめんぶんしん》す。古《いにしえ》自《よ》り以来、其《そ》の使いの中国《ちゅうごく》に詣《いた》るときは、皆、自《みず》ら大夫《たいふ》と称《しょう》す。(5)夏《か》后少康《こうしょうこう》の子、(6)会稽《かいけい》に封《ほう》ぜられ、断髪文身して以《も》って(7)蛟竜《こうりゅう》の害を避く。今、倭《わ》の(8)水人好んで(9)沈没して魚蛤《ぎょこう》を捕らえ、文身するも亦《ま》た以《も》って大魚(10)水禽《すいきん》を厭《おさ》えんとしてなり。後《のち》、(11)稍《ようや》く〔入れ墨を〕以《も》って飾りと為《な》す〔にいたれり〕。諸国の文身〔のさま〕

1 熊襲か球磨か。 **2** 菊池彦か。

3 大人も子供も。 **4** 顔や体に模様の入れ墨をする。 **5** 夏王朝の王。 **6** 浙江省紹興県。 **7** 大蛇。 **8** 海人（あま）。 **9** 水にもぐる。 **10** 水鳥。 **11** しだいに。

は各《おのおの》異なり、或《ある》いは左に、或《ある》いは右に、或《ある》いは大きく、或《ある》いは小さく、尊卑に差有り。

其《そ》の道里(12)を計るに、当《まさ》に会稽《かいけい》・東冶《とうや》(13)の東に在《あ》るべし。

其の風俗は淫《みだ》らならず。男子は皆露紒《ろけい》し、木緜《もめん》を以《も》って招《しょう》頭《とう》(14)す。其《そ》の衣は横幅《おうふく》(15)〔のまま〕にして、但《た》だ結束(16)して相連ね、略《おおむ》ね縫うこと無し。婦人は被髪屈紒《ひはつくつけい》(17)し、衣を作ること単《たん》(18)被《ぴ》の如《ごと》くし、其《そ》の中央(19)を穿《うが》ちて、頭(20)を貫《つらぬ》きて之《これ》を衣《き》る。

禾《か》稲《とう》(21)・紵麻《ちょま》(22)を種《う》え、蚕桑《さんそう》(23)・緝績《しゅうせき》し、細紵《さいちょ》(24)・縑緜《けんめん》(25)を出《い》だす。

其《そ》の地には牛・馬・虎・豹《ひょう》・羊・鵲《じゃく》(26)無し。

兵(27)には矛《ぼう》・楯《じゅん》・木弓を用う。木弓は下を短く上を長くす。

竹箭《ちくせん》(28)には或《ある》いは鉄鏃《てつぞく》或《ある》いは骨鏃《こつぞく》〔を用う〕。

〔その他の〕有無(29)する所は、〔中国の〕儋耳《たんじ》(30)・朱崖《しゅがい》と同じ。

倭《わ》の地は温暖にして、冬も夏も生菜(31)を食らう。皆《みな》徒跣《とせん》(32)なり。

12 みちのり。 **13** 福建省福州市。 **14** はちまきをする。 **15** ひと幅のまま横に巻き。 **16** 紐で結んで。 **17** 髪をばらして曲げて束ね。 **18** ひとえのかけぶとん。 **19** まん中に穴をあけて。 **20** 貫頭衣のこと。
21 いね。 **22** からむし。 **23** 蚕を飼い繭を集めて織る。 **24** 細い麻糸。 **25** 絹織物・綿織物。 **26** かささぎ。
27 武器。 **28** 竹矢。
29 物産。 **30** ともに海南島に置かれた郡名。 **31** 生野菜。 **32** はだし。

屋室有り。父母兄弟〔それぞれ〕[1]臥《が》息《そく》するに処《ところ》を異《こと》にす。朱丹《しゅたん》を以《も》って其《そ》の身体に塗る。中国《ちゅうごく》〔人〕の[2]粉を用いるが如《ごと》き也《なり》。食飲するときは、[3]籩豆《へんとう》を用い、手もて食《くら》う。

其《そ》の死すや、[4]棺《かん》有れども[5]槨《かく》無し。土を[6]封《ほう》じて家を作る。[7]始《いま》し死したらば、[8]喪《なきがら》を停《とど》むること十余日、〔その〕時に当たりては肉を食《くら》わず、喪主《そうしゅ》は[9]哭泣《こくきゅう》すれど、他人は就《つ》きて歌舞飲酒す。已《すで》に葬らば、[10]家を挙《こぞ》りて[11]水中に詣《いた》りて澡浴し、以《も》って[12]練沐《れんもく》の如《ごと》くす。

其《そ》の行来《こうらい》に海を渡りて中国に詣るときは、恒《つね》に一人をして[13]頭を梳《くしけず》らず、[14]蟣蝨《きしつ》を去らず、衣服[15]垢汚《こうお》せしままに、肉を食らわず、婦人を近づけず、人を喪《そう》するが如《ごと》くせしむ。之《これ》を名づけて[16]持衰《じさい》と為《な》す。若《も》し行《ゆ》く者[17]吉善ならば、共に其《そ》の[18]生口《せいこう》財物を顧《かえり》み、若《も》し〔途中〕疾病《しっぺい》有り、〔もしくは〕[19]暴害に遭《あ》うときは、便《すなわ》ち之《これ》を殺さんと欲し、其《そ》の持衰《じさい》すること謹《つつし》まずと

1寝てやすむ。2おしろい。3竹や木の高坏。4内棺。5外箱。6盛り重ねる。7死んだばかりのころ。8かりもがりにあたる。9声をあげて泣く。10家じゅう。11水に浴して修祓（はらい）をする。12喪があけたのちの水ごり。13髪をとかず。14しらみをとりさらず。15よごれたまま。16物忌み。衰とは端を縫わない喪服。17幸運。18持衰する人の奴隷（奴婢）と金品などを配慮してやり。19暴風雨などの被害。

謂《い》う。

〔倭国《わこく》は〕真珠・青玉を出《い》だす。其《そ》の山には[20]丹《たん》有り、其《そ》の木には[21]柟《ぜん》・[22]杼《ちょ》・[23]豫樟《よしょう》・[24]楺《じゅう》・[25]櫪《れき》・[26]投《とう》・[27]橿《きょう》・[28]烏号《うごう》・[29]楓香有り。其《そ》の竹には、[30]篠《じょう》・[31]簳《かん》・[32]桃支《とうし》あり。[33]薑《きょう》・橘《きつ》・[34]椒《しょう》・[35]蘘荷《じょうか》有れども、以《も》って滋味と為《な》すことを知らず。[36]獮猴《みこう》・[37]黒雉《こくち》有り。

其《そ》の俗、[38]事を挙げ〔もしくは〕[39]行来《こうらい》に、[40]云為《うんい》する所有らば、輒《すなわ》ち[41]骨を灼《や》きて卜《ぼく》し、以《も》って吉凶を占《うらな》う。先ず卜《うらな》う所を告げ、其《そ》の辞《ことば》は[42]令亀法《れいきほう》の如《ごと》し。[43]火坼《かたく》を視《み》て[44]兆《ちょう》を占う。其の[45]会同、[46]坐起するさまは、父子・男女に別無し。〔その〕人の性、酒を嗜《たしな》む。大人の敬《うやま》う所に見《あ》うときは、但《た》だ手を搏《う》ちて以《も》って[47]跪拝《きはい》に当《あ》つ。其《そ》の人は[48]寿考にして、或《ある》いは百年、或《ある》いは八、九十年なり。

其《そ》の俗、国の大人《たいじん》は皆《みな》四、五〔人〕の婦《よめ》あり。[49]下戸《げこ》は或《ある》いは二、三〔人〕の婦あり。婦人は淫《みだら》ならず。[50]妒忌《とき》せず。〔倭《わ》

20丹砂・朱砂。21くす。22とち。23くすのき。24ぼけ。25くぬぎ。26すぎか。27かし。28やまぐわ。29かえで。30しのだけ。31やだけ。32不明。33しょうが。34さんしょう。35みょうが。36猿。37黒羽のきじ。38行事をおこない。39外出や旅する。40言論と行動。41いわゆる太占（ふとまに）。42中国の亀卜。43焼いてできた割れ目。44よしあし。45あつまり。46ふるまい。47ひざまずいて土下座する。48長生き。49しもじもの家。50やきもち。

人《じん》の中では〕盗窃せず、(1)諍訟《そうしょう》少なし。其《そ》の法を犯すとき、軽き者は其《そ》の妻子(2)を没《ぼっ》し、重き者は其の門戸(3)及《およ》び宗族を滅《めっ》す。(4)尊卑 各《おのおの》差序有りて、相《あい》臣服するに足る。租賦《そふ》を収む。邸閣《ていかく》有り。国国《くにぐに》に(5)市《し》有り、有無を交易す。(6)大倭をして之《これ》を監《かん》せしむ。

女王国自《よ》り以北には、特に(7)一大率《だいそつ》を置きて、諸国を検察せしめ、諸国之《これ》を(8)畏憚《いたん》す。〔大率は〕常に(9)伊《い》都《と》国《こく》に(10)治《ち》す。国中に於《お》いては〔中国《ちゅうごく》の〕(11)刺史《しし》の如《ごと》きもの有り。

〔倭《わ》〕王の使いを遣わして(12)京都《けいと》・帯方郡《たいほうぐん》・諸《もろもろ》の韓国《かんこく》に詣《いた》らしむるとき、及び郡《ぐん》〔使《し》〕の倭国《わこく》に使いするときは、皆《みな》、(13)津《しん》に臨みて(14)捜露《そうろ》し、文書、(15)賜遺《しい》の物を伝送して女王〔のもと〕に詣《いた》らしめ、(16)差錯《ささく》あることを得ず(17)。

下戸《げこ》、大人《たいじん》と道路に相逢《あい》うときは、逡巡《しゅんじゅん》して草〔のしげみ〕に入る。辞を伝え事を説くときは、或《ある》いは(18)蹲《そん》し或《ある》いは

1 いさかい。**2** 妻子をめしとって奴婢にする。**3** いえ。**4** やかた。**5** 市場。**6** 倭の大官。

7 一人の統率者、大将軍。のちの大宰府の母胎か。一大率を官名とみる説もある。**8** おそれはばかる。**9** 福岡県糸島市。**10** 統治の役所を置く。**11** 州の長官。**12** 魏の都。河南省洛陽市。**13** 船つき場。**14** 荷をあけてさがし。**15** さしつかわされた物品。**16** 不足やくいちがい。**17** ゆるされない。

18 尻をおろしてうずくまり。**19** 両手を地につき。**20** 大人のためにつつしむ態を

跪《ひざまず》き、[19]両手は地に拠《よ》り、之《これ》が[20]恭敬を為《な》す。対応するときは声して噫《あい》と曰《い》う。比《たと》えば〔中国の〕然諾《ぜんだく》の如《ごと》し。

其《そ》の国、本《もと》亦《ま》た男子を以《も》って王と為《な》す。住《とど》まること七、八十年、倭国《わこく》乱れて、相《あい》攻伐すること[21]年を歴《へ》たり。[22]乃《すなわ》ち共に一女子を立てて王と為《な》す。名づけて[23]卑弥呼《ひめこ》と曰《い》う。[24]鬼道《きどう》に事《つか》え、能《よ》く[25]衆を惑わす。年、已《すで》に長大なれども、〔なおも〕[26]夫壻《ふせい》無し。[27]男弟有りて国を佐《たす》け治む。〔卑弥呼《ひめこ》〕王と為《な》りて自《よ》り以来、見《まみ》ゆること有る者少なし。婢《ひ》千人を以《も》って自《みずか》ら侍《はべ》らしむ。唯《ただ》男子一人のみ有りて〔卑弥呼《ひめこ》に〕飲食を給《きゅう》し、辞を伝えて〔宮中に〕出入す。[28]居処・[29]宮室・[30]楼観・城柵、厳《おごそ》かに設け、常に人有りて[31]兵を持ちて守衛す。

　女王国の東、海を渡りて千余里、復《ま》た国有り、皆《みな》、倭《わ》の種なり。又《また》[32]侏儒国《しゅじゅこく》有りて、其《そ》の南に在《あ》り。人の長《みのたけ》三、四[33]尺、女王〔の国〕を去ること四千余里なり。又《また》[34]裸国《らこく》・[35]黒歯《こくし》

する。

21何年も経た。**22**そこでついに。**23**ひめこ（姫子）。「ひみこ（日御子）」と読むのは新井白石の説。**24**鬼神をまつるシャーマン。**25**みんなの心をとらえる。**26**夫・むこ。**27**弟。**28**奥部屋。**29**表部屋。**30**高い物見台。**31**武器。

32小びとの国。**33**魏代の一尺は約二四センチ。**34**はだかの人の国。**35**お歯黒の人の国。

国《こく》有り。(1)復《ま》た其《そ》の東南に在《あ》り。船行すること一年にして至るべし。

倭《わ》の地〔理〕を参問する(2)に、絶えて、海中、洲島(3)の上に在《あ》り。或《ある》いは絶え、或《ある》いは連なり、(4)周旋《しゅうせん》、五千余里可《ばか》りなり。

(5)景初《けいしょ》二年六月、倭《わ》の女王、大夫《たいふ》難升米《なとめ》等を遣わして〔帯《たい》方《ほう》〕郡《ぐん》に詣《いた》らしめ、天子〔のもと〕に詣《いた》りて朝献せんことを求む。〔郡の〕(6)太守劉夏《たいしゅりゅうか》、吏を遣わし将《ひき》い送りて(7)京都《けいと》に詣《いた》らしむ。其《そ》の年十二月、詔書ありて倭《わ》の女王に報《こた》えて曰《いわ》く、「親魏倭王卑弥呼《しんぎわおうひめこ》に制詔す。帯方《たいほう》の太守劉夏《たいしゅりゅうか》、使いを遣わして汝《なんじ》の大夫難升米《たいふなとめ》・次使都市牛利《つしごり》を送り、汝《なんじ》の献ずる所の男《だん》(8)生口《せいこう》四人・女生口六人(9)・班布《はんぷ》(10)二匹(11)二丈を奉《たてまつ》り、以《も》ちて到る。汝の在《あ》る所は(12)踰遠《ゆえん》なるに、乃《すなわ》ち使いを遣わして貢献す。是《こ》れ汝《なんじ》の忠孝なり、我甚《はなは》だ汝《なんじ》を哀れむ。今汝《なんじ》を以《も》って親魏《しんぎ》倭《わ》王《おう》と為《な》し、(13)金印《きんいん》・紫綬《しじゅ》を仮《あた》え、(14)装封して帯方《たいほう》の太守《たいしゅ》に付して

1 さらに東南アジア。
2 人々にあわせ問うに。 **3** 島。 **4** まわり。
5 魏、明帝の年号。『日本書紀』『梁書』『北史』には景初三年とあり、景初二年は『三国志』の誤り。 **6** 長官。 **7** 洛陽。 **8** 奴隷。 **9** 婢。 **10** まだら織りの布。 **11** 匹・丈は布帛の長さの単位。十尺が一丈、四丈が一匹。 **12** 山、海を越えて遠い。 **13** 当時の制度で、異民族の王に与えたその地位の証拠。位によって印形と紐の色に違いがある。紫綬は紫のさげ紐。 **14** 袋に入れて封印して。 **15** 「親授」とはちがい、人手をへてさずけること。また、「真授」と

汝《なんじ》に仮授(15)せしむ。其《そ》れ種人(16)を綏撫《すいぶ》し、勉めて孝順を為《な》せ。汝《なんじ》の来使難升米《なとめ》・〔都市《つし》〕牛利《ごり》、遠きを渉《わた》り、道路(17)にて勤労す。今、難升米《なとめ》を以《も》って率善中《そつぜんちゅう》 郎将《ろうしょう》(18)と為《な》し、牛利《ごり》を率善校尉《そつぜんこうい》(19)と為《な》し、銀印《ぎんいん》(20)・青綬《せいじゅ》を仮《あた》(21)え、引見(22)して労《ねぎら》い賜《たま》いて遣還(23)す。今、絳地《こうじ》(24)の交竜錦《こうりゅうきん》五匹・絳地《こうじ》の縐粟罽《すうぞくけい》(25)十張・蒨絳《せんこう》(26)〔のきぬ〕五十匹・紺青《こんじょう》〔のきぬ〕五十匹を以《も》って、汝《なんじ》の献ずるの所の貢直《こうち》(27)に答う。又《また》特に汝《なんじ》に紺地の句文錦《くもんきん》(28)三匹・細班華罽《さいはんかけい》(29)五張・白絹五十匹・金八両・五尺の刀二口・銅鏡百枚・真珠・鉛丹(30)各《おのおの》五十斤(31)を賜い、皆《みな》装封して難升米《なとめ》・牛利《ごり》に付《ふ》し、還《かえ》り到りて録受(32)せしむ。悉《ことごと》く〔それを〕以《も》って汝《なんじ》の国中の人に示し、〔わが〕国家の汝《なんじ》を哀れむが故に、鄭重《ていちょう》に汝《なんじ》に好《よ》き物を賜いしことを知らしむべきなり」と。

正始《せいし》(33)元年、〔帯方郡《たいほうぐん》の〕太守弓遵《たいしゅきゅうじゅん》、建中校尉《けんちゅうこうい》梯儁《ていしゅん》(34)等《ら》を遣わし、詔書・印綬を奉《ほう》じて倭国《わこく》に詣《いた》り、倭王《わおう》に拝仮《はいか》(35)す。幷《なら》

はちがい、一時的に、臨時にさずけることとする説もある。**16** その民族。**17** 旅路。**18** 宮中宿衛の武官の長。**19** 軍事・警衛の武官。**20** 青のさげ紐。**21** 仮授。**22** 魏に。**23** おくりかえす。**24** 深紅の地の。**25** ちぢみの毛織り。**26** 茜。**27** 貢ぎ物のあたい。**28** 小紋の錦。**29** 細かい花模様を散らした毛織り。**30** 鉛からつくる顔料。**31** 一斤は一六両、一両は二四銖。魏代の一斤は約二二三グラム。**32** 目録に照らして受けとる。

33 魏、斉王芳の年号。**34** 梯儁。**35** 使者を介して任命する。一時的に、臨時に任命することとする説もある。

びに詔《しょう》を齎《もたら》し、金・帛《はく》(1)・錦《きん》・罽《けい》(2)・刀・鏡・采物《さいぶつ》(3)を賜う。倭《わ》王使いに因《よ》(4)りて表(5)を上《たてまつ》り、恩詔に答謝す。

其《そ》の四年(6)、倭王《わおう》、復《ま》た使いの大夫《たいふ》伊声者《いとぎ》・掖邪狗《やざくら》等八人を遣わし、生口《せいこう》(7)・倭錦《わきん》・絳青縑《こうせいけん》(8)・緜衣《めんい》(9)・帛布《はくふ》・丹木・㺃《ふ》(10)・短き弓と矢を上献(11)す。掖邪狗《やざくら》等、壱《ひとし》(12)く率善中郎将《そつぜんちゅうろうしょう》の印綬を拝《はい》す。

其《そ》の六年(13)、詔して倭《わ》の難升米《なとめ》に黄幢《こうどう》(14)を賜い、〔帯方《たいほう》〕郡《ぐん》に付《ふ》(15)して仮授せしむ。

其《そ》の八年(16)、〔帯方郡《たいほうぐん》の〕太守王頎《たいしゅおうき》、官に到る(17)。倭《わ》の女王卑弥呼《ひめこ》、狗奴国《くなこく》(18)の男王卑弥弓呼《ひめくこ》(19)と素《もと》(20)より和せず。倭《わ》の載斯《そし》・烏越等《うおら》を遣わして郡に詣《いた》り、相《あい》攻撃する状《さま》を説く。塞の曹掾史《そうえんし》(21)張政等《ちょうせいら》を遣わし、因《よ》りて詔書・黄幢《こうどう》(22)を齎《もたら》し、難升米《なとめ》に拝仮せしめ、檄《げき》(23)を為《つく》りて之《これ》に告喩《こくゆ》せしむ。

卑弥呼《ひめこ》以《すで》(24)に死し、大いに冢《つか》を作る、径百余歩(25)なり。狗葬(26)

1しろぎぬ。 2毛織物。 3彩物＝かざり。 4ことづけて。 5申し文。 6正始四年。 7奴隷。 8赤と青の絹布。 9綿入れ。 10木の小太鼓。 11たてまつる。 12いっせいに。 13正始六年。 14柄につるした垂れ旗。 15太守の手を介してさずける。 16正始八年。 17着任した。 18熊襲か。 19卑弓弥呼（彦御子）。 20以前から仲がよくない。 21国境守備の属官。 22みやげとしてつかわし。 23おふれ。 24已。 25一歩は六尺。魏代

する者奴婢《ぬひ》百余人なり。更《あらた》めて男王を立つれども、国中服せず。更《さら》に(27)相誅殺《あいちゅうさつ》す。当時千余人を殺す。〔倭人《わじん》〕復《ま》た卑弥呼《ひめこ》の(28)宗女《そうじょ》壱与《とよ》、年十三なるものを立てて王と為《な》す。国中遂《つい》に定まる。〔張《ちょう》〕政等《せいら》檄《げき》を以《も》って壱与《とよ》に告喩す。壱与《とよ》、倭《わ》の大夫《たいふ》率善中郎将《そつぜんちゅうろうしょう》掖邪狗等《やざくら》二十人を遣わし、〔張《ちょう》〕政等《せいら》を送りて〔郡《ぐん》に〕還《かえ》らしむ。〔倭《わ》の使い〕因《よ》って(29)台《だい》に詣《いた》り、男女の生口三十人を献上し、白珠五千・孔青大句珠(30)二枚・異文の雑錦(31)二十匹を貢《みつ》ぐ。

の一尺は約二四センチ、とすると直径約一五〇メートルか。**26**殉。**27**殺しあいをした。**28**同族の娘、台与。壱（壹）は台（臺）の誤り。『梁史』『北史』等に台与（臺與）とあり、邪馬台（臺）を邪馬壱（壹）としたのと同じ誤りか。**29**都の官庁。**30**勾玉（まがたま）二個。**31**ふしぎな模様。

〈現代語訳〉

倭人《わじん》は、魏《ぎ》の帯方郡《たいほうぐん》から海を隔てた東南の位置に住んでいる。島の中に国ができている。昔は、百以上の国があった。漢《かん》の時、来朝する者がいた。現在、使節が往来しているのは三十国である。

帯方郡から倭に行くには、海岸沿いに船で行き、韓《かん》の国々を通り、あるときは南に向かい、あるときは東に向かってすすむと、倭の北の対岸に当たる狗邪韓国《くやかんこく》に到着する。帯方郡から、七千里あまり来たところで一つの海を渡り、千里あまり行くと対馬国《つしまこく》に到着する。その長官を卑狗《ひこ》といい、副官を卑奴母離《ひなもり》という。対馬は離れ小島で、広さは四百余里四方である。土地柄は、山が険しく、深い林が多くて、道は、細くてけもの道のようである。千余戸が住んでいる。よい畑はなく、海産物を食べて生活している。船を使って南北に行き、米などを買ったりしている。

そこから、一つの海を南へ渡ること千里余り、その海を瀚海《かんかい》という。壱岐国《いきこく》に到着する。そこの長官も卑狗といい、副官を卑奴母離という。広さは三百里四方である。竹や木の繁みが多い。三千軒ほどの人家がある。対馬国に比べ、いくらか畑があるが、その収穫だけでは生活していけない。それで、この国もまた、南北に行き、米などを買ったりしている。

さらに、一つの海を渡って千里余り行くと、末盧国《まつらこく》に到着する。四千戸余りの人家がある。山が海にせまっているので、沿岸すれすれの所に家を造って住んでいる。草や木が繁っており、道を行く前の人が見えないほどである。魚やあわびを獲《と》ることが好きで、海の深い浅いを気にせず、人々はみなもぐって獲っている。

東南に陸路を行くと、五百里で伊都国《いとこく》に到着する。長官を爾支《ねぎ》といい、副官を泄謨觚《えもこ》・柄《へ》渠觚《ごこ》という。千戸余りの人家がある。代々、王が治めている。以上の国はどれも、女王の国に統治されている。帯方郡《たいほうぐん》の使いが往来するときは、いつも、ここに泊まる。

そこから東南に向かって行くと、奴国《なこく》に到着する。伊都国からの距離は百里である。長官を兕馬觚《しまこ》といい、副官を卑奴母離という。人家は二万余戸ある。

そこから東に行くと、不弥国《ふみこく》に到着する。距離は百里である。長官を多模《たま》といい、副官を卑奴母離という。千余戸の人家がある。

南の方に行くと、投馬国《つまこく》に到着する。船で行って二十日かかる。長官を弥弥《みみ》といい、副官を弥弥那利《みみなり》という。五万戸余りの人家がある。

南に行くと邪馬台国《やまたいこく》に到着する。女王の都のあるところである。投馬国から、船で十日かかる。陸を行くと、ひと月かかる。長官には、伊支馬《いきま》がある。次の官を弥馬升《みまと》といい、その次の官を弥馬獲支《みまわけ》といい、さらに次の官を奴佳鞮《なかで》という。人家は七万戸余りである。

女王の国から北にある国は、その戸数とか距離のおおよそを書くことができるが、その他の方角の国々は、遠く離れていて、詳しく知ることができない。

しかし、ほぼ記してみると、次に斯馬国《しまこく》があり、次に已百支国《いはきこく》があり、次に伊邪国《いやこく》があり、次に都支国《つきこく》があり、次に弥奴国《みなこく》があり、次に好古都国《こくつこく》があり、次に不呼国《ふここく》があり、次に姐奴国《しゃなこく》があり、次に対蘇国《とさこく》があり、次に蘇奴国《さなこく》があり、次に呼邑国《こおこく》があり、次に華奴蘇奴国《げなさなこく》があり、次に鬼国《きこく》があり、次に為吾国《いがこく》があり、次に鬼奴国《きぬこく》があり、次に邪馬国《やまこく》があり、次に躬臣国《くじこく》があり、次に巴利国《はりこく》があり、次に支惟国《きいこく》があり、次に烏奴国《おなこく》があり、次に奴国《なこく》がある。これで女王の支配する領域が終わるのである。

その南には狗奴国《くなこく》がある。男を王としている。その官には、狗古智卑狗《くこちひこ》がおり、女王には従属していない。

帯方郡から女王国に至る距離は一万二千里余りである。

男たちは、大人も子供もみな、顔や体に模様の入れ墨をしている。昔から、使節が中国に使いするときには、みな自分のことを大夫《たいふ》という。夏《か》王朝の少康《しょうこう》の子は、会稽《かいけい》の王にされると、髪を短くし体に入れ墨をして、それで大へびの害から身を守った。現在、倭《わ》の海人《あま》たちが、水にもぐって魚貝を獲るのに、入れ墨をしているのも、少康の子と同じように、それで大魚や水鳥を威圧しようというのである。のちにだんだん、入れ墨を飾りとするようになった。倭の諸国での入れ墨のしかたは各々違っていて、ある者は左に、ある者は右に、ある者は大きく、ある者は小さくというふうで、位によって差がある。

倭の位置を計算してみると、ちょうど会稽《かいけい》・東冶《とうや》の東にあたる。

倭人《わじん》の風俗には節度がある。男たちはみなかぶり物がなく、木綿《もめん》ではちまきをしている。着物は、ひと幅の布をそのまま横に巻き、紐で結んでつなげるだけで、ほとんど縫うことはない。女たちは髪をばらして曲げて束ね、着物は単衣のかけぶとんのように作り、真ん中に穴をあけて、そこに頭を通して着ている。

稲・からむしを植え、蚕を飼い、まゆを集めて織り、細い麻糸や絹織物・綿織物を作っている。その土地には、牛・馬・虎《とら》・豹《ひょう》・羊・かささぎはいない。

武器には、矛《ほこ》・楯《たて》・木弓を使う。木弓は、下を短く上を長めにする。竹の矢には鉄のやじり、あるいは骨のやじりを使う。

その他の物産は、中国の儋耳《たんじ》・朱崖《しゅがい》と同じである。

倭の土地は気候温暖で、冬も夏も生野菜を食べている。みな、はだしである。

家屋には部屋《まじきり》がある。父母兄弟それぞれが寝たり休んだりを別々にしている。赤い顔料を体に塗っていて、それはちょうど、中国人がおしろいを使っているのと同じようだ。飲食するときは、竹や木の高坏を使い、手づかみで食べている。

倭人の葬式には、棺《かん》はあるが、槨《かく》はない。土を盛りあげて墓を作る。死んですぐに、「かりもがり」を十何日か行い、その期間は肉食をせず、喪主は声をあげて泣くが、その他の人はその場所にいて、歌い踊り酒を飲む。墓に葬ってから、家じゅうの者が水浴に出かけ、中国の喪あけのみそぎのようにする。

倭国から、使いが海を渡って中国に往来するときは、いつも一人を選んで、その人に髪をとかさず、しらみもとらず、衣服も洗わず汚れたままにしておき、肉を食わず、女を近づけないで、人を葬るときのようにさせる。これを持衰《じさい》という。もし使節の旅が無事であれば、持衰する人に奴婢や金品を分けてやる。もし途中、使節が病気になったり暴風雨にあったりしたときは、その者の持衰のしかたが不謹慎だったからといって、殺そうとする。

倭国からは、真珠と青玉がとれる。山には、丹砂・朱砂があり、樹木には、くす・とち・樟《くすのき》・ぼけ・くぬぎ・すぎ・かし・やまぐわ・楓がある。竹では、篠竹《しのだけ》・箭竹《やだけ》・桃支竹がある。生薑《しょうが》・橘《たちばな》・山椒《さんしょう》・茗荷《みょうが》があるが、それらの料理法は知らない。猿・黒羽の雉《きじ》がいる。

土地の習慣として、年中行事とか、遠くへ旅立つなど何か事があるたびに、骨を灼《や》く卜い《うらない》をして、吉凶を占う。まず、占おうとすることをいう。そして卜いの言葉は、中国の亀卜《きぼく》の言葉に似ている。灼《や》いてできた割れ目を見てよしあしを占うのである。集会のときのふるまいを見ると、父子・男女の差別はない。人々は酒が好きである。敬意を表すべき偉い人に出会うと、拍手をして跪拝《きはい》の代わりにする。人々は寿命が長く、ある人は百歳、ある人は八、九十歳までも生きる。

習慣として、身分の高い人はみな四、五人の妻をもっており、しもじもの家でも、ある者は二、三人の妻をもっている。女性はつつましやかで、やきもちを焼かない。追剝《おいはぎ》やこそ泥がなく、争いごとも少ない。法を犯した者は、罪の軽い場合はその者の妻子を没収し、重い場合は家族やその一族まで殺す。上下関係がはっきりしていて、目上の者は、目下の者を服従させるのに充分なだけの威厳がある。租税のとりたて制度がある。立派な家もある。国ごとに市場があり、物々交換をして有無あい通じ、これを大官に監督させている。

女王国から北の地には、特に一人の統率者を置いて諸国をとりしまらせていて、諸国もこれを恐れはばかっている。その統率者は、つねに伊都国《いとこく》に駐屯して統治の任にあたり、中国の刺史《しし》のようなものである。

倭《わ》の王が使いを遣わして、魏《ぎ》の都や帯方郡《たいほうぐん》、また、各韓国《かんこく》に行かせるときや、また、帯方郡の使いが倭国《わこく》に行くときはみな、港で荷物をあらため、文書・賜り物などにあやまりがないか確かめて女王に差し出す。不足やくい違いは許されない。

しもじもの者が、道で身分の高い人と逢ったときは、後ずさりして草のしげみによける。伝言したり、説明したりするときは、蹲《うずくま》ったり膝をついたりして、両手を地につき敬う態度をとる。答えの言葉は「はい」であり、中国の「然諾《ぜんだく》」のようなものである。
その国も、もとは、男を王としていた。男が王となっていたのは七、八十年間であったが国は乱れて、攻め合いが何年も続いた。そこでついに、一人の女性を選んで女王とし、卑弥呼《ひめこ》と名づけた。神霊に通じた巫女《みこ》で、神託により国を治め、人々を心服させた。年をとっても夫を持たず、弟がいてまつりごとを補佐した。女王の位についてからの卑弥呼に、直接会った人は極めて少ない。侍女千人にかしずかせていた。ただ一人の男が食事の世話をし、内外の取りつぎ役として奥部屋に出入りしていた。居室や宮殿・物見台・砦《とりで》をいかめしく造り、常に警備の者が武器を持って守っていた。

女王国の東へ、海を渡って千余里のところにまた、国がある。みな、倭の種族である。また、侏儒国《しゅじゅこく》がその南にある。この国の人の背丈は三、四尺で、女王国からの距離は四千里余りである。また、裸国《らこく》や黒歯国《こくしこく》が更にその東南にある。そこへは船旅一年で着く。

倭《わ》の地理を聞き合わせてみると、大陸から離れて、海中の島の上にある。倭の国々は、あるものは離れ島であり、あるものは続いていて、周囲五千里ほどである。

魏《ぎ》の明帝《めいてい》の景初《けいしょ》二年（二三八年）六月、倭の女王卑弥呼は、大夫《たいふ》難升米《なとめ》らを帯方郡によこし、魏の天子に直接あって、朝献したい、と言ってきた。郡の太守《たいしゅ》劉夏《りゅうか》は、役人を遣わして難升米らを魏の都まで送って行かせた。その年の十二月、倭の女王に返事の詔《みことのり》が出た。

「親魏《しんぎ》倭王《わおう》卑弥呼へ詔す。帯方郡の太守劉夏が送りとどけた汝の大夫（正使の）難升米、副使の都市牛利《つしごり》らが、汝の献上品である男奴隷四人、女奴隷六人、斑織《まだらお》りの布二匹二丈を持って到着した。汝《なんじ》の住むところは、海山を越えて遠く、それでも使いをよこして貢献しようというのは、汝の真心であり、余は非常に汝を健気《けなげ》に思う。さて汝を親魏《しんぎ》倭王《わおう》として、金印・紫綬を与えよう。封印して、帯方郡《たいほうぐん》の太守《たいしゅ》にことづけ汝に授ける。土地の者をなつけて、余に孝順をつくせ。汝のよこした使い、難升米《なとめ》・都市牛利《つしごり》は、遠いところを苦労して来たので、今、難升米を率善中郎将《そつぜんちゅうろうしょう》、都市牛利を率善校尉《そつぜんこうい》とし、銀印・青綬を与え、余が直接あってねぎらい、賜り物を与えて送りかえす。そして、深紅の地の交竜《こうりゅう》の模様の錦《にしき》五匹、同じく深紅の地のちぢみの毛織り十枚、茜《あかね》色の絹五十匹、紺青《こんじょう》の絹五十匹で、汝の献じて来た貢ぎ物にむくいる。また、そのほかに、特に汝に紺の地の小紋《こもん》の錦《にしき》三匹と、こまかい花模様の毛織物五枚、白絹五十匹、金八両、五尺の刀二振り、銅鏡百枚、真珠・鉛丹をおのおの五十斤《きん》、みな封印して、難升米・都市牛利に持たせるので、着いたら受け取るように。その賜り物をみな汝の国の人に見せ、魏《ぎ》の国が、汝をいつくしんで、わざわざ汝によい物を賜わったことを知らせよ」と。

正始《せいし》元年（二四〇年）、帯方郡の太守弓遵《きゅうじゅん》は、建中校尉梯儁《けんちゅうこういていしゅん》らを遣わして、詔《みことのり》と印綬を倭《わ》の国に持って行かせ、倭王《わおう》に任命した。そして、詔と一緒に、黄金・白絹・錦・毛織物・刀・鏡、その他の賜り物を渡した。そこで倭王は、使いに託して上奏文を奉《たてまつ》り、お礼を言って詔に答えた。

正始四年（二四三年）、倭王はまた、大夫《たいふ》の伊声耆《いとぎ》・掖邪狗《やざく》ら八人を使いとして、奴隷・倭の錦、赤・青の絹、綿入れ、白絹・丹木・木の小太鼓・短い弓と矢を献上した。掖邪狗らは八人とも、率善中郎将の印綬をもらった。

正始六年（二四五年）、詔を発して倭の難升米に、黄色い垂れ旗を、帯方郡の太守の手を通して与えた。

正始八年（二四七年）、帯方郡の太守、王頎《おうき》が着任した。倭の女王卑弥呼《ひめこ》は、狗奴国《くなこく》の男王卑弥弓呼《ひめくこ》と以前から仲が悪かったので、倭の載斯《そし》・烏越《うお》らを帯方郡に遣わし、お互いに攻めあっている様子をのべさせた。帯方郡では、国境守備の属官の張政《ちょうせい》らを遣わし、彼に託して詔書と黄色い垂れ旗を持ってゆかせて、難升米に与え、おふれを書いて卑弥呼を諭した。

使者の張政らが到着した時は、卑弥呼はもう死んでいて、大規模に、直径百余歩の塚を作っていた。殉葬した男女の奴隷は、百余人であった。かわって男王を立てたが、国中それに従わず、殺しあいをして、当時千余人が死んだ。そこでまた、卑弥呼の一族の娘で台与《とよ》という十三歳の少女を立てて王とすると、国がようやく治まった。そこで張政らはおふれを出して台与を諭し、台与は倭の大夫、率善中郎将掖邪狗ら二十人を遣わして、張政らを送って行かせた。倭の使いはそのついでに魏の都まで行って、男女の奴隷三十人を献上し、白珠五千、青い大勾玉《まがたま》二個、めずらしい模様の雑錦二十匹を、貢ぎ物としてさし出した。

宋書（巻九十七・夷蛮）

南朝宋時代の東北アジア
挹婁
柵城
高
句
麗
玄菟城
国内城
営州
遼東城
遼水
北
魏
平壌城
幽州
平州
平城
漢城
大伽耶
任
那
金城
新
羅
熊津
百
済
泗沘
加羅
(金海)
定州
冀州
黄
河
青州
済州
齊州(歴城)
相州
兗州
徐州
荊州
淮水
建康
南兗州
南徐州
豫州
長
江
南豫州
江州
湘州
宋
倭
石上神宮
東大寺山古墳
誉田山古墳
江田船山古墳
埼玉稲荷山古墳
前方後円墳の分布
0 200 300 400km

倭《わ》国《こく》

倭国《わこく》は高《こう》〔句《く》〕驪《り》の東南の大海中に在《あ》り、世《よよ》(1)貢職を修む。(2)高祖《こうそ》の永初《えいしょ》二年、詔《みことのり》して曰《いわ》く、「倭《わ》(3)の讃《さん》は、万里貢を修む、〔その〕遠き誠は(4)宜《よろ》しく甄《かんが》うべく、(5)除授を賜うべし」と。(6)太祖《たいそ》の元嘉《げんか》二年、讃又司《さんまたし》馬《ば》の曹達《そうたつ》を遣わして表《ひょう》を奉《たてまつ》り、(7)方物《ほうぶつ》を献《けん》ず。

讃《さん》死して弟の珍《ちん》立つ。使いを遣わして貢献せしむ。自《みずか》ら(8)使《し》持《じ》節《せつ》(9)・都《と》督倭百済新羅《とくわひゃくさいしんら》任那《にんな》秦韓慕《しんかんぼ》韓六国諸軍事《かんりつこくしょぐんじ》・安東大将《あんとうだいしょう》軍《ぐん》・倭《わ》国王《こくおう》と称《しょう》す。〔珍《ちん》〕(10)表して(11)除正《じょせい》せられんことを求む。詔《みことのり》して安東将軍《あんとうしょうぐん》・倭《わ》国王《こくおう》(12)に除《じょ》す。珍又倭《ちんまたわ》の隋等《ずいら》十三人に平《へい》西《せい》・征虜《せいりょ》・冠軍《かんぐん》・輔《ほ》国将軍《こくしょうぐん》の号《ごう》を除正《じょせい》せられんことを求む。詔して並びに聴《ゆる》す。

〈語　釈〉

1貢ぎ物を持ってうかがいにくる。**2**南朝宋の武帝。**3**讃以下の倭の五王が、日本のどの天皇にあたるかについては諸説ある。一二一頁の系図参照。**4**高く評価してよろしい。**5**官職を授ける。**6**宋の文帝。**7**地方の特産物。

8都督の最高位。**9**軍政長官。都督倭百済新羅任那秦韓慕韓六国諸軍事は官名の一つ。倭以下の六国の軍政長官の意。なお秦（辰）韓・慕（馬）韓は、既に新羅と百済に併合されていて存在しなかった。**10**上表文をさし出し。**11**正式に任命されるよう。**12**任命した。

二十年、倭国王《わこくおう》の済《せい》、使いを遣わして奉献す。復《ま》た以《も》って安東将軍《あんとうしょうぐん》・倭国王《わこくおう》と為《な》す。二十八年、使持節《しじせつ》・都督倭新羅《ととくわしんら》(1)任那《にんな》加羅《から》(2)秦韓《しんかん》(3)慕韓《ぼかん》六国諸軍事《りっこくしょぐんじ》〔の称号〕を加え、安東《あんとう》将軍《しょうぐん》は故《もと》の如《ごと》し。并《なら》びに(4)上《のぼ》せられし所の二十三人を(5)軍《ぐん》・郡《ぐん》に除《じょ》す。

済《せい》死す。(6)世子《せいし》の興《こう》、使いを遣わして貢献せしむ。(7)世祖《せいそ》の大《だい》明《めい》六年、詔《みことのり》して曰《いわ》く、

「倭王世子《わおうせいし》の興《こう》、(8)奕世《えきせい》に忠を載《の》せ、(9)藩を外海に作《な》し、(10)化《か》を稟《う》けて(11)境を寧《やす》んじ、恭《うやうや》しく(12)貢職を修む。新たに(13)辺業を嗣《つ》ぐ。宜《よろ》しく爵号を授くべし。安東将軍《あんとうしょうぐん》・倭国王《わこくおう》とすべし」と。

興《こう》死す、弟の武《ぶ》立つ。自《みずか》ら使持節《しじせつ》・都督《ととく》倭《わ》百済《ひゃくさい》新羅《しんら》任那《にんな》加《か》羅《ら》秦韓《しんかん》慕韓《ぼかん》七国《しちこく》諸軍事《しょぐんじ》・安東大将軍《あんとうだいしょうぐん》・倭国王《わこくおう》と称《しょう》す。

順帝《じゅんてい》の昇明《しょうめい》二年、〔倭王武《わおうぶ》〕使いを遣わして上表せしめて曰《いわ》く、

1 慶尚道の洛東江流域の国。任那と同じに用いることもある。 2 辰韓。 3 馬韓。 4 上奏された。 5 将軍または郡長官に任命。
6 あとつぎ。 7 孝武帝。 8 代々、忠節をたいせつにし。 9 まがき。中国をとりまく外垣。 10 中国の感化。 11 辺境。 12 貢ぎ物をもって来朝する。 13 遠い地を治める仕事。
14 我が国。 15 遠く辺地にあり。 16 祖先。 17 後のかみつけぬ（上野）・しもつけぬ

「(14)封国《ほうこく》は(15)偏遠《へんえん》にして藩《はん》を外に作《な》す。昔自《よ》り(16)祖禰《そでい》躬《みずか》ら甲冑《かっちゅう》を擐《めぐ》らし、山川を跋渉《ばっしょう》し、寧処《ねいしょ》するに遑《いとま》あらず。東のかた(17)毛人《もうじん》五十五国を征し、西のかた(18)衆夷《しゅうい》六十六国を服《ふく》し、渡りて(19)海の北の九十五国を平らぐ。(20)王道融泰《ゆうたい》し、土を(21)遐畿《かき》に(22)廓《かく》す。(23)累葉《るいよう》(24)朝宗《ちょうそう》すること(25)歳ごとに愆《あやま》たず。臣《しん》は下愚なりと雖《いえど》も、忝《かたじ》けなく(26)先緒を胤《つ》ぎ、統《す》ぶる所を駆率《くそつ》して、(27)天極《てんきょく》に帰崇《きすう》す。道は百済《ひゃくさい》を遥《よぎ》り船舫《せんぼう》を装治す。

而《しか》るに〔高《こう》〕句驪《くり》は無道にして、(28)見呑《けんどん》を図り欲し、(29)辺隷《へんれい》を掠抄《りゃくしょう》し、(30)虔劉《けんりゅう》して已《や》まず。(31)毎《つね》に稽滞《けいたい》を致し、以《も》って良風を失わしむ。路を進まんと曰《い》うと雖《いえど》も、或《ある》いは通じ或いは不《しか》らず。臣の(32)亡考済《ぼうこうせい》、実に寇讎《こうしゅう》の(33)天路を壅塞《ようそく》することを忿《いか》り、(34)控《こう》弦《げん》百万、義声をあげ感激して、方《まさ》に大挙せんと欲せしも、奄《にわ》かに父兄を喪《うしな》い、(35)垂成の功をして、(36)一簣《いっき》を獲《え》ざらしむ。居《お》りて(37)諒闇《りょうあん》に在《あ》れば、兵甲を動かさず。是《ここ》を以《も》って(38)偃息《えんそく》して未《いま》だ

(下野) など、けぬは毛人の住む野をさす。**18**熊襲・隼人など九州の人。**19**対馬海峡の北。**20**皇帝の徳ゆたかに。**21**遠近。**22**ひろげる。**23**代々。**24**中国をあがめて入朝する。**25**時期を失したことがない。**26**先祖の遺業。**27**中国の王室をあがめてつき従う。

28出あえばひとのみにせんとたくらみ。**29**国境の人民をかすめとらえ。**30**殺害。**31**中国への道はとどこおってままならず。**32**亡き父。**33**中国へのかよい路をふさぎとめる。**34**弓矢をもつ兵。**35**もうひといきで成るはずの功業。**36**最後のひとかつぎ。**37**父と兄の喪中。**38**事をやめ兵をやすめて。

〔高句麗に〕捷《か》たず。〔されども〕今に至りて、甲を練り兵を治め、父兄の志を申《の》(1)べんと欲す。義士虎賁《こほん》(2)、文武功を効《いた》し、白刃前に交わるとも亦《ま》た顧みざる所なり。若《も》し帝徳(3)を以《も》って覆載《ふうさい》せば、此《こ》の強敵を摧《くじ》き、克《よ》く方難(4)を靖《やす》んじ、前功に替《おと》ること無からん。窃《ひそ》(5)かに自《みずか》ら〔には〕開府儀同三司《かいふぎどうさんし》(6)を仮《か》し、其《そ》の余〔の諸将〕も咸各《みなおのおの》仮授《かじゅ》(7)し、以《も》って忠節を勧《すす》められよ」と。

詔《みことのり》して武《ぶ》を使持節《しじせつ》・都督倭《ととくわ》新羅《しんら》任那《にんな》加羅《から》秦韓《しんかん》慕韓《ぼかん》六国諸《りつこくしょ》軍事《ぐんじ》・安東大将軍《あんとうだいしょうぐん》・倭王《わおう》に除《じょ》(8)す。

1伸。**2**勇士。**3**中国皇帝の徳をもってわれらをかばい支えられるなら。**4**地方の乱れ。**5**かってながら。**6**格式が三司（三公―太尉・司徒・司空―最高位の大臣）と同じで、府（役所）を開くことのできる武官の官名。**7**郡を介して任命せられ。**8**任命した。

〈現代語訳〉

倭国《わこく》は、高句麗《こうくり》の東南方の大海の中にあって、その王は代々貢《みつ》ぎ物を持って来朝した。

宋《そう》の永初《えいしょ》二年（四二一年）、高祖武帝《こうそぶてい》は詔《みことのり》していった。

「倭国の王、讃《さん》は、万里の遠きより貢ぎ物をおさめている。その遠距離をもいとわぬ誠意は高く評価してよろしい。ゆえに官職を授ける」と。

元嘉《げんか》二年（四二五年）、倭王讃は、太祖《たいそ》文帝《ぶんてい》にまた司馬《しば》の曹達《そうたつ》を使者として遣わし、上表文を奉《たてまつ》り、倭の産物を献上してきた。

讃が死に、その弟の珍《ちん》が後を継いだ。そして使者を派遣して貢ぎ物をたてまつった。自分で使持節《しじせつ》・都《と》督倭《とくわ》百済《ひゃくさい》新羅《しんら》任那《にんな》秦韓《しんかん》慕《ぼ》韓六国諸軍事《かんりっこくしょぐんじ》・安東大将軍《あんとうだいしょうぐん》・倭国王と称《しょう》しており、珍は上表文をたてまつって正式にこの官職に任命されるよう求めた。そこで、安東将軍・倭国王に任命する詔を出した。珍はまた、自分の臣下の倭の隋《ずい》ら十三人に、平西《へいせい》・征虜《せいりょ》・冠軍《かんぐん》・輔国《ほこく》などの将軍号を正式に授けるよう求めてきた。文帝は詔を下してすべて許可した。

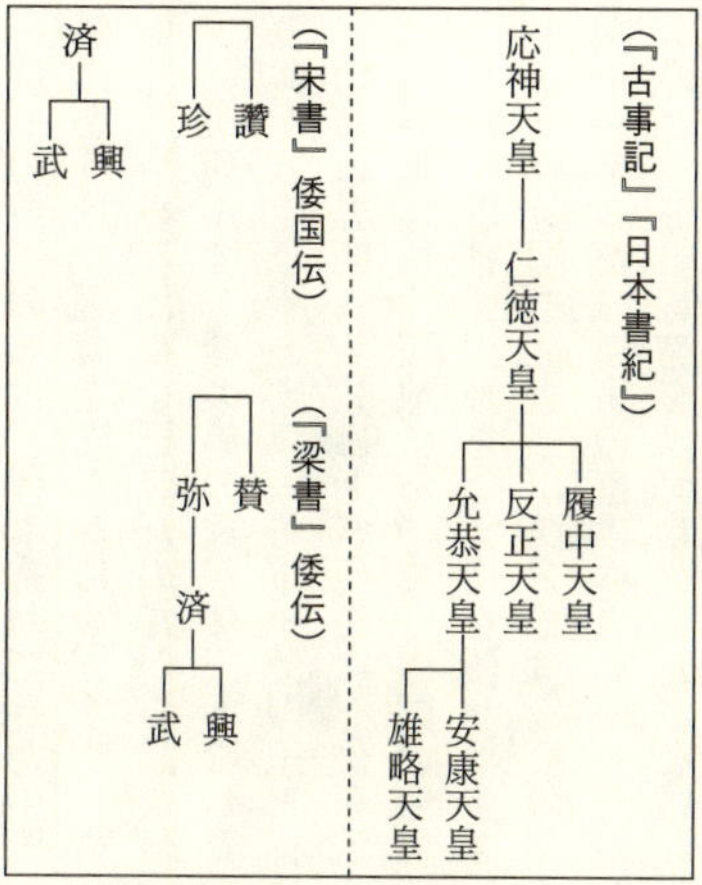

日本と中国に記された「倭の五王」の系譜

元嘉二十年（四四三年）、倭国王の済《せい》は、使者を派遣して貢ぎ物をたてまつった。そこでまた、安東将軍・倭国王に任命した。元嘉二十八年（四五一年）、倭王済に、使持節・都《と》督倭《とくわ》新羅《しんら》任那《にんな》加羅《から》秦韓《しんかん》慕《ぼ》韓六国諸《かんりっこくしょ》軍事《ぐんじ》の官職を加え、安東将軍はもとの通りとした。ならびに上奏された二十三人を将軍や郡長官に任命した。

倭王済が死に、世嗣の興《こう》が使者を遣わして貢ぎ物をたてまつった。大明《だいめい》六年（四六二年）、世祖《せいそ》孝武帝《こうぶてい》は詔を下して言った。

「倭王《わおう》の嗣子の興《こう》は、代々重ねてきた中国への忠節を大切にし、外海に藩屛《はんぺい》となり、中国の感化をうけて辺境を安らかにし、うやうやしく貢ぎ物をもって来朝した。興は新たにその遠い地を治める仕事を嗣《つ》いだのだから、爵号を授けて、安東将軍《あんとうしょうぐん》・倭国王《わこくおう》とせよ」

興が死んで、興の弟の武《ぶ》が倭王となった。自分で、使持節《しじせつ》・都《と》督倭《とくわ》百済新羅任那《ひゃくさいしんらにんな》加羅《から》秦韓《しんかん》慕韓七国諸軍事《ぼかんしちこくしょぐんじ》・安東大将軍・倭国王と称していた。

順帝《じゅんてい》の昇明《しょうめい》二年（四七八年）に、倭王武は使者を遣わして上表文をたてまつって言った。

「わが国は遠く辺地にあって、中国の藩屛となっている。昔からわが祖先は自《みずか》らよろいかぶとを身に着け、山野をこえ川を渡って歩きまわり、落ち着くひまもなかった。東方では毛人《もうじん》の五十五ヵ国を征服し、西方では衆夷《しゅうい》の六十六ヵ国を服属させ、海を渡っては北の九十五ヵ国を平定した。皇帝の徳はゆきわたり、領土は遠くひろがった。代々中国をあがめて入朝するのに、毎年時節をはずしたことがない。わたくし武は、愚か者ではあるが、ありがたくも先祖の遺業をつぎ、自分の統治下にある人々を率いはげまして中国の天子をあがめ従おうとし、道は百済を経由しようとて船の準備も行った。

ところが高句麗《こうくり》は無体にも、百済を併呑《へいどん》しようと考え、国境の人民をかすめとらえ、殺害して、やめようとしない。中国へ入朝する途《みち》は高句麗のために滞《とどこお》ってままならず、中国に忠誠をつくす美風を失わされた。船を進めようとしても、時には通じ、時には通じなかった。わたくし武の亡父済《せい》は、かたき高句麗が中国へ往来の路を妨害していることを憤り、弓矢を持つ兵士百万も正義の声をあげて奮いたち、大挙して高句麗と戦おうとしたが、その時思いもよらず、父済と兄興を喪《うしな》い、今一息で成るはずの功業も、最後の一押しがならなかった。父と兄の喪中は、軍隊を動かさず、そのため事を起こさず、兵を休めていたので未だ高句麗に勝っていない。

しかし、今は喪があけたので、武器をととのえ、兵士を訓練して父と兄の志を果たそうと思う。義士も勇士も、文官も武官も力を出しつくし、白刃が眼前で交叉《こうさ》しても、それを恐れたりはしない。もし中国の皇帝の徳をもって我らをかばい支えられるなら、この強敵高句麗を打ち破り、地方の乱れをしずめて、かつての功業に見劣りすることはないだろう。かってながら自分に、開府儀同三司《かいふぎどうさんし》を帯方郡《たいほうぐん》を介《かい》して任命され、部下の諸将にもみなそれぞれ官爵を郡を介して授けていただき、よって私が中国に忠節をはげんでいる」と。

そこで順帝は詔《みことのり》をくだして武を、使持節・都督《ととく》倭新羅《しんら》任那《にんな》加羅《から》秦韓《しんかん》慕韓《ぼかん》六国諸軍事《りっこくしょぐんじ》・安東大将軍・倭王に任命した。

隋書（巻八十一・東夷）

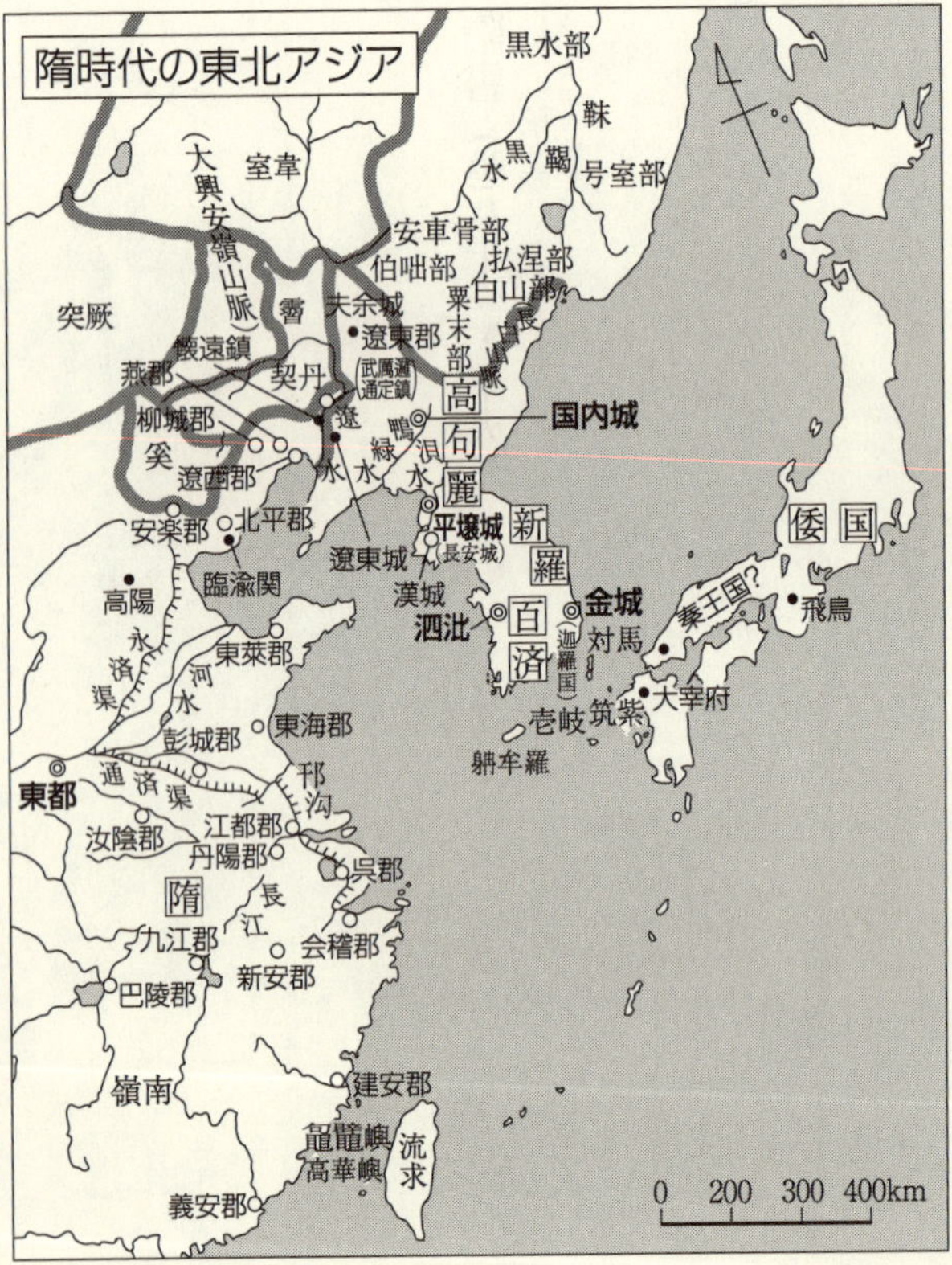
隋時代の東北アジア
黒水部
靺鞨
黒水
号室部
室韋
大興安嶺山脈
安車骨部
伯咄部
払涅部
白山部
粟末部
長白山脈
突厥
霫
夫余城
遼東郡
懐遠鎮
燕郡
契丹
武厲邏
通定鎮
柳城郡
奚
遼西郡
遼水
鴨緑水
浿水
高句麗
国内城
安楽郡
北平郡
平壌城
(長安城)
新羅
遼東城
臨渝関
高陽
漢城
金城
泗沘
百済
(迦羅国)
対馬
秦王国?
飛鳥
倭国
永済渠
河水
東萊郡
大宰府
壱岐
筑紫
東海郡
彭城郡
耽牟羅
東都
通済渠
邗溝
汝陰郡
江都郡
丹陽郡
呉郡
隋
長江
九江郡
会稽郡
新安郡
巴陵郡
嶺南
建安郡
流求
鼊鼊嶼
高華嶼
義安郡
0 200 300 400km

高《こう》麗《らい》

（1）高《こう》〔句《く》〕麗《り》の（2）先《せん》は、（3）夫余《ふよ》自《よ》り出《い》ず。夫余《ふよ》王《おう》、嘗《かつ》て（4）河伯《かはく》の女《むすめ》を得、因《よ》りて室内に閉ざせしに、日光の随《したが》って之《これ》を照らせしが為《ため》に、感じて遂《つい》に孕《はら》み、一つの大卵を生む。一男子有り、殻《から》を破りて出《い》ず。名づけて朱蒙《しゅもう》と曰《い》う。

夫余《ふよ》の臣、朱蒙《しゅもう》が人の生める所に非《あら》ざるを以《も》って、咸之《みなこれ》を殺さんと請《こ》う。王、聴《ゆる》さず。（5）壮《そう》に及びて、猟《りょう》に従い、獲《と》る所（6）多きに居《お》るに因《よ》りて、又之《またこれ》を殺さんと請う。

其《そ》の母以《も》って朱蒙《しゅもう》に告ぐ。朱蒙《しゅもう》、夫余《ふよ》を棄てて東南に走る。一つの（7）大水に遇う。深くして越ゆべからず。朱蒙曰《しゅもういわ》く、「我は是《こ》れ河伯《かはく》の外孫、日の子《こ》也《なり》。今、難《なん》有りて、追兵且《まさ》に及ばんとす。如何《いか》にせば渡るを得んか」と。是《ここ》に於《お》いて（9）魚鼈《ぎょべつ》積みて橋を成し、朱蒙《しゅもう》、遂《つい》に渡る。追騎、

〈語　釈〉

1史書によっては高句麗を高句驪、高麗とも記すものがある。**2**先祖。**3**中国東北地方中部、高句麗の北にあった国。漢代から中国に知られていた。**4**河の神。**5**大人。**6**多数を占めるので。

7大きな河。

9魚や亀があい重なって。

済《わた》ることを得ずして還《かえ》る。

朱蒙《しゅもう》国を建て、自《みずか》ら高句麗《こうくり》と号し、高《こう》を以《も》って氏と為《な》す。朱蒙《しゅもう》死し、子の閭達《りょたつ》嗣ぐ。其《そ》の孫の莫来《ばくらい》に至りて、兵を興《おこ》し遂《つい》に夫余《ふよ》を幷《あわ》す。(1)裔孫《えいそん》の(2)位宮《いきゅう》に至り、魏《ぎ》の(3)正始《せいし》中を以《も》って(4)西《せい》安平《あんへい》に入寇す。(5)毌丘倹《かんきゅうけん》拒《ふせ》ぎて之《これ》を破る。

位宮《いきゅう》の(6)玄孫の子を(7)昭列帝《しょうれつてい》と曰《い》う。(8)慕容氏《ぼようし》の破る所と為る。遂《つい》に(9)丸都《がんと》に入り、其《そ》の宮室を焚《や》き、大いに掠《りゃく》して還る。昭列《しょうれつ》帝《てい》、後に百済《ひゃくさい》の(10)殺す所と為《な》る。其《そ》の曾孫《そうそん》の(11)璉《れん》、使いを(12)後魏《こうぎ》に遣《つか》わす。

璉《れん》の六世の孫、(13)湯《とう》、(14)周《しゅう》に在《あ》りて使いを遣わして朝貢す。(15)武《ぶ》帝《てい》、(16)湯《とう》を上開府《じょうかいふ》・遼東郡公《りょうとうぐんこう》・遼東王《りょうとうおう》に(17)拝す。(18)高祖《こうそ》、(19)禅《ぜん》を受けしとき、湯《とう》、復《ま》た使いを遣わして(20)闕《けつ》に詣《いた》らしむ。進めて大将軍を授け、改めて高《こう》〔句《く》〕麗《り》王《おう》に封《ほう》ず。歳《とし》ごとに使いを遣わし朝貢すること絶えず。

1遠い子孫。**2**東川王（在位二二七～二四八年）。**3**斉王芳の年号。**4**遼寧省丹東市付近。**5**魏の将軍。

6孫の孫。**7**故国原王（在位三三一～三七一年）のことか。**8**鮮卑族の一部。**9**吉林省集安市。**10**殺された。**11**長寿王（在位四一三～四九一年）。**12**北魏。

13平原王（在位五五九～五九〇年）。**14**北朝の北周のころに。**15**宇文邕。**16**上開府儀同三司。**17**任命した。**18**隋の文帝楊堅。**19**周を滅ぼして皇帝となったとき。**20**皇宮。

其《そ》の国、東西二千里、南北千余里。平壌城《へいじょうじょう》に都す。亦《ま》た長安城《ちょうあんじょう》と曰《い》う。東西六里、山に随いて屈曲し、南は(21)浿水《ばいすい》に臨む。復た(22)国内城《こくないじょう》・(23)漢城《かんじょう》有り。並《ならび》に其《そ》の都会の所にして、其の国中呼びて「三京」と為《な》す。新羅《しんら》と毎《つね》に相侵奪《あいしんだつ》し、戦争して息《や》まず。

官には太大兄《たいだいけい》、次は大兄《だいけい》、次は小兄《しょうけい》、次は対盧《たいろ》、次は意侯奢《いこうしゃ》、次は烏拙《うせつ》、次は太大使者《たいだいししゃ》、次は大使者《だいししゃ》、次は小使者《しょうししゃ》、次は褥奢《じょくしゃ》、次は翳属《えいぞく》、次は仙人《せんにん》の凡《およ》そ十二等《とう》有り。復《ま》た内評《ないひょう》・外評《がいひょう》・五部《ごぶ》褥薩《じょくさつ》有り。

人は皆皮冠《みなひかん》し、(24)使人《しじん》は鳥の羽を加《の》せて挿《さ》す。貴者は冠に(25)紫羅《しら》を用い、飾るに金銀を以《も》ってす。大袖《おおそで》の(26)衫《さん》、大口《おおぐち》の(27)袴《こ》、(28)素皮の帯、黄革の履《くつ》を(29)服《ふく》す。婦人の(30)裙襦《くんじゅ》は(31)襈《せん》を加う。兵器は中国と略《ほぼ》同じ。春秋毎《ごと》に(32)校猟《こうりょう》するときは、王親《みずか》ら之《これ》に臨む。

21大同江。**22**丸都ともいう。吉林省集安市。**23**黄海北道沙里院付近。

24役人。**25**紫のうすぎぬ。**26**上衣。**27**ズボン。**28**生地のまま染めていない。**29**身につける。**30**スカートと肌着。**31**ふちどりする。**32**腕くらべの猟。木の柵で獣の逃げ路をふさいで行う狩猟、とする説もある。

人ごとに布《ぬの》五匹(1)、穀《こく》五(2)石《こく》を税《ぜい》す。(3)遊人は則《すなわ》ち三年に一たび税す。十人共《ごと》に(4)細布一匹なり。(5)租は戸ごとに一石、次は七斗、下は五斗。反逆する者は之《これ》を柱に縛り、爇《や》きて之《これ》を斬《き》り、其《そ》の家を籍没す。盗《とう》すれば則《すなわ》ち十倍を償《つぐな》う。刑を用うること既《すで》に(6)峻《しゅん》なれば、犯す者有ること罕《まれ》なり。

楽《がく》に(7)五絃《ごげん》・(8)琴《きん》・(9)箏《そう》・(10)篳篥《ひつりつ》・(11)横吹《おうすい》・(12)簫《しょう》・(13)鼓《こ》の属有り、(14)蘆《あし》を吹いて以《も》って曲に和す。年初毎に、淠水《ばいすい》の上《ほとり》に聚戯し、王は腰輿《ようよ》に乗り、羽儀《うぎ》を列《つら》ねて以《も》って之《これ》を観《み》る。事畢《おわ》らば、王衣服を以《も》って水に入り、(15)左右を分かちて二部と為《な》し、(16)水石を以《も》って相濺擲《あいせんてき》し、(17)諠呼《けんこ》馳《ち》逐《ちく》、再三にして止む。

(18)俗《ぞく》は(19)蹲踞《そんきょ》を好み、潔浄にして自《みずか》ら喜ぶ。(20)趨走《すうそう》を以《も》って敬と為《な》し、拝するときには則《すなわ》ち一脚を(21)曳《ひ》く。立つときには、各《おのおの》(22)反拱《はんきょう》し、行くときには必ず手を揺《ふ》る。性(23)詭《き》伏《ふく》多し。

父子は川を同じくして浴し、室を共にして寝る。婦人は

1 一匹は四〇尺。当時の一尺は約二九・五センチ。布幅は両脚の太腿の幅、一匹で一人分の上下衣がとれる。 2 両手で一度にすくう量が一升。一〇升が一斗。一〇斗が一石。 3 定着していない人、牧民や商人。 4 織り目のこまかい布。 5 年貢。 6 きびしい。 7 五弦の琵琶。 8 琴柱のない琴。 9 琴。 10 ひちりき。 11 横笛。 12 たて笛。 13 つづみ。 14 蘆笛。 15 側近の家来。 16 しぶきをかけあい、石を投げあう。 17 にぎやかに叫んで追いかけ。 18 その地の風習。 19 足を揃えてしゃがむこと。 20 小走りに行くこと。 21 うしろに引く。 22 うしろで手を組む。 23 嘘を言い、隠しごとをすること。 24 ふしだらでだれにでもな

(24)淫奔にして、俗に(25)遊女多し。婚嫁すること有る者は、男女相《あい》悦《よろこ》ぶものを取りて、(26)然《しか》りとすれば即《すなわ》ち之《これ》を為《な》し、男家は猪・酒を送る而已《のみ》、(27)財聘《ざいへい》の礼無し。或《ある》いは財を受くる者有らば、人共《とも》に之《これ》を恥ず。

(28)死者は屋内に(29)殯《ひん》し、三年を経て、吉日を択《えら》びて葬《ほうむ》る。父母及び夫の(30)喪《そう》に居るには、(31)服は皆《みな》三年、兄弟は三月。初めと終わりには(32)哭泣《こくきゅう》し、葬するときは則《すなわ》ち鼓儛《こぶ》し楽を作《な》して以《も》って之《これ》を送る。埋め訖《おわ》れば、悉《ことごと》く死者の生時の(33)服玩《ふくがん》、車馬を取りて墓側に置き、会葬する者は争い取りて去る。(34)鬼神を敬い、(35)淫祠《いんし》多し。

〔隋《ずい》の〕(36)開皇《かいこう》の初め、頻《しき》りに使い有りて入朝す。〔南朝《なんちょう》の〕陳《ちん》を平らげし後に及んで、〔高句麗《こうくり》の〕(37)湯《とう》大いに懼《おそ》れ、兵を治め穀を積み、(38)守拒《しゅきょ》の策を為《な》す。(39)十七年、(40)上《しょう》は湯《とう》に(41)璽書《じしょ》を賜わりて曰《いわ》く、

びく。**25**ふらふら出歩く女。**26**よろしいといえばすぐ。**27**礼物・結納の作法。

28死者を埋葬するまで暫くの間、棺におさめてとどめおく。**29**かりもがり。**30**服する。**31**喪服を着ること。**32**声をあげてなき。**33**身につけ愛用したもの。**34**精霊。**35**いかがわしいものを祭ったやしろ。

36文帝の年号。**37**平原王。**38**防禦。**39**湯は開皇十年(五九〇年)に死去しているので、この年代は誤り。十年とする説もある。**40**文帝。**41**捺印した詔勅。

(1)朕《ちん》、天命を受け、(2)率土《そつど》を愛育し、王に(3)(4)海隅《かいぐう》を委《ゆだ》ね、(5)朝化《ちょうか》を宣揚《せんよう》して、(6)円首方足《えんしゅほうそく》をして、各《おのおの》其《その》の心を遂げしめんと欲す。王、毎《つね》に使人を遣《つか》わし、歳ごとに常に朝貢す。(7)藩附《はんぷ》と称すと雖《いえど》も、誠節未《いま》だ尽くさず。王、既《すで》に〔わが隋《ずい》の〕人臣《じんしん》とならば、須《すべから》く朕の徳に同じうすべきなれど、而《しか》るに乃《すなわ》ち(8)靺鞨《まっかつ》を駆逼《くひつ》し、(9)契丹《きったん》を固禁す。諸藩(10)頓顙《とんそう》して、我が〔隋《ずい》の〕(11)臣《しん》妾《しょう》と為《な》れるに、〔靺鞨《まっかつ》と契丹《きったん》など〕善人の(12)義を慕うを忿《いか》るは、何ぞ〔そなたは〕毒害の情《こころ》の深きや。〔わが〕太府《たいふ》の(13)工人は、其《そ》の数少なからず、王、必ず之《これ》を須《もち》いんとすれば、自《みずか》ら(14)聞奏《ぶんそう》すべし。昔年《せきねん》潜《ひそ》かに(15)財貨《ざいか》を行い、利をもって(16)小人を動かし、私《ひそ》かに弩手《どしゅ》を将《ひき》いて(17)下《か》国《こく》に(18)逃竄《とうざん》せしむ。豈《あ》に兵器を修理して、意《こころ》に臧《よか》らざらんことを欲し、外聞有らんことを恐れしが故に(19)盗窃《とうせつ》を為《な》せしに非《あら》ずや。〔わが国が〕時に使者に命じて、(20)王藩《おうはん》を(21)撫慰《ぶい》せしむるは、

1われ。 **2**全国の者。 **3**高句麗王。 **4**海の果て。 **5**中国の朝廷の教え。 **6**円い頭と四角い足、つまり人間。 **7**辺境の属国。 **8**中国東北地方東部にいた半狩猟民族の隋唐時代の呼び名。夫余・沃沮などの子孫を含み、七世紀末に統合して渤海国となる。 **9**中国東北地方からモンゴル地方にいた遊牧民族。十世紀には遼を建国。 **10**ぬかずいて。 **11**家来。 **12**中国になつくこと。 **13**美術品・器具などを作る宮中工房の職人。 **14**書面で朝廷に申請する。 **15**賄賂をおくり。 **16**職人ども。 **17**高句麗。 **18**逃げて匿れる。 **19**こそ泥のような仕方。 **20**高句麗王の国。 **21**なつけ

本《もと》[22]、彼の人情を問い、彼に政術[23]を教えんと欲すればなり。〔高句麗《こうくり》〕王、乃《すなわ》[24]ち之《これ》を空館に坐せしめ、厳に防守[25]を加え、其《そ》れをして目を閉ざし、耳を塞ぎ、永く聞見無からしむ。何の陰悪《いんあく》[26]有りてか、人の知らんことを欲せず、官司を禁制して其《そ》の訪察を畏《おそ》るや。又数《またしばしば》馬騎《ばき》[27]を遣《つか》わし、辺人[28]を殺害し、屢《しばしば》姦謀《かんぼう》[29]を騁《てい》し、邪説[30]を動作するは、心は不賓[31]に在《あ》らん。朕《ちん》の蒼生《そうせい》[32]に於《お》けるは悉《ことごと》く赤子《せきし》の如《ごと》し。王に土宇《どう》[33]を賜い、王に官爵を授け、〔その〕深恩殊沢《しゅたく》[34]は遐邇《かじ》[35]に彰著す。〔しかるに〕王は専《もっぱ》ら不信を懐《いだ》き、恒《つね》に自《みずか》ら猜疑し、常に使人[36]を遣《つか》わし、密《ひそ》かに消息を覘《うかが》わしむ。純臣[37]の義、豈《あ》に是《か》くの若《ごと》くならん也《や》。

蓋《けだ》し当《まさ》に朕の訓導の明らかならざるに由《よ》るべし。王の愆違《けんい》[38]は、一《いっ》[39]に已《とど》めて寛恕《かんじょ》せん。今日以後は、必ず須《すべから》く改革すべし。藩臣の節を守り、朝正[40]の典を奉じ、自《みずか》ら爾《なんじ》の藩を化し[41]、

させる。**22**もともと。**23**政治のやり方。**24**ところが。**25**使者の外出をふせぎ。**26**かくしたい悪事。**27**騎兵隊。**28**高句麗と中国の国境の人。**29**悪だくみをめぐらし。**30**よこしまな説を作り出し。**31**つき従うまいという下心あり。

32人民。**33**土地。**34**ひときわめだった恩沢は。**35**遠近に明らかである。**36**使者。**37**心きよき家来の行いは。

38あやまち。**39**すべて。**40**朝廷のきめごと。**41**教化し。

他国に(1)忤《さから》うこと勿《な》くば、則《すなわ》ち長く富貴を享《う》け、実《まこと》に朕の心に称《かな》わん。

(2)彼の一方、地狭く人少なしと雖《いえど》も、然《しか》れども(3)普天の下は、皆《みな》朕の臣為《た》り。今《いま》若《も》し王を黜《しりぞ》くるならば、(4)虚《むな》しく置く可《べ》からず。終《つい》には須《すべか》らく(5)官属《かんぞく》を更《あらた》め選び、(6)彼に就きて安撫せしむべし。王、若《も》し心を洒《あら》い行いを易《か》え、(7)憲章に(8)率由《そつゆう》せば、即《すなわ》ち是《こ》れ朕《ちん》の良臣なり、何ぞ別に(9)才彦《さいげん》を遣《つか》わすを労《ろう》せん也《や》。

昔、帝王の法を作るには、(10)仁信を先と為《な》し、善有らば必ず賞し、悪有らば必ず罰す。四海の内、具《つぶさ》に朕《ちん》の旨を聞かしむるに、王、若《も》し罪無くして、朕、(11)忽《たちま》ちに兵を加えば、(12)自余《じよ》の藩国は朕を何とか(13)謂《い》わん也《や》。王、必ず心を虚《むなし》くして、朕の此《こ》の意《こころ》を納《い》れ、慎んで、疑惑し更《さら》に(14)異図を懐《いだ》くこと勿《な》かれ。往者《さきに》、(15)陳叔宝《ちんしゅくほう》、代《よよ》、(16)江陰《こういん》に在《あ》り、(17)人庶《じんしょ》を残害し、我が(18)烽候を驚動し、我が辺境を(19)抄掠《しょうりゃく》す。朕は前後に(20)誡勅《かいちょく》し、十年を

1 争いを起こす。
2 そなたの住む東方の地。 3 天のおおう世界。 4 すておく。 5 役人。 6 かの地＝高句麗の地に派遣して。 7 おきて。 8 したがいよる。 9 才能の優れた男。
10 仁愛・信頼。 11 いいかげんに。 12 その他の。 13 なんと評するであろうか。 14 謀叛の意図。
15 陳の最後の王。 16 江南。 17 人民をいためつけ。 18 のろし台の兵士。 19 略奪。 20

経歴す。彼は則《すなわ》ち(21)長江《ちょうこう》の外なるを恃《たの》み、一隅の衆を聚《あつ》め、(22)惛狂驕傲《こんきょうきょうごう》にして、朕の言に従わず。故に将に命じて(23)師《し》を出《い》だし、彼の(24)凶逆を除く。来往すること(25)旬月《じゅんげつ》に盈《み》たず、兵騎は数千に過ぎずして、歴代の(26)逋寇《ほこう》は、一朝にして(27)清蕩し、(28)遐邇《かじ》、(29)乂安《がいあん》し、人神、(30)胥悦《あいよろこ》ぶ。

聞くに、〔高句麗《こうくり》〕王は歎恨《たんこん》して独り悲傷を致すとかや。(31)幽明《ゆうめい》を黜陟《ちゅっちょく》するは、(32)有司《ゆうし》是《これ》を職《つかさど》る、王を罪するは陳《ちん》の滅びしが為《ため》ならず、王を賞するは陳《ちん》の存するが為ならず、禍《わざわい》を楽しみ乱を好む、何ぞ爾《しか》ることを為《な》さんや。

(33)王謂《おも》えらく、(34)遼水《りょうすい》の広きは(35)長江《ちょうこう》に何如《いかん》ぞや。高《こう》〔句《く》〕麗《り》の人、(36)陳国《ちんこく》に多少ぞ。朕、若《も》し(37)含育《がんいく》を存せず、王の(38)前愆《ぜんけん》を責め、一将軍に命ずるときは、何ぞ多力を待たんや。(39)慇懃《いんぎん》に暁示《ぎょうじ》し、王の自《みずか》ら新しくするを許す耳《のみ》。宜《よろ》しく朕の懐《おもい》を得て、自ら多福を求むべし、と。

戒勅＝いさめる。**21**長江以南にいるという地の利を頼りとし。**22**おろかで、うぬぼれる。**23**軍隊。**24**悪者。**25**一ヵ月にもならない。**26**逃げた賊ども。**27**きれいに除く。**28**遠近。**29**治まって。**30**たがいに。

31功罪によって地位を上下する。**32**わが政府役人が処置する。

33そなたはどうお考えか。**34**遼河。隋と高句麗との国境。**35**長江にくらべてどうか。**36**陳国にくらべてどうか。**37**大事にはぐくみ育てる心を。**38**以前のあやまち。**39**ねんごろに教えさとす。

湯《とう》、書を得て(1)惶恐《こうきょう》し、将《まさ》に表(2)を奉じて陳謝せんとす。会《たまたま》病をもって(3)卒《しゅつ》す。子の元(4)《げん》、嗣ぎ立つ。(5)高祖《こうそ》、使いをして元《げん》を(6)拝し、(7)上開府儀同三司《じょうかいふぎどうさんし》と為《な》さしめ、遼東郡公《りょうとうぐんこう》を襲爵《しゅうしゃく》せしめて、衣一襲《ひとかさね》を賜う。元《げん》、表を奉じて恩を謝し、幷《なら》びに祥瑞《しょうずい》を賀し、因《よ》って王《おう》に封《ほう》ぜられんことを請う。高祖《こうそ》、元《げん》を優冊(8)して王となす。

(9)明年、元《げん》、靺鞨《まつかつ》の衆《しゅう》〔一〕万余騎を率いて(10)遼西《りょうせい》を(11)寇《こう》す。(12)営州《えいしゅう》の(13)総管韋冲之《いちゅうこれ》を撃走す。高祖《こうそ》、聞いて大いに怒り、漢《かん》王《おう》(14)の諒《りょう》に命じ、元帥《げんすい》と為《な》し、水陸を総《すべ》て之《これ》を討たしめ、詔《みことのり》を下して其《そ》の爵位を黜《しりぞ》く。

時に(15)餽《き》運《うん》継《つ》がず、(16)六軍、食乏《とぼ》し、師は(17)臨渝《りんゆ》関《かん》を出《い》でて、復《ま》た(18)疾疫に遇う、王師振わず。遼水《りょうすい》〔のほとり〕に(19)次《じ》するに及んで、元《げん》も亦《ま》た(20)惶懼《こうく》し、使いを遣わし罪を謝し、上表して「遼東糞土《りょうとうふんど》の臣元云云《げんうんぬん》」と称《しょう》す。(21)上《しょう》、是《ここ》に於《お》いて兵を罷《や》め、

1恐れ入り。2上表文を奉って。3亡くなった。4嬰陽王（在位五九〇～六一八年）。5隋の文帝。6任命し。7開府儀同三司は、三公と同じ格式で、府（役所）を開くことのできる武官。上開府はその上位。8優遇して任命する。

9開皇十八年。10遼河の西。11あらす。12遼寧省朝陽県。13軍司令官。14高祖文帝の子。

15糧食補給。16天子の軍。17山海関の近く。18流行病。19しばらく休憩する。20おそれおののき。21文帝。

之《これ》を待《たい》すること初めの如《ごと》し。元《げん》も亦《ま》た歳《としごと》に朝貢を遣わす。

(22)煬帝《ようだい》位を嗣《つ》ぎ、天下全盛なり。(23)高昌王《こうしょうおう》・(24)突厥《とっけつ》の(25)啓人可汗《けいじんかかん》、並びに親《みずか》ら(26)闕《けつ》に詣《いた》りて貢献す。是《ここ》に於《お》いて〔高句麗《こうくり》王《おう》〕元《げん》を徴《め》して入朝せしむ。元懼《げんおそ》れて(27)藩礼頗《はんれいすこぶ》る闕《か》く。〔隋《ずい》の〕(28)大業《たいぎょう》七年、(29)帝将《ていまさ》に元《げん》の罪を討たんとし、(30)車駕《しゃが》、遼水《りょうすい》を渡る。(31)上《しょう》、(32)遼東城《りょうとうじょう》に営《えい》し、道を分けて師を出《い》だし、各《おのおの》(33)兵を其《そ》の城下に頓《とん》せしむ。高《こう》〔句《く》〕麗《り》兵を率《ひき》い出《い》でて拒《ふせ》ぐ、戦い多く不利なり。是《ここ》に於《お》いて皆《みな》城を嬰《めぐ》りて固守す。帝《てい》、諸軍をして之《これ》を攻めしめ、又《また》諸将に(34)勅《みことのり》す、「高《こう》〔句《く》〕麗《り》若《も》し降《くだ》る者あらば、即《すなわ》ち宜《よろ》しく(35)撫納すべし、兵を(36)縦《ほしいまま》にすることを得ず」と。

城将《まさ》に陥《おちい》らんとするとき、賊輒《すなわ》ち降《こう》を請わんと言う。諸将、(37)旨《むね》を奉じて敢《あ》えて(38)機に赴《おもむ》かず。先ず(39)馳奏《ちそう》せしむ。報至る比《ころお》い、賊の守禦《しゅぎょ》も亦《ま》た備わり、(40)随《したが》いて出《い》でて拒戦す。此《か》くの

22隋の第二代皇帝（在位六〇四～六一七年）。**23**麴伯雅。高昌は漢族の麴氏（きくし）が五世紀中葉に吐魯蕃（トルファン）地方に建てた国。**24**チュルク。トルコ族の遊牧国家。中国の北方で勢いをふるった。**25**カーン・大首長。**26**宮門。**27**属国としての礼節。**28**煬帝の年号。**29**煬帝。**30**親征の車馬。**31**煬帝。**32**遼寧省遼陽市。**33**高句麗の各城下に駐屯させた。**34**勅。**35**うけ入れてなつけ。**36**むやみに攻撃する。**37**皇帝の言いつけ。**38**その機会に乗じて攻撃せず。**39**早馬で帝に報告させた。**40**それにつれて。

如《ごと》き者再三、帝《てい》、悟らず。是《これ》に由《よ》り食(1)尽《つ》き師老いて、(2)転輸《てんゆ》継がず、諸軍(3)敗績することと多し。是《ここ》に於《お》いて(4)班師《はんし》す。是《こ》の行《こう》や、唯遼水《ただりょうすい》の西に於《お》いて賊の武厲邏《ぶれいら》を抜き、遼東郡《りょうとうぐん》及び(5)通定《つうてい》鎮《ちん》を置くのみにして還《かえ》る。

〔大業《たいぎょう》〕九年、帝《てい》復《ま》た親《みずか》ら之《これ》を征《せい》す。乃《すなわ》ち諸軍に勅《みことのり》するに(6)便宜《べんぎ》に従事《じゅうじ》することを以《も》ってす。諸将、道を分けて城を攻め、賊勢日に(7)蹙《ちぢ》まる。会《たまたま》(8)楊玄感《ようげんかん》乱を作《な》し、(9)反書至る。帝《てい》大いに懼《おそ》れ、即日六軍《りくぐん》並び還す。(10)兵部侍郎《へいぶじろう》斛斯政《こくしせい》、亡《に》げて高《こう》〔句《く》〕麗《り》に入る。高《こう》〔句《く》〕麗《り》具《つぶさ》に事実を知り、(11)鋭《えい》を(12)悉《つ》くして来《きた》り追う。(13)殿軍多く敗る。

〔大業《たいぎょう》〕十年、又《また》天下の兵を発す。会《たまたま》盗賊蜂起し、人多く流亡し、(14)所在阻絶し、軍多く期を失う。遼水《りょうすい》に至るや、高《こう》〔句《く》〕麗《り》も亦《ま》た困弊《こんぺい》し、使いを遣わして降らんことを乞い、斛斯政《こくしせい》を(15)囚《とら》えて送り、以《も》って罪を(16)贖《しょく》す。帝之《ていこれ》を許し、(17)懐遠《かいえん》

1長いくさに疲れはて。2補給。3敗北。4引き返す。5遼寧省新民県付近か。6様子を見て臨機に処置する。7縮。8隋朝に対して反乱の兵を黎陽にあげ、李密らとともに洛陽に迫るも六一三年敗死。9反乱のしらせ。10軍事を司る役所の次官。11精兵。12尽。13しんがりの軍。14軍隊のいる場所が離ればなれとなり。15監禁して護送し。16つぐなう。17遼寧省遼中県付近か。18屯。兵をとどめ。19降伏の約束。20捕虜と戦利品。

鎮《ちん》に(18)頓《とん》し、其《そ》の(19)降款《こうかん》を受く。仍《よ》りて(20)俘囚《ふしゅう》・軍実を以《ひき》いて帰る。

(21)京師《けいし》に至り、高《こう》〔句《く》〕麗《り》の使者を(22)以《ひき》いて親《みずか》ら(23)太廟《たいびょう》に告げ、因《よ》りて之《これ》を拘留す。仍《よ》りて〔高句麗王《こうくりおう》〕元《げん》に入朝を徴《すす》む。元竟《げんつい》に至らず。帝《てい》、諸軍に厳装することを勅《みことのり》し、更《さら》に後挙を図《はか》りしも、会《たまたま》天下大いに乱れ、遂《つい》に克《よ》く復《ま》た行かず。

21大興（陝西省西安市）。22ひきつれて。23祖先の廟。

〈現代語訳〉

高句麗《こうくり》の先祖は、夫余《ふよ》から出ている。夫余の王は、かつて、河の神の娘を捕らえて部屋に閉じ込めておいた。日光がその部屋に差し込んで娘を照らしたために、娘はそれに感じて妊娠し、一つの大きな卵を生んだ。卵からは一人の男の子が殻《から》を破って生まれ出た。その子を朱蒙《しゅもう》と名づけた。

夫余の家臣たちは、人間の生んだ子ではないことを理由に、朱蒙を殺そうとしたが、王は許さなかった。朱蒙が成長して大人になった時、猟に行くと、いつも獲物が非常に多いので、夫余の家臣たちは、またこれを殺すように王に進言した。母にその企《たくら》みを告げられた朱蒙は、夫余の国を棄てて東南に逃げた。途中で一つの大河に行き当たった。河は深くて渡ることができなかった。そこで朱蒙《しゅもう》は言った。

「私は河の神の外孫であり、日の御子《みこ》である。今、難儀を蒙《こうむ》り追っ手が迫《せま》っている。どうすればこの大河を渡ることができるだろうか」

すると、河中からたくさんの魚や亀があらわれ、互いに積み重なって橋となったので、朱蒙はその上を渡ることができた。朱蒙が渡るとすぐ橋は解かれてしまい、追っ手の騎兵は渡ることができず、引き返していった。

朱蒙は国を建てて、「高句麗《こうくり》」と名づけ、「高」を姓とした。朱蒙が死ぬと、その子の閭達《りょたつ》があとを嗣《つ》いだ。その孫の莫来《ばくらい》の時になって軍隊を編成して、夫余《ふよ》を征服併合した。子孫の位宮《いきゅう》の代になって、三国の魏《ぎ》の正始《せいし》年間（二四〇～二四九年）に、中国の西安平県《せいあんへいけん》に侵攻した。魏の幽州刺史《ゆうしゅうしし》の毌丘倹《かんきゅうけん》が防衛にあたり、高句麗軍を撃退した（二四四年）。

位宮の玄孫の子を、昭列帝《しょうれつてい》という。鮮卑《せんぴ》の慕容氏《ぼようし》と戦って敗れた。鮮卑は高句麗の首都丸都《がんと》に侵入し、その宮殿を焚《や》き、大いに略奪をして引きあげた。昭列帝は後に百済《ひゃくさい》に殺された。昭列帝の曾孫《ひまご》の璉《れん》は、北魏《ほくぎ》に使者を派遣した。

璉の六世の孫の湯《とう》は、北朝の北周《ほくしゅう》の時代（五五六～五八一年）に使者を派遣して朝貢した。北周の武帝《ぶてい》は、湯に上開府《じょうかいふ》・遼東郡公《りょうとうぐんこう》・遼東王《りょうとうおう》の位を授けた。隋《ずい》の高祖《こうそ》が周《しゅう》の静帝《せいてい》から帝位を禅譲されたとき、湯はまた使者を隋の宮廷に派遣した。隋は湯の称号を進めて大将軍《だいしょうぐん》とし、あらためて高句麗王に冊封《さくほう》した（五八一年）。湯は隋に毎年使者を派遣して朝貢は絶えることがなかった。

高句麗の国は東西が二千里、南北が千余里ある。都は平壌城《へいじょうじょう》で、またの名を長安城《ちょうあんじょう》という。都城は東西が六里あり、山に沿って曲がりくねり、南は浿水《ばいすい》に面している。他に国内城《こくないじょう》と漢城《かんじょう》があり、いずれも大きなまちで、高句麗ではこの三つを「三京」としている。新羅《しんら》とは、いつも侵攻略奪し合い、戦争が続いている。

高句麗の官位は順に、太大兄《たいだいけい》・大兄《だいけい》・小兄《しょうけい》・対盧《たいろ》・意侯奢《いこうしゃ》・烏拙《うせつ》・太大使者《たいだいししゃ》・大使者《だいししゃ》・小使者《しょうししゃ》・褥奢《じょくしゃ》・翳属《えいぞく》・仙人《せんにん》の全部で十二等級がある。また、内評《ないひょう》・外評《がいひょう》・五部褥薩《ごぶじょくさつ》があった。

人々はみな皮の冠をかぶり、役人は鳥の羽を冠に挿している。貴人は冠を紫のうすぎぬでつくり、金や銀で飾っている。大きな袖《そで》の上衣、大口のズボン、染めていない皮の帯、黄色のはきものを身に着けている。婦人は縁取りのついたスカートと肌着とを着けている。武器は中国とほぼ同じものを使っている。毎年春と秋に狩猟の腕比べ大会をするときには、王は自ら参加する。

人頭税としては、一人につき、布を五匹、穀物を五石徴収する。牧民や商人で定住していない人々には三年に一回、税をかける。これは十人ごとに細布を一匹とする。土地税としては、一戸につき上戸は一石で、次は七斗、下戸は五斗である。反逆者は柱に縛りつけて、火あぶりにして斬殺し、その家の戸籍を削り、家人・財産とも没収する。盗みをすれば、その盗んだ価の十倍を弁償させる。刑罰は非常に厳しく行われているので、犯罪者が出るのはまれである。

楽器には、五絃《ごげん》・琴《きん》・箏《そう》・篳篥《ひちりき》・横笛・簫《しょう》・鼓《つづみ》などがあり、蘆笛《あしぶえ》でも音楽に合わせて吹き鳴らす。

人々は毎年、年頭に浿水《ばいすい》のほとりに集まって遊ぶ。王は腰輿《たごし》に乗り、儀仗の羽飾りをつらねて見物する。行事が終わると、王は衣服を着たまま河中に入り、側近の者たちを二手に分けて、水しぶきをかけ合い、石を投げ合わせる。にぎやかに叫んで追いかけ合うことを再三繰り返して終わる。

人々の風俗としては、蹲踞《そんきょ》をし、清潔を好む。小走りをして敬意をあらわし、挨拶をするときは片脚を後ろに引いて礼をする。立っているときはそれぞれ後ろで両手を組み、歩くときには必ず手を振る。人の性格としては、嘘《うそ》を言い隠しごとをする者が多い。

父と子は同じ川で水浴びし、同じ部屋で寝る。女の人はふしだらで誰にでもなびき、民間には出歩く女が多い。結婚は、男女がお互いに好きになって、宜《よろ》しいとなればすぐにとりおこなう。男の家からは豚・酒を女の家へおくるだけである。結納の作法はない。たまに財物を受け取る者があると、皆《みな》、これを恥ずべきことと考える。

人が死んだときは、死体を建物の中に安置し、三年たってから吉日を択《えら》んで正式に葬る。父母と夫の喪に服するには、三年間喪服を着る。兄弟の場合は三ヵ月である。葬儀の初めと終わりには声をあげて泣き、葬るときには、鼓を打って舞い、音楽を演奏して死者をおくる。埋葬し終わると、死者が生前身につけ愛用したものや、車馬などをすべて墓の側に置く。すると会葬者は争って取って帰る。精霊を敬い、民間信仰の祠《やしろ》が多い。

隋《ずい》の開皇《かいこう》年間（五八一～六〇〇年）の初め、高句麗《こうくり》は頻繁に使者を派遣してきた。隋が南朝の陳《ちん》を滅ぼしたときには（五八九年）、高句麗王湯《とう》は非常におそれて、軍隊を増強し、糧食を貯え、防禦の方策を練った。

開皇《かいこう》十七年（五九七年）、隋の文帝《ぶんてい》は、高句麗王湯に、璽書《じしょ》を賜わった。その璽書に言う。

「朕《ちん》は天命を受けて、全国民を愛しみ育てており、高句麗王には海の果てを委ね、中国の朝廷の教えを高く広めさせ、人々にそれぞれの希望を成就させたいと思う。汝《なんじ》高句麗王は、いつも使節を派遣し、毎年、朝貢してくる。ところが、自分を中国の属国であると言いながら、その真心はまだ充分ではない。汝高句麗王は、すでに我が隋朝《ずいちょう》の臣下となっているのだから、必ず朕の行うことに同調するべきなのに、今、靺鞨《まっかつ》を駆りたて追い込み、契丹《きったん》を閉じ込めている。もろもろの辺境民族がぬかずいて我が隋の臣下となっているのに、彼ら善人の隋朝を慕うことを怒って妨害するというのは、どういう了見からなのか。

我が隋朝の宮中工房の職人の数は少なくない。汝高句麗王が、この工房の職人を使いたいならば、そのように書面で申請すべきである。昔、汝はひそかに賄賂《わいろ》を使い、利益でもって職人たちを誘導し、弓作りの職人を高句麗に逃亡させた。これは、武器を修理して、心に良くないことを抱き、それが外に洩れることを恐れたがために、こそこそとやったのではないのか。

我が朝廷が、時節を決めて使者を派遣し、王の国を慰撫させるのは、もともとそなたの国の人情を知り、政治の方策を教えようとするからである。それなのに汝高句麗王は、我が使者を誰もいない館《やかた》に閉じこめ、厳重に警戒して、使者の目を閉ざし、耳を塞ぎ、ずっと周囲の様子を見聞きできないようにした。どんな悪事をたくらむがゆえに、人に知られることをいやがり、隋《ずい》の役人を拘束して、その訪問視察を恐れるのか。また、頻々と騎馬隊を派遣して、隋の国境付近の人を殺害し、しばしば悪企みをめぐらし、邪《よこしま》なる説を吹聴するのは、結局、隋に服従などすまいという下心があるのだろう。

　朕は人民を全て自分の赤子のように大事にしている。汝《なんじ》高句麗《こうくり》王《おう》に領土を賜わり、官爵を授けた、そのひときわ目立った恩恵は、遠近に明らかである。それなのに、汝高句麗王は、ひたすらに不信の念を抱き、つねに疑い、つねに使者を派遣して、ひそかに事情を探らせている。忠義な臣下の行いは、このようなものでよいだろうか。

　おもうに、これは朕のさとし導き方が明らかでなかったからであろう。だから、高句麗王の今までの間違いは、全て許そう。今日から後は、必ず心を入れかえよ。藩屏の臣としての忠節を守り、朝廷の規則を大事にし、自ら自分の領土の民を教化し、他国と争いを起こさないようにせよ。そうすれば、長く富み栄え、まことに朕の心にかなう。

　そなたの住む東方の地は、領土は狭く人口は少ない。しかし、あまねく天の下は、自分の臣下である。今、もし汝を王位から退けたならば、そのあとを空位のままでは置けない。つまりは、役人を選考して高句麗に派遣し、統治させることになる。汝高句麗王がもし心を洗いなおし、行いを改め、隋朝《ずいちょう》の憲章に従うならば、それが朕の良臣であり、どうして別に有能な者を新たに高句麗王として派遣するなどの労をとる必要があろうか。

　昔、帝王が法を作るには仁愛・信頼を第一とし、善行があれば必ず賞し、悪行があれば必ず罰した。国中ことごとく朕の意志に従わせようとする際、もし高句麗王に罪がないのに、朕が粗忽《そこつ》にも懲罰の兵を出したりすれば、他の藩国は、朕をどう思うであろうか。汝高句麗王よ、必ず虚心に朕のこの意を汲み、慎んで、疑ったりさらに謀叛の意図を抱くことなどないようにせよ。

さきに、陳《ちん》の後主陳叔宝《こうしゅちんしゅくほう》は、代々江南《こうなん》に居て、人民をいためつけ、我が隋の烽台の兵を驚かせ、国境付近を略奪した。朕は何度も戒めて十年が経過した。陳叔宝は、長江《ちょうこう》の南に居るという地の利を頼りとし、わずかの兵を集め、愚かにも驕りうぬぼれ、朕の言葉に従わなかった。そのため、将軍に命じて軍隊を出し、その凶暴な逆賊を討伐することにした。期間は一ヵ月にもならず、軍隊はわずか数千たらずで、長年にわたって逃げ隠れしていた賊どもは、たちまち掃討され、遠近ともに治まり、人も神も互いに喜び合った。

今、高句麗王はなげき悔やんで、独り悲しんでいると聞いている。王の功罪を考えてその地位を進退させるのは、我が政府役人が処置することで、高句麗王を罰するのは、陳が滅びたためではなく、同じく王を賞するのは陳が存在したためではない。どうしてわざわざ禍いを楽しみ、戦乱を喜ぶなどということをするのか。

高句麗王よ、遼水《りょうすい》の川幅は、長江の川幅に比べてどちらが広いとお考えか。高句麗の人口と陳国の人口とは、どちらが多いとお考えか。朕がもし、人を大事に育てる心を持たず、汝の過去の罪を責めて一将軍に高句麗討伐を命ずるときは、大軍などは必要としない。丁寧に教えさとして、王の改心を許すものである。よく朕の広い心を察して、自分の幸福を求めるのがよろしかろう」

　湯《とう》は、この璽書《じしょ》を見て恐れ入り、すぐに上表文を奉って陳謝しようとしたがその時、ちょうど、病気になって死んでしまった。湯の子の元《げん》が位を嗣《つ》いだ。隋《ずい》の文帝《ぶんてい》は使節を派遣して、元を上開府儀同三司《じょうかいふぎどうさんし》に任命し、遼東郡公《りょうとうぐんこう》の位をつがせ、衣を一襲《ひとかさね》賜わった。元は上表文を奉って隋の恩沢を感謝し、あわせて吉祥を祝賀し、高句麗王《こうくりおう》に冊封されることを願った。隋の高祖《こうそ》文帝は、元を優遇して王に冊封した。

　翌開皇《かいこう》十八年（五九八年）、元は靺鞨《まっかつ》族の軍隊一万余騎を率《ひき》いて、遼西《りょうせい》地方を略奪した。営州《えいしゅう》の総管《そうかん》韋沖《いちゅう》がこれを撃退した。隋の文帝はこれを聞いて大変に怒り、子の漢王諒《かんおうりょう》を総指揮官として、水陸の軍隊を率いて高句麗征討を行わせることにし、詔を下して高句麗王の官爵を剥奪した。

　隋の高句麗征討軍は糧食の補給が続かず、全軍の食糧が乏しくなった。また臨渝関《りんゆかん》を出た辺りで伝染病にも冒され、軍は意気上がらなかった。征討軍が遼水《りょうすい》のほとりに駐屯する段階になって、元も恐れおののき、使者を派遣して陳謝し、「遼東《りょうとう》の不潔なよごれた土地に住む臣下の元……」と卑下した呼称を使って上奏した。隋の文帝は、そこで征討軍を引き揚げ、元に対する待遇は以前の通りとなった。元もまた毎年使者を遣わして朝貢した。

　煬帝《ようだい》が文帝を嗣《つ》いで皇帝となり（六〇四年）、隋は全盛となった。西域《せいいき》の高昌国《こうしょうこく》の王麴伯《きくはく》雅《が》・北方の突厥《とっけつ》の王啓人可汗《けいじんかかん》らが揃って自身で隋の宮廷にきて貢ぎ物を奉った。そこで煬帝は高句麗王元をも召して入朝させようとしたが、元は恐れて入朝せず、属国としての礼を欠くことになった。

大業七年《たいぎょう》（六一一年）、煬帝は礼を欠いた高句麗王元を討とうとして軍をおこし、親征の車馬は遼水を渡った。煬帝は遼東城下に野営し、軍隊を分けて派遣し、高句麗《こうくり》の各城下に駐屯させて攻撃した。高句麗も兵を出して防戦したが、戦いは多分に不利であったので、みな引き揚げて城のまわりを固めた。煬帝は各軍にこれらの城を攻撃させ、また、諸将軍に詔勅を出して言った。

「高句麗の軍隊から、もし降伏する者が出たら、ただちに受け入れて安撫し、むやみに攻撃してはならない」

城がまさに落ちそうになると、城を守る高句麗軍はそのたびに降伏を請うた。隋の諸将は皇帝の詔勅を守って、その絶好の機会に乗じて一気にその城を滅ぼしてしまうことをしなかった。そのかわりに、まず早馬で皇帝に報告させた。皇帝から返事が届いたころには、高句麗軍の守備態勢の方もととのい、それにつれて城から出て防戦した。このようなことが再三あったが、煬帝はそれがこの詔勅のゆえであることに気がつかなかった。こんな次第で隋軍は、糧食が尽き、軍士も疲れはて、補給が続かず、各軍とも敗けることが多かった。そこで煬帝は遠征をやめ、軍を引き揚げさせた。この遠征で隋軍は、ただ遼水の西の武厲邏《ぶれいら》を攻略し、遼東郡と通定鎮《つうていちん》を設置しただけが成果だった。

隋の大業九年（六一三年）、煬帝はまた自身で高句麗征討を行った。そして今度は諸軍に、状況によって臨機に処置するように詔勅を下した。諸将軍は各方面に分かれて高句麗の城を攻め、高句麗《こうくり》の勢力は日に日に縮まっていった。その時たまたま、本国で楊玄感《ようげんかん》が反乱をおこし、その知らせが遠征軍にとどいた。煬帝《ようだい》は大いに恐れ、即日全軍を引き返させた。兵部《へいぶ》侍郎《じろう》の斛斯政《こくしせい》が寝返って高句麗に逃げ込んだため、高句麗は事の次第を具《つぶさ》に知り、精兵を尽くして追撃して来た。そのため隋軍《ずいぐん》の最後尾は敗れることが多かった。

隋の大業《たいぎょう》十年（六一四年）、煬帝は三たび天下に布告して軍隊を編成し、高句麗を討とうとした。そのころ盗賊が蜂起し、流民が多く出、軍の所在は離ればなれとなり、集結の期日に遅れる軍も多かった。隋軍が遼水《りょうすい》に達したところ、高句麗もまた困苦疲弊していたので使者を派遣して降伏を申し出、さきの投降者斛斯政を捕らえて隋軍に送り、罪を贖《あがな》おうとした。煬帝はこの申し出を許し、懐遠鎮《かいえんちん》に兵を留めて、その降伏の文書を受け入れた。そして、捕虜と戦利品とを持ち帰った。

都に帰ると、高句麗の使者をひきつれて、煬帝はみずから祖先の廟《びょう》に報告し、その使者を拘留した。さらに、高句麗王元《げん》に入朝をうながしたが、元はついに動かなかった。煬帝は諸軍に装備を厳重にするよう勅命を出し、あらためて遠征軍を興すことを計画したが、そのころ天下は大いに乱れ、ついにまた高句麗征討軍を出すことはできなかった。

百《ひゃく》済《さい》

百済《ひゃくさい》の(1)先《せん》は高《こう》〔句《く》〕麗《り》国《こく》自《よ》り出《い》ず。其《そ》の国王に一《いっ》の侍婢《じひ》有り。(2)忽《たちま》ちにして(3)懐孕《かいよう》す。王之《これ》を殺さんと欲す。婢云《い》う、「物有りて〔その〕状《かたち》は(4)鶏子《けいし》の如《ごと》し。来たりて我を感ぜしむ。故に娠《しん》すること有る也《なり》」と。

王之《これ》を(5)捨つ。後《のち》、〔婢〕遂《つい》に一男を生む。之《これ》を(6)厠《し》溷《こん》に棄つるも、久しくして死せず。〔王〕以《も》って(7)神と為《な》し、命じて之《これ》を養わしめ、名づけて「東明《とうめい》」と曰《い》う。長ずるに及び、高《こう》〔句《く》〕麗王之《りおうこれ》を(8)忌《い》む。東明《とうめい》懼《おそ》れ、逃げて淹水《えんすい》に至る。夫余《ふよ》の人、共に之《これ》を奉ず。

東明《とうめい》の後《のち》、仇台《きゅうだい》なる者有り。仁信に篤《あつ》く、始めて其《そ》の国を(9)帯方《たいほう》の故地に立つ。〔後《ご》〕漢《かん》の遼東太守《りょうとうたいしゅ》(10)公孫度《こうそんど》、女《むすめ》を以《も》って之《これ》に妻《めあわ》す。漸《ようや》く以《も》って昌盛となり、東夷《とうい》の強国と為《な》る。

〈語　釈〉

1先祖。**2**ふとしたことで。**3**赤子をはらむ。**4**たまご。

5放任しておいた。**6**かわや。**7**ふしぎな神がかりの子だと思い。**8**いやがって避けた。

9漢の置いた県、黄海北道沙里院付近。**10**後漢末の武将（?〜二〇四年）。遼東方面に大勢力を築く。

初め百家を以《ひき》いて海を済《わた》る、因《よ》って「百済《ひゃくさい》」と号す。十余代を歴《へ》て、代《よよ》中国に臣たり。(1)前史之《これ》を載《の》すること詳《くわ》し。〔隋《ずい》の〕(2)開皇《かいこう》の初め、其《そ》の王の(3)余昌《よしょう》、使いを遣《つか》わして(4)方物を貢《こう》す。〔余《よ》〕昌《しょう》を(5)拝して(6)上開府《じょうかいふ》・帯方郡公《たいほうぐんこう》・百済王《ひゃくさいおう》と為《な》す。

其《そ》の国は東西四百五十里、南北九百余里、南は新羅《しんら》に接し、北は高《こう》〔句《く》〕麗《り》を拒《ふせ》ぐ。其《そ》の都を(7)居抜城《きょばつじょう》と曰《い》う。

官に十六品《ぴん》有り、(8)長を左平《さへい》と曰《い》い、次は大率《だいそつ》、次は恩率《おんそつ》、次は徳率《とくそつ》、次は杆《う》率《そつ》、次は奈《な》率《そつ》、次は将徳《しょうとく》、〔以上は〕紫帯を服《ふく》す。次は施《し》徳《とく》、(9)皂帯《そうたい》なり。次は固《こ》徳《とく》、赤帯なり。次は李《り》徳《とく》、青帯なり。次は(10)対徳《たいとく》以下、皆《みな》黄帯なり。次は文督《ぶんとく》、次は武《ぶ》督《とく》、次は佐《さ》軍《ぐん》、次は振武《しんぶ》、次は剋虞《こくぐ》、皆《みな》白帯を用う。其《そ》の(11)冠制は並《すべ》て同じ。唯《ただ》奈《な》率《そつ》以上は飾るに(12)銀花を以《も》ってす。

(13)長史《ちょうし》は三年に一《ひと》たび交代す。畿《き》内《ない》を五《ご》部《ぶ》と為《な》し、部《ぶ》ごとに(14)五《ご》巷《こう》有り。(15)士人焉《ここ》に居す。(16)五《ご》方《ほう》に各《おのおの》(17)方領《ほうりょう》一人有り、方《ほう》

1前代の史書。**2**文帝の年号。**3**威徳王と号す。**4**地方の物産。**5**任命して。**6**上開府儀同三司。

7隋代には、百済の国都は泗沘（忠清南道扶余）にあった。

8いちばん上級を。**9**黒帯。**10**『周書』『北史』では、対徳と文督の二者が黄帯であるとしている。**11**冠の作り方。**12**銀の花細工。

13外交と文書をあずかる書記長。**14**五つの町通り。**15**官吏。**16**五つの地方。**17**地

佐《さ》之《これ》を弐《たす》く。方《ほう》ごとに十郡《じゅうぐん》有り、郡《ぐん》ごとに将《しょう》有り。其《そ》の人、新羅《しんら》・高《こう》〔句《く》〕麗《り》・倭《わ》等雑《まじ》りて有り、亦《ま》た中国人《ちゅうごくじん》有り。其《そ》の衣服は高《こう》〔句《く》〕麗《り》と略《ほぼ》同じ。婦人は粉黛《ふんたい》(18)を加えず、女《むすめ》は辮《べん》(19)髪《ぱつ》して後ろに垂らし、已《すで》に出嫁したるものは、則《すなわ》ち分けて両(20)道と為《な》し、頭上に(21)盤《めぐら》す。

俗は騎射を尚《たっと》び、書史(22)を読み、吏事(23)を能《よ》くし、亦《ま》た医薬・蓍《し》(24)亀《き》・占相の術を知る。両手(25)を以《も》って地に拠《きょ》するを敬と為《な》す。僧尼有りて寺塔多し。鼓《こ》角《かく》・(26)箜篌《くご》・(27)箏《そう》・(28)竽《う》・(29)篪《ち》・笛(30)の楽、(31)投《とう》壺《こ》・(32)囲《い》棋《き》・(33)樗蒲《ちょぼ》・(34)握槊《あくさく》・(35)弄珠《ろうしゅ》の戯《ぎ》有り。

宋《そう》(36)の元嘉暦《げんかれき》を行い、(37)建寅《けんいん》の月を以《も》って歳首《としのはじめ》と為《な》す。国中に大姓八族有り、沙氏《さし》・燕氏《えんし》・劦氏《れいし》・解氏《かいし》・貞氏《ていし》・国氏《こくし》・木《ぼく》氏《し》・苩氏《はくし》。婚娶《こんしゅ》の礼、略《ほぼ》(38)華《か》に同じ。喪制は高《こう》〔句《く》〕麗《り》の如《ごと》し。五穀・牛・猪・鶏有り、多く火食せず。厥《そ》の田(39)は下湿にして、人皆《みな》山居す。(40)巨栗《きょりつ》有り。

18 おしろいとまゆずみ。**19** 髪をあんで背後にたらし。**20** ふたすじ。**21** まきつける。

22 文書。**23** 行政の事務。**24** めどぎと亀を用いる人相占い。**25** 地上に手をついて体を支える。**26** ハープ。**27** こと。**28** 大笛。**29** 小笛。**30** 横笛。**31** 投げ矢遊び。**32** 碁。**33** さいころばくち。**34** すごろく。**35** 玉あそび。**36** 南朝宋の何承天が四四三年（元嘉二十年）に作る。中国では五〇九年まで用いられた。**37** 北斗七星の柄が夕暮れ時に寅の方角を指す月。**38** 中国。**39** 耕地。**40** 大粒の栗。

毎《つね》に四仲(1)の月を以《も》って、王は天及び五帝の神を祭る。其《そ》の始祖仇台《きゅうだい》の(2)廟《びょう》を国城(3)に立て、歳《とし》ごとに四たび、之《これ》を祠《まつ》る。国(4)の西南には人の島居する者十五ヵ所あり。皆城邑《みなじょうゆう》有り。

(5)陳《ちん》を平らげし歳、一戦船有り、漂《ただよ》いて海東の(6)躭牟《たんむ》羅《ら》国に至る。其《そ》の船、還《かえ》るを得て、百済《ひゃくさい》を経《ふ》。(7)〔余〕昌之《しょうこれ》を(8)資《たす》け送《おく》ること甚《はなは》だ厚く、并《あわ》せて使いを遣わして表(9)を奉り、陳《ちん》を平らげしことを(10)賀《が》せしむ。〔隋《ずい》の〕(11)高祖《こうそ》之《これ》を善《よし》とし、詔《みことのり》を下して曰《いわ》く、

「百済王《ひゃくさいおう》、既《すで》に陳《ちん》を平らげしことを聞き、遠く表《ひょう》を奉ら令《し》む。往復至難にして、若《も》し風浪に逢わば、便《すなわ》ち傷損を致さん。百済王《ひゃくさいおう》、(12)心迹淳至《しんせきじゅんし》なること、朕已《ちんすで》に委《つぶさ》に知れり。相《あい》去ること遠しと雖《いえど》も、(13)事は言面《げんめん》するに同じ。何《なん》ぞ必ずしも数《しばしば》使いを遣《つか》わして来《きた》り、(14)相体悉《あいたいしつ》せんや。今自《よ》り以後、(15)年別に入貢するを(16)須《もち》いず。朕も亦《ま》た使いを遣わして往《ゆ》かしめず。王、(17)宜《よろ》

1仲春・仲夏・仲秋・仲冬。**2**みたまや。**3**みやこ。**4**朝鮮半島の西南の島々。**5**南朝最後の王朝。**6**済州島。**7**国王の余昌。威徳王（在位五五四～五九八年）。**8**必要物品を支給する。**9**上表文。**10**お祝いをのべさせた。**11**文帝。**12**心ばえの誠実なこと。**13**実情は面談するのと同じである。**14**身近に細かく了解しあうこともあるまい。**15**年ごとに。**16**必要としない。**17**了解するがよろしかろう。

しく之《これ》を知るべし」と。

使者、舞踏《ぶとう》して去る。

〔隋《ずい》の〕(18)開皇《かいこう》十八年、〔百済王《ひゃくさいおう》の余《よ》〕昌《しょう》、其《そ》の(19)長史王辯那《ちょうしおうべんな》を遣《つか》わして来《きた》り(20)方物《ほうぶつ》を献ぜ使《し》む。(21)遼東《りょうとう》の役《えき》を興すに属《つ》けて、使いを遣《つか》わして表を奉《たてまつ》り、(22)軍導を為《な》さんと請う。(23)帝《てい》詔《みことのり》を下して曰《いわ》く、

「(24)往歳、高《こう》〔句《く》〕麗《り》、(25)職貢を供《きょう》せず、人臣の礼無かりしが為《ため》、故に将に命じて之《これ》を討たしめんとす。〔高句麗王《こうくりおう》〕(26)高《こう》元《げん》、君臣(27)恐懼《きょうく》し、(28)畏服《いふく》して罪に帰す。朕已《ちんすで》に之《これ》を赦《ゆる》せり、(29)伐を致す可《べ》からず」と。

其《そ》の使いに(30)厚くして之《これ》を遣《や》る。高《こう》〔句《く》〕麗《り》、(31)頗《すこぶ》る其《そ》の事を知り、兵を以《も》って其《そ》の境を侵掠《しんりゃく》す。

〔(32)百済王《ひゃくさいおう》の余《よ》〕昌《しょう》死して、子の余《よ》宣《せん》立つ。〔余《よ》宣《せん》〕死して、子の(33)余璋《よしょう》立つ。

18文帝の年号。**19**外交書記官長。**20**地方の物産。**21**高句麗征伐の軍をおこすにことよせて。**22**隋の軍隊のための道案内。**23**文帝。**24**さきの年。**25**きめられた貢ぎ物。**26**嬰陽王。**27**おそれいり。**28**おとなしくこらしめを受けた。**29**征伐を加える。

30あつくもてなして。**31**かなりくわしく。

32実際は昌の死後、弟の恵王（在位五九八～五九九年）が立ち、その後、恵王の子の宣が法王（在位五九九～六〇〇年）となった。**33**武王（在位六〇〇～六四一年）。

(1)大業《たいぎょう》三年、璋《しょう》、使者燕文進《えんぶんしん》を遣わして朝貢す。其《そ》の年、又《また》使者王孝鄰《おうこうりん》を遣わして入献せしめ、(2)高《こう》〔句《く》〕麗《り》を討たんことを請う。煬帝之《ようだいこれ》を許し、高《こう》〔句《く》〕麗《り》の動静を覘《うかが》わ令《し》む。然《しか》れども璋《しょう》、内《ひそ》かに高《こう》〔句《く》〕麗《り》と和を通じ、(3)詐《いつわり》を挟《はさ》みて以《も》って中国を窺《うかが》う。

〔大業《たいぎょう》〕七年、(4)帝《てい》親《みずか》ら高《こう》〔句《く》〕麗《り》を征《せい》す。〔余《よ》〕璋《しょう》、其《そ》の臣国智牟《こくちむ》をして来《きた》りて(5)軍期を請わ使《し》む。帝大いに悦《よろこ》び、厚く(6)賞錫《しょうし》を加え、(7)尚書起部郎《しょうしょきぶろう》の席律《せきりつ》を遣《つか》わして百済《ひゃくさい》に詣《いた》り、与《とも》に(8)相《あい》知らしむ。

(9)明年、六軍(10)遼《りょう》〔水《すい》〕を渡る。〔余《よ》〕璋《しょう》も亦《ま》た兵を境に厳《きび》しくし、(11)声は軍を助くと言うも、実は(12)両端を持《じ》す。尋《つ》いで新羅《しんら》と(13)隙《げき》有り、毎《つね》に相《あい》戦争す。

〔大業《たいぎょう》〕十年、復《ま》た使いを遣わして朝貢す。後《のち》天下乱れて、(14)使命遂に絶《た》ゆ。


1煬帝の年号。2貢ぎ物を献上させ。3内心いつわりをひそめて。

4煬帝。5援軍をさし出す時期。6賜（ほうび）を与え。7造営工作を司る官。8情報を知らせあう。

9大業八年。10遼河。11表面では助勢すると言いたてたが。12洞ケ峠をきめこんだ。13仲たがい。

14使者のやりとり。

其《そ》の南に海行すること三月、(15)躭牟羅国《たんむらこく》有り。南北千余里、東西数百里。土に(16)麞《しょう》・鹿《ろく》多く、百済《ひゃくさい》に(17)附庸《ふよう》す。百済自《ひゃくさいよ》り西行すること三日、貊国《ばくこく》に至ると云《い》う。

15済州島。16ノロ。17属国となる。

〈現代語訳〉

百済王《ひゃくさいおう》の先祖は、高句麗国《こうくりこく》から出ている。高句麗の国王のもとに、ひとりの侍女がいた。その侍女が、ふとしたときにみごもってしまった。高句麗王がこの侍女を殺そうとすると、侍女は言った。

「鶏の卵のような形をしたものがありました。それがやってきて私を感応させたのです。そうしたらみごもってしまいました」

そこで高句麗王はこの侍女を殺さないでおいた。その後、侍女は一人の男の子を産んだ。王はこの子を便所へ棄てたが、ながい間死ななかった。王はそこで、不思議な神がかりの子だと思い、その子を育てるように命じ、「東明《とうめい》」と名づけた。東明が成長すると、高句麗王はこれを忌み嫌った。東明《とうめい》は殺されるのを恐れて王のもとから逃れ、淹水《えんすい》のほとりにやってきた。夫余《ふよ》の人々は、みな東明に仕えた。

東明の子孫に仇台《きゅうだい》という者がいた。仁愛・信頼の心がゆきとどいた人物で、漢《かん》の帯方県《たいほうけん》のあった土地にはじめて国を建てた。後漢《ごかん》の遼東太守公孫度《りょうとうたいしゅこうそんど》は、自分の女《むすめ》を仇台に嫁がせた。

そして仇台の国は次第に盛んになり、中国《ちゅうごく》の東方蕃族の中でも強国となった。はじめ百家を率《ひき》つれて海を渡って来たということで、それにちなんで国名を「百済《ひゃくさい》」といった。その後、十数代たつと、代々中国に臣従するようになっていた。そのことは前代の史書に詳しく書かれている。隋《ずい》の高祖《こうそ》文帝《ぶんてい》の開皇《かいこう》(五八一〜六〇〇年)の初め、百済の王余昌《よしょう》が使者を派遣してその地の物産を献上してきた。そこで、高祖は上開府《じょうかいふ》・帯方郡公《たいほうぐんこう》・百済王の位を余昌に授けた。

百済国は東西が四百五十里あり、南北が九百里余りある。南は新羅《しんら》と国境を接し、北は高《こう》句《く》麗《り》の南下をさえぎっている。その国都を「居抜城《きょばつじょう》」という。

百済の官階は、十六等に分かれている。いちばん上級を左平《さへい》といい、次は大率《だいそつ》、次は恩《おん》率《そつ》、次は徳率《とくそつ》、次は杆率《うそつ》、次は奈率《なそつ》、次は将徳《しょうとく》といい、以上の者は紫の帯を着けている。その次は施徳《しとく》といい、黒い帯を着ける。その次を固徳《ことく》といい、赤い帯を着ける。その次を李徳《りとく》といい、青い帯を着ける。その次の対徳《たいとく》以下はみな黄帯を着ける。その次は文督《ぶんとく》、次は武《ぶ》督《とく》、次は佐軍《さぐん》、次は振武《しんぶ》、次は剋虞《こくぐ》といい、みな白帯を用いる。冠の作り方は十六等すべて同一である。ただ奈率以上の冠には銀花を飾る。

役所の長官は三年で交替する。国都の近郊は五部に区画し、部ごとに五つの町並みがある。官吏はここに住んでいる。また地方にも五方制《ごほうせい》があって、五つの地方に分け、それぞれに方領《ほうりょう》を一人置き、方佐《ほうさ》がこれを助けている。また方《ほう》ごとに十郡があり、各郡には郡将がいる。百済の人の中には、新羅人《しんらじん》・高句麗人《こうくりじん》・倭人《わじん》などが混り合って住んでいる。また中国人《ちゅうごくじん》

も いる。百済の人の衣服は、高句麗国とだいたい同じである。女の人は、白粉《おしろい》や眉墨をつけず、若い娘は髪を編んで、後ろに垂らしている。既婚の婦人は髪を二筋に分けて頭の上にまきつける。

一般の風俗としては、騎馬で弓を射ることを重んじ、書物を読み、行政事務をよくこなす。また医薬・筮卜《ぜいぼく》・人相術を知っている。人に敬意を表すには、両手を地につける。僧侶や尼僧がいて寺や仏塔が多い。鼓《つづみ》・角笛《つのぶえ》・竪琴・箏・大笛・小笛・横笛などの楽器や、投矢・囲碁・さいころ博打《ばくち》・双六・玉遊びなどの遊び事がある。

南朝宋《そう》の元嘉暦《げんかれき》を使用し、建寅《けんいん》の月を正月としている。百済の国内には八つの大きな氏族がある。それは、沙氏《さし》・燕氏《えんし》・劦氏《れいし》・解氏《かいし》・貞氏《ていし》・国氏《こくし》・木氏《ぼくし》・苩氏《はくし》である。婚姻の儀礼は、だいたい中国と同じである。葬喪の制度は高句麗の制度に似ている。五穀があり、牛・豚・鶏がいるが、あまり煮炊きしない。耕地は低湿地にあり、人々は山地に家をつくる。大粒の栗がある。

各季節の真ん中の月に、王は天と五帝の神を祭る。始祖仇台《きゅうだい》の廟所を首都の城内に建て、毎年四回、これの祭祀を行う。百済国の南西部には、人の住んでいる島が十五ある。それぞれの島にはみな城壁に囲まれた邑《むら》がある。

隋が陳《ちん》を滅ぼした年（五八九年）に、隋の戦船《いくさぶね》が一隻、海東の躭牟羅国《たんむらこく》に漂着した。その船は百済を経由して帰還することができた。百済の国王余昌は、この船に充分な援助を与え、さらに使節を同行させて上表文を奉り、陳を平定したことに慶賀の意を述べさせた。隋の高祖《こうそ》文帝《ぶんてい》はこの行いを誉め、詔勅を下して言った。

「百済王《ひゃくさいおう》は、わが隋《ずい》が陳《ちん》を平定したことを聞いて、遠方から上表文を奉ってきた。行程は非常に困難で、もし激しい風浪に遭えば、たちまち損害を受けただろう。百済王の心ばえの誠実なることは、朕《ちん》はこれでよくわかった。お互いに遠く隔たってはいるが、実際は面前で話し合っているのと同じである。どうして頻繁に使いを派遣して細かく了解し合う必要があろうか。今後は、毎年朝貢するには及ばない。朕もまた毎年使いを派遣することはしないことにする。百済王はこの旨了解するがよかろう」

百済の使者は喜んで舞い踊りながら退去していった。

隋の開皇《かいこう》十八年（五九八年）、百済王の余昌《よしょう》は、その高官王辯那《おうべんな》を派遣して、その地の特産物を献上してきた。百済は隋が高句麗《こうくり》征伐の準備を始めたことにことよせて使者を派遣して上表文を奉り、隋軍《ずいぐん》の先導をしたいと願ってきた。隋の文帝は詔勅を下して言った。

「さきの歳《とし》、高句麗は、決められた貢ぎ物を献納せず、臣下としての礼儀に欠けたため、将軍に命じて討伐させた。高句麗王の高元《こうげん》は、その家臣とともに恐れ入り、おとなしく懲《こ》らしめを受けた。そこで朕はすでにこれを許した。だから高句麗征伐をおこなってはならない」

隋は百済の使者を厚くもてなして国へ還した。高句麗は、そのいきさつを詳しく知り、怒って兵を出し、百済の国境を侵略した。

百済王の余昌が死んで、その子の余宣《よせん》が王となった。余宣が死ぬと、その子の余璋《よしょう》が王となった。

隋の大業《たいぎょう》三年（六〇七年）、余璋は、燕文進《えんぶんしん》を使者として派遣し、朝貢してきた。同じ年、余璋はまた王孝鄰《おうこうりん》を使者として派遣し、貢ぎ物を献上させ、高句麗を討伐してほしいと願ってきた。隋の煬帝《ようだい》はこれを許し、百済に高句麗の動静を探らせた。しかし、余璋は、密《ひそ》かに高句麗とも誼《よし》みを通じ、内心に詐《いつわり》をもって中国の様子をうかがっていたのである。

大業七年（六一一年）、煬帝は高句麗に親征した。百済の王余璋は、その家臣の国智牟《こくちむ》を遣わして、援軍を出すべき期日を尋ねてきた。煬帝は大いに喜んで、これに充分な褒美を与え、尚書起部郎《しょうしょきぶろう》の席律《せきりつ》を派遣して百済王のもとに行かせ、情報を知らせ合った。

翌年、隋の大軍は遼水《りょうすい》を渡った。百済王の余璋もまた高句麗との国境に兵を集め、隋に援軍を送ると上奏しておきながら、実は両天秤をかけていたのである。

やがて百済は新羅《しんら》と不和となり、つねに戦い続けることになった。

煬帝の大業十年（六一四年）、百済はまた使者を派遣して朝貢してきた。その後、中国は天下大乱の時代となり、使者の往来はとうとうなくなった。

百済国の南に、海を行くこと三月で、躭牟羅国《たんむらこく》がある。躭牟羅国は南北が千里余り、東西が数百里ある。そこにはノロや鹿が多数おり、百済《ひゃくさい》の属国となっている。百済国より、西へ行くこと三日で、貊国《ばくこく》に至るという。

新《しん》羅《ら》

新羅《しんら》国《こく》は、高《こう》〔句《く》〕麗《り》の東南に在《あ》り。漢《かん》の時の(1)楽浪《らくろう》〔郡《ぐん》〕の地に居《お》り、或《あ》るいは斯羅《しら》とも称《しょう》す。

魏《ぎ》の将毌丘倹《かんきゅうけん》、高《こう》〔句《く》〕麗《り》を討ちて之《これ》を破り、(2)沃沮《よくそ》に奔《はし》らしむ。其《そ》の後〔高句麗《こうくり》の人〕復《ま》た故国に帰るも、留まりし者は遂《つい》に新羅《しんら》と為《な》る。故に其《そ》の人には、(3)華夏《かか》・高《こう》〔句《く》〕麗《り》・百《ひゃく》済《さい》の(4)属雑《まじ》りて有り。(5)沃沮《よくそ》・(6)不《ふ》耐《たい》・(7)韓《かん》・(8)獩《わい》の地を兼ねて有《たも》つ。其《そ》の王は本百済《もとひゃくさい》の人、海自《よ》り逃《のが》れて新羅《しんら》に入り、遂《つい》に其《そ》の国の王たり。(9)祚《そ》を伝えて、金真平《きんしんぺい》に至る。〔隋《ずい》の〕(10)開皇《かいこう》十四年、使いを遣《つか》わして(11)方物《ほうぶつ》を貢がしむ。〔隋《ずい》の〕(12)高祖《こうそ》〔金《きん》〕真平《しんぺい》(13)を拝《はい》して(14)上開府《じょうかいふ》・楽浪郡公《らくろうぐんこう》・新羅《しんら》王《おう》と為《な》す。其《そ》の先《せん》は百済《ひゃくさい》に(15)附庸《ふよう》たりしが、後には百済《ひゃくさい》の高《こう》〔句《く》〕麗《り》を征《せい》するに因《よ》りて、高《こう》〔句《く》〕麗《り》人《じん》、戎役《じゅうえき》に堪えず、(16)相率《あいひき》い

〈語 釈〉

1平壌付近。2朝鮮北部の日本海がわにいた民族。3中国人。4人々。5咸興付近。6江原道安辺付近。7南朝鮮。8朝鮮の日本海がわにいた民族。9世つぎ。10文帝の年号。11地方の物産。12文帝。13任命して。14地方総督。15属国となっていたが。16新羅につき従い。17強く盛んとなった。18洛東江流域の諸国。原文

て之《これ》に帰《き》し、遂《つい》に強盛(17)を致す。因《よ》りて百済《ひゃくさい》の附庸《ふよう》と(18)諸《もろもろ》の迦《か》羅《ら》国《こく》を襲う。

其《そ》の官には十七等有り。其の一を伊罰干《いばつかん》と曰《い》い、貴きこと(19)相国《しょうこく》の如《ごと》し。次は伊尺干《いしゃくかん》、次は迎干《げいかん》、次は破弥干《はびかん》、次は大《だい》阿尺干《あしゃくかん》、次は阿尺干《あしゃくかん》、次は乙吉干《いっきつかん》、次は沙咄干《さとつかん》、次は及伏《きゅうふく》干《かん》、次は大奈摩《だいなま》干《かん》、次は奈摩《なま》、次は大舎《だいしゃ》、次は小舎《しょうしゃ》、次は(20)吉《きっ》士《し》、次は大烏《だいう》、次は小烏《しょうう》、次は造位《ぞうい》。

外には郡県《ぐんけん》有り。其《そ》の文字・甲兵(21)は中国に同じ。人の壮健なる者を選び、悉《ことごと》く軍に入る。(22)烽《ほう》・戍《じゅ》・邏《ら》など、倶《とも》に(23)屯営《とんえい》の部伍《ぶご》有り。風俗・刑政・衣服、略《ほぼ》高〔句《く》〕麗《り》・百済《ひゃくさい》と同じ。

(24)正月の旦毎《ごと》に相賀《あいが》し、王は宴会を設け、群官に(25)班賚《はんらい》す。其《そ》の日、日月の神を拝《はい》す。八月十五日に至り、楽《がく》を設け、官人をして射せしめ、賞するに馬・布を以《も》ってす。其《そ》の大事有る

は「因襲百済附庸於迦羅国」であるが、『通典』『三国史記』により「於」を「諸」と改めた。**19**宰相。**20**原文は「吉土」。『三国史記』により、「吉士」と改める。

21よろいや兵器。**22**のろし台・守備兵・巡邏兵。**23**原文は「屯管」。『通典』により「屯営」と改める。

24元旦。**25**位階に応じて組み分けして物を賜わる。

ときは、則《すなわ》ち群官を聚《あつ》め、詳議して之《これ》を定む。服色は素《しろ》を尚《たっと》ぶ。婦人は辮髪《べんぱつ》を頭に繞《めぐら》し、(1)雑綵《ざっさい》及び珠《たま》を以《も》って飾りと為《な》す。婚嫁の礼は、唯《ただ》酒食ある而已《のみ》にして、軽重(2)は貧富に随《したが》う。新婚の夕《ゆうべ》、女《むすめ》先ず(3)舅《きゅう》(4)姑《こ》を拝し、(5)次に即《すなわ》ち夫を拝す。死せば(6)棺歛《かんれん》有り。葬《そう》するとき(7)墳陵を(8)起こす。王及び父母と妻子の喪《そう》には、(9)持服すること一年なり。

田甚《はなは》だ(10)良沃《りょうよく》にして、(11)水陸兼ねて種《う》う。其《そ》の(12)五穀・果菜・鳥獣・物産は略《ほぼ》(13)華《か》と同じ。〔隋《ずい》の〕(14)大業《たいぎょう》以来、歳ごとに朝貢を遣《つか》わす。新羅《しんら》の地は山険多く、百済《ひゃくさい》と(15)隙《げき》を構うと雖《いえど》も、百済《ひゃくさい》も亦《ま》た(16)之《これ》を図ること能《あた》わず。

1色まじりの絹。**2**酒宴の程度は。**3**しゅうと。**4**しゅうとめ。**5**そのあとにつづいて。**6**棺におさめること。**7**土盛り、塚。**8**もりあげる。**9**喪服を着て喪に服すること。**10**肥えている。**11**水稲と畑作物。**12**穀物。**13**中国。**14**煬帝の年号。**15**仲たがいすること。**16**新羅を征服すること。

〈現代語訳〉

新羅《しんら》国《こく》は、高句麗《こうくり》の東南にある。漢《かん》代の楽浪郡《らくろうぐん》の土地にあたり、斯羅《しら》ともいう。三国時代の魏《ぎ》の将軍毌丘倹《かんきゅうけん》が高句麗征討を行ったとき（二四四年）、撃ち破られた高句麗人たちは沃沮《よくそ》の地に逃げた。その後、また故国に還ったが、その時、沃沮の地に留まった高句麗人たちが新羅の国をつくったのである。そのため、新羅人は、中国人・高句麗人・百済《ひやくさい》人《じん》などが混じり合っている。国土は沃沮・不耐《ふたい》・韓《かん》・獩《わい》の地方も併《あわ》せている。新羅王の祖先は、百済人で、百済を逃れ海路新羅に来て、そのまま新羅の国王となった。以来代々世系を連ねて、金真平王《きんしんぺいおう》（在位五七九〜六三二年）の代に至っている。

隋《ずい》の開皇《かいこう》十四年（五九四年）、新羅は隋に使者を派遣して土地の産物を貢納してきた。そこで、隋の文帝《ぶんてい》は新羅王の金真平を、上開府《じようかいふ》・楽浪郡公《らくろうぐんこう》・新羅王《しんらおう》に任命した。新羅は、もと百済の属国となっていたが、その後、百済が高句麗に遠征したとき（五五一年）、高句麗の人々は軍役の重さに堪えきれず、集団で新羅に移住し、そのため新羅はだんだんと強国となった。そして百済の属国および迦羅《から》諸国を襲っている。

新羅の官位には十七等級ある。第一番目は伊罰干《いばつかん》といい、中国《ちゆうごく》の宰相のようなものである。以下は順に、伊尺干《いしやくかん》・迎干《げいかん》・破弥干《はびかん》・大阿尺干《だいあしやくかん》・阿尺干《あしやくかん》・乙吉干《いつきつかん》・沙咄干《さとつかん》・及伏干《きゆうふくかん》・大《だい》奈摩《なま》干《かん》・奈摩《なま》・大舎《だいしや》・小舎《しようしや》・吉士《きつし》・大烏《だいう》・小烏《しようう》・造位《ぞうい》という。

都の外には郡県が置かれている。文字や武器は中国と同じである。壮健な男子は選抜して全て軍隊に入れる。烽火《のろし》台や、辺境守備、巡邏《じゆんら》などそれぞれに駐屯部隊がある。民間の風俗や、刑罰・行政・衣服は、ほぼ高句麗や百済と同じである。

毎年元旦には互いに祝い合い、新羅王は宴会を開き、諸官に対し、序列に応じて物を賜わる。そしてその元旦には日月の神を礼拝する。八月十五日には音楽を用意し、役人たちに弓を射る競技をさせ、賞品として馬や布を与える。大事件が起こったときは、すぐに役人たちを集めて細かく議論して決定する。

服の色は白を尊ぶ。婦人は髪を編んで頭に巻きつけ、種々の綾絹や珠玉を飾りとしている。婚姻する家の儀礼としては、酒と食べ物を出すだけであり、その酒宴の大小はその家の貧富の度合による。新婚の夜、新婦はまず夫の父と母に拝礼し、そののち夫を拝礼する。人が死ぬと棺に収める。葬るときは、土を盛り塚をつくる。王と父母妻子の死に会えば、一年間喪服を着けて喪に服する。

新羅《しんら》の田畑は非常に肥沃で、水稲と畑作物をともに栽培している。新羅の穀物・果物・野菜・鳥獣・産物はだいたい中国と同じである。隋《ずい》の大業《たいぎょう》年間（六〇五〜六一七年）以来、毎年、隋朝に朝貢してきている。新羅の国土は険しい山が多いので、争いつづけている百済《ひゃくさい》も新羅を征服することはできないでいる。

靺《まっ》鞨《かつ》

(1)靺鞨《まっかつ》は、高《こう》〔句《く》〕麗《り》の北に在《あ》り。邑落《ゆうらく》には倶《とも》に酋長《しゅうちょう》有りて、(2)相《あい》総一せず。

凡《およ》そ七種有り。其《そ》の一は粟末部《ぞくまつぶ》と号して、高《こう》〔句《く》〕麗《り》と相《あい》接し、(3)勝兵数千、(4)驍武《ぎょうぶ》なるもの多く、毎《つね》に高《こう》〔句《く》〕麗《り》の中《うち》に(5)寇《こう》す。其《そ》の二は伯咄部《はくとつぶ》と曰《い》い、粟末《ぞくまつ》〔部〕の北に在りて、勝兵七千。其《そ》の三は安車骨部《あんしゃこつぶ》と曰《い》い、伯咄《はくとつ》〔部〕の東北に在り。其《そ》の四は払涅部《ふつでつぶ》と曰い、伯咄《はくとつ》〔部〕の東に在り。其《そ》の五は号室部《ごうしつぶ》と曰《い》い、払涅《ふつでつ》〔部〕の東に在り。其《そ》の六は黒水部《こくすいぶ》と曰《い》い、安車骨《あんしゃこつ》〔部〕の西北に在り。其《そ》の七は白山部《はくさんぶ》と曰い、粟末《ぞくまつ》〔部〕の東南に在り。勝兵(6)並びに三千を過ぎざれども、黒水部《こくすいぶ》は(7)尤《もっと》も(8)勁健《けいけん》と為《な》す。

払涅《ふつでつ》〔部〕自《よ》り以東、矢は皆《みな》(9)石鏃《せきぞく》〔を用い〕、(10)即《すなわ》ち古《いにしえ》

〈語　釈〉

1七世紀末には、高句麗の遺民と渤海国を形成。**2**一つにまとまっていない。**3**力強い兵。**4**勇士。**5**侵入する。**6**いずれも。**7**とりわけ。**8**強く逞しい。**9**石製の矢じり。**10**とりもなおさず。

の(1)粛慎氏《しゅくしんし》なり。

居《お》る所、多くは山水に依《よ》り、(2)渠帥《きょすい》を大莫弗瞞咄《だいばくふつまんとつ》と曰《い》い、東《とう》夷《い》の中《うち》にて強国為《た》り。(3)徒太山《とたいさん》なる者有り、俗、甚《はなは》だ敬畏《けいい》す。上に熊《くま》・羆《ひぐま》・豹《ひょう》・狼《おおかみ》有るも、皆《みな》人を害せず、人も亦《ま》た敢《あ》えて殺さず。

地は(4)卑湿《ひしつ》にして、土を築きて堤《つつみ》の如《ごと》くにし、穴を鑿《うが》ちて以《も》って居《す》む。口《あな》を開けて上に向け、梯《はしご》を以《も》って出入す。(5)相与《あいとも》に耦耕《ぐうこう》す。土〔地〕には粟《あわ》・麦《むぎ》・穄《くろきび》多し。水気は(6)鹹《かん》にして、塩を木皮の上に生ず。其《そ》の畜には猪《ぶた》多し。米を嚼《かみくだ》きて酒を為《つく》り、之《これ》を飲みて亦《ま》た酔う。

婦人は(7)布を服し、男子は猪《ぶた》・狗《いぬ》の皮を衣《き》る。俗は(8)溺《にょう》を以《も》って手・面を洗い、諸《もろもろ》の夷《い》〔のうち〕に於《お》いて、最も不潔と為《な》す。

其《そ》の俗は(9)淫《いん》にして(10)妬《と》、其《そ》の妻、外に(11)婬して、人、其《そ》の夫に

1 春秋戦国時代から文献に見える、中国の北方の民族名。実態は不詳。 2 頭領。 3 長白山。
4 低くてしめっぽい。 5 二人で組んで耕作する。 6 塩からい。
7 麻布か、葛衣か。 8 尿。
9 みだら。 10 やきもち。 11

告ぐる者有らば、夫、輒《すなわ》ち妻を殺し、殺して而《しか》る後悔《のちく》い、必ず告げたる者を殺す。是《これ》に由《よ》り姦婬《かんいん》の事、終《つい》に[12]発揚せず。

人皆《みな》射猟を業と為《な》す。[13]角弓は長さ三[14]尺、箭《せん》は長さ〔二〕尺有二寸。常に七、八月を以《も》って毒薬を造り、矢に傅《つ》けて以《も》って禽獣を射る。中《あた》る者、立ちどころに死す。

〔隋《ずい》の〕[15]開皇《かいこう》の初め、[16]相率《あいひき》いて使いを遣《つか》わし貢献す。[17]高祖《こうそ》、其《そ》の使いに詔《みことのり》して曰《いわ》く、

「朕《ちん》聞く、彼《か》の土《ど》の人庶《じんしょ》は、多く能《よ》く[18]勇捷《ゆうしょう》なりと。今来たりて相見《あいまみ》ゆ。実に朕の懐《おもい》に副《そ》いたり。朕、爾等《なんじら》を視《み》ること子の如《ごと》し。爾等も宜《よろ》しく朕を敬《うやま》うこと父の如くすべし」と。

対《こた》えて曰く、

「臣等、一方に[19]僻処《へきしょ》し、道路は悠遠なり。[20]内国に[21]聖人有りと聞き、故に来たりて朝拝す。既《すで》に[22]労賜を蒙《こうむ》り、親《した》しく聖顔を奉じ、[23]下情歓喜に勝《た》えず。願わくは、長く[24]奴《ど》僕《ぼく》と為《な》ることを

密通して。**12**大っぴらに外に出ない。

13角製の弓。**14**隋代の一尺は約二九・五センチ。

15文帝の年号。**16**連れだって。**17**文帝。**18**勇ましくすばしこい。

19遠い片すみに住み。**20**中国に。**21**聖天子。**22**ねぎらいの賜り物。**23**しもじもの心持ち。**24**しもべとなれば幸いです。

得ん」と。

其《そ》の国の西北は(1)契丹《きったん》と相《あい》接し、毎《つね》に相《あい》(2)劫掠《きょうりゃく》す。後其《のちそ》の使いの来たるに(3)因《よ》りて、高祖《こうそ》之《これ》を誡《いまし》めて曰《いわ》く、

「我、契丹《きったん》と爾《なんじ》とを憐《あわ》れみ念《おも》うこと、(4)異なること無し。宜《よろ》しく各《おのおの》土境を守るべし。〔さすれば〕豈《あ》に安楽ならずや。(5)何《なん》為《す》れぞ、(6)輒《やや》もすれば相《あい》攻撃するや。甚《はなは》だ我が意に乖《そむ》けり」と。

使者、罪を(7)謝《しゃ》す。高祖《こうそ》因《よ》りて厚く之《これ》を(8)労《ろう》し、前に於《お》いて宴飲せしむ。使者と其《そ》の徒《なかま》と皆《みな》起《た》ちて舞い、其《そ》の(9)曲折、戦闘の容《かたち》多し。上《しょう》、顧みて侍臣に謂《い》いて曰く、

「天地の間に(10)乃《すなわ》ち(11)此《こ》の物有り。常に(12)用兵の(13)意《おもい》を作《な》す。何《なん》ぞ其《そ》れ甚《はなは》だしき也《や》」と。

然《しか》れども其《そ》の国は隋《ずい》と(14)懸隔《けんかく》す。唯粟末《ただぞくまつ》・白山《はくさん》のみ、近しと為《な》す。

煬帝《ようだい》初め高〔句《く》〕麗《り》と戦い、頻《しきり》に其《そ》の衆を(15)敗《やぶ》る。(16)渠帥《きょすい》の度《と》

1中国東北地方からモンゴル地方にいた遊牧民族。2脅略。3その機会に。4差別がない。5いったいどうして。6何かにつけて。7あやまる。8ねぎらい。9ふしぶしの動作。10なんと。11このような奴ら。12たたかい。13気持ちを起している。14遠くかけはなれており。15破。16頭領。17当時は名

地稽《ちけい》、其《そ》の部を率《ひき》いて来《きた》り降《くだ》る。拝《はい》して(17)右光禄大夫《ゆうこうろくたいふ》と為《な》し、之《これ》を(18)柳城《りゅうじょう》に居《お》らしめ、辺人と来往せしむ。中国の風俗を悦《よろこ》び、(19)冠帯を被《かぶ》らんことを請う。帝《てい》、之《これ》を嘉《よみ》し、賜うに(20)錦綺《きんき》を以《も》ってし、之《これ》を(21)褒寵《ほうちょう》す。(22)遼東《りょうとう》の役《えき》に及び、度地稽《とちけい》、其《そ》の徒を率《ひき》いて以《も》って従う。毎《つね》に戦功有り。賞賜、優厚なり。

(23)〔大業《たいぎょう》〕十三年、帝の(24)江都《こうと》に幸《みゆき》するに従う。尋《つ》いで(25)放ちて柳城《りゅうじょう》に帰らしむ。(26)塗《と》に在りて(27)李密《りみつ》の乱に遇《あ》う。〔李《り》〕密《みつ》、兵を遣わして之《これ》を邀《むか》え、前後十余戦、僅《わず》かに免るるを得たり。(28)高陽《こうよう》に至りて復《ま》た王須抜《おうしゅばつ》に没《ぼっ》す。未《いま》だ幾《いくばく》ならずして、遁《のが》れて(29)羅芸《らげい》に帰《き》す。

誉職。**18**遼寧省朝陽県。**19**衣冠束帯。漢人風の服装。**20**絹織物。**21**ほめてかわいがる。**22**高句麗征討。
23煬帝の年号。**24**江蘇省揚州市。**25**束縛をといて。**26**途中。**27**隋末の群雄。楊玄感の乱に加わり、のち河南・山東方面で反乱諸勢力を糾合したが、唐の王世充に敗れた。**28**河北省高陽県付近。**29**隋末の群雄の一人。河北に拠って幽州総管を称するが、のち唐の高祖に降り燕王に封ぜられた。

〈現代語訳〉

靺鞨《まっかつ》は高句麗《こうくり》の北にあり、村落にはそれぞれ首長《しゅちょう》がいて、一つにまとまってはいない。

靺鞨には凡そ七つの部族がある。その一は粟末部《ぞくまっぶ》といい、高句麗と境を接している。精兵が数千おり、強勇の者が多く、しばしば高句麗に侵入している。その二は伯咄部《はくとつぶ》といい、粟末部の北にあって、精兵の数は七千。その三は安車骨部《あんしゃこつぶ》といい、伯咄部《はくとつぶ》の東北にある。その四は払涅部《ふつでつぶ》といい、伯咄部の東にある。その五は号室部《ごうしつぶ》といい、払涅部の東にある。その六は黒水部《こくすいぶ》といい、安車骨部の西北にある。その七は白山部《はくさんぶ》といい、粟末部の東南にある。いずれも精兵の数は三千を越えないが、その中で黒水部は最も強壮である。払涅部より東の部族は、弓の矢はみな石の鏃《やじり》を使っていて、つまり彼らは昔の粛慎氏《しゅくしんし》である。

靺鞨族《まつかつぞく》の居住地は、山あいの川に沿っている所が多く、その頭領を大莫弗瞞咄《だいばくふつまんとつ》といい、中国《ちゅうごく》の東方の蕃族の中でも強国である。徒太山《とたいさん》という山があり、人々は大変に畏《おそ》れ敬《うやま》っている。徒太山の山中には熊《くま》・羆《ひぐま》・豹《ひょう》・狼《おおかみ》がいるが、みな人間に危害を加えないので、人間もこれらの獣を殺したりはしない。

靺鞨の土地は低くてじめじめしているので、土を盛って堤防のようにし、地面に竪穴《たてあな》を掘ってそこに住む。穴の口は上に向いており、出入りには梯《はしご》を使う。畑を耕すには、二人で組んで行う。その地方では粟《あわ》・麦・穄《くろきび》が多く収穫できる。水は塩分があり、樹皮の表面に塩が浮き出る。家畜は豚が多い。米を人が嚙んで発酵させた酒をつくり、その酒を飲んで酔う。靺鞨の婦人は麻布で衣服をつくり、男子は豚の皮や、犬の皮で衣服をつくる。尿で手や顔を洗う習慣があり、中国の周辺諸民族のうちでは、最も不潔である。

靺鞨の風俗は淫らでやきもちやきである。或る男の妻が不義を働いたことを誰かがその男に教えると、その男はすぐさま妻を殺してしまう。殺したあとで殺してしまったことを悔やみ、今度は妻の不義を教えた男を必ず殺してしまう。このために、不義密通のことは表沙汰にはならない。

人々はみな弓矢での狩猟を生業としている。角製の弓は長さが三尺あり、矢は長さ一尺二寸である。毎年七、八月に毒薬をつくり、矢尻に塗りつけて鳥獣を射る。その矢に当たったものはたちまち死んでしまう。

隋《ずい》の開皇《かいこう》年間（五八一〜六〇〇年）のはじめ、靺鞨族は連れだって使者を中国に派遣し、貢ぎ物を持ってやってきた。隋の高祖《こうそ》文帝《ぶんてい》はその使者に詔《みことのり》して、

「朕《ちん》は、靺鞨の地のもろもろの民には、勇敢敏捷なものが多いと聞いている。今回、我が朝廷にやってきたので会見したが、実に朕の思っていた通りである。朕は、爾《なんじ》らを我が子のように視ている。だから爾らも朕を父のように敬うように」

といった。使者たちはこれに答えて、

「臣下の我々は、遠い辺境に居住し、道程もはるかな距離があります。中国に聖天子がおられると聞いたので、やってきて拝礼しました。ねぎらいの賜り物をいただき、天子の尊顔も拝することができて、我々の心は喜びにたえません。長く天子の下僕となれれば幸いです」

といった。

靺鞨族の国の西北部は契丹《きったん》と境界を接し、いつもお互いに略奪し合っていた。そこで靺鞨の使者が来た機会に文帝はそれを誡《いまし》めて言った。

「朕が契丹と爾ら靺鞨との両国を慈しむことに差はない。両国はそれぞれ境界線を守るべき

である。そうすれば、安楽に過ごせるであろう。どうして、何かにつけて攻撃し合うのか。はなはだ朕の気持ちに背《そむ》くものである」

靺鞨《まつかつ》の使者はこれを謝罪したので、文帝《ぶんてい》は厚くねぎらい、御前で酒宴を開いた。使者とその仲間はみな起《た》って舞った。その舞の動作には戦いの形が多かった。文帝は傍の臣下を振り返って言った。

「この世の中に、なんとこのような奴らがいるのか。いつも闘いのことが頭から離れない。ひどいことではないか」

しかし、靺鞨の国は隋《ずい》とは遠く離れており、ただ粟末部《ぞくまつぶ》と白山部《はくさんぶ》だけが近かった。隋の煬帝《ようだい》は、はじめ高句麗《こうくり》と戦い、しばしば靺鞨の部隊を撃ち破った。首領の度地稽《とちけい》は、自分の部衆を率《ひき》いて投降してきた。そこで度地稽に右光禄大夫《ゆうこうろくたいふ》の官を与えて柳城《りゅうじょう》に住まわせ、隋の国境近くの人々と往き来させた。度地稽は中国風の習慣を喜び、漢人の冠や帯を着けたいと言ってきた。煬帝はこの申し出をよしとして、錦《にしき》と綾《あや》の絹織物を賜わってこれをほめいつくしんだ。煬帝の高句麗出兵に際して、度地稽は部下を率いて遠征軍に従い、たびたび功績をあげた。煬帝は彼に厚く恩賞を与えた。

度地稽は大業《たいぎょう》十三年（六一七年）、煬帝が江都《こうと》に遷った時も従ったが、やがて許されて柳城に帰された。度地稽の一行はその帰途に李密《りみつ》の乱に遇った。李密が軍を出して度地稽を迎撃し、度地稽は前後十数回戦って、やっと逃れることができた。河北《かほく》の高陽《こうよう》まで来たとき、今度は王須抜《おうしゅばつ》の軍に遇い、一行は潰滅したが、まもなく逃れて羅芸《らげい》の配下となった。

流求国《りゅうきゅうこく》

(1)流求国《りゅうきゅうこく》は、海島の中に居り、(2)建安郡《けんあんぐん》の東に当たる。水行五日にして至る。土(3)に山洞多し。

其《そ》の王の姓は歓斯《かんし》氏《し》、名は渇剌兜《かつらつとう》、(4)其《そ》の由来、国を有《たも》つ代数を知らざるなり。彼《か》の土人之《これ》を呼びて可老羊《かろうよう》と為《な》し、妻を多抜茶《たばった》と曰《い》う。

居る所を波羅檀洞《はらだんどう》と曰い、(5)塹柵《ざんさく》三重、環《めぐ》らすに流水を以《も》ってし、(6)棘《きょく》を樹《う》えて藩(7)と為《な》す。王の居る所の舎(8)《いえ》は、其《そ》の大きさ一十六間、(9)(10)禽獣《きんじゅう》を琱刻《ちょうこく》す。(11)闘鏤樹《とうろうじゅ》多し。橘に似て葉は密、条繊(12)にして髪の如《ごと》く然《しか》りて下垂(13)す。

国に四五帥(14)《すい》有り、諸洞《しょどう》を統《す》べ、洞《どう》ごとに小王有り。往往にして村有り、村ごとに鳥了帥《ちょうりょうすい》有り、並(15)びに善く戦う者を以《も》

〈語　釈〉

1『隋書』の流求国が、沖縄と台湾のいずれに当たるかについては、今ではほぼ台湾と考えられている。**2**福建省福州市。**3**土地。**4**その王の来歴や、国王として何代めであるか。**5**堀と柵。**6**いばら。**7**生け垣。**8**家。**9**間は、柱の間の数で表す部屋の大きさの単位。**10**鳥や獣の図柄を一面に彫りつけてある。**11**ガジュマルの木か。**12**枝が細い。**13**たれさがる。**14**四、五人のかしら。**15**どれもこれも。

って之《これ》と為《な》し、(1)自《みずか》ら相樹立し、一村の事を理《おさ》む。男女皆《みな》(2)白紵《はくちょ》の縄《なわ》を以《も》って髪に纏《まと》い、項《うなじ》の後ろ従《よ》り(3)盤繞《ばんじょう》して額に至る。其《そ》の男子は鳥の羽を用いて冠《かんむり》と為《な》し、装《よそお》うに(4)珠貝《しゅばい》を以《も》ってし、飾るに赤毛を以《も》ってす。〔その〕(5)形製同じからず。婦人は(6)羅紋《らもん》の白布を以《も》って帽《ぼう》と為《な》し、其《そ》の形は(7)正方なり。

鬭鏤《とうろう》の皮并《なら》びに(8)雑色の紵《ちょ》及び雑毛を織りて以《も》って衣と為《な》す。(9)製裁一ならず。毛を綴《つづ》り(10)螺《ら》を垂らして飾りと為《な》し、(11)雑色相間《あいまじ》り、下に小貝《しょうばい》を垂れ、(12)其《そ》の声佩《はい》の如《ごと》し。(13)鐺《とう》を綴《つら》ね(14)釧《せん》を施し、(15)珠を頸《くび》に懸《か》く。(16)藤《とう》を織りて笠《かさ》と為《な》し、飾るに毛・(17)羽を以《も》ってす。

刀・(18)矟《さく》・弓・(19)箭《や》・剣・(20)鈹《ひ》の属有り。其《そ》の処は鉄少なく、刃皆《みな》(21)薄小なれば、多くは骨角を以《も》って之《これ》を輔助《ほじょ》す。(22)紵《ちょ》を編みて(23)甲と為《な》し、或《ある》いは熊豹《ゆうひょう》の皮を用う。

1 お互いに選びあってかしらをたて。**2** 白い麻。**3** ぐるっとまいて。**4** 真珠と貝殻。**5** 形やつくり方。**6** 模様入りのうすぎぬ。**7** 真四角。**8** いろいろな色の麻。**9** 裁ち方つくり方は同じでない。**10** まき貝。**11** いろいろな色をまじえ。**12** その音は佩玉のようである。**13** うちがね。**14** 腕輪を身につけ。**15** 真珠。**16** 籐。**17** 毛や羽。**18** 矛。**19** 矢。**20** 広幅の剣。**21** うすく小さいので。**22** 麻。**23** よろい。

王は(24)木獣に乗り、(25)左右をして之《これ》を輿《かつ》が令《し》めて行く。(26)導従、数十人を過ぎず。小王は(27)机《き》に乗り、(28)鏤《きざ》みて獣の形を為す。国人好んで相《あい》攻撃し、人皆《みな》(29)驍健《ぎょうけん》にして善く走り、(30)死に難く創《きず》に耐《た》う。諸洞、各《おのおの》部隊を為《な》し、相《あい》救助せず。両陣相《あい》当たるときは、勇者(31)三五人前に出《い》でて(32)跳噪《ちょうそう》し、言《ことば》を交えて相罵《ののし》り、(33)因《よ》りて相《あい》撃射す。如《も》し其《そ》の勝たざるときは、一軍皆《みな》(34)走る。人を遣《つか》わして(35)謝《しゃ》を致《いた》さば、即《すなわ》ち共に和解す。(36)闘死者を収め取り、共に聚《あつ》まりて之《これ》を食《く》らい、(37)仍《よ》りて(38)髑髏《どくろ》を以《も》って王の所に(39)将《も》ちて向かう。王則《すなわ》ち之《これ》に賜うに冠《かんむり》を以《も》ってし、(40)隊帥《たいすい》と為《な》さしむ。

(41)賦斂《ふれん》無く、事有れば則ち均《ひと》しく税《ぜい》す。

(42)刑を用うるに亦《ま》た常准《じょうじゅん》無く、皆《みな》事に臨《のぞ》んで(43)科決す。犯罪は皆《みな》 (44)鳥了帥《ちょうりょうすい》に断ぜらる。(45)伏せざるときは、則ち王に上請す。王、臣下をして共に議して之《これ》を定め令《し》む。獄に枷鎖《かさ》無

24 木製の獣の像。**25** 家来。**26** 前後のお供。**27** 床几。**28** 獣の形が彫ってある。**29** 勇ましく丈夫。**30** なかなか死なないし傷をうけてもがまん強い。**31** 何人かが。**32** とびはねたりわめいたりする。**33** その機会につけこんで。**34** 逃げる。**35** わびを入れ。**36** 戦死者。**37** それから。**38** 頭骨。**39** もっていく。**40** 隊長とする。

41 割り当ての税はなく。**42** 刑罰を行うにもきまった標準はなく。**43** 等級をわけて罪をきめる。**44** 鳥了帥によって刑がきめられる。**45** 承伏しない。

く、唯縄《ただなわ》を用いて縛《ばく》するのみ。死刑を(1)決するには(2)鉄錐《てっすい》を以《も》ってす。(3)大なること筯《ちょ》の如《ごと》く、長さ〔一〕(4)尺余、(5)頂に鑽《さん》して之《これ》を殺す。軽罪には(6)杖《つえ》を用う。

俗に文字無し。月の(7)虧盈《きえい》を望んで以《も》って時節を(8)紀《き》し、草薬の枯るるを候《ま》ちて以《も》って(9)年歳と為《な》す。

人は(10)深目長鼻、頗《すこぶ》る(11)胡《こ》に類す。亦《ま》た(12)小慧《しょうけい》有り。君臣上下の節、(13)拝伏の礼無し。父子(14)牀《しょう》を同じくして寝《い》ぬ。

男子は(15)髭鬢《しびん》を抜去し、身上の毛有るの処、皆亦《みなま》た除去す。

婦人は(16)墨《すみ》を以《も》って手に(17)黥《げい》し、虫蛇の文《もよう》と為《な》す。

(18)嫁娶《かしゅ》には酒肴珠貝《しゅこうしゅばい》を以《も》って(19)娉《へい》と為《な》し、或《あ》るいは男女(20)相悦《あいよろこ》べば、(21)便《すなわ》ち相匹偶《あいひつぐう》す。

婦人(22)産乳するとき、必ず子衣を食らう。産《さん》して後《のち》火を以《も》って自《みずか》ら炙《あぶ》り、汗をして出《い》で令《し》むれば、五日にして便ち(23)平復す。

木槽《もくそう》中に海水を暴《さら》すを以《も》って塩を為《つく》り、木汁《もくじゅう》もて酢《さく》と為

1 執行する。 2 鉄のきり。 3 太さは箸ぐらい。 4 隋代の一尺は約二九・五センチ。 5 頭のてっぺんにさしこんで。 6 棒でたたく。
7 満ち欠けを見て。 8 記。
9 一年とみなす。
10 目がひっこみ鼻が高い。
11 西北方遊牧の胡人に似ている。 12 こざかしい才覚。
13 礼儀作法。 14 ベッド。
15 口ひげとびん。 16 煤。 17 入れ墨。
18 嫁とり。 19 結納。 20 お互いに好きあえば。 21 結納なしでもすぐ結婚する。
22 お産。 23 もとにもどる。
24 米や麦。

し、(24)米麪《べいめん》を醸《かも》して酒を為《つく》る。其《そ》の味甚《はなは》だ薄し。食らうに皆《みな》手を用う。偶《たまたま》(25)異味を得ば先ず尊者に進む。凡《およ》そ宴会有るときは、(26)酒を執《と》る者は、必ず名を呼ぶを待ちて後《のち》に飲ます。王に酒を上《たてまつ》る者も、亦《ま》た王の名を呼ぶ。杯を銜《ふく》みて共に飲むこと、頗《すこぶ》る(27)突厥《とっけつ》と同じ。(28)歌呼蹋蹄《とうてい》し、(29)一人唱《しょう》すれば、衆皆《みな》和す。音頗《すこぶ》る(30)哀怨なり。女子の(31)上膊《じょうはく》を扶《たす》け、手を揺《ふ》りて舞う。

其《そ》の死する者は、気将《まさ》に絶えんとするとき、(32)挙げて庭に至り、(33)親賓哭泣《しんぴんこくきゅう》し相弔《あいとむら》う。其《そ》の屍《しかばね》を(34)浴せしめ、布帛《ふはく》を以《も》って之《これ》に纏《まと》わしめ、(35)裹《つつ》むに葦草《いそう》を以《も》ってし、(36)親土にして殯《ひん》し、上に(37)墳《ふん》を起こさず。(38)子の父の為《ため》にするとき者《は》、数月肉を食らわず。南境の風俗は少しく異なり。人の死する者有らば、邑《ゆう》里《り》共に之《これ》を食らう。

熊・羆《ひぐま》・豺《やまいぬ》・狼有り。(39)尤《もっと》も猪《ぶた》・鶏《にわとり》多く、牛・羊・驢《ろ》馬《ば》無

25 めずらしい食物。 **26** 酒壺を手にもつ主人。 **27** 六〜八世紀頃、中国西北方の草原地帯で勢力を伸ばした遊牧民族の国。

28 歌をうたい、足をふみならし。 **29** 一人が音頭をとれば。 **30** 哀愁をおびている。

31 上腕を支えもち。 **32** みんなでかついで。 **33** 身内の者も客も。 **34** 水につけて洗い清め。 **35** 葦草でつつんで。 **36** 土穴にじかに葬り。 **37** 土盛りをつくらない。 **38** 子が父の喪に服する場合。

39 とりわけ。

し。厥《そ》の田(1)は良沃(2)《よく》にして、先《ま》ず火を以《も》って焼き、水を引き之《これ》に灌《そそ》ぐ。一つの挿(3)《すき》を持ち、石を以って刃《じん》と為《な》す。長さ〔一〕尺余《あま》り、闊(4)《ひろ》さ数寸、之《これ》を墾《たがや》す。〔その〕土〔地〕は稲・粱《あわ》・床(5)《び》の黍《きび》・麻・豆(6)・赤豆(7)・胡(8)《こ》豆《とう》・黒豆(9)等に宜《よろ》しく、木には楓《かえで》・栝《ひのき》・樟《くす》・松・梗《やまにれ》・楠《いぬくす》・杉・梓《あずさ》・竹・籐《とう》有り。果《くだもの》や薬〔草〕は江表(10)と同じく、風土気候は嶺南(11)《れいなん》と相《あい》類す。

俗は山海の神に事《つか》え、祭るに酒肴を以《も》ってし、闘戦して人を殺し、便《すなわ》ち殺す所の人を将《も》って其《そ》の神を祭る。或《ある》いは茂れる樹に依《よ》りて小屋を起《た》て、或いは髑髏《どくろ》を樹上に懸《か》け、箭《や》を以《も》って之《これ》を射る。或《ある》いは石を累《かさ》ねて幡《はた》を繫《か》け、以《も》って神主(12)《よりしろ》と為《な》す。王の居る所には、壁の下に多くの髑髏《どくろ》を聚《あつ》めて以って佳《よし》と為す。人間(13)《じんかん》にては、門戸の上に必ず獣頭(14)の骨角を安《やす》んず。〔隋《ずい》の〕大業(15)《たいぎょう》元年、海師(16)《かいし》の何蛮等《かばんら》〔いう〕、春秋の二時(17)毎《ごと》に、天《そら》、清《す》みて風静かなるとき、東のかたを望むに、依希(18)《いき》とし

1 畑。 2 よく肥えている。 3 地に穴をあける棒。 4 幅。 5 甘粛省の地名。 6 大豆か緑豆か未詳。 7 あずき。 8 えんどうまめ。 9 黒大豆。 10 江南。 11 広東・広西の地と似ている。

12 神霊のよるところ。 13 住民の間では。 14 獣の頭骨や角。

15 煬帝の年号。 16 漁師団のかしら。 17 毎年春と秋の二季には。 18 あるかなきか。

て、煙霧の気有るに似《に》たるも、亦《ま》た幾千里なるかを知らずと。

〔大業《たいぎょう》〕三年、煬帝《ようだい》、(19)羽騎尉《うきい》の朱寛《しゅかん》をして海に入り、異俗を求め訪ね令《し》む。何蛮《かばん》、之《これ》を言えば、(20)遂に蛮《ばん》と倶《とも》に往《ゆ》く。因《よ》って流求国《りゅうきゅうこく》に到るも、言《ことばあい》相通ぜず、一人を(21)掠《りゃく》して返る。(22)明年、(23)帝《てい》復《ま》た〔朱《しゅ》〕寛《かん》をして之《これ》を慰撫《いぶ》せ令《し》むるも、流求《りゅうきゅう》、従わず。寛《かん》、其《そ》の(24)布甲を取りて還《かえ》る。時に倭国《わこく》の使い(25)来朝し、之《これ》を見て曰《いわ》く、「此《こ》れ夷邪久国《いやくこく》の人の用うる所のもの也《なり》」と。帝《てい》、(26)武賁郎将《ぶほんろうしょう》の陳稜《ちんりょう》・(27)朝請大夫《ちょうせいたいふ》の張鎮州《ちょうちんしゅう》を遣《つか》わし、兵を率《ひき》いて(28)義安《ぎあん》自《よ》り海に(29)浮かんで之《これ》を撃たしむ。(30)高華嶼《こうかしょ》に至り、又《また》東行すること二日にして黿鼊嶼《くへきしょ》に至り、又《また》一日にして便《すなわ》ち流求《りゅうきゅう》に至る。

初め、〔陳《ちん》〕稜《りょう》は南方の諸国の人を将《ひき》いて軍に従わしむ。

19 近衛騎兵の隊長。**20** その結果、思いたって。**21** さらって。

22 大業四年。**23** 煬帝。**24** 麻を編んで作ったよろい。**25** 小野妹子か。

26 近衛兵の隊長。**27** 朝貢を司る官。**28** 広東省潮安県。**29** 海を越えて。**30** 高華嶼・黿鼊嶼ともに、台湾海峡の澎湖列島の島々と思われる。

〔その中に〕(1)崑崙《こんろん》の人有り、頗《すこぶ》る其《そ》の語《ことば》を解す。〔その〕人を遣《つか》わして之《これ》を慰諭《いゆ》せしむるも、流求《りゅうきゅう》従わずして、官軍を拒《こば》み逆《さか》らう。稜《りょう》、之《これ》を撃走(2)し、進んで其《そ》の都に至る。頻りに戦って皆《みな》敗り、其の宮室を焚《や》き、其《そ》の男女、数千人を虜《とら》え、(3)軍実を載せて還る。爾《こ》れ自《よ》り遂に絶ゆ。

1南海諸国の人。2撃ち破って逃走させ。3戦利品。

〈現代語訳〉

流求国《りゅうきゅうこく》は、建安郡《けんあんぐん》の東方に当たる海上の島にある。海上を行くこと五日でその国に至る。土地には山の洞穴が多い。

流求国の王は姓を歓斯《かんし》氏《し》といい、名を渇剌兜《かつらつとう》という。その氏の来歴や王として何代目であるかなどはわからない。その国の人は王を可老羊《かろうよう》と呼び、王の妻を多抜茶《たばった》という。

王の住んでいる所を波羅檀洞《はらだんどう》といい、堀と柵を三重に廻《めぐ》らせて堀には水を流し、棘《とげ》のある木を植えて生け垣にしている。王の住む家は、大きさが十六間あり、鳥や獣の彫刻で飾られている。

闘鏤樹《とうろうじゅ》という木が多い。橘《たちばな》に似て葉が密に茂り、細い枝が髪の毛のように垂れ下がっている。

流求国には、四、五人の統領がいる。諸洞《しょどう》を統率し、洞《どう》ごとに小王がいる。ところどころに村があり、村々には鳥了帥《ちょうりょうすい》という者がいる。みな戦闘の巧者で、選ばれて鳥了帥になり、その中で互選して頭《かしら》を立て、村の事にあたる。

男女とも、みな白麻の縄を髪につけ、首の後ろから額までぐるりと巻く。男子は鳥の羽で冠をつくり、真珠と貝殻をつけ、赤い毛で飾っている。その形や製法はみな同じではない。婦人は模様の入った薄い白布で真四角な形につくったものをかぶりものとしている。

闘鏤の樹皮や、いろいろな色の麻や、雑多な毛を織って衣服にしている。裁ち方やつくり方は同じではない。毛をとじつけ、巻貝を吊《つ》り下げて飾りとし、さまざまな色をまじえ、下には小貝を垂らしているので、その音は佩玉《はいぎょく》のようである。金属の小札をつづり合わせ、腕輪をはめ、真珠の首輪をする。籐《とう》を編んで笠《かさ》をつくり、毛や羽で飾っている。

流求国には片刃の刀、矛、弓、矢、両刃の剣、広幅の剣などがある。この国には鉄が少ないので、刃はみな薄く小さい。そのため、骨や角で補強してあるものが多い。麻を編んで鎧《よろい》とし、また熊《くま》や豹《ひょう》の毛皮も用いる。

王は木で造った獣の像に乗り、これを従者にかつがせて行く。供揃《ともぞろ》えは数十人に過ぎない。小王は簡単な椅子《いす》に乗り、それには獣の姿が刻まれている。

流求国の人は互いに戦うことを好む。人々はみな勇ましくて強く、よく走り、なかなか死なず、傷を受けてもよく耐える。それぞれの洞ごとに部隊を組み、お互いに助け合うことはない。両軍がぶつかる時は、勇士数人が前面に出て飛びはね、わめき、罵り合いをし、そうしておいて攻撃し合う。もしそこで敗れると、部隊はみな逃げてしまう。あとから使者を派遺して陳謝させると、すぐに和解する。そこで戦死者の遺体を収容し、みなが集まってその死体を食べてしまう。そしてその髑髏《どくろ》を持って王の所へ行く。王は髑髏に冠をかぶせ隊帥の位を贈る。

割り当てられる税金はなく、なにか事があれば、その時に、均等に税がかけられる。刑罰を行うにもあらかじめ決められた標準はなく、その時になってから、等級を分けて罪を決める。犯罪はみな、鳥了帥《ちょうりょうすい》が裁断する。その罪に承服できないときは、王に上申する。王は臣下たちに合議させてその罪を決定する。牢獄には枷《かせ》や鎖がなく、縄で縛っておくだけである。死刑を執行するには、鉄の錐《きり》を用いる。その錐は太さは箸くらい、長さは一尺余りで、頭のてっぺんに差し込んで殺す。軽い罪には杖打《むちう》ちの刑をあてる。

民間に文字はない。月の満ち欠けを見て、季節を区切り、薬草の枯れるのをうかがって、一年たったとみなす。

流求《りゅうきゅう》の人々は、目はひっこみ鼻が高く、中国の西北方の胡人《こじん》によく似ている。また、こざかしい才覚がある。主君と臣下や目上目下のけじめがなく、平伏して行う儀礼もない。父と子は同じ寝台で寝る。

男は口髭《くちひげ》と鬢《びん》の毛を抜き去り、身体の毛もみなとってしまう。婦人は墨で手に虫や蛇の文様を入れ墨する。

嫁を娶《めと》るには、酒、肴《さかな》、真珠、貝殻を結納とする。時には、男女がお互いに好き合えば、すぐに夫婦となることもある。

婦人はお産をすると、必ずその胞衣《えな》を食べてしまう。お産の後は火にあたって身体をあぶり、汗を出させると、五日たてばもとの身体に戻ってしまう。

木の桶《おけ》で海水を日にさらして塩をつくり、樹の汁から酢をつくり、米や麦を原料として酒を醸造する。酒の味は淡白である。

食事は、みな手づかみで食べる。珍しい食物を手に入れた時には、まず目上の人に差し上げる。普通、宴会があれば、酒壺を持った主人が、必ず名前を呼んでのち、酒を飲ませる。王に酒を奉る者も、同じように王の名を呼ぶ。みな一緒に酒盛りするさまは、突厥《とっけつ》と同じようである。

大声で歌を唱い、足を踏んでリズムをとり、一人が唱い出せば、他の人々がみな声を合わせる。音調はなかなか哀愁を帯びている。男は女の上腕を支え、手を振って舞う。

流求国では、人が死ぬとき、まさに息が絶えそうになると、みなでかつぎあげて庭に出て、身内の者も客も、大声で泣いて弔《とむら》う。その死体を水につけて洗い清め、屍衣を纏《まと》わせ、葦《あし》で包んで土にじかに葬る。その上に墳丘はつくらない。父の喪に服する子供は、数ヵ月間、肉を食べない。国の南部の地域の習俗は少し違っていて、人が死ぬと、村の人々が一緒に死者を食べてしまう。

流求国には、熊《くま》・羆《ひぐま》・豺《やまいぬ》・狼《おおかみ》がいる。とりわけ、豚や鶏が多く、牛・羊・驢《ろ》馬《ば》はいない。耕地は肥《ひ》沃《よく》で、まず畑とするところを火で焼き、その後、水を引いてきてそこに注ぐ。石の刃をつけた長さ一尺余り、幅数寸の一本の鋤《すき》を持って、この土地を耕す。流求の土地は、稲・粟・床《び》の黍《きび》・麻・豆・小豆・えんどうまめ・黒大豆などがよくできる。樹木には楓《かえで》・檜《ひのき》・樟《くす》・松・楩《やまにれ》・楠・杉・梓・竹・籐《とう》がある。果物や薬草は、江南《こうなん》地方と同じで、風土・気候は、嶺南《れいなん》地方に似ている。

人々は、山海の神を信じており、酒・肴を供えて祭っている。闘いで人を殺すと、殺された人を供えてその神を祭る。よく茂った樹の傍に小屋を造ったり、髑髏《どくろ》を樹上に掛け、矢でそれを射る。石を積んでその上にのぼりをつないで神の居場所とする。王の宮殿では、壁の下にたくさんの髑髏を並べて、それがよいとしている。一般の人々の間では、家の門の上に必ず獣の頭骨や角を安置している。

隋《ずい》の大業《たいぎょう》元年（六〇五年）、船長《ふなおさ》の何蛮《かばん》たちが言うには、毎年の春と秋の空が晴れわたり風が穏やかなときに、東の方を望むと、もやのようなものの気配があるらしく見えるが、そこまで幾千里あるものかわからない、ということだった。

大業三年（六〇七年）には、煬帝《ようだい》は羽騎尉《うきい》の朱寛《しゅかん》に、海上に乗り出し、変わった風俗の人々を探し求めるよう命令した。その時、何蛮らの先の言葉があったので、何蛮を案内役に立てて出発した。そして流求国《りゅうきゅうこく》に達したが、言葉が通ぜず、流求人一人をさらって中国へ戻った。

翌大業四年（六〇八年）、煬帝は再び朱寛に命じて、流求国へ派遣し、中国に服従させようとしたが、流求は従わなかった。そこで朱寛は流求の麻の鎧《よろい》を奪って中国に帰った。ちょうどその時、倭国《わこく》の使者が隋の朝廷に来ていて、この麻の鎧を見ると、

「これは夷邪久国《いやくこく》の人のものだ」

と言った。

煬帝は、武賁郎将《ぶほんろうしょう》の陳稜《ちんりょう》、朝請大夫《ちょうせいたいふ》の張 鎮州《ちょうちんしゅう》を軍隊と共に派遣して、義安《ぎあん》から海を渡って流求国を攻めさせた。まず高華嶼《こうかしょ》に達し、そこから東へ向かって二日で黿鼊嶼《くへきしょ》に達し、さらに一日で流求に達した。

出発する際、陳稜は南方諸国の人々を軍隊に加えていたが、その中に崑崘《こんろん》の人がおり、その人が流求の言葉をよく理解した。そこでその崑崘人を使者として諭《さと》し従わせようとしたが、流求は従わずに隋の軍隊を拒絶した。陳稜は流求軍を撃ち破って敗走させ、その王都へ進軍した。次々と戦ってみな撃ち破り、流求王の宮殿に火をかけ、流求人の男女数千人を捕虜とし、戦利品を船に載せて帰った。それ以来、流求との往来は絶えている。

倭《わ》国《こく》

倭国《わこく》は、百済《ひゃくさい》・新羅《しんら》の東南、水陸三千里〔のところ〕に在《あ》り。〔倭人《わじん》は〕大海の中に於《お》いて、(1)山島に(2)依りて居《お》る。

魏《ぎ》の時、中国に(3)訳通す。三十余国〔あり〕、皆《みな》(4)自《みずか》ら王と称《しょう》す。(5)夷人《いじん》は里数を知らず、但《た》だ計《はか》るに日を以《も》ってす。其《そ》の国境は、東西五ヵ月の(6)行《こう》、南北三ヵ月の行にして、各《おのおの》の海に至る。其《そ》の地勢、東は高く西は下《ひく》し。(7)邪靡堆《やまと》に都す。則《すなわ》ち(8)『魏志《ぎし》』に謂《い》う所の邪馬台《やまと》なる者也《なり》。

古《いにしえ》より云う、

「(9)楽浪郡《らくろうぐん》の境及び(10)帯方郡《たいほうぐん》を去ること、並《とも》に一万二千里にして、(11)会稽《かいけい》の東のかたに在《あ》り。(12)儋耳《たんじ》と相《あい》近し」と。

〔後《ご》〕漢《かん》の光武《こうぶ》〔帝《てい》〕の時、使《つか》いを遣わして入朝し、自《みずか》ら(13)大《たい》夫《ふ》と称《しょう》す。安帝《あんてい》の時、又《また》使いを遣わして朝貢し、之《これ》を「倭《わ》

〈語釈〉

1山の多い島。**2**身をよせて住んでいる。**3**通訳を伴い来朝した。**4**それぞれ勝手に。**5**倭人をさす。**6**旅程日数。**7**邪摩堆の誤写。**8**『三国志』魏書東夷伝。**9**紀元前一〇八年、漢が朝鮮に置いた漢の東方四郡の一つ。郡治は平壌付近。**10**後漢末の二〇四年、楽浪郡を二分して、南半分を帯方郡とした。郡治は黄海北道沙里院付近。**11**秦・漢の郡の名。後漢の郡治は浙江省紹興県。**12**漢代には今の海南島をいう。ただし方向が合わない。台湾をさすか。

の奴国《なこく》」と謂《い》う。桓《かん》〔帝《てい》〕・霊《れい》〔帝《てい》〕の間、其《そ》の国大いに乱れ、(14)遞《たがい》に相《あい》攻伐し、年を歴《ふ》るも主《あるじ》無し。

女子有り、名は卑弥呼《ひめこ》〔という〕、能《よ》く(15)鬼道を以《も》って衆を惑《まど》わす。是《ここ》に於《お》いて国人《くにびと》、共に立てて王と為《な》す。(16)男弟有り、卑弥《ひめ》を佐《たす》けて国を理《おさ》む。其《そ》の王、(17)侍婢千人有り、(18)其《そ》の面《おも》を見たること有る者は罕《まれ》なり。唯《ただ》男子二人のみ有りて、王に飲食を給し、(19)言語を通伝す。

其《そ》の王〔の居所に〕、(20)宮室《きゅうしつ》・楼観《ろうかん》・城柵《じょうさく》有り、皆《みな》、(21)兵《へい》を持ちて守衛し、法を為《おさ》むること甚《はなは》だ厳《げん》なり。魏《ぎ》自《よ》り斉《せい》・梁《りょう》に至るまで、代《よよ》中国と相《あい》通ず。

〔隋《ずい》の〕(22)開皇《かいこう》二十年、倭王《わおう》の姓は(23)阿毎《あめ》、字《あざな》は(24)多利思比孤《たりしひこ》、号《ごう》して(25)阿輩雞弥《あほけみ》というもの、使いを遣《つか》わして(26)闕《けつ》に詣《いた》らしむ。(27)上《しょう》、(28)所司《しょし》をして其《そ》の風俗を訪《たず》ね令《し》む。使者言う、「倭王《わおう》は天を以《も》って兄と為《な》し、日を以って弟と為す。天未《いま》だ

13秦・漢代の中央奉行職。ここは大臣のこと。**14**つぎつぎと。
15巫（みこ）となって神意を伝えるシャーマニズム。**16**弟。**17**女のめしつかい。**18**卑弥呼の顔。**19**外からのことばを伝える。
20御殿・高殿（物見台）・城囲い。**21**武器。
22文帝の年号。**23**アマ・アメを名のる天皇。**24**足彦・帯彦。ヒコは男をさすゆえ、女帝の推古天皇にはあたらない。ここは一般的な吉祥の称呼か。**25**オホキミ＝大君。**26**王宮の門。**27**文帝。**28**所管の役人。

明けざる時、出《い》でて政《まつりごと》を聴き、(1)跏趺《かふ》して坐《ざ》す。日出ずれば便《すなわ》ち(2)理務を停《とど》め、(3)我が弟に(4)委《ゆだ》ねんと云う」と。

(5)高祖《こうそ》曰《いわ》く、

「此《こ》れ太《はなは》だ(6)義理無し」と。

是《ここ》に於《お》いて訓《さと》して之《これ》を改め令《し》む。

王の妻は(7)雞弥《けみ》と号《ごう》す。(8)後宮には女六七百人有り。(9)太子《たいし》を名づけて(10)利歌弥多弗利《りかみたふり》と為《な》す。(11)城郭無し。

(12)内官に(13)十二等有り、一《いつ》を大徳《だいとく》と曰《い》い、次は小徳《しょうとく》、次は大《だい》仁《じん》、次は小仁《しょうじん》、次は大義《たいぎ》、次は小義《しょうぎ》、次は大礼《だいれい》、次は小礼《しょうれい》、次は大智《だいち》、次は小智《しょうち》、次は大信《だいしん》、次は小信《しょうしん》、員に(14)定数無し。

(15)軍尼《くに》一百二十人有り、猶《な》お中国の(16)牧宰《ぼくさい》のごとし。八十戸ごとに(17)一伊尼翼《いなき》を置く。(18)今の里長の如《ごと》きなり。十の伊尼《いな》(19)翼《き》は一つの軍尼《くに》に属す。

其《そ》の服飾、男子は(20)裙襦《くんじゅ》を衣《き》る。其《そ》の袖《そで》は微小なり。(21)履《り》は

1 あぐら。**2** 政務の処理。**3** 太陽をさす。**4** 政務をまかせようと。

5 文帝。**6** 道理。

7 キミ＝君。**8** 奥御殿。**9** 聖徳太子。**10** 和歌弥多弗利、ワカミタヒラ＝稚足、あるいはワカミトホリ＝若き御世嗣の誤りか。**11** 中国式の城壁で囲まれた都市。**12** 中央の役人。**13** 聖徳太子制定の冠位十二階。『日本書紀』では、大小の順に、徳・仁・礼・信・義・智。**14** 人数。

15 クニノミヤツコ＝国造。**16** 地方長官。**17** 伊尼冀の誤写。イナキ＝稲置。**18** 中国の村長。**19** 冀。

20 スカートと肌着。ズボン式服装ではない。隋唐と同

(22)屨《く》の形の如《ごと》く、其《そ》の上に漆《うるし》して、之《これ》を脚に(23)繋《か》く。人(24)庶は(25)跣《せん》足《そく》多し。金銀を用いて飾りと為《な》すことを得ず。

(26)故《こ》時《じ》は(27)横幅を衣《き》、結束して相《あい》連ね、縫うこと無し。頭《かしら》にも亦《ま》た冠《かんむり》無く、但《た》だ(28)髪を両耳の上に垂るるのみ。隋《ずい》に至り、其《そ》の王始めて(29)冠を制し、(30)錦綵《きんさい》を以《も》って之《これ》を為《つく》り、(31)金銀鏤花《ろうか》を以って飾りと為す。

婦人は髪を後ろに束ね、〔彼女らも〕亦《ま》た裙襦《くんじゅ》を衣《き》る。(32)裳《もすそ》には皆《みな》(33)襈《せん》有り。竹を(34)攕《せん》して梳《くし》を為《つく》り、草を編みて(35)薦《せん》と為し、皮を雑《まじ》えて(36)表と為し、縁《ふちど》るに(37)文皮を以《も》ってす。

弓・矢・刀・矟《ほこ》・弩《いしゆみ》・攢《やり》・斧《おの》有り。皮に漆《うるし》して(38)甲と為《な》し、骨を矢鏑《やじり》と為す。兵有りと雖《いえど》も、征戦無し。其《そ》の王、(39)朝会《ちょうかい》するには、必ず(40)儀仗《ぎじょう》を陳設し、其《そ》の国の楽《がく》を奏《そう》す。戸十万可《ばか》りあり。

其《そ》の俗、殺人・強盗及び姦《かん》〔するもの〕は皆死《みなごろし》し、盗〔す

じ。**21**はきもの。**22**繊維織りの布ぐつ。**23**紐で結びつける。**24**庶民。**25**はだし。

26『魏志』倭人伝にのべられた当時。**27**ひと幅の布を横にまとい。**28**みずらという髪の結いかた。**29**推古朝制定の冠位。**30**色織りの絹。**31**金銀をちりばめ。

32スカート。**33**ふちどり。**34**細かくばらしてササラにし。**35**むしろ、敷物。**36**敷物の表面。**37**模様のある毛皮。

38よろい。**39**朝廷に集まること。**40**かどめ正しく武装をととのえた兵隊。

る〕者は贓《(1)ぞう》を計りて物を酬《(2)むく》わしめ、財無き者は身を没して奴〔隷〕と為《な》す。自余《(3)》は軽重を〔計りて〕、或《ある》いは流し、或いは杖《(4)じょう》す。

毎《つね》に獄訟を訊究《(5)じんきゅう》するに、承引せざる者は、木を以《も》って膝《ひざ》を圧し、或《ある》いは強弓を張りて、弦を以《も》って其《そ》の項《(6)》を鋸《(7)ひ》く。或いは小石を沸湯《(8)》中に置き、競《きそ》う所の者をして之《これ》を探ら令《(9)し》め、云《い》う、「理の曲《きょく》なる者は、即《すなわ》ち手爛《ただ》る」と。或いは蛇を甕中《おうちゅう》に置き、之《これ》を取ら令《し》めて、云う、「曲なる者は、即《すなわ》ち手螫《さ》さる」と。人は頗る恬静《(10)てんせい》にして、争訟罕《まれ》にして、盗賊少なし。

楽〔器〕には、五弦《(11)》・琴《こと》・笛有り。男〔も〕女〔も〕多くは黥臂《(12)げいひ》・点面《てんめん》・文身《ぶんしん》し、水に没《(13)ぼっ》して魚を捕らう。文字無く、唯《ただ》木《(14)》を刻《きざ》み、縄を結ぶのみ。仏法《ぶっぽう》を敬《けい》し、百済《ひゃくさい》より仏経《ぶっきょう》を求め得て、始めて文字有り、卜筮《(15)ぼくぜい》を知り、尤《もっと》も巫覡《(16)ふげき》を信ず。

毎《つね》に正月一日に至れば、必ず射戯《しゃぎ》・飲酒す。其《そ》の余の節《(17)せつ》

1盗品。**2**等価値の物を償わせる。**3**その他の罪。**4**棒でたたく。
5しらべる。**6**うなじ。**7**ごしごしこする。**8**熱湯。**9**盟神探湯（くかたち）。**10**欲がなくてがさつかない。
11五弦の琵琶。**12**ひじに入れ墨、顔に小さなしるしをつけ、身体に入れ墨する。**13**もぐって。**14**文字のかわりの目印とする。**15**占い。**16**男女のかんなぎ。
17季節の行事。**18**碁。**19**す

は、略《ほぼ》〔中《ちゅう》〕華《か》と同じ。(18)棋《き》博《はく》・(19)握槊《あくさく》・(20)樗蒲《ちょぼ》の戯《ぎ》を好む。気候は温暖にして、草木は冬も青く、土地は(21)膏腴《こうゆ》にして、水(22)多く陸少なし。(23)小環を以《も》って(24)鸕《ろ》鷀《じ》の項《うなじ》に(25)挂《か》け、水に入りて魚を捕らえ令《し》め、日に〔魚〕百余頭を得。

俗《ぞく》は(26)盤俎《ばんそ》無く、藉《し》くに(27)檞《かい》の葉を以《も》ってし、食するには手を用いて之《これ》を餔《くら》う。性は質(28)直にして、(29)雅《が》風《ふう》有り。女多く男少なし。(30)婚嫁《こんか》には同姓を取らず。男女相悦《あいよろこ》ぶ者は(31)即《すなわ》ち婚《こん》を為《な》す。婦《よめ》、夫の家に入るには、必ず先《ま》ず火(32)を跨《また》ぎて、乃《すなわ》ち夫と相見《あいまみ》ゆ。婦人は(33)淫妬《いんと》せず。

死者は斂《おさ》むるに(34)棺槨《かんかく》を以《も》ってし、(35)親賓《しんぴん》は屍《しかばね》に(36)就《つ》きて歌舞し、妻子兄弟は、白布を以《も》って服(37)を製す。貴人は、三年〔の間〕外に(38)殯《もがり》し、庶人は、日を卜《ぼく》して(39)瘞《うず》む。葬《そう》に及べば、屍を船上に置きて、陸地にて之《これ》を(40)牽《ひ》く。或《ある》いは(41)小輿《しょうよ》を以《も》ってす。阿蘇山《あそさん》有り。其《そ》の石(42)故《ゆえ》無くして火起こり、天に接する者《こと》あ

ごろく。20さいころばくち。21豊かに肥える。22河川湖沼。23小さい輪。24鵜。25掛。

26皿やまないた。27柏。28素朴で正直。29みやびやさ。30結婚。31仲人などの紹介をまたず。32火は、原文では犬であるが、『北史』により改めた。33色事とやきもち。

34二重の棺。35親戚や客人。36そばで。37喪服。38かりに棺をとめおく。39地下に埋める。40綱でひっぱる。41小さい駕籠。

42岩山。

り、俗《ぞく》、以《も》って異と為し、因《よ》って禱祭《とうさい》を行う。如意宝珠《にょいほうしゅ》有り、其《そ》の色青く、大きさは鶏卵の如《ごと》くして、夜には則《すなわ》ち光有り、云《い》う、「魚の眼精也《まなこなり》」と。

新羅《しんら》・百済《ひゃくさい》は、皆《みな》倭《わ》を以《も》って大国にして、珍物多しと為《な》し、並《ならび》に之《これ》を敬仰して、恒《つね》に、(1)使を通じて往来す。

〔隋の〕(2)大業《たいぎょう》三年、其《そ》の王多利思比孤《たりしひこ》、(3)使いを遣《つか》わして朝貢せしむ。使者曰《いわ》く、

「聞く、海西の(4)菩薩天子《ぼさつてんし》、重ねて仏法を興すと。故に遣わして朝拝せしめ、兼《か》ねて(5)沙門《しゃもん》数十人来たりて仏法《ぶっぽう》を学ばしむ」

と。

其《そ》の国書に曰く、

「日出《い》ずる処の天子《てんし》、書を日没する処の天子に致す。(6)恙《つつが》無きや云云《うんぬん》」と。

(7)帝《てい》、之《これ》を覧《み》て悦《よろこ》ばず、(8)鴻臚卿《こうろけい》に謂《い》いて曰く、

1使いをかよわせ。
2煬帝の年号。 3遣隋使の小野妹子。 4煬帝をさす。 5僧。
6お変わりないか。
7煬帝。 8外務大臣。 9二

「蛮夷《ばんい》の書、無礼なる者有り。(9)復《ま》た以《も》って(10)聞《ぶん》する勿《な》かれ」と。

(11)明年、(12)上《しょう》、(13)文林郎《ぶんりんろう》 (14)裴清《はいせい》を遣わして倭国《わこく》に使いせしむ。百済《ひゃくさい》を度《わた》り、行きて(15)竹島《ちくとう》に至り、南に(16)耽羅国《たんらこく》を望み、(17)都斯《つし》麻国《まこく》の、迥《はる》かに大海の中に在《あ》るを経《ふ》。又《また》東して(18)一支国《いきこく》に至り、又《また》(19)竹斯国《つくしこく》に至り、又《また》東して(20)秦王国《しんおうこく》に至る。其《そ》の人(21)華夏《かか》に同じ、以《も》って(22)夷洲《いしゅう》と為すも、疑いは明らかにすること能《あた》わざる也《なり》。又《また》十余国を経て、海岸に達す。竹斯国《つくしこく》自《よ》り以東、皆《みな》倭《わ》に附庸《ふよう》たり。

倭王《わおう》、小徳《しょうとく》 阿輩台《あほたい》を遣《つか》わし、数百人を従え、儀仗《ぎじょう》を設け、(23)鼓角を鳴らして来《きた》り迎えしむ。後十日、又大礼《またたいれい》 (24)哥多毗《かたひ》を遣わし、二百余騎を従え(25)郊労《こうろう》せしむ。既《すで》にして彼《か》の都に至るに、其《そ》の王、(26)清《せい》と相《あい》見て、大いに悦《よろこ》びて、曰《いわ》く、「我聞く、海西に大隋《ずい》有り、礼義の国なり。故に遣わして朝

度と。**10**奏上する。

11大業四年。**12**煬帝。**13**秘書官。**14**裴世清。唐の太宗の諱字の世をさけ、裴清とした。**15**不明。済州島の近くの多島海のどれかの島であろう。**16**済州島。**17**対馬。**18**壱岐。**19**筑紫。**20**不明。山口、広島県方面か。新羅系の秦氏の居住地とも考えられる。**21**中華。**22**台湾か。

23角笛。ほらがいか。**24**額田部連比羅夫のヌカタベの音訳。**25**郊外まで出迎え、ねぎらう。**26**裴世清。

貢せしむ。我は夷人《いじん》にして、僻《かたよ》りて海隅に在り、礼義を聞かず。是《ここ》を以《も》って境内に稽留《けいりゅう》して、即《すなわ》ち相見《あいまみ》えず。今故《ことさら》に道を清め館を飾り、以《も》って大使を待つ。冀《こいねが》わくは大国惟新《いしん》の化《か》を聞かん」と。

清《せい》、答えて曰《いわ》く、

「皇帝《こうてい》の徳は二儀(1)に並び、沢(2)は四海(3)に流る。王(4)、化(5)を慕《した》う(6)を以《も》って、故に行人(7)を遣《つか》わし、此《ここ》に来《きた》り、宣《の》べ諭《さと》さしむ」と。

既《すで》にして清《せい》を引(8)いて館に就《つ》かしむ。其《そ》の後清《せい》、人を遣わし、其《そ》の王に謂《い》いて曰く、

「朝命既に達せり、請う、即《すなわ》ち(9)戒塗《かいと》せよ」と。

是《ここ》に於《お》いて、宴を設け享《きょう》して以《も》って清《せい》を遣わし、復《ま》た使者をして清《せい》に随いて来《きた》りて方物(10)を貢せしむ。此《こ》の後、遂《つい》に絶ゆ。

1日月。2恩沢。3全世界。4倭の王。5教化。6なつける。7使者、つかい。8案内して。9道祖人を祭ってでかける。出発の意味。10土地の産物。

〈現代語訳〉

倭国《わこく》は、百済《ひゃくさい》・新羅《しんら》の東南方、海路・陸路で三千里のところにある。倭人《わじん》は大海の中の山の多い島に住んでいる。

三国《さんごく》の魏《ぎ》の時代に、通訳を伴い中国に入朝した。倭国は三十余国あって、それぞれの首長はみな王と名乗っていた。倭人は里数を計ることを知らず、距離を計るには日数で数える。倭国の境域は、東西は五ヵ月行程、南北は三ヵ月行程で、それぞれ海に至る。地形は、東の方は高地で西が低い。邪靡堆《やまと》に都を置いている。これが『魏志《ぎし》』に書かれているところの邪《や》馬台《まと》である。

昔から「邪馬台国《やまとこく》は楽浪郡《らくろうぐん》の境界や帯方郡治《たいほうぐんち》から一万二千里離れていて、会稽郡《かいけいぐん》の東方にあたり、儋耳《たんじ》に近い」と言われている。

後漢《ごかん》の光武帝《こうぶてい》の時に、使者を派遣して中国に入朝し（五七年）、使者は大夫《たいふ》と自称していた。安帝《あんてい》の時にも使者を派遣して朝貢し、「倭《わ》の奴《な》国」といった（一〇七年）。桓帝《かんてい》（在位一四六〜一六七年）・霊帝《れいてい》（在位一六七〜一八九年）の頃には、この国に戦乱がおこり、次々と攻め合って何年もの間、倭国全体の王が定まらなかった。

一人の女子がいて、名を卑弥呼《ひめこ》といい、神霊に通じた巫女《みこ》で、人々を心服させていた。そこで倭国の人々は、みなで卑弥呼を王として立てた。卑弥呼には弟がいて、卑弥呼を補佐して国を治めていた。卑弥呼には侍女が千人もいたが、卑弥呼の顔を見たことのある者は稀《まれ》であった。ただ男が二人だけ、卑弥呼に食事を運び、外からの言葉を伝える役を務めていた。

卑弥呼《ひめこ》の居処には、宮殿、物見台、城囲いがあって、武器を持った兵士が警護にあたり、取り締まりは厳重である。三国《さんごく》時代の魏《ぎ》から南北朝《なんぼくちょう》の斉《せい》・梁《りょう》の時代に至るまで、倭国王《わこくおう》は代々中国と交渉があった。

隋《ずい》の文帝《ぶんてい》の開皇《かいこう》二十年（六〇〇年、推古天皇八年）、倭王で、姓は阿毎《あめ》、字《あざな》は多利思比孤《たりしひこ》、阿輩雞弥《あほけみ》と号している者が、隋の都大興《たいこう》（陝西省西安市）に使者を派遣してきた。文帝は担当の役人に倭国の風俗を尋ねさせた。使者はこう言った。

「倭王は天を兄とし、太陽を弟としている。夜がまだ明けないうちに、政殿に出て政治を行い、その間、あぐらをかいて坐っている。太陽が出るとそこで政務を執ることをやめ、あとは自分の弟、太陽にまかせようという」

高祖《こうそ》文帝は、

「それははなはだ道理のないことだ」

と言って、倭国を諭《さと》してこれを改めさせた。

倭国王の妻は雞弥《けみ》と号している。王の後宮には女が六、七百人いる。太子《たいし》は名を利歌弥多《りかみた》弗利《ふり》という。城郭はない。

中央官の位階に十二等級がある。一を大徳《だいとく》といい、次は小徳《しょうとく》、次は大仁《だいじん》、次は小仁《しょうじん》、次は大義《たいぎ》、次は小義《しょうぎ》、次は大礼《だいれい》、次は小礼《しょうれい》、次は大智《だいち》、次は小智《しょうち》、次は大信《だいしん》、次は小信《しょうしん》といい、人員に定数はない。

軍尼《くに》が百二十人いるが、これは中国の牧宰《ぼくさい》のようなものである。八十戸ごとに伊尼冀《いなき》を一人置く。これは隋の里長のようなものである。十人の伊尼冀が一人の軍尼に所属している。

倭国の服飾としては、男子はスカートと肌着をつける。袖《そで》は筒袖である。履物は編んでつくった浅ぐつの形に似て、漆《うるし》で固めてあり、足に紐でくくりつける。庶民ははだしが多い。金や銀を使って飾りをつけることは許されない。

『魏志《ぎし》』倭人伝《わじんでん》に記された当時は、ひと幅の布を横にまとい、結んでつなぎ合わせ、縫うことはなかった。また、頭も冠を載せず、ただ髪をみずらにして両耳の上に垂らしていただけだった。隋代になって、倭国王ははじめて冠の制度を定めた。冠は色織りの絹でつくり、金銀で綴《つづ》った模様をつけて飾りとしている。

婦人は髪を後ろで束ね、またスカートと肌着を着けている。スカートにはみな縁どりがある。竹を細く裂いて櫛《くし》とし、草を編んで敷物とし、皮を織りこんで敷物の表とし、文様のある毛皮で縁どりをする。

武器としては、弓・矢・片刃の刀・矛《ほこ》・弩《いしゆみ》・槍《やり》・斧《おの》がある。皮に漆を塗って鎧《よろい》とし、骨で矢尻をつくる。軍備はあるけれども征服のための出兵はない。倭国王は、臣下を朝廷に集めるときは、必ずきちんと武装を整えた兵隊を整列させ、倭の音楽を演奏させる。倭の戸数は十万ほどである。

倭国の習俗としては、殺人・強盗・姦淫は死刑、窃盗は、盗品と等価の物で償わせ、償う財産のない者は奴隷に落とす。その他の罪は、その軽重に応じて流刑にしたり、杖刑《じょうけい》に処したりする。

訴訟事件を訊問追及して、罪を承認しない者に対しては、木で膝を抑えつけたり、強弓の弦で項《うなじ》をごしごし引くなどの拷問《ごうもん》をする。また争っている者たちに熱湯の中の小石をつかみ上げさせ、「道理の通らない者は、たちまちやけどをして手が爛《ただ》れる」という。また、甕《かめ》の中の蛇を握《つか》ませ、「不正な者は手をさされる」という。人々はとても無欲でがつがつせず、争いごとはまれで、盗賊も少ない。

楽器には、五弦の琵琶・琴・笛がある。男も女も、臂《ひじ》に入れ墨したり、顔に小さな印をつけたり、身体に入れ墨したりしており、潜水で魚を捕っている。文字はなく、ただ木に刻み目をつけたり、縄に結び目をつくったりして文字のかわりにしていた。仏教を敬い、百済《ひゃくさい》から仏教経典を求め得るようになってからはじめて字をもった。占易《うらない》をすることを知ってはいるが、巫子《みこ》の神おろしの方をより信ずる。

毎年正月一日には必ず射的競技をし、酒宴を開く。その他の季節ごとの行事は、だいたい中国と同じである。倭人《わじん》は、碁《ご》・双六《すごろく》・さいころばくちが好きである。気候は温暖で、草木は冬でも枯れることなく、緑をなし、地味は豊かで、川や湖が多く、陸地は少ない。首に小さな輪をかけ、紐をつけた鵜《う》を水にもぐらせて魚を捕らえさせると、一日に百匹余りもとれる。

民衆の間では、皿やまな板は使わない。食物を盛るには柏《かしわ》の葉を敷き、手づかみで食べる。人々の性質は素朴で正直であり、雅《みや》びやかでさえある。女が多く、男が少ない。結婚するときは、同姓を避ける。男女で互いに好き合った者は、すぐ結婚する。新婦が夫の家に入るときは、必ず最初に戸口の火を跨《また》いでから新夫と顔を合わせる。婦人はみだらでなくやきもちをやかない。

死者を埋葬するには棺《かん》と槨《かく》とに収める。親戚客人は遺体の傍で歌い踊って弔《とむら》い、死者の妻子兄弟は白布で喪服をつくる。貴人の場合は、三年間、家の外にかりもがりをし、一般民衆の場合は、日を選んで埋葬する。埋葬には、船の上に遺骸をのせ、地上を綱で引く。遺骸を小さな輿《こし》にのせることもある。

阿蘇山《あそさん》という山がある。突然噴火し、その火が天にも届かんばかりとなる。人々はこれを異変だとして、そのために祈禱祭祀《きとうさいし》を行う。如意宝珠《にょいほうしゅ》という珠がある。その色は青で、大きさは鶏卵ほどもあり、夜には光を発する。倭人《わじん》は「魚の眼」といっている。

新羅《しんら》・百済では、倭国を大国で珍しい物が多い国と考えて、両国とも倭国を畏《かしこ》みうやまい、常に使節を往き来させている。

隋《ずい》の煬帝《ようだい》の大業《たいぎょう》三年（六〇七年）、倭国の王の多利思比孤《たりしひこ》が、使者を派遣して朝貢してきた。その使者が言うには、

「大海の西方にいる菩薩《ぼさつ》のような天子は、重ねて仏教を興隆させていると聞きました。それ故に使者を派遣して天子に礼拝をさせ、同時に僧侶数十人を引き連れて仏教を学ばせようと思ったのです」

そして倭国の国書にはこうあった。

「太陽が昇る東方の国の天子が、太陽の沈む西方の国の天子に書信を差し上げる。無事でお

変わりはないか……」

煬帝《ようだい》はこの国書を見て不機嫌になり、鴻臚卿《こうろけい》にこう言った。

「蛮夷《ばんい》からの手紙のくせに礼儀をわきまえておらぬ。二度と奏上させることのないように」

翌大業《たいぎょう》四年（六〇八年）、煬帝は文林郎裴世清《ぶんりんろうはいせいせい》を使者として倭国《わこく》に派遣した。裴世清はまず百済《ひゃくさい》に渡り、竹島《ちくとう》に至った。南方に耽羅《たんら》国《こく》を遠望しながら、遥《はる》かな大海の中にある都斯麻《つしま》国《こく》に至り、そこからまた東に航海して一支国《いきこく》に着き、さらに竹斯《つくし》国《こく》に至り、また東に行って秦王国《しんおうこく》に着いた。秦王国の人々は中国人と同じである。それでそこが夷洲《いしゅう》と思われるが、はっきりしない。また、十余国を過ぎて海岸に到着する。竹斯国から東の諸国はみな倭国に属する。

倭国王は小徳阿輩《しょうとくあほ》台《たい》を数百人の供揃《ともぞろ》えで派遣して、武装した兵隊を整列させ、太鼓・角笛《つのぶえ》を鳴らして隋使《ずいし》裴世清を迎えさせた。十日たって、また大礼哥多毗《だいれいかたひ》を派遣し、二百余騎を従えて都の郊外まで出迎えさせた。倭国の都に到着すると、倭国王は裴世清と会見して大いに喜んで言った。

「海を渡った西方に大隋国という礼儀の整った国があると、私は聞いていた。そこで使者を遣わして貢ぎ物を持って入朝させた。私は野蛮人であり、大海の一隅に住んでいて、礼儀を知らない。そのために今まで国内に留まっていて、すぐには会えなかった。今、特に道を清め、館《やかた》を飾って裴大使を待っていた。どうか大隋国の新たな教化の方法を聞かせてほしい」

裴世清が答えて言った。

「皇帝の徳の明らかなことは日月と並び、その恩沢は四海に流れ及んでいる。倭国王は隋の皇帝の徳を慕って教化に従おうとしているので、皇帝は使者を遣わしてこの国に来させ、ここに宣《の》べ諭《さと》させるのである」

そこで、裴世清を案内して館に入らせた。その後、裴世清は人をやって倭国の王にこう言わせた。

「隋朝《ずいちょう》から託された命令はすでに伝達した。どうかすぐに出発の用意をしてほしい」

そこで倭国は宴会を開いて饗応《きょうおう》し、裴世清を送り還した。また倭国の使者を裴世清に随行させて隋朝に土地の産物を貢納させた。この後、往来は絶えてしまった。

旧唐書（巻一百九十九上・東夷）

倭《わ》　国《こく》

倭国《わこく》は、古《いにしえ》の倭《わ》の奴《な》国也《こくなり》(1)。京師《けいし》を去ること一万四千里、新羅《しんら》の東南、大海の中に在《あ》り。〔倭人は〕山島(2)に依《よ》(3)りて居《すまい》す。〔その島の広さは〕東西は五ヵ月の行《こう》(4)、南北は三ヵ月の行《こう》なり。世中国《よよちゅうごく》と通ず(5)。

其《そ》の国、居《すまい》(6)には城郭《じょうかく》無く、木を以《も》って柵《さく》と為《な》し、草を以って屋《やね》と為す。四面《よも》の小島五十余国は、皆《みな》〔倭国《わこく》に〕附属す。其《そ》の王の姓は阿毎《あめ》(7)氏《し》。〔倭王は〕一大率《いちだいそつ》(8)を置き、諸国を検察せしむ。〔小島の諸国は〕皆之《みなこれ》に畏附《いふ》(9)す。官を設くるに十二(10)等有り。其《そ》の訴訟《そしょう》する者は、匍匐《ほふく》(11)して前《すす》む。

〔倭の〕地には女多く、男少なし。頗《すこぶ》る文字有り。俗(12)は仏法(13)を敬《けい》す。並《な》べて皆《みな》跣足《せんそく》(14)し、幅布《ふくふ》(15)を以《も》って其《そ》の前後を蔽《おお》う。貴人は錦帽《きんぼう》(16)を戴《いただ》き、百姓《ひゃくせい》(17)は皆《みな》　椎髻《ついけい》(18)にして、冠帯(19)無し。婦人

〈語　釈〉

1長安。 **2**山の多い島。 **3**身をよせて住む。 **4**旅程日数。 **5**使節を通わせる。

6村や町。 **7**天＝アメ、アマ。 **8**率＝帥、将軍。 **9**おそれてなびく。 **10**冠位十二階。 **11**はらばいになって。

12人々の習俗。 **13**仏教。 **14**はだしで歩き。 **15**ひと幅の布。 **16**錦織りのかぶりもの。 **17**一般人。 **18**さいづちまげを結う。 **19**冠や帯を用いない。

は(1)純色の裾《もすそ》、長き(2)腰襦《ようじゅ》を衣《き》、髪を後ろに束《つか》ね、銀花の長さ八(3)寸なるを、左右各《おのおの》数枝ずつ佩《お》び、以《も》って貴賤の等級を明らかにす。衣服の制、頗《すこぶ》る新羅《しんら》に(4)類《るい》す。

(5)貞観《じょうがん》五年、使いを遣わして、(6)方物を献《けん》ぜしむ。太宗《たいそう》、其《そ》の道の遠きを矜《あわ》れみ、(7)所司に勅して歳《とし》ごとに貢《こう》すること無から令《し》め、又《また》(8)新州《しんしゅう》の(9)刺史《しし》高表仁《こうひょうじん》を遣わし、節を持《じ》し往《ゆ》きて之《これ》を撫《ぶ》せしむ。表仁《ひょうじん》、(10)綏遠《すいえん》の才無く、(11)王子と礼を争い朝命を宣《の》べずして還《かえ》る。

(12)二十二年に至り、又新羅《またしんら》〔の遣唐使〕に(13)附《ふ》して表を奉《たてまつ》り、以《も》って(14)起居を通ず。

1単色。**2**丈の長い襦袢。**3**唐代の一寸は約三・一センチメートル。**4**似ている。

5唐の太宗の年号。**6**土地の産物。**7**役人。**8**広東省新興県。**9**長官。**10**遠国をてなずける外交的手腕。**11**日本の記紀に見えず、不詳。

12貞観。**13**ことづけて。**14**日常の安否を問うてあいさつをしにきた。

〈現代語訳〉

倭国《わこく》は、古《いにしえ》の倭の奴国《なこく》である。都の長安《ちょうあん》から一万四千里、新羅《しんら》の東南方の大海の中にある。倭人は山がちの島をねじろとして住んでいる。その島の広さは東端から西端までは歩いて五ヵ月の行程、南北は三ヵ月かかる。代々中国《ちゅうごく》へ使節を通わせている。

この国の集落《しゅうらく》には城郭はなく、木で柵《さく》をこしらえ、草で屋根を葺《ふ》いてある。その周辺の小島五十国余りは、すべて倭国に所属している。倭国王の姓は阿毎《あめ》氏《し》で、一人の大将軍《だいしょうぐん》を置いて諸国をとりしまらせている。小島の諸国はみなこの大将軍を畏《おそ》れて服従している。官位は十二等級あり、お上《かみ》に訴え出る者は、はらばいになって進み出る。

倭の地には女性が多く、男性は少ない。かなりの文字が通用している。人々の習俗として仏教を信仰している。だれもがはだしで歩き、ひと幅の布で身体の前後を蔽《おお》っている。身分の高い人は錦織りのかぶりものをかぶり、一般人はみなさいづちまげを結《ゆ》い、冠や帯は用いない。婦人は無地のスカートをはき、丈の長い襦袢《じゅばん》を着、髪はうしろで束ね、長さ八寸の銀製の花を腰の左右に二、三本ずつ下げ、それによって身分の高下の等級を表している。衣服の制《つくり》はかなり新羅のそれに似ている。

唐《とう》の太宗《たいそう》の貞観《じょうがん》五年（六三一年）、倭国王は使者を遣わしてその土地の産物を太宗に献上させた。太宗は倭国からの道のりの遠いことに同情し、所管の役人に命じて、毎年貢ぎ物を届けなくてもすむように取りはからせ、さらに新州《しんしゅう》の刺《し》史《し》高表仁《こうひょうじん》に使者のしるしを持たせて倭国に派遣し、いたわりなつけさせようとした。ところが表仁には、遠国を手なずける外交的手腕がなく、儀礼のいきちがいから倭国の王子といさかいを起こし、国書を読み上げることもなく帰国してしまった。

貞観二十二年（六四八年）になって、倭国王はさらに新羅の来た使者にことづけて上表文を届け、太宗の機嫌をうかがいあいさつをしにきた。

日《にっ》本《ぽん》

日本国《にっぽんこく》は、倭国《わこく》の別種也《なり》。其《そ》の国、日(1)の辺《かた》に在《あ》るを以《も》って、故《ゆえ》に日本《にっぽん》を以って名と為《な》す。或《あ》るいは曰《いわ》く、「倭《わ》国自《こくみずか》ら其《そ》の名の雅《みやび》やかならざるを悪《にく》み、改めて日本《にっぽん》と為《な》す」と。

或いは云う、「日本《にっぽん》、旧《ふる》くは小国なれども、倭国《わこく》の地を併せたり」と。其《そ》の人、〔唐《とう》の〕朝〔廷〕に入る者、多くは自《みずか》ら大を矜《ほこ》り、実《じつ》を以《も》って対《こた》えず。故《ゆえ》に中国《ちゅうごく》は焉《これ》を〔どこまで真なりやと〕疑う。又《また》云う、「其《そ》の(2)国界《くにざかい》は東西南北各《おのおの》数千里にして、西界・南界は咸《みな》大海に至り、東界・北界は大山有りて限り(3)を為《な》す。山外(4)は即《すなわ》ち毛人(5)の国なり」と。

〈語釈〉

1日の昇る遠方。2国土の広さ。3境。4山の向こう側。5毛ぶかい人の国。

(6)長安《ちょうあん》三年、其《そ》の大臣の(7)朝臣真人《あそんまひと》、来《きた》りて方物(8)を貢《こう》す。朝臣《あそん》真人《まひと》は、猶《な》お中国《ちゅうごく》の(9)戸部尚書《こぶしょうしょ》のごときなり。〔彼は〕(10)進徳《しんとく》冠《かん》を冠《かむ》り、其《そ》の〔冠の〕頂《いただき》を花と為《な》し、分かれて四散す。〔彼は〕身に(11)紫袍《しほう》を服《ふく》し、(12)帛《はく》を以《も》って腰帯と為《な》す。真人《まひと》は経《けい》史《し》を読むことを好み、(13)文を属《つら》ぬることを解し、(14)容止は温雅なり。則天《そくてん》〔武后《ぶこう》〕は之《これ》を麟徳殿《りんとくでん》に〔招き〕宴《えん》し、(15)司膳卿《しぜんけい》を授け、放《はな》ちて本国に還《かえ》らしむ。

(16)開元《かいげん》の初め、又《また》使い(17)を遣わして来朝せしむ。〔その使者は〕因《よ》りて儒士《じゅし》に経《けい》を授けられんことを請う。(18)四門助教《しもんじょきょう》の趙玄黙《ちょうげんもく》に詔《しょう》して(19)鴻臚寺《こうろじ》に就《つ》きて之《これ》を教えしむ。〔日本の使者は〕乃《すなわ》ち玄黙《げんもく》に闊幅《ひろはば》の布を遺《おく》り、以《も》って(20)束修《そくしゅう》の礼と為《な》す。〔その布には〕題して「(21)白亀《はくき》元年の(22)調布《ちょうふ》」と云うも、〔中国〕人亦《ま》た其《そ》の偽《いつわり》ならんかと疑う。〔日本の使者は〕(23)得る所《ところ》の錫賚《しらい》にて、尽《ことごと》く(24)文籍を市《か》い、海に泛《うか》びて還《かえ》る。

6唐の則天武后の年号。**7**粟田真人。**8**地方の物産。**9**租庸内務をつかさどる長官。**10**唐の制度の冠の一つ。九つの玉と金飾りがつく。**11**紫色の上衣。**12**しろぎぬ。**13**文章を作る。**14**ものごしは穏やかにみやびていた。**15**食膳を司る官。

16玄宗の年号。**17**七一七年、多治比県守ら入唐、七一八年帰国。阿倍仲麻呂は唐に留まる。**18**下級貴族や庶民の子弟を教育する四門館の副教官。**19**外交や外国人の宿舎をあつかう役所。**20**先生への入門料。**21**日本に白亀の年号はなく、霊亀元年（七一五年）の誤りであろう。**22**租庸調の調として納められた布。**23**唐でもらった賜り物。**24**書籍。

其《そ》の(1)偏使《へんし》の朝臣《あそん》仲満《なかまろ》、中国《ちゅうごく》の風《ふう》を慕い、因《よ》りて留《とど》まりて去らず、姓名を改めて(2)朝衡《ちょうこう》と為《な》し、仕えて(3)左補闕《さほけつ》・(4)儀王《ぎおう》の(5)友を(6)歴《へ》たり。衡《こう》、京師《けいし》に留まること五十年、書籍を好み、放ちて郷《くに》に帰らしむるも、逗留して去らず。

(7)天宝《てんぽう》十二年、又《また》使いを遣わし貢せしむ。

(8)上元《じょうげん》中、(9)衡《こう》を擢《ぬき》んでて(10)左《さ》散騎《さんき》常侍《じょうじ》・(11)鎮南都《ちんなんと》護《ご》と為《な》す。

(12)貞元《ていげん》二十年、使いを遣わして来朝せしむ。学生《がくしょう》の橘《たちばなの》逸勢《はやなり》・学問僧《がくもんそう》の空海《くうかい》を留《とど》む。

(13)元和《げんわ》元年、日本国使《にっぽんこくし》判官《はんがん》高階真人《たかしなのまひと》上言す、「前件の学生《がくしょう》、芸業稍《やや》成り、本国に帰ることを願う、便《すなわ》ち臣と同《とも》に帰らんことを請う」と。

之《これ》に従う。

(14)開成《かいせい》四年、又《また》使いを遣わして朝貢せしむ。

1副使（実は留学生）阿倍仲麻呂、七一七年入唐。**2**晁衡とも。**3**天子への諫言役。**4**玄宗の第十二子儀王璲。**5**学友。**6**歴任した。

7玄宗の年号。藤原清河・大伴古麻呂・吉備真備らの入唐。

8粛宗の年号。**9**朝衡。**10**天子の顧問官。**11**安南（インドシナ半島北部）の軍政長官。

12徳宗の年号。二十年に藤原葛野麻呂（橘逸勢・空海・最澄ら同行）入唐。

13憲宗の年号。

14文宗の年号。藤原常嗣（円仁ら同行）の入唐。

〈現代語訳〉

日本国《にっぽんこく》は倭国《わこく》の一種族である。その国が太陽の昇るかなたにあるので、日本という名をつけたのである。

「倭国では、倭国という名が雅美でないことを彼ら自身がいやがって、そこで日本と改めたのだ」

とも言われるし、また、

「日本は、古くは小国であったが、その後倭国の地を併合した」

とも言われる。

日本人で唐《とう》に入朝した者の多くは、自分たちの国土が大きいと自慢するが、信用のおける事実を挙げて質問に応じようとはしない。だから中国《ちゅうごく》では、彼らの言うことがどこまで真実を伝えているのか疑わしい、と思っている。また、

「その国界《くにざかい》は、東西・南北それぞれ数千里、西界と南界はいずれも大海に達し、東界と北界にはそれぞれ大きな山があって境界をつくっている。その山の向こう側が、毛ぶかい人の住む国なのである」

とも言う。

則天武后《そくてんぶこう》の長安《ちょうあん》三年（七〇三年）、日本国の大臣《だいじん》粟田朝臣真人《あわたのあそんまひと》が来朝して国の産物を献上した。朝臣真人とは、中国の戸部尚書《こぶしょうしょ》のような官である。彼は進徳冠《しんとくかん》をかぶっていたが、その冠の頂《いただき》は花形で、四枚の花びらが四方に垂れる制《つくり》になっている。彼は身には紫色の上衣

を着用し、しろぎぬの帯をしめている。真人《まひと》は経書《けいしょ》や史書を好んで読み、文章を綴《つづ》ることもでき、ものごしは穏《おだ》やかでみやびていた。則天武后《そくてんぶこう》は、麟徳殿《りんとくでん》に彼を招いて宴を催《もよお》し、司膳《しぜん》卿《けい》の官を授け、留めおくことなく本国に帰還させた。

玄宗《げんそう》の開元《かいげん》年間（七一三〜七四一年）の初め、日本国《にっぽんこく》は再び使者を遣わして来朝させた。その使者はその機会に儒者から経書を教えてもらいたいと願い出た。そこで玄宗は四門助教《しもんじょきょう》の趙玄黙《ちょうげんもく》に命じ、鴻臚寺《こうろじ》に呼んで教えさせた。日本の使者はそこで玄黙に広幅の布を贈って入門料とした。その布には「白亀《はくき》元年の調布《ちょうふ》」と書きつけてあったが、中国人《ちゅうごくじん》は、日本で調として布を納める制度があろうなどとは嘘《うそ》だろうと疑った。その使者は、中国でもらった賜り物のすべてを投じて書籍を購入し、海を渡って帰っていった。

その時の副使《ふくし》の朝臣仲満《あそんなかまろ》は、中国の国ぶりを慕って、そのまま帰国せずに留まり、姓名を朝衡《ちょうこう》と改め、唐朝《とうちょう》に仕えて左補闕《さほけつ》・儀王璲《ぎおうすい》の学友を歴任した。衡は都に留まること五十年、書物を愛し、自由を与えて故国に帰らせようとしても、留まって去ろうとしなかった。

玄宗の天宝《てんぽう》十二年（七五三年）、日本はまた使者を遣わして貢ぎ物を献上させた。粛宗《しゅくそう》は上元《じょうげん》年間（七六〇〜七六二年）に朝衡を抜擢《ばってき》し、左散騎常侍《ささんきじょうじ》・鎮南都護《ちんなんとご》に任じた。徳宗《とくそう》の貞元《ていげん》二十年（八〇四年）、日本は使者を遣わして来朝させた。そして、学生《がくしょう》の橘《たちばなの》逸勢《はやなり》と学問僧《がくもんそう》の空海《くうかい》を中国に滞在させた。

元和《げんわ》元年（八〇六年）、日本国使判官高階真人《にっぽんこくしはんがんたかしなのまひと》は上奏した。

「前回の学生《がくしょう》たちは、学問もどうやら成就いたしましたので、本国に帰ることを望んでおります。ただちに臣《わたくし》といっしょに帰らせていただきとう存じます」

帝は願いどおりにしてやった。

文宗《ぶんそう》の開成《かいせい》四年（八三九年）、日本はまた使者を遣わして貢ぎ物を朝廷に献上させた。

新唐書（巻二百二十・東夷）

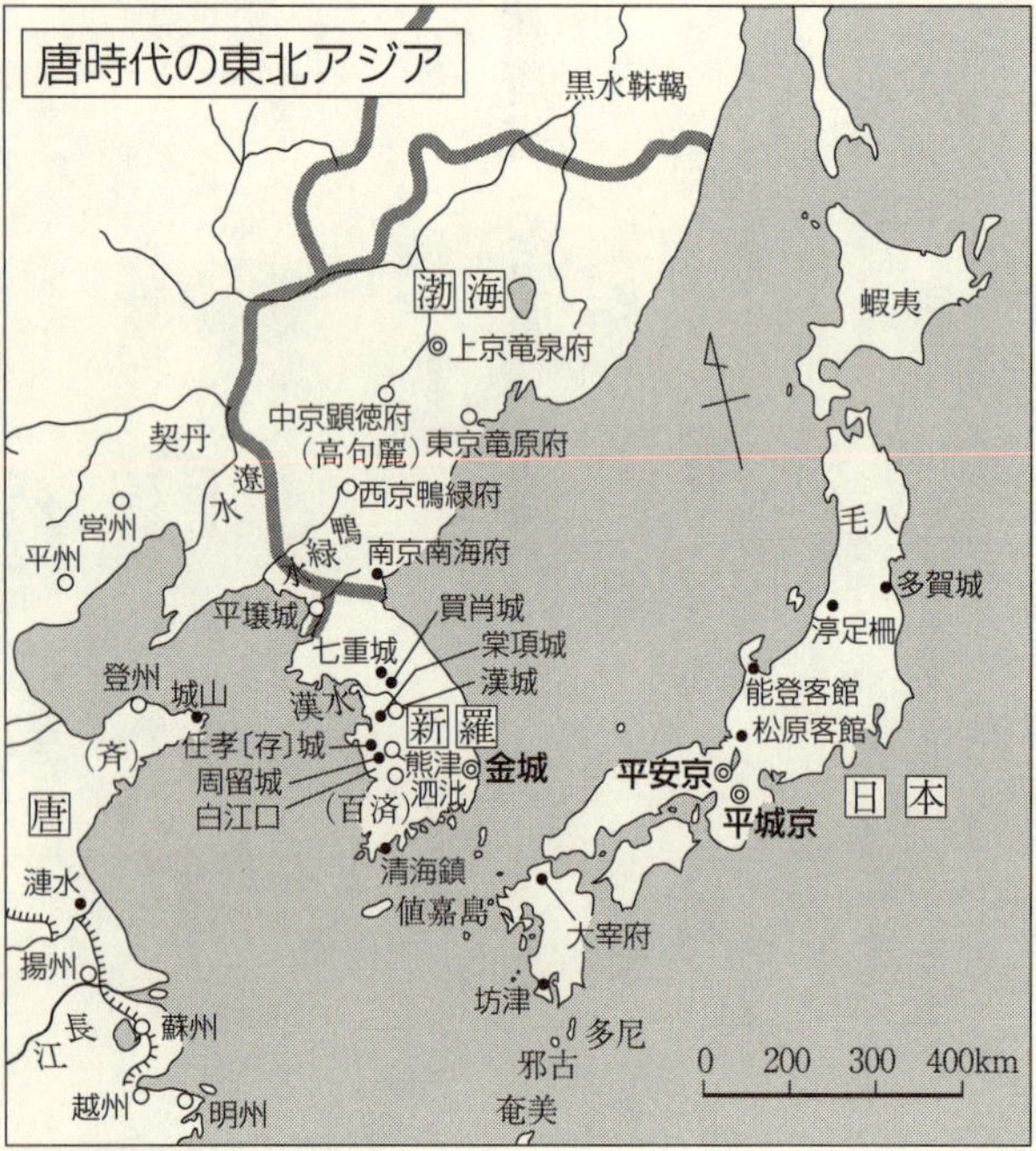
唐時代の東北アジア
黒水靺鞨
渤海
上京竜泉府
中京顕徳府
(高句麗)
東京竜原府
西京鴨緑府
南京南海府
契丹
遼水
営州
平州
鴨緑水
平壌城
買肖城
七重城
棠項城
漢城
漢水
新羅
登州
城山
任孝〔存〕城
熊津
金城
周留城
泗沘
白江口
(百済)
(斉)
唐
清海鎮
値嘉島
漣水
揚州
長江
蘇州
越州
明州
大宰府
坊津
多尼
邪古
奄美
蝦夷
毛人
多賀城
渟足柵
能登客館
松原客館
平安京
平城京
日本
0 200 300 400km

百《ひゃく》済《さい》

百済《ひゃくさい》は、(1)扶余《ふよ》の別種也《なり》。(2)京師《けいし》の東六千里(3)瀛《あま》り、浜海の陽《きた》に直《あ》たり、西界は(4)越州《えつしゅう》、南は倭《わ》、北は高《こう》〔句《く》〕麗《り》、皆《みな》海を踰《こ》えて乃《すなわ》ち至る。其《そ》の東は、新羅《しんら》也《なり》。王は(5)東・西の二城に居《すまい》す。

官には内臣佐平《ないしんさへい》なる者有り、号令を(6)宣納す。内頭佐平《ないとうさへい》は(7)帑《ど》聚《しゅう》を主《つかさど》り、内法佐平《ないほうさへい》は礼を主《つかさど》り、衛士佐平《えいしさへい》は衛兵を典《つかさど》り、朝廷佐平《ちょうていさへい》は獄を主《つかさど》り、兵官佐平《へいかんさへい》は(8)外兵を掌《つかさど》る。(9)六方《ほう》有りて、方《ほう》ごとに十郡《ぐん》を統《す》ぶ。

大姓には八有り、沙氏《さし》・燕氏《えんし》・(10)劦氏《きょうし》・解氏《かいし》・貞氏《ていし》・国氏《こくし》・木氏《ぼくし》・(11)苩氏。

其《そ》の法によれば、反逆する者は誅《ちゅう》し、其《そ》の家を(12)籍《せき》す。人を殺す者は、(13)奴婢《ぬひ》三を輸《しゅ》して罪を贖《あがな》わしむ。(14)吏の(15)賕《きゅう》を受けたるもの及《およ》び盗《とう》したるものは、三倍して償《つぐな》わしめ、(16)錮《こ》すること終

〈語　釈〉

1漢代から中国東北地方に住んでいた種族。2長安。3唐代の一里は約五六〇メートル。4浙江省紹興県。5熊津（忠清南道公州）と泗沘（忠清南道扶余）。6出したり記録したり。7金や物の出し入れ。8対外戦争。9六つの地方区。百済は大豪族の集合体。10協と同じ、『隋書』には劦氏とある。11発音未詳。『北史』は「苗氏」、『翰苑』は「首」、『通典』は「苩（ハク）」に作る。12財産を没収。13三人代償に送って。14下役人。15賄賂。16公職追放。

身なり。(1)俗は高《こう》〔句《く》〕麗《り》と同じ。(2)三島有りて、黄の漆《うるし》を生じ、六月に刺して(3)瀋《しる》を取る。色は金の若《ごと》し。

王は大袖《だいしゅう》の(4)紫《し》袍《ほう》・青錦の(5)袴《こ》・素皮の帯・(6)烏《う》革《かく》の(7)履《り》・(8)烏《う》羅《ら》冠《かん》の飾るに(9)金蘤《きんか》を以《も》ってするを服《ふく》す。群臣《ぐんしん》は(10)絳衣《こうい》し、冠を飾るに(11)銀蘤《ぎんか》を以ってす。民の絳紫《こうし》を衣《き》ることを禁ず。(12)文籍有りて、時月を紀《しる》すこと華人《かじん》の如《ごと》し。

(13)武徳《ぶとく》四年、王(14)扶余璋《ふよしょう》、始めて使いを遣わして(15)果下馬《かかば》を献《けん》ず。是自《これよ》り数《しばしば》朝貢す。(16)高祖《こうそ》冊《さく》して帯方郡王《たいほうぐんおう》・百済王《ひゃくさいおう》と為《な》す。後《のち》(17)五年、明光の鎧《よろい》を献じ、且《か》つ高《こう》〔句《く》〕麗《り》(18)貢道を梗《ふさ》ぐと訟《しょう》す。(19)太宗《たいそう》の貞観《じょうがん》の初め、使者に詔《みことのり》して其《そ》の怨みを平《たい》らげしむ。

又新羅《またしんら》と世《よ》(20)仇《あだ》あり、数相《しばしばあい》侵す。(21)帝(22)璽《じ》書《しょ》を賜わりて曰《いわ》く、

「新羅《しんら》は朕《ちん》の(23)蕃臣《はんしん》、王の隣国なり。数《しばしば》相侵暴することを聞

1風習。**2**多くの島＝多島海をさす。**3**樹液。**4**うちかけ。**5**ズボン。**6**黒皮。**7**くつ。**8**黒いうすぎぬの冠。**9**蘤は花。金の花かざり。**10**赤い服。**11**銀の花かざり。**12**書物。**13**唐の高祖の年号。**14**武王。**15**果樹の下を通れるほど背の低い馬。**16**唐の第一代皇帝李淵。**17**武徳九年。**18**入貢使の往来を邪魔する。**19**唐の第二代皇帝李世民。**20**敵同士のにらみあい。**21**太宗。**22**印をおした国書。**23**蕃は藩。中国の外を垣根のようにとりまく国。

く。朕已《すで》に高《こう》〔句《く》〕麗《り》・新羅《しんら》に詔して和を申《の》べしむ。王宜《よろ》しく前怨を忘れて朕の本懐を識《し》るべし」と。

璋《しょう》は表を奉《たてまつ》りて謝《しゃ》す。然《しか》れども兵亦《ま》た止《や》まず。再び使いを遣わして朝《ちょう》し、(24)鉄甲雕斧《てっこうちょうふ》を上《たてまつ》る。帝之《これ》を優労し、(25)帛《はく》段三千を賜う。

〔貞観《じょうがん》〕十五年、璋《しょう》死す。使者素服(26)して表を奉《たてまつ》りて曰《いわ》く、「君の外臣百済王扶余璋《ひゃくさいおうふよしょう》(27)卒《しゅっ》す」と。

帝は為《ため》に哀《あい》を玄武門《げんぶもん》に挙げ、(28)光禄大夫《こうろくたいふ》を贈り、(29)賻賜《ふし》すること甚《はなは》だ厚し。(30)祠部郎中《しぶろうちゅう》の鄭文表《ていぶんひょう》に命じて其《そ》の子義慈《ぎじ》を冊《さく》して(31)柱国《ちゅうこく》と為《な》し、王を紹《つ》がしむ。

義慈《ぎじ》は親に事《つか》うるに孝にして、兄弟と友《ゆう》たり。時に「海東の(32)曾子《そうし》」と号《ごう》せらる。

明年、(33)〔百済《ひゃくさい》は〕高《こう》〔句《く》〕麗《り》と連和して新羅《しんら》

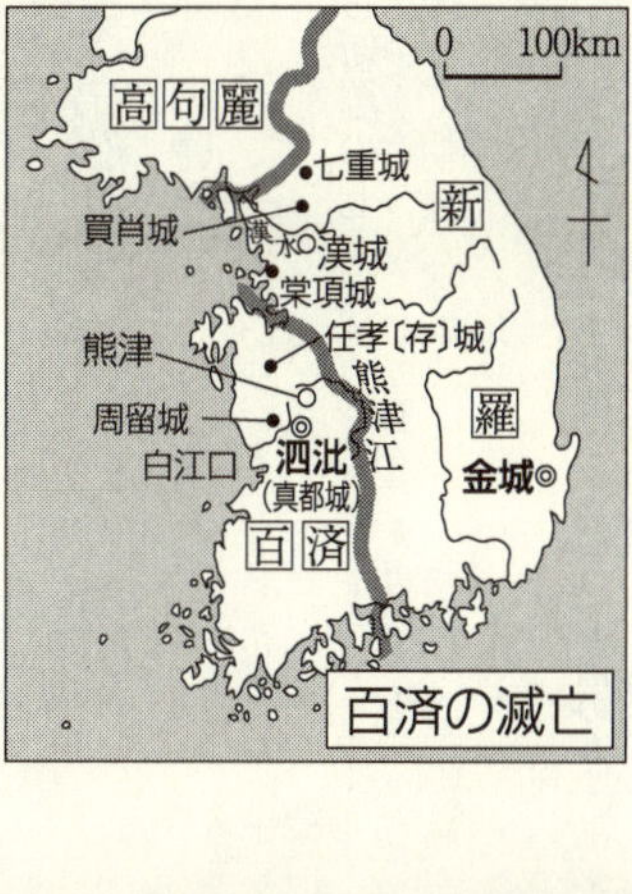

百済の滅亡

24 天子の玉座の飾り。25 段は緞。白絹のどんす。26 白い喪服。27 没した。28 宮中侍衛の名誉職。29 礼物をたまわる。30 祭祠を掌る官。31 勲功ある者に与えられる名誉職。32 孔子の弟子曾参。親孝行の人として知られている。33 貞観十六年。

を伐《う》つ。〔新羅《しんら》の〕四十余城を取り、兵を発して之《これ》を守らしむ。又《また》、棠項城《とうこうじょう》を取りて、貢道(1)を絶たんことを謀《はか》る。新羅《しんら》は〔唐に〕急を告ぐ。帝は司農丞《しのうじょう》(2)の相里玄奨《しょうりげんしょう》を遣わして詔書を齎《もたら》して諭解《ゆかい》(3)せしむ。〔百済《ひゃくさい》は〕帝新たに高《こう》〔句《く》〕麗《り》を討(4)つと聞き、乃《すなわ》ち新羅《しんら》の七城を間取(5)す。之《これ》を久しくして、又《また》十余城を奪(6)う。因《よ》りて朝貢せず。

高宗《こうそう》(7)立ち、乃《すなわ》ち〔百済《ひゃくさい》より〕使者を遣わして来《きた》らしむ。帝義慈《ぎじ》に詔《みことのり》して曰《いわ》く、

「海東の三国は基《もと》(8)を開くこと旧《ふる》し。地固《もと》より犬牙《けんが》(9)す。比者《さきごろ》、隙争《げきそう》(10)侵校して寧《やす》き歳《とし》無し。新羅《しんら》の高城重鎮(11)は皆《みな》王(12)の為に并《あわ》せられ、窮《きゅう》(13)を朕に帰《き》す。王に〔奪いし新羅《しんら》の〕地を帰さんことを丐《こ》う。昔、斉《せい》(14)の桓《かん》〔公《こう》〕は一諸侯にして、尚《な》お亡国を存す。況《いわ》んや朕は万方(15)の主、其《そ》の危うきを卹《あわれ》まざる可《べ》けん邪《や》。王兼

1新羅の使者の唐へかよう道。2米穀などを貯蔵管理する官。3教えさとす。4貞観十九年。5すきに乗じて取る。6貞観二十二年。7貞観二十三年。8国のもとい。9国境が入りくんでいる。10もめごとから張りあって侵入し。11おもな城や町。12そなた。13こまりはてて私に訴えてきた。14春秋時代の覇者。在位前六八五〜前六四三年。15天下。16捕らえた者も。17興安嶺から遼河の間に住んだ半農半猟の民。18興安嶺の東より出て渤海に注ぐ川。

ぬる所の城は、宜《よろ》しく之《これ》を還《かえ》すべし。新羅《しんら》の俘《ふ》[16]する所も亦《ま》た王に畀《あた》え還さん。詔《みことのり》の如《ごと》くせざるときは、王の決戦に任せん。朕も将《まさ》に契丹《きったん》[17]諸国〔の兵〕を発して、遼《りょう》[18]〔河《が》〕を度《わた》[19]りて深く入らんとす。王之《これ》を思う可《べ》し。後悔すること無かれ」と。

永徽《えいき》[20]六年、新羅《しんら》は百済《ひゃくさい》・高《こう》〔句《く》〕麗《り》・靺鞨《まっかつ》[21]が〔新羅《しんら》の〕北境の三十城を取ると〔唐《とう》に〕訴う。

顕慶《けんけい》[22]五年、乃《すなわ》ち左衛大将軍《さえいだいしょうぐん》の蘇《そ》[23]定方《ていほう》に詔《みことのり》して神丘道行軍《しんきゅうどうこうぐん》大総管《だいそうかん》と為《な》し、左衛将軍《さえいしょうぐん》の劉伯英《りゅうはくえい》・右武衛将軍《ゆうぶえいしょうぐん》の馮士貴《ふうしき》・左《さ》驍衛将軍《ぎょうえいしょうぐん》の龐孝泰《ほうこうたい》を率《ひき》いて、新羅《しんら》の兵を発して、之《これ》を討たしむ。

〔唐《とう》と新羅《しんら》の軍は〕城山《じょうざん》[24]自《よ》り海を済《わた》る。百済《ひゃくさい》は熊津口《ゆうしんこう》[25]を守るも、定方《ていほう》は縦撃《しょうげき》[26]す。虜《りょ》[27]大いに敗れ、王師[28]潮《しお》に乗り帆かけて以《も》って進み、真都城《しんとじょう》[29]に趨《おもむ》き一舎《いっしゃ》[30]にして止《とど》まる。虜、衆を悉《つく》して拒《ふせ》ぐも、復《ま》た之《これ》を破り、斬首《ざんしゅ》すること〔一〕万余級、

19 東へ渡って。
20 高宗の年号。**21** 沿海州と延吉地区に住んだ半農半猟の民。
22 高宗の年号。**23** 西域平定に功あった将軍。
24 山東半島の東端の港。**25** 忠清南道錦江河口。**26** 強襲。**27** 敵。**28** 唐の皇帝の軍。**29** 泗沘城。**30** 軍隊の一日行程だけ手前の地で。

(1)其《そ》の城を抜く。
義慈《ぎじ》、太子《たいし》の隆《りゅう》を挟《はさ》みて〔その国の〕(2)北鄙《ほくひ》に走《はし》る。定方《ていほう》、(3)之《これ》を囲む。次子の泰《たい》、(4)自立して王と為《な》り、衆を率《ひき》いて固守す。義慈《ぎじ》の孫の文思《ぶんし》曰《いわ》く、

「王・太子《たいし》(5)固《もと》より在《あ》るに、叔《おじ》乃《すなわ》ち自《みずか》ら王たり。若《も》し唐兵《とうへい》、〔囲みを〕解きて去らば、我が父子を如何《いか》にせん」と。(6)左右と与《とも》に〔綱に〕縋《すが》りて〔城より〕出《い》で、民皆之《みなこれ》に従うも、泰《たい》は止《とど》むること能《あた》わず。

定方《ていほう》、士をして(7)堞《ちょう》を超え(8)幟《のぼり》を立て令《し》む。泰《たい》、門を開きて降《くだ》る。定方《ていほう》は、義慈《ぎじ》・隆《りゅう》及び小王の孝演《こうえん》、(9)酋長《しゅうちょう》五十八人を執《とら》えて京師《けいし》に送り、其《そ》の国の五部、三十七郡、二百城、戸七十六万を平《たい》らぐ。

乃《すなわ》ち〔唐《とう》は百済《ひゃくさい》の地を〕析《さ》きて熊津《ゆうしん》・馬《ば》韓《かん》・東明《とうめい》・金漣《きんれん》・徳安《とくあん》の五都督府《ととくふ》を置き、(10)酋渠長《しゅうきょちょう》を(11)擢《ぬき》んでて之《これ》を治めしめ、

1外城。『旧唐書』蘇定方伝では「追奔入郭」、『新唐書』蘇定方伝では「乗勝入其郛」とあり、外郭に侵入したの意。
2北部のいなかに逃げ。**3**前注の記事から、真都城を囲んだの意ととれる。**4**勝手に。**5**健在で位を譲っていないのに。
6家来たち。
7低い塀・ひめがき。**8**旗さしもの。**9**部族のかしら。
10百済の大豪族。**11**とりたてて。**12**真都城。

郎将《ろうしょう》の劉仁願《りゅうじんがん》に命じて(12)百済城《ひゃくさいじょう》を守らしめ、左衛郎将《さえいろうしょう》の王文《おうぶん》度《ど》を熊津都督《ゆうしんととく》と為《な》す。

九月、〔本国にもどった〕定方《ていほう》は俘《とら》えし所を以《ひき》いて〔帝に〕見《まみ》ゆ。〔帝は〕釈《ゆる》して誅《ころ》さずと詔《みことのり》す。〔百済王《ひゃくさいおう》〕義慈《ぎじ》、病みて死す。〔唐《とう》は〕(13)衛尉卿《えいいけい》を贈り〔王の〕旧臣に〔葬式に〕(14)赴《ふ》臨《りん》することを許し、詔して(15)孫皓《そんこう》・陳叔宝《ちんしゅくほう》の墓の左に葬《そう》せしめ、〔もと太子《たいし》の〕隆《りゅう》に(16)司稼卿《しかけい》を授く。〔王《おう》〕文度《ぶんど》、海を済《わた》りて(17)卒《しゅつ》す。〔高宗《こうそう》は〕劉仁軌《りゅうじんき》を以《も》って之《これ》に代《か》わらしむ。

〔義慈《ぎじ》の父〕璋《しょう》の従子の(18)福信《ふくしん》、嘗《かつ》て兵を将《ひき》いる。乃《すなわ》ち(19)浮屠《ふと》の道琛《どうちん》と(20)周留城《しゅうりゅうじょう》に拠《よ》りて反《そむ》き、故《もと》の王子の扶余豊《ふよほう》を倭《わ》より迎え、立てて王と為《な》す。〔百済《ひゃくさい》の〕西部〔の人々〕皆《みな》応ず。〔扶《ふ》余豊《よほう》は〕兵を引《ひき》いて〔百済城《ひゃくさいじょう》にありし劉《りゅう》〕仁願《じんがん》を囲む。

(21)竜朔《りゅうさく》元年、〔劉《りゅう》〕仁軌《じんき》、新羅《しんら》の兵を発し、往《ゆ》きて救う。道《どう》琛《ちん》、(22)二壁を(23)熊津江《ゆうしんこう》に立つ。仁軌《じんき》は新羅《しんら》兵《へい》と之《これ》を夾撃《きょうげき》す。〔唐《とう》

13武器・儀仗を司る役所の長官。**14**おもむきのぞむこと。**15**孫皓は三国時代呉の孫権の孫で西晋に降る。陳叔宝は南北朝時代の陳の後主で隋に降る。いずれも亡国の王。**16**穀物を貯蔵管理する役所の長官。**17**没した。

18義慈のいとこにあたる。姓は鬼室。**19**僧。**20**州留とも。任存城の誤りか。

21高宗の年号。**22**二つのとりで。**23**錦江。

と新羅《しんら》の兵〕壁(1)に奔《はし》り入らんとし、粱を争い堕《お》ちて溺《おぼ》るる者は〔一〕万人、新羅《しんら》の兵還(2)《かえ》る。道琛《どうちん》、(3)任孝城《じんこうじょう》を保ち、自《みずか》ら領軍将軍《りょうぐんしょうぐん》と称《しょう》し、福信《ふくしん》は霜岑《そうしん》将軍《しょうぐん》と称して、仁軌《じんき》に告げて曰《いわ》く、

「〔うわさに〕聞く、唐《とう》は新羅《しんら》と約《やく》して、百済《ひゃくさい》を破らば(4)老孺《ろうじゅ》と無く皆之《みなこれ》を殺し、〔新羅《しんら》に〕畀《あた》うるに国を以《も》ってせんと。我、(5)死を受けんよりは、戦うに若《し》かず」と。

〔劉《りゅう》〕仁軌《じんき》、使いを遣わし書を齎《もたら》して答説(6)せしむ。道琛《どうちん》踞《おご》ること甚《はなはだ》しく、使者を外に館《やど》らしめ、(7)嫚《あなど》り報じて曰《いわ》く、

「使人の官は小、我は国の大将なれば、礼として(8)当《まさ》に見《み》るべからず」と。

(9)徒《いたずら》に之《これ》を遣わし〔帰らし〕む。〔劉《りゅう》〕仁軌《じんき》、衆(10)の少なきを以《も》って、(11)乃《すなわ》ち軍を休め威を養《やしな》い、新羅《しんら》と合(12)して之《これ》を図《はか》らんと〔高宗《こうそう》に〕請う。福信《ふくしん》、俄《にわ》かに道琛《どうちん》を殺して、其《そ》の兵を幷《あわ》

1 とりで。 2 いったんひきあげた。 3 劉仁軌伝では任存城。忠清南道大興。 4 百済人の老人も子供もかまわず。 5 いたずらに殺されるより。 6 返答説得。 7 いいかげんに答える。 8 対等に会う。 9 むなしく使者を送り返らせた。 10 ひきいる兵士。 11 今はやむなく。 12 合流して。 13 おさえとめる。

すも、〔王の扶余《ふよ》〕豊《ほう》は(13)制《せい》すること能《あた》わず。〔竜朔《りゅうさく》〕二年七月、〔劉《りゅう》〕仁願《じんがん》等《ら》之《これ》を熊津《ゆうしん》にて破り、支羅城《しらじょう》を抜き、夜〔のうちに〕(14)真峴《しんけん》に薄《せま》り、(15)明《あ》けの比之《ころこれ》に入り、斬《ざん》首《しゅ》すること八百級、新羅《しんら》の(16)餉道《しょうどう》(17)乃《すなわ》ち開く。仁願《じんがん》〔高宗《こうそう》に〕(18)師を済《わた》さんことを請う。右威衛将軍《ゆういえいしょうぐん》の孫仁師《そんじんし》に詔《みことのり》して熊津道行軍総管《ゆうしんどうこうぐんそうかん》と為《な》し、(19)斉《せい》の兵七千を発して往《ゆ》かしむ。

福信《ふくしん》、国を(20)顓《もっぱら》にし、〔王の扶余《ふよ》〕豊《ほう》を殺さんと謀る。豊《ほう》、(21)親信を率《ひき》いて福信《ふくしん》を斬《き》り、高《こう》〔句《く》〕麗《り》・倭《わ》と(22)連和す。〔劉《りゅう》〕仁願《じんがん》、已《すで》に斉《せい》の兵を得て、士気振う。乃《すなわ》ち新羅王《しんらおう》の金法敏《きんほうびん》と(23)歩騎を率《ひき》い、劉仁軌《りゅうじんき》を遣わして(24)舟師を率《ひき》いしめ、熊津江自《ゆうしんこうよ》り(25)偕《とも》に進みて周留城《しゅうりゅうじょう》に趨《おもむ》く。

〔百済《ひゃくさい》の扶余《ふよ》〕豊《ほう》の衆、(26)白江口《はくこうこう》に屯《とん》するも、〔唐軍《とうぐん》は〕四たび遇いて皆克《みなか》ち、四百艘《そう》を火《や》く。豊《ほう》、(27)走《はし》りて、所在を知らず。偽王子の扶余忠勝《ふよちゅうしょう》・忠志《ちゅうし》は、残衆及び倭人《わじん》を率《ひき》いて(28)命《めい》を

14 忠清南道鎮岑。15 夜明け。16 軍の補給路。17 ようやく通じた。18 唐軍を渡海させ補充されたしと。19 山東地方。

20 思いのままにする。21 身近な家来。22 連合。23 陸軍。24 水軍。25 互いに呼応して進む。

26 白村江＝今の東津江。27 逃げて。28 命乞いをした。

請う。諸城、〔唐《とう》の支配下に〕皆《みな》復す。仁願《じんがん》、軍を(1)勒《ろく》して還《かえ》り、仁軌《じんき》を留《とど》めて代守せしむ。

帝、扶《ふ》余隆《よりゆう》を以《も》って熊津都《ゆうしんと》督《とく》と為《な》し、帰国せしめて、新羅《しんら》の(2)故《こ》憾《かん》を平《しず》め、(3)遺人を招還せしむ。

(4)麟徳《りんとく》二年、〔扶《ふ》余隆《よりゆう》は〕新羅《しんら》王《おう》〔金法敏《きんほうびん》〕と熊津城《ゆうしんじよう》に会し、白馬を刑《ころ》して以《も》って盟《ちか》う。〔劉《りゆう》〕仁軌《じんき》盟辞を為《つく》りて曰《いわ》く、「往《むかし》百済《ひやくさい》の(5)先王、逆順を顧みること罔《な》く、(6)隣に敦《あつ》くせず、親《しん》と睦《むつまじ》くせずして、高《こう》〔句《く》〕麗《り》・倭《わ》と共《とも》に新羅《しんら》を侵削《しんさく》し、邑《むら》を破り城を屠《ほふ》る。〔唐《とう》の〕天子、(7)百姓《ひやくせい》の(8)無辜《むこ》なるを憐《あわ》れみ、(9)行人に命じて、好《よしみ》を脩めしむるに、〔百済《ひやくさい》の〕先王、(10)険《けん》を負い遐《か》を恃《たの》みて、〔使節を〕(11)侮慢《ぶまん》して恭ならず。(12)皇、(13)赫《かく》として斯《ここ》に怒り、是《こ》れ伐《う》ち是《こ》れ夷《たいら》ぐ。但《ただ》(14)亡を興し(15)絶を継《つ》がしむるは、王者の(16)通制なり。故に前《さき》の太子隆《たいしりゆう》を立てて熊津都《ゆうしんと》督《とく》と為《な》し、其《そ》の祭祀《さいし》を守らしめ、新羅《しんら》に(17)附杖《ふじよう》して、長く(18)与国と為《な》

1ひきつれて。

2旧怨。3戦乱の中で生き残った百済人。

4高宗の年号。5義慈をさす。6隣国新羅。7人民。8罪がない。9外交使節。10けわしい地形を背景とし道の遠いことをたのみとし。11いいかげんにあしらう。12皇帝。13まっかになって激怒する。14亡国。15絶えた王の血筋。16昔からのやり方。17たよりにしてつき従う。18仲間の国、友好国。19中国の外藩。20心変わり。21軍。22将兵。23みとどける。24多くの災い。25国家。

り、好《よしみ》を結び怨《うら》みを除き、天子の命を恭《かしこ》みて、永《とこしえ》に藩服[19]と為《な》らしむ。右威衛将軍《ゆういえいしょうぐん》・魯城県公《ろじょうけんこう》の〔劉《りゅう》〕仁願《じんがん》、親《みずか》ら厥《そ》の盟に臨《のぞ》む。其《そ》の徳を弐《ふた》つにし[20]兵を興し[21]衆を動かすこと有らば[22]、明神之《めいしんこれ》を監し[23]、百殃[24]是《ひゃくおうここ》に降り、〔その〕子孫育たず、社稷[25]《しゃしょく》守り無からん。世世《よよ》敢《あ》えて犯すこと毋《な》かれ」と。

乃《すなわ》ち[26]金書鉄契《てつけい》を作り、新羅《しんら》の廟[27]中《びょうちゅう》に蔵《ぞう》す。〔劉《りゅう》〕仁願等《じんがんら》の〔唐《とう》に〕還《かえ》るや、隆《りゅう》は衆の携散[28]《けいさん》するを畏《おそ》れ、亦《ま》た京師《けいし》に帰る。

儀鳳[29]《ぎほう》の時、〔高宗《こうそう》は隆《りゅう》を〕帯方郡王《たいほうぐんおう》に進め、遣わして帰藩[30]せしむ。是《こ》の時、新羅《しんら》彊[31]《つよ》くして、隆《りゅう》は敢《あ》えて旧国[32]に入らず、高《こう》〔句《く》〕麗《り》に寄治[33]《きち》して死す。〔則天《そくてん》〕武后又其《ぶこうまたそ》の孫の敬《けい》を以《も》って王を襲[34]《おそ》わしむるも、其《そ》の地は已《すで》に新羅《しんら》・渤海[35]《ぼっかい》の靺鞨《まつかつ》との分くる所と為《な》りて、百済遂《ひゃくさいつい》に絶えたり。

26 鉄板に金字で刻んだ約束の文。 **27** みたまやの中。 **28** 手をとりあって逃げちる。 **29** 高宗の年号。 **30** 領地に戻る。 **31** 強。 **32** もとの祖国。 **33** 政庁をあずける。 **34** あとを継がせたが。 **35** 松花江下流。

〈現代語訳〉

百済《ひゃくさい》は、扶余《ふよ》の一種族である。都の東方六千里余り、海の北岸に位置し、西界は越州《えつしゅう》、南は倭《わ》、北は高句離《こうくり》、それぞれ海を越えなければ行きつけない。その東は新羅《しんら》である。百済王は東・西の二つの城を居城としている。

官職としては、布令を出したりそれを記録したりする内臣佐平《ないしんさへい》、金銭や物資の出納を司《つかさど》る内頭佐平《ないとうさへい》、儀式や宮中の規則を司る内法佐平《ないほうさへい》、衛兵を統《す》べる衛士佐平《えいしさへい》、裁判・刑獄を司る朝廷佐平《ちょうていさへい》、外国との戦争を担当する兵官佐平《へいかんさへい》がある。六方《ほう》に分かれ、それぞれの方が十郡を統轄している。

豪族には八つの姓——沙氏《さし》・燕氏《えんし》・劦氏《きょう》・解氏《かいし》・貞氏《ていし》・国氏《こくし》・木氏《ぼくし》・苩氏がある。

百済の法律によると、反逆した者は誅殺し、その家財を没収する。人を殺した者は、奴婢《ぬひ》三人を代償にさし出して贖罪《しょくざい》させる。下役人で賄賂《わいろ》を受けとった者と、盗みを働いた者には、不正に得た金の三倍の罰金を払わせ、終身役人にとりたてることはしない。風俗は高句麗と変わりない。周辺に多くの島があり、黄色の漆《うるし》を産し、六月に漆の木の幹に針を刺して樹液を採取する。その色は黄金のようである。

王は広袖《ひろそで》の紫のうちかけに、青色の錦のズボンを着用し、白い皮の帯をしめ、黒革の履《くつ》をはき、金の花でかざってある黒色のうすぎぬの冠をかぶっている。臣下たちは赤い服を着て、その冠は銀の花でかざってある。一般人民には、赤と紫の衣服を着ることが禁じられている。書物も読まれ、暦をきちんと定めているのは中国人と同様である。

武徳《ぶとく》四年（六二一年）、百済王の扶余璋《ふよしょう》は、はじめて唐《とう》に使者を遣わして果下馬《かかば》を献上し、これからしばしば朝貢するようになった。唐の高祖《こうそ》は任命状を授けて帯方郡王《たいほうぐんおう》・百済王とした。

その五年後（六二六年）、百済王は高祖に光り輝く鎧を献じ、そして高句麗が百済の入貢使の往来を妨害すると訴えた。そこで太宗《たいそう》の貞観《じょうがん》年間（六二七〜六四九年）の初め、太宗は百済からの使者に詔《みことのり》を下し高句麗と百済の間の感情のもつれを解決するように命じた。

また百済は代々新羅と敵対関係にあり、しばしばたがいに侵攻しあっていた。そこで太宗は御璽《ぎょじ》を捺《お》した次のような国書を与えた。

「新羅は朕《ちん》の藩臣であり、王《そなた》の隣国である。その新羅と王の国はしばしば力ずくで侵略しあっているそうだが、朕はすでに高句麗と新羅両国に詔を下し、和睦を通じさせた。王はどうか旧怨を忘れて朕の胸中の願いを察するように」

璋は上表文を奉って詫《わ》びた。しかし、それでも新羅と百済の戦いは止まなかった。百済王はその後再び使者を遣わして来朝し、鉄のよろいと彫りもののある斧を献上した。太宗はこの使者をねんごろにいたわり、白絹の緞子《どんす》三千を賜わった。

貞観十五年（六四一年）、璋が亡くなった。百済の使者は白い喪服を着て次のような上表文を奉った。

「君の外臣、百済王扶余章卒《しゅつ》す」

太宗は璋の為に玄武門《げんぶもん》において哀悼の式を挙行し、璋に光禄大夫《こうろくたいふ》を追贈し、手厚く供物《くもつ》を賜わった。そして、祠部郎中《しぶろうちゅう》の鄭文表《ていぶんひょう》に命じて、璋《しょう》の子義慈《ぎじ》を柱国《ちゅうこく》に任じ、王のあとを継がせた。義慈は親孝行で、兄弟仲も好かったので、当時「東海の曾子《そうし》」と呼ばれた。

翌年（六四二年）、百済《ひゃくさい》は高句麗《こうくり》と同盟を結んで新羅《しんら》を討った。そして新羅の四十余城を攻略し、兵を派遣してこれらの城を守らせた。百済はさらに新羅の棠項城《とうこうじょう》を奪い、新羅の使者の唐《とう》へ朝貢する道を遮断しようともくろんだ。そこで新羅は唐に事態の切迫を告げて救援を求めた。太宗《たいそう》は司農丞《しのうじょう》の相里玄奨《しょうりげんしょう》を遣わし、詔書を持たせて百済を教えさとさせた。

百済は太宗があらためて高句麗を討つと聞くや、そのすきに乗じて新羅の七城を略取した（六四五年）。その後かなりたってから、さらに新羅の十余城を奪った（六四八年）。こういう状況だったので、百済は朝貢しようとしなかった。

高宗《こうそう》が即位すると（六四九年）、百済はやっと使者を派遣してきた。高宗は義慈に次のような詔を下した。

「東海の三国（百済・高句麗・新羅）は、国の基《もとい》を開いてより久しい。もともとそれぞれ国境が入りくんでいるが、近ごろ紛争が続いてたがいに侵攻し、平和な年がない。新羅の主要都市はいずれも王《そなた》によって併呑《へいどん》され、新羅は朕《ちん》に窮状を訴えてきた。ひとつ王にお願いしたい、奪取した新羅の地を返還してもらいたい。昔、斉《せい》の桓公《かんこう》は、一箇の諸侯の身でありながら、それでも亡国を復興させた。まして朕は天下の主人、一国の危難を憐れんで救わずにおられようぞ。王の併合した諸城は新羅に返還するがよい。新羅側で捕らえた百済の捕虜も、王のもとに還させよう。この詔に従わない場合、わが唐と決戦するか否かは王の意志に任せよう。朕も今や、契丹《きったん》諸国の兵を発して、遼河《りょうが》を渡り、東方に深く攻め入る用意がある。王よ、よく考えよ。後悔するでないぞ」

永徽《えいき》六年（六五五年）、新羅は、百済・高句麗・靺鞨《まっかつ》が新羅の北境の三十城を略取したと唐に訴えた。

そこで高宗は顕慶《けんけい》五年（六六〇年）、ようやく左衛大将軍《さえいだいしょうぐん》蘇定方《そていほう》に詔《みことのり》して神丘道行軍大《しんきゅうどうこうぐんだい》総管《そうかん》とし、左衛将軍《さえいしょうぐん》の劉伯英《りゅうはくえい》・右武衛将軍《ゆうぶえいしょうぐん》の馮士貴《ふうしき》・左驍衛将軍《さぎょうえいしょうぐん》の龐孝泰《ほうこうたい》を率い、新羅の兵を動員して百済を討たせた。

唐と新羅の軍は城山《じょうざん》から海を渡った。百済の軍は熊津口《ゆうしんこう》を守っていたが、蘇定方はこれを強襲した。百済軍は大いに敗れ、唐軍は満潮に乗り、船に帆かけて進撃し、真都城《しんとじょう》をめざし、あと一日分の行程を残した地点で止まった。百済軍はありたけの手勢を尽くして抵抗したが、唐軍はこれもうち破り、斬った首級は一万余、ついに真都城の外郭に侵入した。

義慈は太子《たいし》の隆《りゅう》を連れて、百済の北部のいなかに逃げた。蘇定方は真都城を包囲した。義慈の次子の泰《たい》は自分勝手に王と称し、手勢を率いて真都城を固守した。それを見て義慈の孫の文思《ぶんし》は言った。

「王も太子もちゃんと健在で位をゆずってもいないのに、叔父の分際で勝手に王となった。もし唐軍が囲みを解いて去ったならば、私たち親子を王はどう処分するだろうか」

文思は側近たちといっしょに綱にすがって城を脱出し、民もみなこれに従ったが、泰はこれをとめられなかった。

蘇《そ》定方《ていほう》は士卒に命じ、城の堞《ひめがき》を乗り越えて旗さしものを立てさせた。泰《たい》は城門を開いて降伏した。定方は、義慈《ぎじ》・隆《りゅう》及び小王の孝演《こうえん》、首長《しゅちょう》五十八人を捕らえて都長安《ちょうあん》に送り、百済《ひゃくさい》の五部、三十七郡、二百城、七十六万戸を平定した。

そこで唐は百済の地を割《さ》いて、熊津《ゆうしん》・馬韓《ばかん》・東明《とうめい》・金漣《きんれん》・徳安《とくあん》の五都督府《ととくふ》を置き、豪族たちを抜擢《ばってき》してこれを治めさせ、郎将《ろうしょう》の劉仁願《りゅうじんがん》に命じて百済城を守らせ、左衛郎将《さえいろうしょう》の王文度《おうぶんど》を熊津都督とした。

九月、長安にもどった蘇定方は捕らえた捕虜を引き連れて高宗《こうそう》に謁見した。高宗は捕虜を死刑にはせずに釈放してやるようにとの詔を下した。百済王義慈は病気で亡くなった（六六一年）。唐は衛尉卿《えいいけい》の官を追贈し、王の旧臣たちに王の葬儀に参列して哀悼の意を表することを許可し、詔して王を孫皓《そんこう》・陳叔宝《ちんしゅくほう》の墓の左に埋葬させ、もとの太子《たいし》の隆に司稼卿《しかけい》を授けた。王文度は、海を渡って百済の地に赴いて亡くなった。そこで高宗は劉仁軌《りゅうじんき》を文度の代わりに当てた。

義慈の父璋《しょう》の従子《おい》の福信《ふくしん》は、かつて百済軍を統率していた。そこで仏僧の道琛《どうちん》とともに周《しゅう》留城《りゅうじょう》を拠点として反乱を起こし、もとの王子の扶余豊《ふよほう》を倭国《わこく》から迎えて王に立てた。百済の西部の人々はみなこれに呼応した。扶余豊は兵を率いて百済城にいた劉仁願を包囲した。

竜朔《りゅうさく》元年（六六一年）、劉仁軌は新羅の兵を動員して劉仁願の救援に赴いた。道琛は二つのとりでを熊津江《ゆうしんこう》の河畔に築いた。仁軌は新羅の兵と協力してこれを挟み撃ちにした。唐と新羅の連合軍はとりでに殺到しようとし、争って橋を渡ったため、橋から落ちて水に溺れた者は一万、かくて新羅の兵はいったんひきあげた。

道琛は任孝城《じんこうじょう》を守り、みずから領軍将軍《りょうぐんしょうぐん》を名乗り、福信は霜岑将軍《そうしんしょうぐん》と称《しょう》し、劉仁軌に言い伝えた。

「うわさによれば、唐は新羅に対して、もし百済を撃ち破ったならば、百済の人民は老人といわず子供といわず皆殺しにし、新羅に百済の領土を与えよう、と約束しているそうだ。いまやわれわれは、坐して死を待つより、戦うほうがよいのだ」

劉仁軌は道琛のもとに使者を遣わして、道琛に返答するとともに彼をなだめようとした。しかし道琛はおごりたかぶって、その使者を外に宿泊させ、いいかげんにあしらい答えた。

「使いの者の官位は低く、わが輩は一国の大将なのだから、作法上、対等に会うわけにはいかぬ」

かくしてむなしく使者を送り返らせた。劉仁軌は手勢が少ないので、いまはやむなく兵を休養させて戦力を蓄え、新羅《しんら》と合流して道琛を討とうと策し、その旨を高宗に願い出た。やがて福信は道琛を急襲して殺害し、道琛配下の兵力を抱きこんだが、王の扶余豊はその勢いを抑えることができなかった。

竜朔二年（六六二年）七月、劉仁願らは百済の軍を熊津で撃ち破り、支羅城《しらじょう》を攻略し、夜のうちに真峴《しんけん》に迫り、夜明けにはそのとりでに攻め入り、敵の首を斬《き》ること八百、かくして新羅軍の補給路はようやく通じた。そこで劉仁願は高宗に、唐軍を派遣して加勢していただきたいと願い出た。高宗は右威衛将軍《ゆういえいしょうぐん》の孫仁師《そんじんし》に詔して熊津道行軍総管《ゆうしんどうこうぐんそうかん》に任じ、斉《せい》の兵七千を動員して救援に赴かせた。

福信《ふくしん》は国を思いのままに支配し、王の扶余豊《ふよほう》を殺そうとたくらんだ。扶余豊は腹心の部下を率いて福信を斬殺し、高句麗《こうくり》及び倭《わ》と連合した。劉仁願《りゅうじんがん》は、その時すでに斉《せい》の兵の救援を受けて、士気は大いにあがっていた。そこで劉仁願は新羅王《しんらおう》の金法敏《きんほうびん》とともに陸軍を率い、劉仁軌《りゅうじんき》を遣わして水軍を率いさせ、熊津江《ゆうしんこう》から互いに呼応して進み、周留城《しゅうりゅうじょう》をめざした。百済《ひゃくさい》の扶余豊の軍勢は白江口《はくこうこう》に駐屯していたが、唐軍《とうぐん》はこれと四度にわたって合戦し、いずれも百済軍を撃ち破り、舟四百艘《そう》を焼き払った。豊は逃げてゆくえもしれなくなった。偽王子の扶余忠勝《ふよちゅうしょう》と忠志《ちゅうし》は、敗残の手勢と倭人《わじん》を率いて命乞いをした。百済のもろもろの城は、みな唐の支配下に復した。劉仁願は兵を引き連れて帰還し、劉仁軌をあとに残して仁願の代わりに占領した地域を守らせた。

高宗《こうそう》は扶余隆を熊津都督《ゆうしんととく》とし、彼を国へ帰し、新羅の旧怨をおさめさせ、生き残った百済人たちを呼びもどさせた。

麟徳《りんとく》二年（六六五年）、扶余隆《ふよりゅう》は新羅王金法敏と熊津城《ゆうしんじょう》で会見し、白馬を殺し、その血をすすって盟友の誓いを結んだ。その時劉仁軌は、誓いの言葉をつくった。

「昔、百済の先王は、順逆を顧慮《こりょ》することなく、隣国に誠意を示さず、身近な者と睦《むつまじ》くせず、高句麗や倭国と組んで新羅を侵略し、村や町を血まつりにあげた。唐の天子は罪のない人民を憐み、外交使節に命じて百済と誼《よし》みを結ばせようとしたが、百済の先王は、険しい地勢をうしろ楯とし、唐からの道のりが遠いのをよいことにして、唐の使節に対して高慢無礼であった。これを聞いた皇帝は激怒し、かく討伐し、かく平定した。ただし亡国を再興して絶えた王の血統を継がせることは、王たる者の昔からの一貫したやり方である。それゆえに、前《さき》の太子隆《たいしりゅう》を立てて熊津都督とし、その祖先の祭りを維持させ、新羅につき従って長くその友好国となり、好誼を通わせ、怨恨を去り、天子の命をありがたくいただいて、永く中国の外藩となるようにさせたのである。右威衛将軍《ゆういえいしょうぐん》・魯城県公《ろじょうけんこう》の劉仁願はいま親しくこの盟約締結の場に臨んだ。今後心変わりして兵力を発動し、軍勢を動員することがあったならば英明なる神々はこれを見そなわせたまい、多くの災害が降りかかり、その子孫は絶え、国家は守りを失うであろう。この盟約を世々ゆめ犯すことのなきよう」

かくして鉄板に金字できざんだ盟約の文を作り、新羅の廟中に納めた。

劉仁願が唐に帰還すると、隆は人民が手に手をとって逃散するのを畏《おそ》れ、彼も都長安《ちょうあん》に帰った。

儀鳳《ぎほう》年間（六七六〜六七九年）、高宗は隆を帯方郡王《たいほうぐんおう》に昇進させ、領地へもどらせた。このころ、新羅は勢力が強かったので、隆はかつての故国に入ることができず、高句麗に政庁を仮《かり》に置いたが、やがて没した。

則天武后《そくてんぶこう》は、隆の孫の敬《けい》に帯方郡王のあとを継がせたが、その領地はすでに新羅と渤海《ぼっかい》の靺鞨《まっかつ》によって分割されており、百済はかくして絶えたのである。

新《しん》羅《ら》

新羅《しんら》は、弁韓《べんかん》の苗裔也《(1)びょうえいなり》。漢《かん》の楽浪《(2)らくろう》〔郡《ぐん》〕の地に居《すま》う。〔その地の広さは〕横は千里、縦は三千里にして、東は長人《(3)ちょうじん》を拒《ふせ》ぎ、東南は日本《にっぽん》、西は百済《ひゃくさい》、南は海に瀕《(4)ひん》し、北は高《こう》〔句《く》〕麗《り》なり。而《しこう》して王は金城《(5)きんじょう》に居《お》る。

〔金城《きんじょう》の〕環《(6)まわり》は八里〔の広さ〕所《ばかり》、衛兵は三千人なり。城を謂《い》いて侵牟羅《(7)しんむら》と為《な》し、邑《(8)むら》の〔王城城下の〕内に在《あ》るを喙《(9)たく》評《ひょう》と曰《い》い、〔城下の〕外〔にあるの〕を邑勒《(10)ゆうろく》と曰う。喙評《たくひょう》は六、邑勒《ゆうろく》は五十二有り。

朝服《(11)》は白を尚《たっと》び、好んで山神を祠《まつ》る。八月の望日《(12)ぼうじつ》には、大いに宴して官吏を賚《らい》し、射《しゃ》す。

其《そ》の官《(13)》を建《た》つるには、親属《(14)》を以《も》って上と為《な》し、其《そ》の族《(15)》を第《(16)だい》一骨《いちこつ》・第二骨《だいにこつ》と名づけて以《も》って自《みずか》ら別《(17)》つ。兄弟の女《むすめ》・姑《(18)おば》・

〈語　釈〉

1子孫。**2**平壌。**3**沿海州の未開人。**4**接し。**5**慶尚北道慶州。

6周囲。**7**タムロ。**8**城壁の内に村がある。**9**ハイピン。**10**オプロク。

11役人の礼服。**12**満月の日。

13官位制度。**14**血統で高官をきめる身分制度。**15**血族。**16**骨品という。**17**別格

(19)姨《おば》・従姉妹《いとこ》は、皆《みな》　(20)聘《へい》して妻と為《な》す。王族をば第一骨《だいいちこつ》と為《な》し、妻も(21)亦《ま》た其《そ》の族なり。生まれたる子は皆第一骨《みなだいいちこつ》と為《な》し、第二骨《だいにこつ》の女を娶《めと》らず、娶ると雖《いえど》も、常に(22)妾《しょう》　(23)媵《よう》と為《な》す。

官には宰相《さいしょう》・侍中《じちゅう》・司農卿《しのうけい》・太府令《たいふれい》〔など〕、凡《およ》そ十有七等有りて、第二骨《だいにこつ》なるもの、之《これ》と為《な》るを得るなり。事は必ず衆と議し、「和白《わはく》」と号《ごう》す。一人〔の意見とても〕(24)異なるときは則《すなわ》ち(25)罷《や》む。宰相の家には(26)禄を絶やさず、(27)奴僮《どどう》は三千人、(28)甲兵・牛・馬・(29)猪も(30)之《これ》に称《かな》う。

海中の山に畜牧し、食を(31)須《ま》ちて、乃《すなわ》ち射す。穀米を人に(32)息《そく》し、(33)償《しょう》満たさざらば、(34)庸《よう》して奴婢《ぬひ》と為《な》す。王の姓は金《きん》、貴人の姓は朴《ぼく》、民は氏無くて名有り。食《く》らうに(35)柳杯《りゅうはいも》　若しくは銅〔器〕・瓦〔器〕を用う。元日には相《あい》慶し、是《こ》の日に日(36)月の神を拝す。

男子は(37)褐袴《かっこ》〔をはき〕、婦〔人〕は(38)長襦《ちょうじゅ》〔の上衣を着〕す。

の家柄とみなす。**18**父の姉妹。**19**母の姉妹。**20**結納を贈る。**21**おなじく第一骨の出。**22**めかけ。**23**腰元。
24不賛成。**25**とりやめる。**26**世襲世禄。**27**奴隷。**28**武器。**29**豚。**30**奴隷の数に見あうほど多い。
31食べる必要がおこると。**32**利息をとって貸し付け。**33**返却分が足りなければ。**34**召し使って。**35**柳の枝を編んだ椀か。**36**（西北の遊牧民に似ている）。**37**木の繊維を織ったはかま。**38**長い襦袢。

(1)人を見ば、必ず(2)跪《ひざまず》き、則《すなわ》ち手を(3)以《も》って地に据《きょ》して恭と為《な》す。〔婦人〕(4)粉黛《ふんたい》せず、率《おおむ》ね美髪以《も》って首《かしら》に(5)繚《から》げ、(6)珠紩《しゅさい》を以って之《これ》を飾る。男子は髪を(7)翦《き》りて(8)鬻《ひさ》ぎ、(9)冒《ぼう》するに黒巾《こくきん》を以《も》ってす。市《いち》にては、皆《みな》婦女(10)貿販す。冬には則《すなわ》ち(11)竈《そう》を堂中に(12)作り、夏には食を以《も》って(13)氷上に置く。〔家〕畜には羊無く、(14)驢《ろ》・(15)騾《ら》少なく、馬、多し。馬は高大なりと雖《いえど》も、善《よ》く行かず。

長人《ちょうじん》は、人の類にして〔身〕長《たけ》は三丈、(16)(17)鋸牙《きょが》、(18)鉤爪《こうそう》にして、黒毛は身を覆《おお》い、(19)火食せず、(20)禽獣《きんじゅう》を噬《ぜい》し、或《ある》いは、人を(21)搏《う》ちて以《も》って食らう。婦人を得ば、以って衣服を治《おさ》めしむ。其《そ》の国は連山数十里にして、(22)峡《きょう》有り。〔長人はここを〕(23)固《かた》むるに(24)鉄闔《てっこう》を以《も》ってし、関門《かんもん》と号す。新羅《しんら》は常に(25)弩士《どし》数千を屯《とん》して之《これ》を守らしむ。

初め、百済《ひゃくさい》の高《こう》〔句《く》〕麗《り》を伐《う》ちしとき〔高句麗《こうくり》は新羅《しんら》に〕

1人に会うときは。2ひざを地につけてからだを支え。3手を地につけ。4おしろいやまゆずみをつけない。5頭上にまきつける。6玉や色絹。7切りそろえ。8売る。9かぶる。10あきない。11かまど。12家の中。13氷室にしまった天然氷。14ろば。15らば＝馬とろばの雑種。

16唐代の一丈は約三・一メートル。17のこぎりのような歯。18かぎ型の爪。19食物を火で料理しない。20鳥獣をかじって食べ。21なぐって。22谷間。23峡谷の入口を固め守る。24鉄の扉。25弓の射手。

26全兵力をあげて。27やむ

来《きた》りて救いを請う。〔新羅《しんら》は〕[26]兵を悉《つく》して往《ゆ》きて之《これ》を破る。是自《これよ》り〔新羅《しんら》と百済《ひゃくさい》は〕相《あい》攻めて[27]置かず。後《のち》、[28]百済王《ひゃくさいおう》を獲《とら》えて之《これ》を殺し、滋《ますます》怨みを結ぶ。

[29]武徳《ぶとく》四年、〔新羅《しんら》〕王の〔金《きん》〕真平《しんぺい》、使者を遣わして入朝せしむ。[30]高祖《こうそ》、通直散騎侍郎《つうちょくさんきじろう》の庾文素《ゆぶんそ》に詔《みことのり》して[31]節を持《じ》して[32]答賚《とうらい》せしむ。後《のち》三年にして、〔金真平王《きんしんぺいおう》を〕[33]柱国《ちゅうこく》に拝《はい》し、楽浪郡王《らくろうぐんおう》・新羅《しんら》王《おう》に封《ほう》ず。

[34]貞観《じょうがん》五年、[35]女楽二《ふたり》を献ず。太宗曰《たいそういわ》く、「比《このご》ろ、[36]林邑《りんゆう》より鸚鵡《おうむ》を献ずるも、〔その鳥は〕郷を思うと言い、還《かえ》らんことを丐《こ》う。況《いわ》んや人に於《お》いてを乎《や》」と。使者に付して之《これ》を帰らしむ。

是《こ》の歳《とし》、真平《しんぺい》死して、子無く、女《むすめ》の〔金《きん》〕善徳《ぜんとく》を立てて王と為《な》し、大臣乙祭《いっさい》、国を[37]柄《へい》す。詔《みことのり》して真平《しんぺい》に左光禄大夫《さこうろくたいふ》を贈り、[38]物段二百を[39]賻《たま》う。

ことがない。**28**五五四年、興隆途上の新羅の真興王の将、都刀（とう）が、百済の聖王を奇襲攻撃で殺害した。

29高祖の年号。**30**唐の初代皇帝李淵。**31**使節のしるしをもたせて。**32**返礼として金品をたまう。**33**勲功ある者に与えられる名誉職に任命し。

34太宗の年号。**35**舞姫。**36**現在のベトナム社会主義共和国南部にあったチャム人の国、チャンパー。

37実権を執る。**38**絹織物か。**39**死者に贈る。

〔貞観《じょうがん》〕九年、使者を遣わし、善徳《ぜんとく》を冊(1)《さく》して父の封(2)《ほう》を襲《つ》がしむ。国人、「聖祖皇姑《せいそこうこ》」と号《ごう》す。

〔貞観《じょうがん》〕十七年、高《こう》〔句《く》〕麗《り》・百済《ひゃくさい》の攻むる所と為《な》り、〔新《しん》羅《ら》の〕使者、来たりて師(3)を乞《こ》う。亦《ま》た帝親(4)《みずか》ら高《こう》〔句《く》〕麗《り》を伐《う》つに会《あた》る。詔《みことのり》して〔新羅王《しんらおう》に〕兵を率いて以《も》て虜勢(5)《りょせい》を披《ひら》かしむ。善徳《ぜんとく》、兵五万をして高《こう》〔句《く》〕麗《り》の南鄙《なんぴ》に入らしめ、水《すい》口城《こうじょう》を抜きて以《も》って聞(6)《ぶん》す。

〔貞観《じょうがん》〕二十一年、善徳《ぜんとく》死す。光禄大夫《こうろくたいふ》を贈り、妹(7)の〔金《きん》〕真徳《しんとく》をして王〔位〕を襲《つ》がしむ。

明年(8)、子の文王《ぶんおう》及び弟の伊賛《いさん》の子〔金(9)《きん》〕春秋《しゅんじゅう》を遣わして来朝せしむ。文王《ぶんおう》を左武衛将軍《さぶえいしょうぐん》に、春秋《しゅんじゅう》を特進(10)《とくしん》に拝《はい》す。〔新羅《しんら》は〕章服(11)を改めて、中国の制に従わんと請うに因《よ》りて、内(12)より珍服を出《い》だして之《これ》に賜う。又(13)《また》国学に詣《いた》りて釈奠(14)《せきてん》・講論を観《み》しむ。帝、製《せい》せし所の『晋書(15)《しんじょ》』を賜う。辞《じ》して帰ると

1 冊命（任命状）を与え。**2** 官爵。

3 援軍。**4** 太宗。**5** 百済の軍勢を分散させた。**6** 唐に報告した。

7 『三国史記』『三国遺事』によれば、真徳王は善徳王の妹ではなく従姉妹。

8 貞観二十二年。**9** 『三国史記』などによれば真平王の一代前の真智王の孫。**10** 功労者に与えられる名誉職。**11** 官別の衣冠のきまり。**12** 唐の宮中。**13** 国の大学。**14** 孔子を祭る儀式。**15** 唐の太宗が房玄齢

き、勅《ちょく》して(16)三品《さんぴん》以上〔のもの〕に(17)郊餞《こうせん》せしむ。

高宗《こうそう》の永徽《えいき》元年、〔新羅《しんら》は〕百済《ひゃくさい》を攻め、之《これ》を破り、〔これを報告するため〕春秋《しゅんじゅう》の子の〔金《きん》〕法敏《ほうびん》を遣わして入朝せしむ。真徳《しんとく》、錦を織りて(18)頌《しょう》を為《つく》りて以《も》って献じ、〔その文に〕曰《いわ》く、

「巨唐《きょとう》は(19)洪業《こうぎょう》を開き、巍巍《ぎぎ》として(20)皇猷昌《こうゆうさか》ゆ。戈《ほこ》を止《とど》めて(21)大定を成し、文を興し百王を継がしむ。天を統《す》べては(22)雨施を崇《とうと》び、物を治めては体章《あや》を含む。深仁は日月と諧《とも》にし、撫運《ぶうん》は(23)時康に邁《すす》む。(24)幡旗《はんき》既《すで》に(25)赫赫《かくかく》として、(26)鉦鼓《しょうこ》何ぞ(27)鍠鍠《こうこう》たる。外夷の命に違《たが》う者、(28)翦覆《せんぷく》せられて(29)天殃《てんおう》を被《こうむ》る。淳風は凝《こ》って(30)幽顕し、(31)遐邇《かじ》競《きそ》いて(32)祥《しょう》を呈《てい》す。四時は(33)玉燭に和《わ》し、(34)七耀《しちよう》は万方を巡《めぐ》る。維《こ》れ(35)岳《がく》は(36)宰輔《さいほ》に降り、維《こ》れ帝は忠良に任《にん》ず。(37)三五は一徳を成し、我が(38)唐家《とうけ》の唐《とう》を昭《あきらか》にす」と。

帝、其《そ》の意を(39)美《よみ》して法敏《ほうびん》を(40)太府卿《たいふけい》に擢《ぬき》んず。

らに編集させた勅撰の晋の歴史書。**16**唐の位階は一品から九品まであり、三品以上が高官。**17**都の郊外まで見送らせた。**18**功をたたえる文。**19**大いなる事業。**20**王朝の道。**21**天下の平らぎ。**22**雨の恵みのひろがること。**23**よき時節にかないてすすむ。**24**旗印。**25**あかあかと。**26**かねと陣太鼓。**27**堂々とひびきわたる。**28**切り平らげ滅ぼされて。**29**天罰。**30**みえがくれ。**31**遠近。**32**めでたい兆し。**33**四季の気候が調和する。**34**日月や星。**35**四岳＝重職。**36**皇帝を助ける大官。**37**三皇五帝。**38**『旧唐書』では唐家の光とある。**39**気に入る、喜ぶ。**40**財務管理の役所の長官。

〔永徽《えいき》〕五年、真徳《しんとく》死す。帝〔真徳《しんとく》の〕為《ため》に(1)哀《あい》を挙《あ》げ、開府《かいふ》儀同三司《ぎどうさんし》を贈り、綵段(2)三百を賜い、(3)太常丞《たいじょうじょう》の張文収《ちょうぶんしゅう》に命じて、節《せつ》を持《じ》して弔祭せしめ、〔金《きん》〕春秋《しゅんじゅう》を以《も》って王を(4)襲《つ》がしむ。

(5)明年、百済《ひゃくさい》・高《こう》〔句《く》〕麗《り》・靺鞨《まっかつ》は共に其《そ》の三十城を伐取す。〔新羅《しんら》の〕使者来《きた》りて救いを請う。帝《てい》、(6)蘇定方《そていほう》に命じて之《これ》を討たしめ、〔金《きん》〕春秋《しゅんじゅう》を以《も》って(7)嵎夷道行軍総管《ぐういどうこうぐんそうかん》と為《な》し、遂《つい》に百済《ひゃくさい》を平《たい》らぐ。

(8)竜朔《りゅうさく》元年、〔金春秋《きんしゅんじゅう》〕死し、法敏《ほうびん》、王を(9)襲《つ》ぐ。〔唐《とう》は〕其《そ》の国を以《も》って(10)鶏林州大都督府《けいりんしゅうだいととくふ》と為《な》し、法敏《ほうびん》に都督《ととく》を授く。

(11)咸亨《かんこう》五年、〔金法敏《きんほうびん》は〕高《こう》〔句《く》〕麗《り》の(12)叛衆を納《おさ》め、百済《ひゃくさい》の地を略《りゃく》して之《これ》を(13)守らしむ。帝、怒り詔《みことのり》して、〔法敏《ほうびん》の〕(14)官爵を削り、其《そ》の弟右驍衛員外大将軍《ゆうぎょうえいいんがいだいしょうぐん》・臨海郡公《りんかいぐんこう》の(15)〔金《きん》〕仁《じん》問《もん》を以《も》って新羅《しんら》王《おう》と為《な》し、(16)京師《けいし》自《よ》り帰国せしむ。(17)劉仁軌《りゅうじんき》に詔

1 死者のために哭泣する儀式。**2** いろぎぬ。**3** 祭祀・儀礼を司る役人。**4** 武烈王。
5 永徽六年。**6** 唐の武将（五九二〜六六七年）。突厥を征し、西域を平定。さらに百済・高句麗を討つ。**7** 嵎夷は太陽が昇ると考えられた東方の山かど。
8 高宗の年号。**9** 文武王。
10 鶏林は新羅の都郊の林。のち新羅、朝鮮の別称。
11 高宗の年号。**12** 謀叛した人々。**13** 軍隊を引き揚げない。**14** 都督と王位。**15** 長安に留められていた人物。**16** 長安。**17** 唐の武将（六〇一〜六八五年）。百済を討ち、

して鶏林道大総管《けいりんどうだいそうかん》と為《な》し、(18)衛尉卿《えいいけい》の李弼《りひつ》・右領軍大将軍《ゆうりょうぐんだいしょうぐん》の李謹行《りきんこう》を之《これ》に副《そ》えて兵を発して窮討せしむ。

(19)上元《じょうげん》二年二月、〔劉《りゅう》〕仁軌《じんき》、其《そ》の衆を(20)七重城《しちじゅうじょう》に破る。靺鞨《まっかつ》の兵を以《ひき》い海に浮かびて南境を略《りゃく》し、〔新羅《しんら》の兵を〕(21)斬獲《ざんかく》すること甚《はなは》だ衆《おお》し。李謹行《りきんこう》に詔して安東鎮撫大使《あんとうちんぶたいし》と為《な》し、(22)買肖城《ばいしょうじょう》に屯《とん》せしむ。〔李謹行《りきんこう》はその地にて〕三戦し、(23)虜皆北《りょみなに》ぐ。

〔金《きん》〕法敏《ほうびん》、使いを遣わして入朝し謝罪せしめ、(24)貢篚相望《こうひあいのぞ》む。〔金《きん》〕仁問《じんもん》、乃《すなわ》ち(25)還《かえ》り、〔新羅《しんら》〕王《おう》を辞《じ》す。詔《みことのり》して法敏《ほうびん》の官爵を復す。然《しか》れども〔新羅《しんら》は〕多く百済《ひゃくさい》の地を取り、遂《つい》に高《こう》〔句《く》〕麗《り》の南境に抵《いた》る。〔新羅《しんら》は〕尚《しょう》・良《りょう》・康《こう》・熊《ゆう》・全《ぜん》・武《ぶ》・漢《かん》・朔《さく》・溟《めい》の九州《きゅうしゅう》を置き、州《しゅう》ごとに都督《ととく》有りて、郡《ぐん》の十或《あ》るいは二十を統《す》ぶ。郡《ぐん》

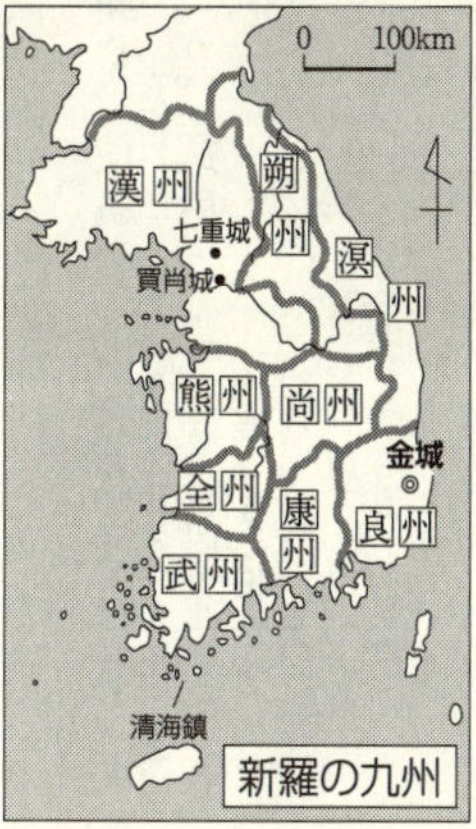

新羅の九州

日本水軍を白村江に破る。のち新羅に大勝。**18**武器・儀仗を司る役所の長官。**19**高宗の年号。**20**京畿道積城。**21**斬り殺したり獲えたり。**22**京畿道楊州。**23**敵。**24**貢ぎ物の入った竹籠が連なる。**25**長安にもどり。

には大守《たいしゅ》有り、県《けん》には小守《しょうしゅ》有らしむ。

(1)開耀《かいよう》元年、〔金法敏《きんほうびん》〕死し、子の政明《せいめい》、(2)王を襲《つ》ぐ。使者を遣わして朝《ちょう》せしめ、唐《とう》の礼及び它《た》の文辞を丐《こ》う。(3)武后《ぶこう》、(4)『吉凶礼』并《なら》びに(5)文詞五十篇を賜う。〔政明《せいめい》〕死し、子の(6)理洪《りこう》、王を襲《つ》ぐ。〔理洪《りこう》〕死し〔その〕弟の(7)興光《こうこう》、王を襲《つ》ぐ。

玄宗《げんそう》の開元《かいげん》中、数《しばしば》入朝し、(8)果下馬《かかば》・(9)朝霞紬《ちょうかちゅう》・魚牙紬《ぎょがちゅう》・(10)海《かい》豹《ひょう》の皮を献《けん》ず。又《また》二女を献ずるも、帝曰《いわ》く、「女《むすめ》は皆《みな》王の(11)姑姉妹にして、(12)本俗に違い、(13)親しむ所に別る。朕《ちん》、留《とど》むるに忍びず」と。

厚く賜わりて之《これ》を還《かえ》す。又《また》〔新羅《しんら》の〕子弟を遣わし(14)太学《たいがく》に入りて(15)経術を学ばしむ。

帝、間《まま》、興光《こうこう》に瑞文《ずいもん》の錦・五色の羅《ら》・紫繍紋《しゅうもん》の袍《ほう》・金銀の(16)精器を賜い、興光《こうこう》も亦《ま》た(17)異なる狗馬《くば》・黄金・(18)美髢《びてい》の諸物を

1高宗の年号。 **2**神文王。 **3**則天武后。 **4**『旧唐書』には『吉凶要礼』とあるが未詳。 **5**『旧唐書』には『文館詞林』（唐の許敬宗ら奉勅撰）とある。 **6**孝昭王。 **7**聖徳王。 **8**背の低い馬。 **9**ともに紬の模様か。 **10**あざらし。 **11**おば。 **12**本国の生活から遠ざかり。 **13**親戚や友人。 **14**国子学（三品以上の子弟の入る学校）に次ぐ、五品以上の子弟の入る学校。 **15**儒学の書。 **16**精巧な器物。 **17**珍しい犬や馬。 **18**かもじ。

上《たてまつ》る。

初め、(19)渤海《ぼっかい》の靺鞨《まっかつ》、(20)登州《とうしゅう》を掠《りゃく》し、興光《こうこう》、之《これ》を撃走(21)す。帝、興光《こうこう》を寧海軍大使《ねいかいぐんたいし》に進め、靺鞨《まっかつ》を攻めしむ。〔開元《かいげん》〕二十五年〔興光《こうこう》〕死す。帝、尤《もっと》も之《これ》を悼《いた》み、(22)太子太《たいしたい》保《ほ》を贈り、邢璹《けいとう》に命じて(23)鴻臚少卿《こうろしょうけい》を以《も》って弔祭《ちょうさい》せしめ、子の(24)〔金《きん》〕承慶《しょうけい》に王を襲《つ》がしむ。璹《とう》に詔《みことのり》して曰《いわ》く、「新羅《しんら》は君子の国と号し、詩・書を知れり。卿《けい》の(25)儒に惇《あつ》きを以《も》って、故に節《せつ》を持《じ》して往《ゆ》かしむ。宜《よろ》しく(26)経誼《けいぎ》を演《の》べ、大国の〔儒教が〕盛んなるを知らしむべし」と。

又《また》国人の(27)棋《き》に善(28)なるを以《も》って、(29)率府兵曹参軍《そっぷへいそうさんぐん》の楊季鷹《ようきよう》に詔して副《ふく》〔使《し》〕と為《な》す。〔新羅《しんら》の〕国の(30)高弈《こうえき》は皆其《みなそ》の下に出《い》ず。是《ここ》に於《お》いて〔新羅《しんら》は〕厚く使者に金宝を遺《おく》る。

俄《にわ》かにして其《そ》の妻の朴《ぼく》(31)を冊《さく》して妃《ひ》と為す。承慶《しょうけい》死す。使者に詔して(32)弔《ちょう》に臨《のぞ》ましめ、其《そ》の弟の(33)〔金《きん》〕憲英《けんえい》を以《も》って王を嗣《つ》

19 中国東北地方南部・朝鮮半島北部に、靺鞨人と高句麗人が建てた国（六九八〜九二六年）。 20 山東省蓬萊市。 21 攻めて追いはらう。 22 皇太子教育係の名誉職。 23 外務次官。 24 孝成王。 25 儒学にくわしい。 26 経書の本義。

27 囲碁。 28 上手。 29 皇太子の属官。 30 囲碁の名手たち。

31 令書を与えて。 32 葬式。 33 景徳王。

がしむ。〔憲英《けんえい》は〕(1)帝の蜀《しょく》に在《あ》りしときも、使いを遣わし(2)江《こう》を泝《さかのぼ》りて成都《せいと》に至り、正月に朝せしむ。

(3)大暦《たいれき》の初め、憲英《けんえい》死して、子の(4)〔金《きん》〕乾運《けんうん》立つも、(5)甫《ほ》丱《かん》なれば、金隠居《きんいんきょ》を〔唐《とう》に〕遣わし入朝して(6)命を待たしむ。(7)倉部《そうぶ》郎中《ろうちゅう》の帰崇敬《きすうけい》に詔《みことのり》して往《ゆ》きて弔《ちょう》せしめ、(8)監察御史《かんさつぎょし》の陸珽《りくてい》・顧愔《こいん》を副《ふく》と為《な》し(9)之《これ》に冊授《さくじゅ》せしめ、并《あわ》せて母の金《きん》を太妃《たいひ》と為す。会《たまたま》其《そ》の宰相《さいしょう》、権を争いて相《あい》攻め、国大いに乱るれども、三歳にして乃《すなわ》ち定まる。是《ここ》に於《お》いて、歳《とし》ごとに朝献す。

(10)建中《けんちゅう》四年、〔金乾運《きんけんうん》〕死して、子無く、〔新羅《しんら》の〕国人共に宰相《さいしょう》の(11)金良相《きんりょうしょう》を立てて嗣《つ》がしむ。

(12)貞元《ていげん》元年、(13)戸部郎中《こぶろうちゅう》の蓋塤《がいけん》を遣わし、(14)節《せつ》を持《じ》して之《これ》に命ぜしむ。

是《こ》の年、〔良相《りょうしょう》〕死し、良相《りょうしょう》の従父弟(15)の(16)〔金《きん》〕敬信《けいしん》を立てて王を襲《つ》がしむ。

1玄宗は安禄山に追われ、七五六年、四川に至る。 **2**長江。 **3**代宗の年号。 **4**恵恭王。 **5**子供。 **6**正式に新羅王に封ぜられるのを待った。 **7**租税出納を管理する役人。 **8**官吏の不正を取り締まる役。 **9**金乾運に任命書をさずけ。

10徳宗の年号。 **11**宣徳王。 **12**徳宗の年号。 **13**戸籍を管理する役人。 **14**国使としておもむき、金良相を正式に新羅王に任命させた。 **15**年下のいとこ。『三国史記』『三国遺事』によれば、二人の間には直接の係累関係はない。 **16**元聖王。

〔貞元《ていげん》〕十四年、〔敬信《けいしん》〕死して子無く、(17)嫡孫の(18)俊邕《しゅんよう》を立つ。(19)明年、(20)司封郎中《しほうろうちゅう》の韋丹《いたん》に(21)冊《さく》を持《じ》して遣わすに、未《いま》だ〔新羅《しんら》に〕至らずして、俊邕《しゅんよう》死し、丹還《たんかえ》る。〔俊邕《しゅんよう》の〕子の(22)重興《じゅうこう》立つ。

(23)永貞《えいてい》元年、兵部郎中《へいぶろうちゅう》の元季方《げんきほう》に詔《みことのり》して(24)冊命《さくめい》せしむ。〔その〕後《のち》三年にして、使者の金力奇来《きんりょくききた》りて謝《しゃ》し、且《か》つ言う、(25)「往歳《おうさい》、故主の俊邕《しゅんよう》を王と為《な》し、母の申《しん》は太妃《たいひ》に、妻の叔《しゅく》は妃《ひ》に冊《さく》せられしも、俊邕《しゅんよう》不幸にして〔死し〕、(26)冊《さく》は今《いま》〔唐《とう》の〕省中に留《とど》まる。臣、授《う》けて以《も》って帰らんことを請う」と。〔金力奇《きんりょくき》は〕又其《またそ》の宰相《さいしょう》の金彦昇《きんげんしょう》・金仲恭《きんちゅうきょう》・王の弟の蘇金《そきん》添明《てんめい》の為《ため》に(27)門戟《もんげき》を丐《こ》う。皆《みな》「可(28)」と詔す。凡《あわせ》て再び朝貢す。〔そののち〕七年にして、〔重興《じゅうこう》〕死し、(29)彦昇《げんしょう》、立ち、来たりて喪《も》を告ぐ。〔憲宗《けんそう》は〕(30)職方員外郎《しょくほういんがいろう》の崔廷《さいてい》に命じ〔新羅《しんら》に行きて〕弔《ちょう》せしめ、且《か》つ〔金彦昇《きんげんしょう》を〕新王に命じ、妻の貞《てい》を

17 敬信の孫。 **18** 昭聖王。 **19** 貞元十五年。 **20** 封建賜爵を司る官。 **21** 王と認める任命書。 **22** 哀荘王。『三国史記』では諱を清明、『三国遺事』では諱を重熙、別名を清明とする。 **23** 順宗の年号。 **24** 金重興を新羅王と認め、唐が正式に任命書を与えた。 **25** 先の年。 **26** 任命書。『旧唐書』には「中書省に」とある。 **27** 高位を示す門の飾り。 **28** よろしい。 **29** 憲徳王。 **30** 辺境の地理風俗の調査官。

以《も》って妃《ひ》と為《な》す。

(1)長慶《ちょうけい》・(2)宝暦《ほうれき》の間、〔新羅《しんら》は〕再び使者を遣わして来朝せしめ、〔唐《とう》ではその使者を〕留《とど》めて〔宮中に〕宿衛せしむ。彦昇《げんしょう》、死して、子の(3)〔金《きん》〕景徽《けいき》、立つ。(4)大和《たいわ》五年、(5)太子《たいし》左諭徳《さゆとく》の源寂《げんせき》を以《も》って(6)儀の如《ごと》く冊弔《さくちょう》せしむ。

(7)開成《かいせい》の初め、〔金景徽《きんけいき》は〕子の義琮《ぎそう》を遣わして(8)謝《しゃ》せしむ。〔義琮《ぎそう》は宮中に〕留衛《りゅうえい》せんことを願い、聴《ゆる》さる。明年、之《これ》を遣わ〔し還《かえ》〕す。

〔開成《かいせい》〕五年、(9)鴻臚寺《こうろじ》籍《せき》の(10)質子《ちし》及び学生の〔留学の〕歳《とし》満ちたる者一百五人、皆之《みなこれ》を還す。

張保皐《ちょうほこう》・鄭年《ていねん》なる者有り、皆《みな》(11)闘戦を善《よ》くし、槍を用いるに工《たくみ》なり。〔鄭《てい》〕年《ねん》、復《ま》た能《よ》く海に(12)没し、〔もぐったまま〕其《そ》の地五十里を履《ふ》むも(13)噎《むせ》ばず。其《そ》の(14)勇健を角《かく》するに、保皐《ほこう》は〔鄭年《ていねん》

1 穆宗の年号。 2 敬宗の年号。 3 興徳王。

4 文宗の年号。 5 皇太子侍従。 6 いつもの儀礼どおりに。

7 文宗の年号。 8 お礼を言上する。

9 外国人宿泊所にいる。 10 人質。

11 武芸。 12 もぐり。 13 水をのどにつまらせず。 14 たくましさを比べると。 15 兄貴と。 16 年上だというので。

に〕及《およ》ばざるも、〔鄭〕年《ねん》、「兄」(15)を以《も》って保皐《ほこう》を呼ぶ。保皐《ほこう》は歯(16)《とし》を以って、年《ねん》は芸(17)を以って、常《つね》に相下《あいくだ》らず。其《そ》の国自《よ》り皆《みな》〔唐《とう》に〕来たりて〔唐《とう》の〕武寧軍(18)《ぶねいぐん》の小将《しょうしょう》と為《な》る。後保《のちほ》皐《こう》、新羅《しんら》に帰り、其(19)《そ》の王に謁《えつ》して曰《いわ》く、「中国(20)に遍《あまね》く新羅《しんら》人《じん》を以《も》って奴婢《ぬひ》と為《な》す。〔張保皐《ちょうほこう》〕願わくは清海《せいかい》を鎮《しず》むるを得て、賊(21)をして人を掠(22)《りゃく》して西(23)に去ることを得ざらしめん」と。

清海《せいかい》は、海路の要也《かなめなり》。〔新羅《しんら》〕王《おう》、保皐《ほこう》に〔一〕万人を与えて之《これ》を守らしむ。〔このため〕大和(24)《たいわ》自《よ》り後《のち》は、海上(25)には新《しん》羅《ら》人《じん》を鬻(26)《ひさ》ぐ者無し。

保皐《ほこう》既《すで》に其《そ》の国に貴《たっと》ばれしも、〔鄭《てい》〕年《ねん》は飢《き》寒《かん》して漣水(27)《れんすい》に客(28)《きゃく》たり。一日《あるひ》(29)戍主《じゅしゅ》の馮元規《ふうげんき》に謂《い》いて曰《いわ》く、「我、東のかたに帰り、食を張保皐《ちょうほこう》に乞《こ》わんと欲す」と。元規《げんき》曰《いわ》く、

17武芸では勝つので。18徐泗節度使、治所は徐州。19興徳王。20中国のいたるところの地で。21海賊。22かすめとり。23唐の方へつれさる。24文宗の年号。25奴隷船を用いて。26売る。27江蘇省漣水県。28やど住まい。29土地警備のかしら。

「若《なんじ》、保皋《ほこう》と負う(1)所は何如《いかん》。(2)奈何《いか》なれば其《そ》の手に死することを取るや」と。

年《ねん》、曰《いわ》く、

「飢寒《きかん》して死するは、(3)兵死するの快《こころよ》きに如《し》かず。(4)況《いわ》んや故郷に死するを邪《や》」と。

年《ねん》、遂《つい》に去る。

〔鄭年《ていねん》は、清海《せいかい》に〕至りて、保皋《ほこう》に(5)謁《えつ》し、之《これ》と飲みて歓《よろこ》びを極《きわ》む。(6)飲、未《いま》だ卒《おわ》らざるに、〔新羅《しんら》の都で〕(7)大臣其《そ》の(8)王を殺し、国、乱れて主無しと聞く。保皋《ほこう》、兵五千人を分けて年《ねん》に与え、年《ねん》〔の手〕を持《じ》し泣きて曰《いわ》く、「子《し》に非《あら》ずんば禍難を平らぐること能《あた》わず」と。

〔鄭《てい》〕年《ねん》、其《そ》の国に至り、反《そむ》ける者を(9)誅《ちゅう》し、(10)王を立てて以《も》って報《むく》ゆ。王、遂《つい》に保皋《ほこう》を召して(11)相《しょう》と為《な》し、年《ねん》を以《も》って代えて清海《せいかい》を守らしむ。〔唐《とう》の武宗《ぶそう》の〕(12)会昌《かいしょう》の後《のち》、朝貢(13)復《ま》た至らず。

1どのような借りがあるというのか。**2**どうして彼の手にかかって死のうとするのか。**3**刀で殺される。**4**まして故郷で死ねるのだから。

5面会し。**6**宴。**7**金明。**8**僖康王。

9殺し。**10**神武王。**11**宰相。**12**武宗の年号。**13**それきり。

〈現代語訳〉

新羅《しんら》は弁韓《べんかん》の子孫である。漢《かん》の楽浪郡《らくろうぐん》の地に居住していた。その地の広さは、東西は千里、南北は三千里、東は長人《ちょうじん》の侵攻を防ぎ、東南は日本《にっぽん》、西は百済《ひゃくさい》、南は海に接し、北は高《こう》句麗《くり》、そしてその王は金城《きんじょう》を居城としている。

金城の周囲は八里ほど、近衛《このえ》兵は三千人である。その城は侵牟羅《しんむら》と呼ばれ、その王城内にある邑《むら》を喙評《たくひょう》、城外にある邑《むら》を邑勒《ゆうろく》という。喙評は六、邑勒は五十二ある。

役人の礼服は白を尚《たっと》び、山の神を祭ることを好む。八月の満月の日には、王は大宴会を催して、大小の役人たちの労をねぎらい、射礼を行う。

官位の定め方は、王の親族を上位とし、王の血族を第一骨《だいいちこつ》・第二骨《だいにこつ》と名づけて、別格の家柄とみなしている。王の兄弟の娘・姑《おば》・姨《おば》・従姉妹《いとこ》は、すべて結納《ゆいのう》を贈って王の妻とする。王族を第一骨とし、妻も同じく第一骨の出である。生まれた王の子はすべて第一骨で、彼らは第二骨の女は嫁にとらない、とったとしても必ず妾《めかけ》や腰元として正妻にはしない。

官には、宰相《さいしょう》・侍中《じちゅう》・司農卿《しのうけい》・太府令《たいふれい》など、全部で十七等あり、第二骨の者がこの官に就《つ》くことができる。事を行う場合には必ず衆議し、これを「和白《わはく》」と呼ぶ。一人でも意見の合わぬ者があればとりやめにする。宰相職は世襲で俸禄を与え、奴隷《どれい》は三千人、武器・牛・馬・豚なども奴隷の数に見あうほど多い。

海中の島の山で牧畜を営み、食べる必要があると、家畜を射殺《いころ》す。穀物を利息をとって人に貸し付け、返済しきれない場合には、その貸した相手を奴婢として召し使う。

王の姓は金氏《きんし》、貴族の姓は朴氏《ぼくし》、一般人民には姓氏がなくて名だけがある。食事には柳杯《りゅうはい》あるいは銅器・瓦器《がき》を用いる。元日にはたがいに年賀を行い、この日に日月の神を礼拝する。

男子は木の繊維を織った袴《はかま》をはき、婦人は長い襦袢の上着を着て、人に会うと必ずひざを地につけ、手を地についてからだを支えて敬意を表する。婦人はおしろいやまゆずみはつけず、たいていは美しい黒髪を頭上にまきつけ、玉《ぎょく》や色絹で飾っている。男子は髪を切ってそれを売り、黒い頭巾《ずきん》をかぶっている。市場では、どこでも婦人があきないをしている。冬はかまどを家の中に設け、夏は食糧を氷室に貯蔵した氷の上に置く。家畜としては、羊はなく、ろばやらばは少なく、馬が多い。馬はからだは大きいが、走る能力は劣る。

長人《ちょうじん》は人間ではあるが、身の丈《たけ》は三丈、のこぎりのような歯、かぎ型の爪《つめ》をもち、黒い毛が全身をおおっている。食物は火で料理せず、鳥獣をかじって食べ、時には人をなぐり殺して食べる。婦人を捕らえると、その女に衣服を作らせる。その国土は山が数十里にわたって連なり、その間に峡谷がある。長人はこの峡谷の入口を鉄の扉で固め守り、それを関門《かんもん》と呼んでいる。新羅《しんら》は常に弓の射手数千人を駐在させてここを守らせている。

昔、百済《ひゃくさい》が高句麗《こうくり》を伐《う》った時、高句麗は新羅に救援を求めてきた。新羅は全兵力をあげて救援に赴き、百済を破った。それ以来、新羅と百済はたがいに攻めあってやむことがなかった。その後、新羅は百済王を捕らえて殺し、ますます宿怨をつのらせた。

武《ぶ》徳《とく》四年（六二一年）、新羅王の金真平《きんしんぺい》は使者を遣わして唐《とう》に入朝させた。高祖《こうそ》は、通直《つうちょく》散騎侍郎《さんきじろう》の庾文素《ゆぶんそ》に詔《みことのり》し、使節のしるしを持たせて遣わし、返礼の金品を賜わった。その後三年してから、高祖は、金真平を柱国《ちゅうこく》に任命し、楽浪郡王《らくろうぐんおう》・新羅王に封《ほう》じた（六二四年）。

貞観《じょうがん》五年（六三一年）、真平は二人の舞姫を太宗《たいそう》に献上した。太宗は言った。

「近ごろ林邑《りんゆう》から鸚鵡《おうむ》を献上してきたが、その鸚鵡は『故郷がなつかしい』としゃべって、帰りたがっておる。まして人間ならなおさらであろう」

そしてその舞姫を使者にあずけて故国《くに》へ帰らせた。

この年、真平が死んだが、男の子がなかったので、娘の善徳《ぜんとく》を立てて王とし、大臣の乙祭《いっさい》が国政の実権を握った。太宗は詔して真平に左光禄大夫《さこうろくたいふ》を追贈し、絹織物二百を賜わった。

貞観九年（六三五年）、太宗は使者を遣わし、善徳《ぜんとく》を任命して亡父の官爵を継がせた。新羅の国民は彼女を「聖祖皇姑《せいそこうこ》」と呼んだ。

貞観十七年（六四三年）、新羅は高句麗と百済に攻められ、唐に使者が来て援軍を要請した。たまたまその時は、太宗の方でもみずから高句麗を討伐しようとしていたので、詔を下して新羅王に兵を率いて百済の軍勢を分散させようとした。善徳は五万の兵を高句麗の南の辺境に進攻させ、水口城《すいこうじょう》を攻略してそのことを唐に報告した。

貞観二十一年（六四七年）、善徳は死んだ。太宗は彼女に光禄大夫を追贈し、妹の真徳《しんとく》に王位を継がせた。

翌貞観二十二年（六四八年）、真徳はその子の文王《ぶんおう》と、弟の伊賛《いさん》の子である金春秋《きんしゅんじゅう》とを派遣して唐《とう》に来朝させた。太宗《たいそう》は、文王《ぶんおう》を左武衛将軍《さぶえいしょうぐん》に、春秋《しゅんじゅう》を特進《とくしん》に任命した。新羅《しんら》は官人の衣冠のきまりを改め、中国の制度にならいたいと申し出たので、太宗は宮中秘蔵の官服を出して賜わった。さらに、国学《こくがく》に行き、釈奠《せきてん》と講義の様子を見学させ、太宗は勅撰の『晋《しん》書《じょ》』を賜わった。別れの挨拶をして帰国するにあたっては、三品《さんぴん》以上の高官たちに命じて都の郊外まで見送らせた。

高宗《こうそう》の永徽《えいき》元年（六五〇年）、新羅は百済《ひゃくさい》を攻めて百済の軍を撃ち破り、このことを報告するために、春秋の子の法敏《ほうびん》を遣わして唐に入朝させた。金真徳《きんしんとく》は錦を織って頌文《しょうぶん》を作って献上した。その文は次の如くである。

「偉大なる唐国は大いなる御業《みわざ》を開き、高々《たかだか》と皇道は栄《さか》ゆ。戈《ほこ》を止めて天下の平らぎを成し、文を興《おこ》して百王にそれぞれ祖先の後を継がせり。天を統べては雨の恵みを崇《あが》め、万物を治めては国体に美しき章《あや》を備う。帝《みかど》の深き仁愛は日月の徳に諧《かな》い、民を愛撫し給う国運はよき時節にかないて進みゆく。旗印はあかあかと燃え、鉦《どら》と陣太鼓は堂々とひびきわたれり。外夷《がいい》の王命にまつろわぬ者どもは、切り平らげられて天誅《てんちゅう》を受く。淳朴なる民風は、凝《こ》り固まっておちこちに見えがくれし、遠きも近きも競いてめでたき兆《きざ》しをあらわせり。四季の気候はほどよく調《ととの》い、日月星辰は万方を公平に巡り照らす。輔翼《ほよく》の臣には人材を得、帝は忠良の臣を任じ給う。三皇五帝の徳を一つに合わせし、わが唐朝の偉大さを昭らかにす」

高宗はこの内容が気に入り、法敏を太府卿《たいふけい》に抜擢《ばってき》した。

永徽五年（六五四年）、真徳が死んだ。高宗は彼女のために哀悼《あいとう》の儀式をとり行い、開府《かいふ》儀同三司《ぎどうさんし》を追贈し、いろぎぬ三百を賜わり、太常丞《たいじょうじょう》の張文収《ちょうぶんしゅう》に命じて国使《こくし》として弔問《ちょうもん》させ、金春秋に王位を継《つ》がせた。

翌年（六五五年）、百済・高句麗《こうくり》・靺鞨《まっかつ》は協力して新羅の三十城を攻めて奪った。そこで新羅の使者が唐に来て救いを求めた。高宗は蘇定方《そていほう》に命じて三国の軍を討たせ、金春秋を嵎《ぐう》夷道行軍総管《いどうこうぐんそうかん》とし、やがて百済を平らげた。

竜朔《りゅうさく》元年（六六一年）、金春秋は死んで、法敏が王位を継いだ。高宗は新羅の地を鶏林州《けいりんしゅう》大都督府《だいととくふ》とし、法敏に都督《ととく》の任を授けた。

咸亨《かんこう》五年（六七四年）、金法敏は高句麗に謀叛した者たちを受け入れ、百済の地を奪取してその地を手ばなさなかった。高宗は怒り、詔《みことのり》して法敏の官爵を剝奪し、その弟、右驍衛《ゆうぎょうえ》員外大将軍《いんがいだいしょうぐん》・臨海郡公《りんかいぐんこう》の金仁問《きんじんもん》を新羅王とし、都長安《ちょうあん》から帰国させた。また、劉仁軌《りゅうじんき》に詔して鶏林道大総管《けいりんどうだいそうかん》とし、衛尉卿《えいいけい》の李弼《りひつ》と右領軍大将軍《ゆうりょうぐんだいしょうぐん》の李謹行《りきんこう》をその副将として、軍を動員して新羅の軍を追討した。

上元《じょうげん》二年（六七五年）二月、劉仁軌は新羅の軍勢を七重城《しちじゅうじょう》で撃ち破り、さらに靺鞨の兵を率い、海路南の国境を攻略させ、おびただしい数の新羅兵を斬り殺したり捕らえたりした。高宗は李謹行《りきんこう》に詔して安東鎮撫大使《あんとうちんぶたいし》とし、買肖城《ばいしょうじょう》に駐屯させた。李謹行はその地で三たび戦い、新羅軍は三度とも敗退した。

金法敏は使者を遣わし、唐に入朝して謝罪させ、貢ぎ物の籠《かご》を多数贈り届けた。そこで金仁問は長安にもどり、王位を降りた。高宗は詔を下して法敏の官爵をもとにもどした。しかし新羅《しんら》は、百済《ひゃくさい》の土地を大いに奪取し、その勢いは高句麗《こうくり》の南境にまで達した。かくして新羅は、尚《しょう》・良《りょう》・康《こう》・熊《ゆう》・全《ぜん》・武《ぶ》・漢《かん》・朔《さく》・溟《めい》の九州《きゅうしゅう》を置き、これらの州ごとに都督《ととく》がいて、十あるいは二十の郡《ぐん》を統轄した。また、郡には大守《たいしゅ》、県《けん》には小守《しょうしゅ》を置いた。

高宗《こうそう》の開耀《かいよう》元年（六八一年）、金法敏《きんほうびん》が死に、子の政明《せいめい》が王位を継いだ。政明は使者を遣わして唐《とう》に入朝させ、唐の礼法の書、その他の書籍を賜わりたいと申し出た。則天武后《そくてんぶこう》は、『吉凶礼』、および詞文の書五十篇を賜わった。

政明が死ぬと、子の理洪《りこう》が王位を継《つ》いだ。さらに理洪が死ぬと、その弟の興光《こうこう》が王位を継いだ。

玄宗《げんそう》の開元《かいげん》年間（七一三〜七四一年）に、興光はしばしば入朝し、果下馬《かかば》・朝霞紬《ちょうかつむぎ》・魚牙紬《ぎょがつむぎ》・あざらしの皮を献上した。また、二人の婦人を献上したが、玄宗は、

「この婦人はいずれも王のおばや姉妹であり、本国の生活から離れ、親戚や友人と別れてきたのだ。朕《わたし》は彼女たちを留め置くのは、かわいそうでがまんできない」

と言い、手厚く贈り物を賜わって彼女たちを帰してやった。また、興光は王族の若者を唐に派遣し、太学《たいがく》に入れて儒学《じゅがく》の書物を学ばせた。

玄宗は、折を見ては興光に、瑞文《ずいもん》の錦《にしき》・五色の羅《うすぎぬ》・紫繡紋《むらさきしゅうもん》の袍《うちかけ》・金銀の精巧な造りの器物を賜わり、興光の方からも珍しい犬や馬・黄金・美しいかもじなどの品々を献上した。

その頃、渤海《ぼっかい》の靺鞨《まっかつ》が登州《とうしゅう》を侵略し、興光はこれを討って追いはらった。そこで玄宗は興光を寧海軍大使《ねいかいぐんたいし》に抜擢《ばってき》して靺鞨を攻めさせた。

開元《かいげん》二十五年（七三七年）、興光は死んだ。玄宗はとりわけ悲しみ、太子《たいし》太保《たいほ》を追贈し、刑璹《けいとう》に命じ、鴻臚少卿《こうろしょうけい》の資格で弔問《ちょうもん》させ、興光の子の金承慶《きんしょうけい》に王位を継がせた。その際、玄宗は刑璹に次のように詔した。

「新羅国は君子の国と称し、『詩経《しきょう》』『書経《しょきょう》』など経書の学を理解しておる。卿《きみ》は儒学《じゅがく》に造詣《ぞうけい》が深いので、いま使節のしるしを持たせてかの国に行かせるのだ。どうか経書《けいしょ》の本義を述べて、わが国では儒教が盛んであることを知らせてやってほしい」

また、新羅の国民が囲碁《いご》を得意とするので、碁の強い率府《そっぷ》兵曹参軍《へいそうさんぐん》の楊季鷹《ようきよう》に詔して副使《ふくし》とした。新羅の国の囲碁の名手たちは、みな楊《よう》にはかなわなかった。こういうわけで、新羅は唐からの使者に手厚く財宝を贈った。

その後まもなく、玄宗は承慶の妻の朴《ぼく》に令書を与えて妃《ひ》とした。承慶が死ぬと、詔《みことのり》して使者を葬儀に出席させ、その弟の金憲英《きんけんえい》に王位を継承させた。憲英は玄宗が蜀《しょく》に難を避けていた時にも、使者を遣わし、長江《ちょうこう》をさかのぼって成都《せいと》に行かせ、入朝して正月の挨拶をさせた。

大暦《たいれき》年間（七六六〜七七九年）の初め、憲英《けんえい》は死に、子の乾運《けんうん》が立つこととなったが、まだ子供であったため金隠居《きんいんきょ》を唐に入朝させ、正式に新羅王に封《ほう》ぜられるのを待った。代宗《だいそう》は倉部《そうぶ》郎中《ろうちゅう》の帰崇敬《きすうけい》に詔して弔問に行かせ、監察御史《かんさつぎょし》の陸珽《りくてい》・顧愔《こいん》を副使とし、金乾運を新羅王に封ずる旨《むね》の任命書を授けさせ、同時に母の金《きん》を太妃《たいひ》とした。ちょうどそのころ、新羅の宰相《さいしょう》が、権力争いからせめぎあい、国が大いに乱れたが、三年たってやっと治まった。そこで新羅《しんら》は唐《とう》に毎年朝貢することとなった。

建中《けんちゅう》四年（七八三年）、金乾運《きんけんうん》が死んだが、男の子がいなかったので、新羅の国の人々はみなで宰相《さいしょう》の金良相《きんりょうしょう》を擁立して王位を継がせた。

徳宗《とくそう》は貞元《ていげん》元年（七八五年）、戸部郎中《こぶろうちゅう》の蓋塤《がいけん》を遣わし、国使《こくし》のしるしを持たせ、良相を新羅王に任命させた。

この年、良相が死に、良相のいとこの金敬信《きんけいしん》を立てて王位を継がせた。

貞元十四年（七九八年）、敬信が死んだが、それ以前に子も死んでいなかったので、敬信の孫の俊邕《しゅんよう》を立てた。

翌年（七九九年）、司封郎中《しほうろうちゅう》の韋丹《いたん》に俊邕を王と認定する任命書を持たせて派遣したが、韋丹が新羅に到着する前に俊邕が死んだので、丹は唐に引き返した。そこで俊邕の子の重興《じゅうこう》があとを継ぐこととなった。

順宗《じゅんそう》は永貞《えいてい》元年（八〇五年）、兵部郎中《へいぶろうちゅう》の元季方《げんきほう》に重興を新羅王に認定する任命書を与えるよう詔《みことのり》した。その三年後に、新羅の使者の金力奇《きんりよくき》が唐へ来て、謝意を表してこう申し出た。

「先年、亡き主君の俊邕を王とされ、その母の申《しん》は太妃《たいひ》に、妻の叔《しゅく》は妃《ひ》に任じていただきましたが、俊邕は不幸にも亡くなり、任命書は貴国の省中に留め置かれたままになっております。臣《わたくしめ》がちょうだいして帰らせていただきたく存じます」

金力奇はさらに、新羅の宰相の金彦昇《きんげんしょう》・金仲恭《きんちゅうきょう》・王の弟の蘇《そ》金添明《きんてんめい》に戟《ほこ》を列べた門飾りを設けることを許してほしいと願い出た。憲宗《けんそう》はいずれも「よろしい」と詔した。その後あわせて二度朝貢してきた。

その後七年たって重興が死に、金彦昇が王となり、唐に先王の喪を発すると告げてきた。そこで憲宗は職方員外郎《しょくほういんがいろう》の崔廷《さいてい》に命じ、新羅に弔問に行かせ、また金彦昇を新王に任命し、その妻の貞《てい》を妃とした。長慶《ちょうけい》（八二一～八二四年）・宝暦《ほうれき》（八二五～八二七年）年間に、新羅は二度使者を遣わして唐《とう》に来朝させ、唐ではその使者を留めて宮中で宿衛させた。彦昇が死ぬと、子の金景徽《きんけいき》があとを継いだ。

大和《たいわ》五年（八三一年）、文宗《ぶんそう》は太子左諭徳《たいしさゆとく》の源寂《げんせき》に命じ、しきたり通りに王の任命書を持たせて弔問させた。

開成《かいせい》年間（八三六～八四〇年）の初め、金景徽は子の金義琮《きんぎそう》を唐に派遣して謝意を表させた。義琮は留まって宮中で宿衛したいと願い出て許された。翌年、文宗は義琮を国へ帰してやった。

開成五年（八四〇年）、鴻臚寺《こうろじ》にいた新羅の人質、および留学生の満期になった者百五人をすべて帰国させた。

新羅に張保皐《ちょうほこう》と鄭年《ていねん》という者がいた。いずれも武芸に秀で、槍の使い手であった。鄭年はまた海中にもぐるのが得意で、もぐったまま海底を五十里歩いても、水をのどにつまらせなかった。勇猛さを比べれば保皐は鄭年にかなわなかったが、鄭年は保皐を兄貴《あにき》と呼んだ。保皐は年長ということで、鄭年《ていねん》は武芸にすぐれているということで、いつもどちらも譲らなかった。二人とも新羅《しんら》から唐《とう》に来て、唐の武寧軍《ぶねいぐん》の小将《しょうしょう》となった。

その後、張保皐《ちょうほこう》は新羅に帰り、新羅王に拝謁して報告した。

「中国のいたる所で、新羅人を奴隷としております。わが新羅国としては清海《せいかい》の制海権を握り、海賊が新羅人を捕らえて西方、唐の地へ連れ去ることができないようにいたしたいと存じます」

清海は新羅の海路の要衝《ようしょう》である。そこで新羅王は保皐に一万人の兵を与えてここを守らせた。かくして大和《たいわ》年間（八二七〜八三五年）以後は、海上において新羅人を捕らえて唐に奴隷として売り渡す賊はいなくなった。

こうして張保皐は新羅において出世したが、一方、鄭年《ていねん》はその日の生活にも窮するような状態で漣水《れんすい》に仮りずまいをしていた。ある日彼は、その地の警備団の頭《かしら》の馮元規《ふうげんき》にこう言った。

「わしは東へ帰り、張保皐に食わせてもらおうと思う」

元規は言った。

「おまえは保皐にどんな借りがあるというのか。どうしてわざわざ彼の手にかかって死のうとするのだ」

鄭年は言った。

「腹をすかし、こごえて死ぬよりは、いっそ刀でバッサリやられる方がさっぱりしている。

まして故郷で死ねるのだから」

鄭年はそのまま保皐のもとへ行くと彼に面会し、二人は酒を酌みかわして楽しみの限りを尽くした。鄭年はそのまま漣水《れんすい》をあとにした。その宴会が終わらないうちに、新羅の都で大臣が王を殺害し、国政は乱れ、国家に主たる者がいなくなった、というしらせがはいった。保皐は自分の手勢五千人を分けて鄭年に与え、鄭年の手をしっかりと握り、涙を流して言った。

「きみでなければ、この禍《わざわ》いを平らげることはできない」

鄭年は国都に至り、反乱を起こした者を誅殺し、王を立てて期待にこたえた。新羅王は保皐を召し出して宰相とし、保皐に代わって鄭年に清海を守らせた。会昌《かいしょう》年間（八四一〜八四六年）以後は、新羅からの朝貢は二度と来なかった。

日《にっ》本《ぽん》

日本《にっぽん》は、古《いにしえ》の倭《わ》の奴《な》也《なり》。(1)京師《けいし》を去《さ》ること〔一〕万四千里にして、新羅《しんら》の東南に直《あた》りて海中に在《あ》り。(2)島にして居《きょ》す。〔その土地の広さは〕東西には五ヵ月の(3)行《こう》にして、南北には三ヵ月の行なり。

国〔の都〕には(4)城郛《じょうふ》無く、木を聯《つら》ねて(5)柵落《さくらく》と為《な》し、草を以《も》って(6)屋《やね》を茨《ふ》く。(7)左右には小島五十余り〔ありて〕、皆自《みなみずか》ら国と名づけ、而《しこう》して(8)之《これ》に(9)臣附《しんぷ》す。(10)本率《ほんそつ》一人を置き、諸部を検察せしむ。

其《そ》の俗は女多く、男少なし、文字有り、(11)浮屠《ふと》の法を尚《たっと》ぶ。

其《そ》の官には(12)十有二等あり。

其《そ》の王の姓は(13)阿毎《あめ》氏《し》、自《みずか》ら言う、(14)初主は天御中主《あめのみなかぬし》と号《ごう》し、(15)彦瀲《ひこなぎさ》に至るまで凡《およ》そ三十二世、皆《みな》「尊《みこと》」を以《も》って号と為《な》

〈語　釈〉

1唐の都、長安から。**2**島国である。**3**旅程日数。

4町を囲む防壁、外囲い。**5**木の柵の囲い。**6**茅葺き。**7**そのあたり。**8**日本王室に。**9**つき従う。**10**中心となる統領。

11ブッダの音訳。**12**冠位十二階。

13天（アメ）。**14**初代。**15**鸕鷀草葺不合尊。**16**みやこ。

し、筑紫城《つくしじょう》に居《きょ》す。彦瀲《ひこなぎさ》の子、神武《じんむ》立ち、更《あらた》めて天皇《てんのう》を以《も》って号と為《な》し、[16]治《ち》を大和州《やまとしゅう》に徙《うつ》す。

次は綏靖《すいぜい》と曰《い》い、次は安寧《あんねい》、次は懿徳《いとく》、次は孝昭《こうしょう》、次は[17]天《てん》安《あん》、次は孝霊《こうれい》、次は孝元《こうげん》、次は開化《かいか》、次は崇神《すじん》、次は垂仁《すいにん》、次は景行《けいこう》、次は成務《せいむ》、次は仲哀《ちゅうあい》〔という〕。仲哀《ちゅうあい》死して、開《かい》化《か》の[18]曾孫女《そうそんじょ》[19]神功《じんぐう》を以《も》って王と為《な》す。

次は応神《おうじん》、次は仁徳《にんとく》、次は履中《りちゅう》、次は反正《はんぜい》、次は允恭《いんぎょう》、次は安康《あんこう》、次は雄略《ゆうりゃく》、次は清寧《せいねい》、次は顕宗《けんぞう》、次は仁賢《にんけん》、次は武《ぶ》烈《れつ》、次は継体《けいたい》、次は安閑《あんかん》、次は宣化《せんか》、次は欽明《きんめい》〔なり〕。欽明《きんめい》の十一年は、梁《りょう》の[20]承聖《しょうせい》元年に直《あた》る。

次は[21]海達《かいたつ》、次は用明《ようめい》、亦《ま》た目多利思比孤《めたりしひこ》とも曰《い》い、隋《ずい》の[22]開《かい》皇《こう》[23]末に直《あた》る。始めて中国と〔国交を〕通ず。次は崇峻《すしゅん》〔なり〕。崇峻《すしゅん》死して、欽明《きんめい》の孫女[24]雄古《ゆうこ》立つ。次は舒明《じょめい》、次は皇《こう》極《ぎょく》〔なり〕。

17 孝安の誤り。18 ひまごむすめ。19 仲哀の皇后。

20 元帝の年号。欽明十一年は西暦五五〇年に、承聖元年は西暦五五二年にあたり、二年のずれがある。

21 敏達の誤り。22 文帝の年号。23 終わり頃（実は中頃）。24 欽明の娘の推古の誤り。

其《そ》の俗は(1)椎髻《ついけい》し、(2)冠帯無く、(3)跣《せん》して以《も》って行き、(4)幅巾《ふくきん》にて後ろを蔽《おお》う。貴者は(5)錦《にしき》を冒《かぶ》る。婦人は(6)純色の裙《くん》、長き(7)腰襦《ようじゅ》を衣《き》、(8)後ろに結髪す。

〔隋《ずい》の〕煬帝《ようだい》に至り、(9)其《そ》の民に錦綫冠《きんせんかん》を賜《たま》い、〔冠《かんむり》を〕飾《かざ》るに金玉を以《も》ってし、(10)文布を衣と為《な》し、左右の〔腰に〕(11)銀《ぎん》蘤《か》〔その〕長さ八寸なるを佩《お》び、〔飾りの〕多少を以って貴賤を明らかにせしむ。

〔唐《とう》の〕太宗《たいそう》の貞観《じょうがん》五年、〔日本は〕使者を遣わして入朝せしむ。(12)帝《てい》其《そ》の〔距離の〕遠きを矜《あわ》れみ、(13)有司に詔《みことのり》して歳《とし》〔ごとの〕貢《みつぎ》に拘《こだわ》ること毋《な》からしむ。(14)新州《しんしゅうし》刺史《し》の(15)高仁表《こうじんひょう》を遣わして往《ゆ》きて諭《さと》さしむるも、〔高《こう》は日本の〕王と(16)礼を争いて平《たい》らかならず、天子の命を宣《せん》することを肯《がえん》ぜずして還《かえ》る。之《これ》を(17)久しくして、〔日本は〕更《あらた》めて新羅《しんら》の使者に(18)附《ふ》して〔国(19)〕書を上《たてまつ》る。

1 髪を槌の形に丸く結び。**2** 冠や帯を使わない。**3** はだしで。**4** ひと幅の布。**5** きぬかずき。**6** 無地のスカート。**7** 襦袢。**8** 頭のうしろにまげを結う。**9** 中国から使者にもたせて日本の官人に。**10** 模様織りの布。**11** 銀の花飾り。蘤は花。

12 唐の太宗。**13** 役人。**14** 広東省新興県。**15** 『旧唐書』『日本書紀』では高表仁とする。**16** 儀式の次第や席順など。**17** しばらくして。**18** 託して。**19** 上表文。

[20]永徽《えいき》の初め、其《そ》の王孝徳《こうとく》即位し、改元して白雉《はくち》と曰《い》い、虎《こ》魄《はく》の大きさ斗[21]の如《ごと》く、碼碯《めのう》の五升[22]の器《うつわ》の若《ごと》きを〔唐《とう》に〕献《けん》ず。時に新羅《しんら》は高《こう》〔句《く》〕麗《り》・百済《ひゃくさい》の暴《ぼう》する所と為《な》る。高宗《こうそう》[23]璽書《じしょ》を賜い、兵を出《い》だして新羅《しんら》を援《たす》け令《し》む。未《いま》だ幾《いくばく》もあらずして孝徳《こうとく》死し、[24]其《そ》の子の天豊財《あめのとよたから》立つ。

〔斉明《さいめい》〕死して子の天智《てんじ》立つ。明年《あくるとし》、〔日本《にっぽん》の〕使者、蝦蛦人《えぞひと》と偕《とも》に〔唐《とう》に〕朝す。蝦蛦《えぞ》も亦《ま》た海島の中に居し、其《そ》の使者は鬚《あごひげ》の長さ四尺許《ばか》[25]り、箭《せん》[26]を首《かしら》に[27]珥《じ》し、人をして瓠《こ》[28]を戴《いただ》きて立つこと数十歩〔の距離〕なら令《し》め、射《い》て中《あ》たらざること無し。

天智《てんじ》死して、子の天武《てんむ》[29]立つ。

〔天武《てんむ》〕死して子の総持《そうじ》[30]立つ。

[31]咸亨《かんこう》元年、〔日本《にっぽん》は唐《とう》に〕使いを遣わして〔唐《とう》が〕高《こう》〔句《く》〕麗《り》を平[32]らげしことを賀《が》す。後稍《のちようや》[33]く夏《か》の音を習い、倭《わ》[34]の名を

20高宗の年号。**21**約六リットルの枡。**22**一升は約〇・六リットル。**23**詔勅。

24その子は誤り。天豊財重日足姫尊（あめとよたからいかしひたらしひめのみこと）は皇極の異称。皇極が重祚（ふたたび即位）して斉明となった。

25当時の一尺は約三一センチ。**26**矢。**27**耳にはさむ。

28ひさご、ひょうたん。

29天智の子は弘文であり、天武と天智とは兄弟。

30子の総持は誤り。天武のあと、その皇后で天智の子である持統がついだ。

31高宗の年号。**32**高宗の総章元年。**33**中国語。**34**「倭」とは背が曲がって丈の低い人の意。

悪《にく》みて更《あらた》めて日本《にっぽん》と号《ごう》す。使者自《みずか》ら言う、
「国、日の出《い》ずる所《ところ》に近ければ、以《も》って名と為《な》す」と。
或《ある》いは云う、
「日本《にっぽん》は乃《すなわ》ち小国にして、(1)倭《わ》の弁《あわ》す所と為《な》る。故に其《そ》の号を冒《おか》す」と。

使者は情を(2)以《も》ってせず、故に焉《これ》を疑う。又妄《またみだ》りに(3)夸《ほこ》りて、其《そ》の国都は(4)方数千里にして、南・西は海に尽き、東・北は大山に限られ、(5)其《そ》の外は即《すなわ》ち(6)毛人なりと云う。

(7)長安《ちょうあん》元年、其《そ》の王文武《もんむ》立ち、改元して(8)太宝《たいほう》と曰《い》う。〔文武《もんむ》天皇《てんのう》は〕(9)朝臣《あそん》真人《まひと》粟田《あわた》を遣わして方物を貢《こう》せしむ。朝臣《あそん》真人《まひと》とは、猶《な》お唐《とう》の(10)尚書《しょうしょ》のごとき也《なり》。〔粟田《あわた》は〕(11)進徳冠《しんとくかん》を冠《かぶ》り、〔冠の〕頂《いただき》には(12)華《か》蘤《か》四《し》披《ひ》有りて、(13)紫袍帛帯《しほうはくたい》す。真人《まひと》は学を好み、能《よ》く(14)文を属《つら》ね、進止に(15)容《かたち》有り。(16)武后之《ぶこうこれ》を麟徳殿《りんとくでん》に(17)宴《えん》せしめ、(18)司《し》膳卿《ぜんけい》〔の位〕を授けて、之《これ》を還《かえ》らしむ。

1 倭に併合された。**2** 真相をかたらず。**3** ほらをふき。**4** 数千里四方もある。**5** 山の向こう側。**6** 毛ぶかい人。**7** 則天武后の年号。**8** 大宝（七〇一～七〇四年）の誤り。**9** 粟田真人。**10**『旧唐書』には戸部尚書（財務長官）とある。**11** 唐の制度による冠の一つ。**12** 位を示す花飾り四本。**13** 紫の上衣としろぎぬの帯。**14** 文章をつらね。**15** 物腰が美しい。**16** 則天武后。**17** 酒宴に招く。**18** 食膳を司る官。**19** 阿用は元明の諱、阿閇の誤りか。ただし元明は文武の子ではなく母。**20** 元明の娘で文武の姉が元文武《もんむ》死して、子の(19)阿用《あよう》立つ。〔元明《げんめい》〕死して、子の(20)聖武《しょうむ》立ち、改元して(21)白亀《はくき》と曰《い》う。(22)開元《かいげん》の初め、粟田《あわた》(23)復《ふたた》び朝《ちょう》し、諸儒従《よ》り経を受けんと請う。(24)四門助教《しもんじょきょう》の趙玄黙《ちょうげんもく》に詔《みことのり》し、(25)鴻臚寺《こうろじ》に即《つ》きて師為《た》らしむ。〔粟田《あわた》は趙《ちょう》に〕大幅の布を献じて贄《し》と為《な》し、〔帰国の時には〕賞物を悉《つく》して書に貿《か》えて以《も》って帰る。

其《そ》の〔遣唐使の〕(26)副《ふく》の(27)朝臣仲満《あそんなかまろ》は(28)華《か》を慕いて去ることを肯《がえん》ぜず。〔阿倍仲麻呂《あべのなかまろ》は〕姓名を易《か》えて(29)朝衡《ちょうこう》と曰《い》い、(30)左補《さほ》闕《けつ》・(31)儀《ぎ》王《おう》の友《ゆう》を(32)歴《へ》て、該識する所多く、(33)久しくして乃《すなわ》ち還《かえ》る。

聖武《しょうむ》死して、女《むすめ》の(34)孝明《こうめい》立ち、改元して天平勝宝《てんぴょうしょうほう》と曰《い》う。(35)天宝《てんぽう》十二載《さい》、朝衡《ちょうこう》復《ま》た入朝し、〔そのまますみついて〕(36)上元《じょうげん》中、(37)左《さ》散騎《さんき》常侍《じょうじ》・(38)安南都護《あんなんとご》に擢《ぬき》んでらる。〔このころ〕新羅《しんら》は海道を梗《ふさ》ぎ〔しゆえに〕、更《あらた》めて(39)明《めい》

正として立った後、文武の子の聖武が即位。**21**神亀(七二四〜七二九年)の誤り。**22**玄宗の年号。**23**『続日本紀』には七一七年の遣唐使での粟田の再入唐記録はない。**24**下級貴族や庶民の子弟を教育する四門館の副教官。**25**外国人接待所。**26**副使(実は留学生)。**27**阿倍仲麻呂。**28**中国。**29**晁衡とも。**30**天子の諫言役。**31**玄宗の第十二子。**32**衛尉少卿・秘書監兼衛尉卿なども歴任した。**33**実際には、七五三年、帰国の途につくが唐に戻った。**34**孝謙の誤り。聖武は存命中に娘の孝謙に譲位。**35**玄宗の年号。**36**粛宗の年号。**37**天子の顧問官。**38**安南(インドシナ半島北部)の軍政長官。**39**浙江省寧波市の南。

〔州《しゅう》〕(1)・越州《えっしゅう》繇《よ》り朝貢せしむ。〔日本では〕(2)孝明《こうめい》死して、(3)大炊《おおい》立つ。死して(4)聖武《しょうむ》の女《むすめ》高野《こうや》姫《ひめ》を以《も》って王と為《な》す。〔高野姫《こうやひめ》〕死して、(5)白壁《しらかべ》立つ。
(6)建中《けんちゅう》元年、〔日本の〕使者の(7)真人《まひと》(8)興能《おきよし》方物を献《けん》ず。真人《まひと》とは蓋《けだ》し官に因《よ》りて氏とせし者ならん。興能《おきよし》は書を善《よ》くし、其《そ》の紙は〔蚕の〕繭《まゆ》に似て沢《つやや》かなり、〔唐《とう》の〕人は(9)識《し》るもの莫《な》し。
(10)貞元《ていげん》の末、其《そ》の王は桓武《かんむ》と曰《い》い、(11)使者を遣わして朝《ちょう》せしむ。其の(12)学子の橘《たちばなの》(13)免勢《はやなり》・(14)浮屠《ふと》の空海《くうかい》は留《とど》まりて業を(15)肄《なら》わんと願う。(16)二十余年を歴《へ》て、使者の(17)高階真人《たかしなのまひと》来たり、〔橘《たちばなの》〕免勢《はやなり》等と倶《とも》に還《かえ》らんことを請う。〔唐《とう》の憲宗《けんそう》は〕可《よし》と詔《みことのり》す。
次は(18)諾楽《なら》立つ。次は嵯峨《さが》、次は(19)浮和《ふわ》、次は仁明《にんみょう》〔なり〕。仁明《にんみょう》は(20)開成《かいせい》四年に直《あた》りて、復《ま》た(21)入貢す。次は文徳《もんとく》、次は清《せい》

1 浙江省紹興県。
2 孝明は孝謙の誤り。3 大炊は淳仁の諱。4 淳仁は廃されて淡路へ流され、孝謙〔高野天皇〕が重祚して称徳となった。5 白壁は光仁の諱。
6 徳宗の年号。7 六八四年に定められた八色の姓の第一位。8 不明。9 はじめて見るものであった。
10 徳宗の年号。11 貞元二十年〔八〇四年〕の遣唐使。12 勉強しにいった人。13 逸。14 仏僧。15 学業を習いたいと。16 二十余月の誤りか。17 高階真人遠成。
18 平城。19 淳和。20 文宗の年号。21 第十七回のいわゆる承和の遣唐使。第十八回

和《わ》、次は陽成《ようぜい》〔なり〕。次の光孝《こうこう》、〔その即位の年は〕(22)光啓《こうけい》元年に直《あた》る。

其《そ》の東海の嶼《しま》の中には、又《また》邪古《やこ》・波邪《はや》・多尼《たに》の三小王有り。〔日本の周囲は〕北は新羅《しんら》と〔海で〕距《へだ》たり、西北は百《ひゃく》済《さい》〔と海をへだててむかいあい〕、西南は(23)越州《えっしゅう》に直《あた》る。(24)糸《し》絮《じょ》・怪珍有りと云《い》う。


は中止となったので、最後の遣唐使。**22** 僖宗の年号。**23** 浙江省紹興県。**24** 絹・綿。


〈現代語訳〉

日本《にっぽん》は古《いにしえ》の倭《わ》の奴国《なこく》である。都長安《ちょうあん》から一万四千里、新羅《しんら》の東南にあたり、海中にある島国である。その国土の広さは東西は歩いて五ヵ月の行程、南北は三ヵ月の行程である。国都には城郭がなく、材木を並べて木柵《もくさく》とし、草で屋根をふいている。周辺には五十余りの小島があり、それぞれ勝手に国と号し、日本国に臣下として服従している。王は統轄者を一人置いて、諸地方を監督させている。日本国の民情は、女が多く男が少ない。文字を用い、仏教を信奉している。官位には十二等級ある。

国王の姓は阿毎《あめ》氏《し》、彼がみずから言うには、初代の国王は天御中主《あめのみなかぬし》と号し、彦瀲《ひこなぎさ》に至るまですべて三十二代、いずれも「尊《みこと》」と呼ばれ、筑紫城《つくしじょう》に住んでいた。彦瀲の子の神武《じんむ》が立ち、あらためて「天皇《てんのう》」と呼ぶようになり、都を大和州《やまとしゅう》に遷《うつ》した。

次は綏靖《すいぜい》、その次は安寧《あんねい》、その次は懿徳《いとく》、その次は孝昭《こうしょう》、その次は天安《てんあん》、その次は孝霊《こうれい》、その次は孝元《こうげん》、その次は開化《かいか》、その次は崇神《すじん》、その次は垂仁《すいにん》、その次は景行《けいこう》、その次は成《せい》務《む》、その次は仲哀《ちゅうあい》という。仲哀が死ぬと、開化の曾孫娘《ひまごむすめ》の神功《じんぐう》を王とした。

その次は応神《おうじん》、その次は仁徳《にんとく》、その次は履中《りちゅう》、その次は反正《はんぜい》、その次は允恭《いんぎょう》、その次は安《あん》康《こう》、その次は雄略《ゆうりゃく》、その次は清寧《せいねい》、その次は顕宗《けんぞう》、その次は仁賢《にんけん》、その次は武烈《ぶれつ》、その次は継体《けいたい》、その次は安閑《あんかん》、その次は宣化《せんか》、その次は欽明《きんめい》である。欽明の十一年は、梁《りょう》の承聖《しょうせい》元年（五五二年）にあたる。

その次は海達《かいたつ》、その次の用明《ようめい》はまた目多利思比孤《めたりしひこ》ともいい、隋《ずい》の開皇《かいこう》（五八一～六〇〇年）末にあたる。この時はじめて中国と国交を通じた。その次は崇峻《すしゅん》である。崇峻が死ぬと、欽明の孫娘の雄古《ゆうこ》が王位を継いだ。その次は舒明《じょめい》、その次は皇極《こうぎょく》である。

日本国人《にっぽんこくじん》の風俗は、槌《つち》形の髻《まげ》を結い、冠や帯は着用せず、はだしで歩き、ひと幅の布で身体の後部を蔽《おお》っている。身分の高い者は錦《にしき》のかづきをかぶっている。婦人は模様のない無地のスカート、長い襦袢《じゅばん》を着用し、髪は頭のうしろで結《ゆ》っている。

隋《ずい》の煬帝《ようだい》の時（六〇四～六一七年）に煬帝は使者を遣わして日本国の役人に錦綫冠《きんせんかん》を賜わり、その冠を金玉でかざり、模様織りの布で衣服をつくり、左右の腰に長さ八寸の銀の花飾りを下げ、そのかざりの数によって身分の高低が明らかになるようにさせた。

唐《とう》の太宗《たいそう》の貞観《じょうがん》五年（六三一年）、日本国は使者を派遣して唐に入朝させた。太宗は、日本からの距離が遠いのに同情し、役人に命じて、無理に毎年朝貢しなくてもよいようにとりはからわせた。また新州刺史《しんしゅうしし》の高仁表《こうじんひょう》を遣わし、日本国王に勅諭を伝えさせようとしたが、高仁表は日本国王と儀礼の問題でいさかいを起こして立腹し、天子の命を読みあげることを拒否して国へもどった。しばらくして、日本はあらためて新羅の使者に託して上奏文を送呈してきた。

永徽《えいき》年間（六五〇～六五六年）の初め、日本国王の孝徳《こうとく》が即位し、改元して年号を白雉《はくち》（六五〇～六五四年）と改めた折に、一斗枡ほどもある虎魄《こはく》と、五升入りの容器大の碼碯《めのう》とを唐に献上してきた。当時、新羅《しんら》は高句麗《こうくり》と百済《ひゃくさい》に侵《おか》されて損害を受けていた。そこで高宗《こうそう》は詔勅を下し、軍を発して新羅を救援させた。

ほどなく、日本国では孝徳が死に、その子の天豊財《あめのとよたから》が位を継いだ。斉明《さいめい》が死ぬとその子の天智《てんじ》があとを継いだ。

翌年（六六二年）、日本の使者が蝦蛦人《えぞひと》とともに唐に入朝してきた。蝦蛦もやはり海中の島に住み、その使者はあごひげの長さが四尺ほどあり、矢をつがえて引きしぼり、耳にはさんで構え、人にひょうたんを頭上にのせて数十歩離れた所に立たせてそのひょうたんを射ると、百発百中であった。

天智が死ぬと、その子の天武《てんむ》が位を継いだ。

天武が死ぬとその子の総持《そうじ》が位を継いだ。

咸亨《かんこう》元年（六七〇年）、日本《にっぽん》は唐《とう》に使者を遣わして、唐が高句麗《こうくり》を平定した（六六八年）ことを慶賀した。その後日本人は、しだいに中国語に習熟し、倭《わ》という呼び名をきらって日本と改号した。使者がみずから言うに、

「わが国は太陽の出る所に近いから、それで国名としたのだ」と。

また、こういう説もある。

「日本は小国だったので、倭に併合され、そこで倭が日本という国名を奪ったのだ」

使者が真相を語らないのでこの日本という国号の由来は疑わしい。また、その使者はいいかげんなことを言ってはほらを吹き、日本の国都は数千里四方もあり、南と西は海に達し、東と北は山に限られており、山の向こうは毛人の住む地だ、などと言っている。

長安《ちょうあん》元年（七〇一年）、日本の国王に文武《もんむ》が立ち、太宝《たいほう》と改元した。文武は、朝臣真人粟《あそんまひとあわ》田《た》を遣わして日本の産物を唐に朝貢させた。朝臣真人とは、ちょうど唐の尚書《しょうしょ》のような役である。粟田は進徳冠《しんとくかん》をかぶり、冠の頂《いただき》には四本の花飾りがあり、紫の上衣を着、しろぎぬの帯をしめている。真人は学問を好み、文章を書きつらねることができ、物腰が美しかった。即天武后《そくてんぶこう》は彼を麟徳殿《りんとくでん》に招いて宴を開き、司膳卿《しぜんけい》の位を授けたうえで帰国させた。

文武が死ぬと、その子の阿用《あよう》が位を継《つ》いだ。

元明《げんめい》が死ぬと、その子の聖武《しょうむ》が位を継ぎ、白亀《はくき》と改元した。

開元《かいげん》年間（七一三～七四一年）の初め、粟田は再び来朝し、唐の儒者たちから経書の学を教えてもらいたいと願い出た。そこで帝《みかど》は、四門助教《しもんじょきょう》の趙玄黙《ちょうげんもく》に、鴻臚寺《こうろじ》に出向き、粟田の

指南役になってやるようにと詔《みことのり》した。粟田は趙に大幅の布を献じて弟子《でし》入りの礼とし、帰国する時には、唐朝から贈られた物をすべて書物に換えて持ち帰った。

粟田の副使として来朝した朝臣仲満《あそんなかまろ》は、中国を慕って帰国を承知しなかった。彼は姓名を中国風に変えて朝衡《ちょうこう》と名のり、左補闕《さほけつ》・儀王《ぎおう》の学友を歴任し、広く知識をそなえ、長期間滞在したのちにやっと帰国した。

聖武が死んで、その娘の孝明《こうめい》が位を継ぎ、天平勝宝《てんぴょうしょうほう》(七四九年)と改元した。天宝《てんぽう》十二年(七五三年)、朝衡は再び来朝し、そのまま住みついて、上元年間(七六〇～七六二年)には左散騎常侍《ささんきじょうじ》・安南都護《あんなんとご》に抜擢《ばってき》された。

当時、新羅《しんら》が海路を封鎖したので、日本は航路を変更して明州《めいしゅう》・越州《えつしゅう》経由で朝貢するようになった。

日本では孝明が死に、大炊《おおい》が位を継いだ。淳仁が死ぬと聖武の娘の高野姫《こうやひめ》を王とした。高野姫が死ぬと白壁《しらかべ》が位を継いだ。

建中《けんちゅう》元年(七八〇年)、日本国の使者の真人興能《まひとおきよし》が国の産物を献上した。真人とは、おそらく官名を氏《うじ》とした者であろう。興能は書にすぐれており、彼の用いる日本産の紙は、蚕《かいこ》の繭《まゆ》に似てつやがあり、唐の人ははじめて眼にするものであった。

貞元《ていげん》年間(七八五～八〇五年)の末、日本国王は桓武《かんむ》といい、使者を遣わして来朝させた。使節団の中にいた学士《がくし》の橘逸勢《たちばなのはやなり》と仏僧の空海《くうかい》は、そのまま唐に残留して学問を修得したいと望んだ。それから二十年以上たって、日本国の使者の高階真人《たかしなのまひと》が来朝した(八〇六年)。そして、橘逸勢《たちばなのはやなり》たちといっしょに帰らせてほしいと願い出た。憲宗《けんそう》は「よろしい」と詔した。

桓武《かんむ》の次に諸楽《なら》が位を継いだ。その次は嵯峨《さが》、その次は浮和《ふわ》、その次は仁明《にんみよう》である。仁明は、開成《かいせい》四年(八三九年)にまた唐に入貢した。その次は文徳《もんとく》、その次は清和《せいわ》、その次は陽成《ようぜい》である。その次の光孝《こうこう》が即位したのは、わが光啓《こうけい》元年(八八五年)にあたる。

日本国《にっぽんこく》の東海の島々の中には、邪古《やこ》・波邪《はや》・多尼《たに》の三つの小国の王がいる。日本国の周囲は北は新羅《しんら》と海をへだて、西北は百済《ひやくさい》と海をはさんで向かいあい、西南は越州《えつしゆう》の方角にある。日本には絹糸や綿《めん》を産し、めずらしい物があるということである。

宋史（巻四百九十一・外国七）

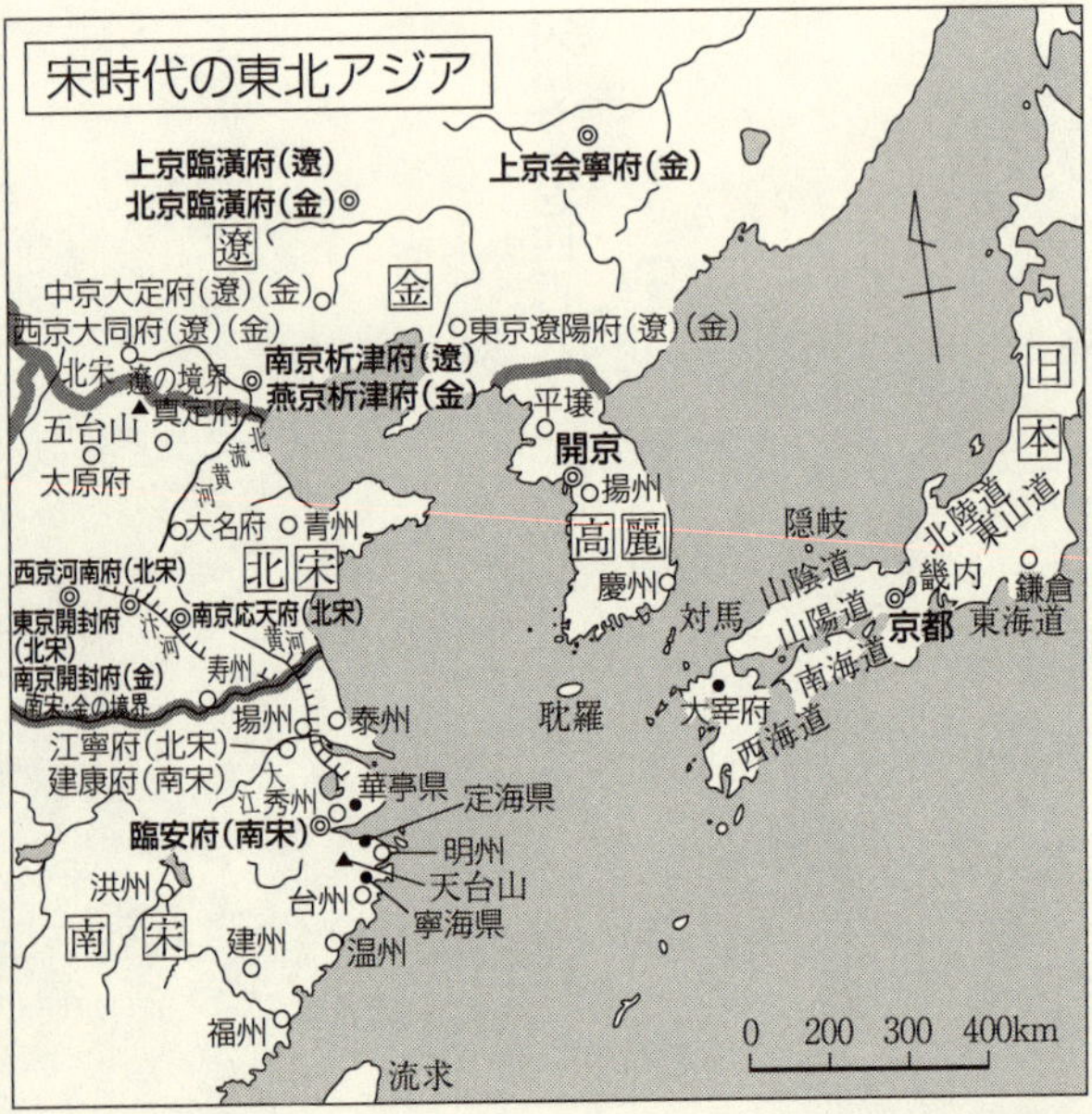
宋時代の東北アジア
上京臨潢府(遼)
北京臨潢府(金)
上京会寧府(金)
遼
金
中京大定府(遼)(金)
西京大同府(遼)(金)
東京遼陽府(遼)(金)
北宋・遼の境界
南京析津府(遼)
燕京析津府(金)
真定府
五台山
太原府
北流
黄河
平壌
開京
揚州
高麗
慶州
大名府
青州
北宋
西京河南府(北宋)
東京開封府(北宋)
南京開封府(金)
南京応天府(北宋)
汴河
黄河
寿州
南宋・金の境界
揚州
泰州
江寧府(北宋)
建康府(南宋)
大江
秀州
華亭県
定海県
臨安府(南宋)
明州
天台山
寧海県
台州
洪州
南宋
建州
温州
福州
流求
耽羅
対馬
大宰府
西海道
南海道
山陽道
山陰道
隠岐
京都
畿内
北陸道
東山道
東海道
鎌倉
日本
0 200 300 400km

日本国《にっぽんこく》

日本国《にっぽんこく》は、本倭《もとわ》の奴国《なこく》也《なり》。自《みずか》ら以《おも》えらく、其《そ》の国は日出《い》ずる所に近しと。故《ゆえ》に日本《にっぽん》を以《も》って名と為《な》す。或《あ》いは云《い》う、其《そ》の(1)旧名を悪《にく》んで之《これ》を改むる也《なり》と。

其《そ》の地の東西南北は各《おのおの》数千里、西南は海に至り、東北の(2)隅は、隔つるに(3)大山を以《も》ってす。(4)山外は即《すなわ》ち(5)毛人国《もうじんこく》なり。後漢《ごかん》に始めて朝貢して自《よ》り、魏《ぎ》・晋《しん》・(6)宋《そう》・隋《ずい》を歴《へ》て皆来《みなきた》りて貢《こう》す。唐《とう》の永徽《えいき》・顕慶《けんけい》・長安《ちょうあん》・開元《かいげん》・天宝《てんぽう》・上元《じょうげん》・貞元《ていげん》・元和《げんわ》・開成《かいせい》中に、並びに使いを遣わして入朝す。

(7)雍熙《ようき》元年、日本国《にっぽんこく》の僧(8)奝然《ちょうねん》、其《そ》の徒五、六人と海に浮かびて至る。銅器十余事、并《なら》びに本国《ほんごく》(9)職員令《しょくいんれい》・〔日本《にっぽん》〕王の年(10)代紀各一巻を献ず。奝然《ちょうねん》、緑を衣《き》、自《みずか》ら云う、姓は藤原氏《ふじわらし》、父は(11)真連《まむらじ》為《た》りと。真連とは其《そ》の国の(12)五品《ごひん》の品官也《なり》。奝然《ちょうねん》、隷《れい》

〈語　釈〉

1倭（背の低い人）という名。

2端。3今の中部山岳地帯。4今の関東以北。5毛ぶかい人の国。

6南朝の宋。

7宋の太宗の年号。8東大寺の僧。9官庁制度一覧表。10記。11日本にはこの名の官はない。奝然の父の名か。12五位の官名。

書《しょ》を善《よ》くするも、(1)華言《かげん》に通ぜず。其《そ》の風土を問うに、但《た》だ書きて以《も》って対《こた》えて云う、

「国中に(2)五経《ごきょう》の書及び仏経《ぶっきょう》・(3)白居易集《はくきょいしゅう》七十巻有り、並びに中国《ちゅうごく》自《よ》り得たり。土《ど》は五穀に宜《よろ》しけれども麦少なし。交易には銅銭を用う。文は(4)『(5)乾文大宝《けんぶんたいほう》』と曰《い》う。畜に(6)水牛・驢《ろ》・羊有り、犀《さい》・象多し。(7)糸蚕を産し、多く絹を織る。(8)薄緻《はくち》にして愛す可《べ》し。(9)楽《がく》は中国《ちゅうごく》・高麗《こうらい》の二部有り。四時の寒暑は、大むね中国に類す。国の東境は海島に接し、夷人《いじん》の居《お》る所なり、身にも面にも皆《みな》毛有り。東の奥州《おうしゅう》に黄金を産《さん》し、西の別島(10)に白銀を出《い》だし、以《も》って(11)貢賦《こうふ》と為《な》す。国王は、王を以《も》って姓と為《な》し、(12)伝襲して(13)今の王に至るまで六十四世、文武僚吏皆《みな》(14)世官なり」と。

其《そ》の年代紀の記《しる》す所に云《い》う、初めの主は天御中主《あめのみなかぬし》と号《ごう》す。次は(15)天村雲尊《あめのむらくものみこと》と曰《い》う、其《そ》の後《のち》は皆《みな》「尊《みこと》」を以《も》って号と為《な》

1中国語。 2儒書。 3白氏文集。 4銅銭上の文字。 5平安時代中期に鋳造された「乾元大宝」のことであろう。皇朝十二銭中の最後の銭貨で十一世紀初まで鋳造がつづいた。 6家畜。 7蚕の糸。 8薄くきめ細かい。 9音楽。 10対馬。 11中央への貢ぎ物。 12代々あいつたえて。 13円融天皇。 14世襲の官。

15剣の名であって神の名ではない。

す。次は天八重雲尊《あめのやえくものみこと》、次は天弥聞尊《あめのににぎのみこと》、次は天忍勝尊《あめのおしかつのみこと》、次は瞻波尊、次は万魂尊、次は利利魂尊、次は国狭槌尊《くにさづちのみこと》、次は角龔魂尊《つのそたまのみこと》、次は汲津丹尊、次は面垂見尊《おもだるみのみこと》、次は国常立尊《くにのとこたちのみこと》、次は天鑑尊、次は天万尊、次は沫名杵尊《あわなぎのみこと》、次は伊奘諾尊《いざなぎのみこと》、次は素戔烏尊《すさのおのみこと》、次は天照大神尊《あまてらすおおみかみのみこと》、次は正哉吾勝速日天押《まさかあかつかちはやひあめのおし》穂耳尊《ほみみのみこと》、次は天彦尊《あまつひこのみこと》、次は炎尊、次は彦瀲尊《ひこなぎさのみこと》、凡《およ》そ二十三世、並びに筑紫日向宮《つくしひゅうがのみや》に都《みやこ》す。

彦瀲《ひこなぎさ》の第四子は神武天皇《じんむてんのう》と号《ごう》し、筑紫宮《つくしのみや》自《よ》り大和州橿原《やまとしゅうかしはらの》宮《みや》に入居す、即位元年甲寅《こういん》[16]は、周《しゅう》の僖王《きおう》の時に当たる也《なり》。

次は綏靖天皇《すいぜいてんのう》、次は安寧天皇《あんねいてんのう》、次は懿徳天皇《いとくてんのう》、次は孝昭天皇《こうしょうてんのう》、次は孝天皇《こうてんのう》[17]、次は孝霊天皇《こうれいてんのう》、次は孝元天皇《こうげんてんのう》、次は開化天皇《かいかてんのう》、次は崇神天皇《すじんてんのう》、次は垂仁天皇《すいにんてんのう》、次は景行天皇《けいこうてんのう》、次は成務天皇《せいむてんのう》なり。次は仲哀天皇《ちゅうあいてんのう》にして、国人は言う[18]、今は鎮国香椎《ちんこくかしいの》[19]大神《おおかみ》と為《な》すと。

16『日本書紀』は神武天皇の記事を甲寅（周の恵王十年（前六六七年））から始めるが、即位は辛酉（周の恵王十七年（前六六〇年））とする。恵王の一代前の僖王の在位中に甲寅はない。**17**孝安天皇の誤り。**18**日本人。**19**仲哀天皇は日本武尊の子。熊襲征伐の途中、筑前香椎宮に崩ず。

次は(1)神功天皇《じんぐうてんのう》、開化天皇《かいかてんのう》の曾孫〔の〕女《むすめ》にして、又《また》、之《これ》を息長足姫天皇《おきながたらしひめてんのう》と謂《い》う。国人は言う、今は太奈良姫大神《おおならひめおおかみ》と為《な》すと。

次は応神天皇《おうじんてんのう》、甲辰《こうしん》の歳《とし》、始めて百済《ひゃくさい》より(2)中国の文字を得たり、今、八《はち》(3)蕃菩《まんぼ》薩《さつ》と号《ごう》す、大臣に紀《き》の(4)武内《たけのうち》と号するもの有りて、年は三百七歳。次は仁徳天皇《にんとくてんのう》、次は履中天皇《りちゅうてんのう》、次は反正天皇《はんぜいてんのう》、次は允恭天皇《いんぎょうてんのう》、次は安康天皇《あんこうてんのう》、次は雄略天皇《ゆうりゃくてんのう》、次は清寧天皇《せいねいてんのう》、次は顕宗天皇《けんぞうてんのう》、次は仁賢天皇《にんけんてんのう》、次は武烈天皇《ぶれってんのう》、次は継体天皇《けいたいてんのう》、次は(5)安開天皇、次は宣化天皇《せんかてんのう》。

次は天国排開広庭天皇《あめのくにおしはらきひろにわのすめらみこと》、亦《ま》た欽明天皇《きんめいてんのう》と名づく。即位十三年、壬申《じんしん》の歳、始めて仏法を百済《ひゃくさい》国より伝えたり。此《こ》の土の(6)梁《りょう》の(7)承聖《しょうせい》元年に当たる。

次は敏達天皇《びだつてんのう》。次は用明天皇《ようめいてんのう》にして、子有りて聖徳太子《しょうとくたいし》と曰《い》う、年三歳、十人の語を聞きて、同時に之《これ》を解す。七歳、

1 仲哀天皇の妃、神功皇后の誤り。 **2** 応神天皇十五年、百済の人阿直岐が太子の教育係となり、翌年、同じ百済の王仁が『論語』十巻、『千文字』一巻をもたらしたという。 **3** 幡。 **4** 武内宿禰。伝説的人物。 **5** 安閑の誤り。 **6** 南朝。 **7** 梁の元帝の年号。 **8** 勝鬘経。聖徳太子はこの注釈『勝鬘経義疏』一巻を著した。 **9** 天上に咲くとい

仏法を菩提寺《ぼだいじ》に悟る。(8)聖 鬘経《しょうまんぎょう》を講ずるに、天、(9)曼陀羅華《まんだらげ》を雨《ふ》らす。此《こ》の土の隋《ずい》の(10)開皇《かいこう》中に当たり、使いを遣わし、海に泛《うか》んで中国《ちゅうごく》に至り、(11)法華経《ほけきょう》を求めしむ。

次は崇峻天皇《すしゅんてんのう》。次は推古天皇《すいこてんのう》にして欽明天皇《きんめいてんのう》の女《むすめ》也《なり》。次は舒明天皇《じょめいてんのう》、次は皇極天皇《こうぎょくてんのう》。次は孝徳天皇《こうとくてんのう》にして、(12)白雉《はくち》四年、(13)律師《りっし》の道照《どうしょう》、法を求めて中国《ちゅうごく》に至り、(14)三蔵僧玄奘《さんぞうそうげんじょう》従《よ》り経《けい》・律《りつ》・論《ろん》を受く。此《こ》の土の唐《とう》の(15)永徽《えいき》四年に当たる也《なり》。

次は(16)天豊財　重日《あめとよたからいかしひ》足　姫天皇《たらしひめてんのう》、僧智通《ちつう》等をして唐《とう》に入りて大乗　法相教《だいじょうほっそうきょう》を求め令《し》む。(17)顕慶《けんけい》三年に当たる。

次は天智天皇《てんじてんのう》、次は(18)天武天皇《てんむてんのう》、次は持総天皇(19)。

次は文武天皇《もんむてんのう》なり。(20)大宝《たいほう》三年は(21)長安《ちょうあん》元年に当たり、粟田真《あわたのま》人《ひと》を遣わして唐《とう》に入りて書籍を求めしめ、律師《りっし》の道慈《どうじ》をして経《きょう》を求めしむ。

次は(22)阿閉天皇《あべてんのう》、次は帰依天皇(23)。

う芳香を放つ白い花。仏の説法や諸仏出現の際に、天から降るとされる。**10**文帝の年号。**11**聖徳太子は『法華経義疏』四巻を著した。**12**孝徳天皇の年号。**13**戒律に通じた僧。**14**法相宗の開祖（六〇二〜六六四年）。インドへの求法取経の旅は『西遊記』のモチーフとなる。著書に『大唐西域記』他。**15**高宗の年号。**16**斉明天皇＝皇極天皇重祚。**17**高宗の年号。

18実際には天武の前に天智の子の弘文が立っている。**19**持統の誤り。**20**元年の誤り。**21**則天武后の年号。**22**元明天皇。**23**元正天皇か。

次は聖武天皇《しょうむてんのう》なり。(1)宝亀《ほうき》二年、(2)僧正《そうじょう》の玄昉《げんぼう》を遣わして入朝せしむ、(3)開元《かいげん》四年に当たる。

次は(4)孝明天皇《こうめいてんのう》にして、聖武天皇《しょうむてんのう》の女也《むすめなり》。〔孝謙天皇の〕天《てん》平勝宝《びょうしょうほう》四年は〔唐の玄宗《げんそう》の〕(5)天宝中に当たる。使い及び僧を遣わし入唐せしめ、(6)内外の経教及び伝戒を求めしむ。

次は(7)天炊天皇。次は(8)高野姫天皇《たかのひめてんのう》にして、聖武天皇《しょうむてんのう》の女也《むすめなり》。

次は(9)白璧天皇なり。(10)二十四年、二《ふたり》の僧霊仙《りょうせん》・行賀《ぎょうが》を遣わして入唐せしめ、(11)五台山《ごだいさん》に礼して仏法を学ばしむ。

次は桓武天皇《かんむてんのう》にして、(12)騰元葛野《とうげんかどの》と空海大師《くうかいだいし》及び(13)延暦寺《えんりゃくじ》僧の(14)澄《ちょう》を遣わして入唐せしむ。〔澄《ちょう》は〕(15)天台山《てんだいさん》に詣《いた》り、智者《ちしゃ》(16)の止《し》観義《かんぎ》を伝う。(17)元和《げんわ》元年に当たる也《なり》。

次は(18)諾楽天皇《ならてんのう》、次は嵯峨天皇《さがてんのう》、次は淳和天皇《じゅんなてんのう》。

次は仁明天皇《にんみょうてんのう》にして、(19)開成《かいせい》・(20)会昌《かいしょう》中に当たり、(21)僧を遣わして入唐せしめ、五台《ごだい》〔山〕に礼せしむ。

1霊亀の誤り。**2**僧官の最高位。**3**玄宗の年号。**4**孝謙の誤り。**5**天宝十一年。**6**内典（仏教）外典（儒教）経の注釈や戒律。**7**大炊の誤り。淳仁天皇。**8**称徳天皇。孝謙重祚。**9**白壁の誤り。光仁天皇。**10**光仁は在位十一年間なので、次の桓武の延暦二十四年（八〇五年）の誤りか。**11**山西省の霊山。**12**騰元は藤原と発音が同じ。藤原葛野麻呂は延暦二十年に遣唐使に任命、二十三年（八〇四年）に渡唐。**13**延暦寺。**14**最澄。**15**浙江省の霊山。**16**中国天台宗の開祖、天台智者大師の著した、天台教学上で重要な書次は文徳天皇《もんとくてんのう》にして、(22)大中《だいちゅう》年間に当たる。次は清和天皇《せいわてんのう》、次は陽成天皇《ようぜいてんのう》。次は光孝天皇《こうこうてんのう》にして、僧の宗睿《そうえい》を遣わして入唐せしめ、教を伝えしむ。(23)光啓《こうけい》元年に当たる也《なり》。次は(24)仁和天皇《にんなてんのう》にして、此《こ》の土の梁《りょう》の(25)竜徳《りゅうとく》中に当たり、僧寛建等《かんけんら》を遣わして入朝せしむ。次は醍醐天皇《だいごてんのう》、次は(26)天慶天《てんぎょうてん》皇《のう》。次は(27)封上天皇にして、此《こ》の土の周《しゅう》の(28)広順《こうじゅん》の年に当たる也《なり》。次は冷泉天皇《れいぜいてんのう》にして、今の太上天皇《たいじょうてんのう》為《な》り。次は(29)守平天《もりひらてん》皇《のう》、即《すなわ》ち今の王也《なり》。凡《およ》そ六十四世なり。

畿内《きない》に山城《やましろ》・大和《やまと》・河内《かわち》・和泉《いずみ》・摂津《せっつ》の、凡《およ》そ五州有りて、共《あわ》せて五十三郡を統《す》ぶ。

東海道《とうかいどう》に伊賀《いが》・伊勢《いせ》・志摩《しま》・尾張《おわり》・(30)参河《みかわ》・遠江《とおとうみ》・駿河《するが》・伊豆《いず》・甲斐《かい》・相模《さがみ》・武蔵《むさし》・安房《あわ》・上総《かずさ》・常陸《ひたち》の凡《およ》そ十四州有りて、共《あわ》せて一百一十六郡を統《す》ぶ。

『摩訶止観』の注釈書。 **17** 憲宗の年号。 **18** 平城天皇。 **19** 文宗の年号。 **20** 武宗の年号。 **21** 円仁ら。 **22** 宣宗の年号。 **23** 僖宗の年号。 **24** 宇多の誤り。宇多は仁和三年に即位、そのための誤りか。なお梁の竜徳年間は次の醍醐の在世にあたる。 **25** 中国の五代、後梁の末帝の年号。 **26** 朱雀の誤り。朱雀の年号天慶を誤ったものか。 **27** 村上の誤り。 **28** 中国の五代、後周の太祖の年号。 **29** 円融天皇。守平は円融の諱。 **30** 三河。

東山道《とうさんどう》に通江(1)・美濃《みの》・飛驒《ひだ》・信濃《しなの》・上野《こうずけ》・下野《しもつけ》・陸奥《むつ》・出《で》羽《わ》の凡《およ》そ八州有りて、共《あわ》せて一百二十二郡を統《す》ぶ。北陸道《ほくりくどう》に若狭《わかさ》・越前《えちぜん》・加賀《かが》・能登《のと》・越中《えっちゅう》・越後《えちご》・佐渡《さど》の凡《およ》そ七州有りて、共《あわ》せて三十郡を統《す》ぶ。山陰道《さんいんどう》に丹波《たんば》・丹彼(2)・徂馬(3)・因幡《いなば》・伯耆《ほうき》・出雲《いずも》・石見《いわみ》・隠(4)《お》伎《き》の凡《およ》そ八州有りて、共《あわ》せて五十二郡を統《す》ぶ。小陽道(5)に播磿(6)・美作《みまさか》・備前《びぜん》・備中《びっちゅう》・備後《びんご》・安芸《あき》・周防《すおう》・長《なが》門《と》の凡《およ》そ八州有りて、共《あわ》せて六十九郡を統《す》ぶ。南海道《なんかいどう》に伊紀(7)・淡路《あわじ》・河波(8)・讃者(9)・伊予《いよ》・土佐《とさ》の凡そ六州有りて、共《あわ》せて四十八郡を統《す》ぶ。西海道《さいかいどう》に筑前《ちくぜん》・筑後《ちくご》・豊前《ぶぜん》・豊後《ぶんご》・肥前《ひぜん》・肥後《ひご》・日向《ひゅうが》・大《おお》隅《すみ》・薩摩《さつま》の凡《およ》そ九州有りて、共《あわ》せて九十三郡を統《す》ぶ。又《また》壱伎(10)・対馬《つしま》・多褹(11)《たね》の凡《およ》そ三島有りて、各《おのおの》二郡を統《す》ぶ。是《これ》を五畿《ごき》・七道《しちどう》・三島《さんとう》と謂《い》い、凡《およ》そ三千七百七十二都(12)、四

1 近江の誤り。
2 丹後の誤り。3 但馬の誤り。4 隠岐の誤り。
5 山陽道の誤り。6 播磨の誤り。
7 紀伊の誤り。8 阿波の誤り。9 讃岐の誤り。
10 壱岐の誤り。11 種子島。
12 郷か。13 宿場。14 賦役に

百一十四駅(13)、八十八万三千三百二十九課丁(14)。課丁の外（の口数）は、詳《つまび》らかに見る可《べ》からず。皆奝然《みなちょうねん》の記する所に云う。

按《あん》ずるに隋《ずい》の(15)開皇《かいこう》二十年、倭王《わおう》の姓は阿毎《あめ》、名を自(16)多利思《たりし》比《ひ》孤《こ》、使いを遣わし書を致す。

唐《とう》の(17)永徽《えいき》五年、使いを遣わして琥珀《こはく》・馬脳《めのう》を献ず。

(18)長安《ちょうあん》二年、其《そ》の(19)朝臣真人《あそんまひと》を遣わして(20)方物《ほうぶつ》を貢《こう》す。

(21)開元《かいげん》の初め、使いを遣わして来朝せしむ。

(22)天宝《てんぽう》十二年、又《また》使いを遣わして来貢せしむ。

(23)元和《げんわ》元年、高階真人《たかしなのまひと》を遣わして来貢せしむ。

(24)開成《かいせい》四年、又《また》使いを遣わして来貢せしむ。(25)此《こ》れ其《そ》の記す所と皆《みな》同じなり。

(26)大中《だいちゅう》・(27)光啓《こうけい》・(28)竜徳《りゅうとく》及び周《しゅう》の(29)広順《こうじゅん》の中《ころ》、皆嘗《みなかつ》て僧を遣わして中国に至らしめしも、『唐書《とうじょ》』の中《うち》と『五代史《ごだいし》』は其《そ》の伝を失す。唐《とう》の(30)咸亨中《かんこうちゅう》及び(31)開元《かいげん》二十三年、(32)大暦《だいれき》十二年、(33)建中《けんちゅう》

服する成人男子。

15文帝の年号。**16**『隋書』は「多利思比孤」、『新唐書』は「目多利思比孤（めたりしひこ）」とする。

17高宗の年号。

18則天武后の年号。**19**粟田真人。**20**地方の産物。

21玄宗の年号。

22玄宗の年号。

23憲宗の年号。

24文宗の年号。**25**これらの資料は奝然の記録と同じ。

26宣宗の年号。**27**僖宗の年号。**28**五代の後梁の末帝の年号。**29**五代の後周の太祖の年号。**30**高宗の年号。**31**玄宗の年号。**32**代宗の年号。**33**徳宗の年号。

元年などに、皆《みな》来たりて朝貢せしも、其《そ》の記には(1)載《の》せず。

〔宋《そう》の〕太宗《たいそう》、奝然《ちょうねん》を召見し、之《これ》を(2)存撫《そんぶ》すること甚《はなは》だ厚く、(3)紫衣《しい》を賜わり、太平興国寺《たいへいこうこくじ》に館《やど》しむ。(4)上《しょう》は其《そ》の国王、一姓伝継《でんけい》にして、臣下皆《みな》(5)世官なりと聞き、因《よ》りて歎息して宰相に謂《い》いて曰《いわ》く、

「此《こ》れ島夷耳《のみ》。乃《すなわ》ち(6)世祚《せいそ》遐久《かきゅう》にして、其《そ》の臣も亦《ま》た継襲して絶えず。此《こ》れ蓋《けだ》し古《いにしえ》の道也《なり》。中国は唐《とう》の季《すえ》の乱自《よ》り、(7)宇県《う けん》分裂し、(8)梁《りょう》・周五代享歴《しゅうごだいきょうれき》すること尤《とりわ》け促《みじか》く、(9)大臣世冑《せいちゅう》、嗣続《しぞく》を能《よ》くするもの鮮《すくな》し。朕、(10)徳は往聖に慚《は》ずと雖《いえど》も、常に(11)夙夜寅畏《しゅくやいんい》し、(12)治の本を講求して、敢《あ》えて(13)暇逸《かいつ》せず。無窮の業を建て、(14)久しくす可《べ》きの範を垂れんとす。亦《ま》た以《も》って子孫の計を為《な》し、大臣の後をして禄位を世襲せしめんとするなり。此《こ》れ朕の心なり」と。

其《そ》の国には、多く中国の典籍有り。奝然《ちょうねん》の来たるや、復《ま》た

1逆に奝然の記録のほうにはのっていない。**2**ねぎらう。**3**僧に与えられる最高の栄誉。**4**太宗。**5**世襲の役。**6**世襲することひさしく。**7**天下の諸地方。**8**五代の後梁・後周など統治の天命をうけること。**9**大臣や名門で代々あとをつぎえた家は少ない。**10**古の聖君に劣ることはもちろんだが。**11**朝な夕なに慎みかしこみ。**12**調べきわめる。**13**気をぬいて怠る。**14**後々まで続くおきて。**15**中国では亡佚したため奝

『孝経《こうきょう》』一巻・『越王孝経新義《えつおうこうきょうしんぎ》第十五』一巻を得たり。(15) 皆《みな》(16)金《きん》縷紅羅《るこうら》の(17)褾《ひょう》にして水晶を軸と為《な》す。『孝経《こうきょう》』とは即《すなわ》ち(18)鄭氏《ていし》の注するものなり。越王《えつおう》とは、乃《すなわ》ち唐《とう》の太宗《たいそう》の子、(19)越王貞《えつおうてい》なり。新義《しんぎ》とは、(20)記室参軍任希古《きしつさんぐんじんきこ》等《ら》の撰也《せんなり》。奝然《ちょうねん》復《ま》た(21)五台《ごだい》に詣《いた》ることを求む。之《これ》を許し、(22)過《よ》ぎる所、食を続か令《し》む。又《また》(23)印本の『大蔵経《だいぞうきょう》』を求む。詔《みことのり》して亦《ま》た之《これ》を給《きゅう》せしむ。(24)〔雍《よう》煕《き》〕二年、(25)台州寧海県《だいしゅうねいかいけん》の商人鄭仁徳《ていじんとく》の船に随いて其《そ》の国に帰る。

後《のち》数年にして、〔鄭《てい》〕仁徳《じんとく》〔日本より〕還《かえ》る。奝然《ちょうねん》其《そ》の弟子(26)喜因を遣わし、表を奉じて来《きた》り謝せしめて曰《いわ》く、「日本国東大寺大朝法済大師《にっぽんこくとうだいじだいちょうほうせいだいし》・(27)賜紫《しし》・沙門奝然《しゃもんちょうねん》啓《もう》す、(28)傷鱗入夢、(29)漢主《かんしゅ》の恩を忘れず。(30)枯骨合歓、猶《な》お魏氏《ぎし》の敵に亢《こう》す。(31)羊僧の拙《せつ》なるを云うと雖《いえど》も、誰《たれ》か(32)鴻霈《こうはい》の誠を忍びんや。奝《ちょう》然《ねん》、(33)誠惶《せいこう》誠恐、頓首《とんしゅ》頓首、死罪。

然が太宗に献上した。**16**金糸でかがった赤のうす絹。**17**表装。**18**後漢の鄭玄。**19**李貞。**20**王国付き書記。**21**山西省五台山。仏教の霊場。**22**途中の宿で食事を与えた。**23**木版印刷。**24**太宗の年号。**25**浙江省寧海県。

26嘉因の誤り。**27**紫衣をたまわった。**28**傷ついた魚。**29**漢の武帝。『芸文類聚』巻九六に引く『三秦記』に、武帝の夢に釣り針の刺さった大魚が現れ、針を取ってくれと頼む。翌日、池でその魚を見つけて針をはずしてやると、お礼に明珠をもたらしたという話が見える。**30**「枯骨合歓」のもとづく故事は未詳。**31**愚僧。**32**あふれるほどの思いをおさえてはおけない。**33**上奏文のきまりことば。

奝然《ちょうねん》、商船の岸を離るるものに附し、(1)魏闕《ぎけつ》を生涯に期す。落日を望みて西行すれば、十万里の波濤《はとう》尽くし難《がた》し。顧《しかれ》ども風に信《まか》せて東に別るれば、数千里の山岳も過ぎ易し。妄《みだ》りに(2)下根《げこん》の卑《ひ》を以《も》って、適《たまたま》中華の盛に詣《いた》る。是《ここ》に於《お》いて、宣旨頻《しき》りに降り、荒外の跋渉《ばっしょう》を恣許《しきょ》す。宿心克《よ》く協《かな》い、(3)宇内《うだい》の瓌奇《かいき》を粗《あら》まし観《み》たり。況《いわ》んや(4)金闕《きんけつ》暁《あかつき》の後《のち》に、(5)堯雲《ぎょううん》を(6)九禁の中に望み、(7)巌扃《がんけい》晴るるの前に、(8)聖灯を五《ご》台《だい》〔山《さん》〕の上に拝するをや。(9)三蔵《さんぞう》に就《つ》きて、学を稟《う》け、数寺を巡りて優游す。遂《つい》に(10)蓮華《れんげ》迴文《かいぶん》の神筆をして、(11)北闕《ほくけつ》の北より出《い》だし、(12)貝葉《ばいよう》印字の仏詔をして、東海の東に伝えしむ。重《かさ》ねて宣恩を蒙《こうむ》り、忽《たちま》ち来跡に趁《およ》ぶ。(13)季夏に台州《だいしゅう》の纜《ともづな》を解き、(14)孟秋に本国の(15)郊に達す。爰《ここ》に明春に逮《およ》び、初めて(16)旧《きゅう》邑《ゆう》に到る。(17)緇素《しそ》、(18)欣待《きんたい》し、(19)侯伯、慕迎す。伏《ふ》して惟《おもんみ》るに、陛下の恵みは(20)四溟《しめい》に溢《あふ》れ、恩は五岳より

1王宮を生あるうちに見たいと望む。**2**いやしい生まれながらあつかましく。**3**世の中の珍しい所。**4**宮門。**5**めでたい雲。**6**宮中の空。**7**岩の扉。**8**仏前の灯明。**9**経・律・論に通じた名僧。**10**仏教経典。**11**宮中の北門。謁見する者が出入りする。**12**貝多羅葉。インド産の樹木の葉。仏経を書き記すのに用いられた。転じて「経文」。前出の木版本『大蔵経』を指す。**13**夏の末。**14**秋のはじめ。**15**日本の国境。**16**奈良の町。**17**僧侶や俗人。**18**喜び迎え。**19**貴族たち。**20**遠い四方のはて。**21**古代

高く、〔陛下の〕世は黄《こう》(21)・軒《けん》の古《いにしえ》を超《こ》え、人は金輪《こんりん》(22)の新に直《あた》る。奝然《ちょうねん》、空しく鳳凰《ほうおう》(23)の窟《くつ》を辞し、更《あらた》めて螻蟻《ろうぎ》(24)の封に還《かえ》る。彼《かれ》に在《あ》るも斯《ここ》に在るも、只《ただ》皇徳の盛なるを仰ぎ、山を越え海を越えたれども、敢《あ》えて帝念(25)の深きことを忘れんや。縦《たと》え百年(26)の身を粉《こ》にすとも、何ぞ一日の恵みに報《むく》いんや。筆を染め涙を拭《ぬぐ》い、紙を伸べ魂を揺らし、慕恩(27)の至りに勝《た》えず。謹《つつし》みて上足(28)の弟子の伝灯大法師位《でんとうだいほうしい》の嘉因《かいん》、幷《なら》びに大朝(29)の剃頭受戒僧《ていとうじゆかいそう》の祚《そ》乾等《けんら》を差《つか》わして拝《はい》せしめ、表(30)して以《も》って聞《ぶん》す」と。

其《そ》の「本国(31)の永延《えいえん》(32)二年歳次戊子《ぼし》二月八日」と称《しょう》するは、実は端拱《たんきょう》(33)元年也《なり》。

又《また》別啓(34)にて、仏経を貢《こう》し、青木の函《はこ》に納む。琥珀《こはく》・青紅白の水晶・紅黒の木槵子《ぼくかんし》(35)の念珠《ねんじゅ》(36)各《おのおの》一連あり、並びに螺鈿《らでん》(37)花形の平函《ひらばこ》に納む。毛籠《もうろう》(38)一には、螺杯《らはい》(39)二口を納む。葛籠《かつろう》(40)一には、

21の聖王。黄帝や軒轅氏。**22**金輪王＝こよなき聖王。**23**中国の王朝。**24**小さい蟻塚＝せまい日本。**25**皇帝のお心。**26**人の一生。**27**陛下のご恩をしたう気持ち。**28**高弟。**29**宋朝の。**30**上表文をそえて申しあげる。

31日本。**32**一条天皇の年号。**33**北宋太宗の年号。

34別の上表文。**35**むくろじ。**36**じゅず。**37**貝をちりばめた。**38**毛編みかご。**39**螺鈿の杯。**40**つづら。

法螺《ほうら》二口、染めたる皮二十枚を納む。金銀蒔絵《まきえ》の筥《はこ》一合に(1)は、(2)髪鬘《はつまん》二頭を納め、又《また》一合には、参議《さんぎ》正四位上藤佐理《とうのさり》(3)の(4)手書二巻、及《およ》び進奉物数(5)一巻、表状一巻を納む。又《また》金銀蒔絵《まきえ》の硯《すずり》一筥《きょ》一合《ごう》に、(6)金硯《きんけん》一・鹿毛の筆・松烟(7)の墨・金銅水瓶(8)・鉄刀を納む。又《また》金銀蒔絵の(9)扇筥《せんきょ》一合には、(10)檜扇《かいせん》二十枚・(11)蝙蝠《へんぷく》の扇二枚を納む。螺鈿《らでん》の(12)梳《そ》函《かん》一対《つい》あり、其《そ》の一には、赤木の梳《くし》二百七十を納め、其《そ》の一には、竜骨十(13)橛《けつ》を納む。螺鈿《らでん》の(14)書案一、螺鈿の(15)書几《しょき》一あり。金銀蒔絵《まきえ》平筥《へいきょ》一合には、白細布(16)五匹を納む。鹿皮の籠一には、(17)貂裘《じきゅう》一領を納む。螺鈿鞍轡《くらくつわ》一副・銅鉄の鐙《あぶみ》・紅糸の鞦《しりがい》・(18)泥障《でいしょう》・(19)倭画の屛風《びょうぶ》一双・(20)石流黄七百斤(21)あり。

(22)咸平《かんぺい》五年、(23)建州《けんしゅう》の海賈《かいこ》周世昌《しゅうせいしょう》、風に遭い(24)飄《ひょう》して日本に至り、凡《およ》そ七年にして還《かえ》るを得たり。其《そ》の国人(25)滕木吉《とうぼくきつ》と至る。(26)上《しょう》、皆之《みなこれ》を召見す。世昌《せいしょう》、其《そ》の国人の唱和せる詩を以《も》って

1合はふたつきの箱を数える言葉。**2**かつら。**3**日本の平安中期の三蹟の一人、藤原佐理。**4**手跡。**5**献上品の目録。**6**すずり。**7**松を燃やした煤で造った墨。**8**水さし。**9**扇箱。**10**ひのきの扇。**11**こうもり模様。**12**くしばこ。**13**十本。**14**文机。**15**腰かけ。**16**五疋。**17**かわうその皮衣一着。**18**泥よけ。**19**日本の絵。**20**硫黄。**21**宋代の一斤は約五九七グラム。

22真宗の年号。**23**福建省建甌市の船商人。**24**漂。**25**藤原姓か。**26**真宗。**27**凝ってはいるが。**28**上ずってい

来《きた》り上《たてまつ》る。詞《ことば》、甚《はなは》だ(27)雕刻《ちょうこく》すれども(28)膚浅《ふせん》にして取る所《ところ》無し。其《そ》の風俗を詢《たず》ぬるに、婦人は皆《みな》(29)被髪し、一衣に(30)二三縑《けん》を用うと云う。又《また》(31)記《き》する所の州名・年号を陳《の》ぶ。上《しょう》、滕木吉《とうぼくきつ》をして、持てる所《ところ》の木の弓矢を以《も》って挽《ひ》き射《い》令《し》むるに、矢、遠くいたること能《あた》わず。其《そ》の故を詰《なじ》るに、国中、戦闘《せんどう》を習わずと〔いう〕。木吉《ぼくきつ》に(32)時装《じそう》と銭とを賜いて遣わし還《かえ》らしむ。

(33)景徳《けいとく》元年、其《そ》の国の(34)僧寂照《じゃくしょう》等八人来朝す。寂照《じゃくしょう》、(35)華《か》言《げん》を暁《さと》らざれども(36)文字を識《し》り、(37)繕写すること甚《はなは》だ妙なり。凡《およ》その問答は、並びに(38)筆札を以《も》ってす。詔《みことのり》して円通大師《えんつうだいし》と号せしめ、(39)紫方袍《しほうほう》を賜う。

(40)天聖《てんせい》四年十二月、(41)明州《めいしゅう》〔の役人〕言う、「日本国《にっぽんこく》の太宰府《だざいふ》、人を遣わして(42)方物を貢《こう》せしむるも、本国の表を持たず」と。詔して之《これ》を却《しりぞ》く。其《そ》の後《のち》には亦《ま》た未《いま》だ朝貢を通ぜず。(43)南《なん》

29 髪の毛を長くたらして。**30** 絹二、三反。**31** おぼえている。**32** 中国で流行している服。

33 真宗の年号。**34** 寂昭。**35** 中国語の会話ができない。**36** 漢字。**37** 書がうまい。**38** 筆書き。**39** 紫色の四角の袈裟。

40 仁宗の年号。**41** 浙江省寧波市。**42** 地方の物産。

43 華南の商人。

貢《こ》、時に(1)其《そ》の物貨を伝えて中国に至る者有り。

(2)熙寧《きねい》五年、僧の(3)誠尋《せいじん》なるもの有りて(4)台州《だいしゅう》に至り、(5)天台《てんだい》の国《こく》清寺《せいじ》に止《とど》まり、留《とど》まらんことを願う。州(6)〔役人〕、以《も》って(7)聞《ぶん》す。詔《みことのり》して(8)闕《けつ》に赴《おもむ》かしむ。誠尋《せいじん》、銀の香炉・木槵子《ぼくかんし》・(9)白琉《はくる》璃《り》・(10)五香・(11)水精《すいしょう》・紫檀《したん》・琥珀《こはく》にて飾る所の(12)念珠《ねんじゅ》、及び青色の(13)織物綾を献ず。神宗《しんそう》、其《そ》の遠き人にして(14)戒業有るを以《も》って、之《これ》を開宝寺《かいほうじ》に処《お》き、尽《ことごと》く同来の僧に紫《し》方袍《ほうほう》を賜う。是《こ》の後《のち》、連《しき》りに方物を貢するも、しかれども来《きた》る者は皆《みな》僧也《なり》。

(15)元豊《げんぽう》元年、(16)通事の僧仲回《ちゅうかい》をして来《きた》らしむ。〔神宗《しんそう》は彼に〕慕《ぼ》化《か》懐徳大師《かいとくだいし》を賜号す。

(17)明州《めいしゅう》又《また》言う、

「其《そ》の国の太宰府《だざいふ》の(18)牒《ちょう》を得たり、

『(19)使人孫忠《そんちゅう》の還《かえ》るに因《よ》って、仲回等《ちゅうかいら》を遣わして(20)絁《し》二百(21)匹・水銀五千両を貢す』と。

1 日本の品物。

2 神宗の年号。3 成尋。4 浙江省臨海市。5 浙江省天台山。6 台州の役人。7 朝廷に報告した。8 開封府の王宮。9 ガラス。10 香木。11 水晶。12 じゅず。13 綾織物。14 仏教の戒律をうけているので。

15 神宗の年号。16 通訳。

17 明州の役人。18 文書。19 中国より来た使者。20 つむぎ。21 一匹は二反。22 貢物のとどけ方。23 文書をあたえて。24 値段相当のみやげを与え。

孫忠《そんちゅう》は乃《すなわ》ち海商にして、(22)貢礼、諸国と異なるを以《も》って、請う、自《みずか》ら(23)牒《ちょう》を移して報い、(24)其《そ》の物の直《あたい》に答え、仲回《ちゅうかい》に付《ことづ》けて東に帰らしめん」と。之《これ》に従う。

(25)乾道《けんどう》九年、始めて(26)明州《めいしゅう》の(27)綱首《こうしゅ》に附《ふ》して方物を以《も》って入貢せしむ。

(28)淳熙《じゅんき》二年、倭《わ》の船(29)火児滕太明《とうたいめい》、鄭作《ていさく》を殴《なぐ》りて死せしむ。詔《みことのり》して太明《たいめい》を(30)械《かい》し其《そ》の綱首に(31)付《ふ》して帰らしめ、(32)治《ち》するに其《そ》の国の法を以ってせしむ。

〔淳熙《じゅんき》〕三年、(33)風泊せし日本《にっぽん》の舟《ふね》、明州《めいしゅう》に至る。衆皆《みな》食するを得ず。(34)行乞《こうこつ》して(35)臨安府《りんあんふ》に至る者復《ま》た百余人あり。詔して人ごとに日《ひ》に銭五十文・米二升を給《きゅう》し、其《そ》の国の舟の至る日を俟《ま》ちて遣わし帰らしむ。

〔淳熙《じゅんき》〕十年、日本の七十三人、復《ま》た(36)飄《ひょう》して(37)秀州華亭県《しゅうしゅうかていけん》に至る。(38)常平義倉《じょうへいぎそう》の銭米を給《きゅう》して以って之《これ》を振《すく》う。

25南宋の孝宗の年号。**26**寧波市。**27**運送業のかしらに。

28孝宗の年号。**29**船乗り。火児は伙児で、仲間・同業者の意。**30**刑具でしばり。**31**身柄をあずけて。**32**処罰。

33風をさけて近海に停泊し。**34**ものごい。**35**南宋の都。浙江省杭州市。

36大風に吹かれて。**37**上海市松江区。**38**不時にそなえた糧食庫。

(1)紹熙《しょうき》四年、(2)泰州《たいしゅう》及び秀州《しゅうしゅう》華亭県《かていけん》に、復《ま》た倭人《わじん》に(3)風の泊《はく》する所《ところ》と為《な》りて至る者有り。詔《みことのり》して(4)其《そ》の貨を取ること勿《な》く、常平《じょうへい》〔倉《そう》〕の米を出《い》だし、(5)振給《しんきゅう》して之《これ》を遣わしむ。(6)慶元《けいげん》六年には(7)平江府《へいこうふ》に至り、(8)嘉泰《かたい》二年には(9)定海県《ていかいけん》に至る。詔して並《なら》びに銭米を給《きゅう》し、国に遣わし帰らしむ。

1光宗の年号。2江蘇省秦州市。3風のため停泊を余儀なくされて。4たずさえた品。5物を与えてたすけ。6寧宗の年号。7江蘇省蘇州市。8寧宗の年号。9浙江省舟山市定海区。

〈現代語訳〉

日本国《にっぽんこく》はもとは倭《わ》の奴《な》国《こく》であった。彼ら日本国人は自分では、その国が太陽の出る所に近いと考え、そこで日本を国号としたのである。一説には、その倭という旧名をきらって改めたのだともいう。

その地の東端から西端まで、南端から北端まではそれぞれ数千里、西南は海に尽き、東北の端は大きな山岳に隔てられている。その山の向こうは毛人《もうじん》の国《くに》である。

後漢《ごかん》のころにはじめて中国《ちゅうごく》に朝貢してから、魏《ぎ》・晋《しん》・宋《そう》・隋《ずい》の各代を通じて、いつの時代にも来朝した。唐になると、永徽《えいき》・顕慶《けんけい》・長安《ちょうあん》・開元《かいげん》・天宝《てんぽう》・上元《じょうげん》・貞元《ていげん》・元和《げんわ》・開成《かいせい》年間に、それぞれ使者を遣わして入朝した。

雍熙《ようき》元年（九八四年）、日本国の僧奝然《ちょうねん》が、彼の弟子《でし》五、六人と海路やってきた。彼は、銅器十余種、および日本国の官庁制度表、日本国王の年代記それぞれ一巻を献上した。奝然は緑衣を身に着け、みずから、姓は藤原氏《ふじわら》、父は真連《まむらじ》である、と言った。真連とは、かの国の五品《ごひん》の官名である。奝然は隷書《れいしょ》に巧みであったが、中国語はわからなかった。日本国の風土について質問すると、彼は筆談で次のように答えた。

「日本国内には五経《ごきょう》の書、および仏教の経典・白居易《はくきょい》集七十巻があり、いずれも中国から手に入れたものである。土壌は五穀には適しているが、麦はあまり多くない。売買には銅銭を使い、その銅銭には『乾文大宝《けんぶんたいほう》』という文字が刻まれている。家畜としては、水牛・驢馬《ろば》・羊がおり、犀《さい》と象が多い。蚕糸を産し、多くの絹織物を生産するが、その絹布は薄くてきめが細かく美しい。音楽は、中国のものと高麗《こうらい》のものとの二部がある。四季の寒暑はだいたい中国と同様である。国の東境は海島に接しているが、その島は夷人《いじん》が住んでおり、からだにも顔にも毛が生えている。東の奥州《おうしゅう》には黄金を産し、西の離島には白銀を産し、それらを中央への貢ぎ物としている。国王は王《おう》を姓とし、代々あい伝えて現在の王に及ぶまで六十四代、文武の官僚はいずれも世襲の官である」

　献上された年代記に書かれていることによると、初めの主は天御中主《あめのみなかぬし》と呼んだ。次を天村雲尊《あめのむらくものみこと》といい、その後は皆「尊《みこと》」を称号とした。次は天八重雲尊《あめのやえくものみこと》、次は天弥聞尊《あめのににぎのみこと》、次は天忍勝尊《あめのおしかつのみこと》、次は瞻波尊、次は万魂尊、次は利利魂尊、次は国狭槌尊《くにさづちのみこと》、次は角龔魂尊《つのそたまのみこと》、次は汲津丹尊、次は面垂見尊《おもだるみのみこと》、次は国常立尊《くにのとこたちのみこと》、次は天鑑尊、次は天万尊、次は沫名杵尊《あわなぎのみこと》、次は伊奘諾尊《いざなぎのみこと》、次は素戔烏尊《すさのおのみこと》、次は天照大神尊《あまてらすおおみかみのみこと》、次は正哉吾勝速日天押穂耳尊《まさかあかつかちはやひあめのおしほみみのみこと》、次は天彦尊《あまつひこのみこと》、次は炎尊、次は彦瀲尊《ひこなぎさのみこと》で、およそ二十三代、みな筑紫《つくし》の日向宮《ひゅうがのみや》に都を置いていた。彦瀲《ひこなぎさ》の四番目の子は神武天皇《じんむてんのう》と称《しょう》し、筑紫宮《つくしのみや》から遷《うつ》って大和州橿原宮《やまとしゅうかしわらのみや》に住んだ。神武天皇の即位元年甲寅《こういん》の歳は、周《しゅう》の僖王《きおう》の時代にあたる。

次は綏靖天皇《すいぜいてんのう》、次は安寧天皇《あんねいてんのう》、次は懿徳天皇《いとくてんのう》、次は孝昭天皇《こうしょうてんのう》、次は孝天皇《こうてんのう》、次は孝霊天皇《こうれいてんのう》、次は孝元天皇《こうげんてんのう》、次は開化天皇《かいかてんのう》、次は崇神天皇《すじんてんのう》、次は垂仁天皇《すいにんてんのう》、次は景行天皇《けいこうてんのう》、次は成務天皇《せいむてんのう》、次は仲哀天皇《ちゅうあいてんのう》で、日本国の人は今は鎮国香椎大神《ちんこくかしいのおおかみ》であるという。

次は神功天皇《じんぐうてんのう》といい、開化天皇《かいかてんのう》の曾孫《ひまご》娘で、息長足姫天皇《おきながたらしひめてんのう》ともいい、日本の人は今は太奈良《おおなら》姫大神《ひめおおかみ》であるという。

次は応神天皇《おうじんてんのう》で、その甲辰《こうしん》の年、はじめて百済《ひゃくさい》から中国《ちゅうごく》の文字が伝わった。応神天皇は今は八幡菩薩《はちまんぼさつ》と呼ばれる。大臣に紀《き》の武内《たけのうち》と呼ばれる者があり、年は三百七歳になる。次は仁徳天皇《にんとくてんのう》、次は履中天皇《りちゅうてんのう》、次は反正天皇《はんぜいてんのう》、次は允恭天皇《いんぎょうてんのう》、次は安康天皇《あんこうてんのう》、次は雄略天皇《ゆうりゃくてんのう》、次は清寧天皇《せいねいてんのう》、次は顕宗天皇《けんぞうてんのう》、次は仁賢天皇《にんけんてんのう》、次は武烈天皇《ぶれつてんのう》、次は継体天皇《けいたいてんのう》、次は安開天皇、次は宣化天皇《せんかてんのう》である。

次は天国排開広庭天皇《あめのくにおしはらきひろにわのすめらみこと》で、又の名を欽明天皇《きんめいてんのう》といい、即位して十三年目の壬申《じんしん》の年に、はじめて仏教を百済から伝えさせた。この年は中国では南朝 梁《なんちょうりょう》の承聖《しょうせい》元年（五五二年）にあたる。

次は敏達天皇《びだつてんのう》、その次は用明天皇《ようめいてんのう》、彼には聖徳太子《しょうとくたいし》という子があり、三歳にして十人が話しかける言葉を聞いて、いちどに理解した。太子は七歳で菩提寺《ぼだいじ》において仏法の悟りを開いた。彼が聖鬘経《しょうまんぎょう》を講《こう》じていたところ、天から曼陀羅華《まんだらげ》が降《ふ》ってきた、という。わが中国の隋《ずい》の開皇年間《かいこうねんかん》（五八一〜六〇〇年）に、聖徳太子は使者を遣わし、海路中国に来て法華経《ほけきょう》を求めさせた。

次は崇峻天皇《すしゅんてんのう》である。次の推古《すいこ》天皇は、欽明天皇《きんめいてんのう》の娘である。次は舒明天皇《じょめいてんのう》、次は皇極天皇《こうぎょくてんのう》である。次の孝徳天皇《こうとくてんのう》の白雉《はくち》四年、律師《りっし》の道照《どうしょう》は仏教の教えを求めて中国《ちゅうごく》に来て、三蔵《さんぞう》の僧玄奘《げんじょう》から経《けい》・律《りつ》・論《ろん》の教えを受けた。これはわが中国の唐《とう》の永徽《えいき》四年（六五三年）に当たる。

次は天豊財重日足姫天皇《あめとよたからいかしひたらしひめてんのう》で、僧の智通《ちつう》らを唐に派遣して大乗法相教《だいじょうほっそうきょう》を求めさせた。これは顕慶《けんけい》三年（六五八年）に当たる。

次は天智天皇《てんじてんのう》、次は天武天皇《てんむてんのう》、次は持総天皇である。

次の文武天皇《もんむてんのう》の大宝《たいほう》三年は、則天武后《そくてんぶこう》の長安《ちょうあん》元年（七〇一年）に当たり、粟田真人《あわたのまひと》を唐に派遣して書籍を、律師《りっし》の道慈《どうじ》には経典を求めさせた。

次は阿閉天皇《あべてんのう》、次は帰依天皇である。

次の聖武天皇《しょうむてんのう》は宝亀《ほうき》二年、僧正玄昉《そうじょうげんぼう》を派遣して唐《とう》の朝廷に挨拶させた。これは開元《かいげん》四年（七一六年）に当たる。

次は孝明天皇《こうめいてんのう》で聖武天皇の娘である。唐の天宝《てんぽう》中に当たるその天平勝宝《てんぴょうしょうほう》四年（七五二年）、使節と僧侶を唐に派遣して、儒教や仏教の経典や伝戒を求めさせた。

次は天炊天皇である。次の高野姫天皇《たかのひめてんのう》は、聖武天皇の娘である。

次の白壁天皇の二十四年、霊仙《りようせん》・行賀《ぎようが》の二人の僧を唐《とう》に派遣してきて、五台山《ごだいさん》に参拝し、仏法を学ばせた。

次は桓武天皇《かんむてんのう》で、騰元葛野《とうげんかどの》と空海大師《くうかいだいし》、および延暦寺《えんりやくじ》の僧の最澄《さいちよう》を唐《とう》に派遣した。最澄は天台山《てんだいさん》にいたり、智者大師《ちしやだいし》の止観《しかんぎ》義を伝えた。これは元和《げんわ》元年（八〇六年）に当たる。

次は諾楽天皇《ならてんのう》、次は嵯峨天皇《さがてんのう》、次は淳和天皇《じゆんなてんのう》である。

次の仁明天皇《にんみようてんのう》は、唐の開成《かいせい》年間（八三六～八四〇年）、会昌《かいしよう》年間（八四一～八四六年）に当たり、僧侶を唐に派遣して五台山《ごだいさん》に参拝させた。

次の文徳天皇《もんとくてんのう》は、唐では大中《だいちゆう》年間（八四七～八六〇年）に当たる。

次は清和天皇《せいわてんのう》、次は陽成天皇《ようぜいてんのう》である。

次の光孝天皇《こうこうてんのう》は、僧の宗睿《そうえい》を唐に派遣して仏の教えを日本に伝えさせた。これは僖宗《きそう》の光《こう》啓《けい》元年（八八五年）に当たる。

次の仁和天皇《にんなてんのう》は、この中国《ちゆうごく》の五代梁《りよう》の竜徳《りゆうとく》年間（九二一～九二三年）に当たり、僧侶の寛《かん》建《けん》らを派遣して梁の朝廷に挨拶させた。次は醍醐天皇《だいごてんのう》、次は天慶天皇《てんぎようてんのう》である。次の封上天皇は、この中国の五代後周《こうしゆう》の広順《こうじゆん》の年（九五一～九五三年）に当たる。次の冷泉天皇《れいぜいてんのう》は、今の太上天皇《たいじようてんのう》である。次の守平《もりひら》天皇は、すなわち今の王である。全部で六十四代になる。

畿内《きない》には、山城《やましろ》・大和《やまと》・河内《かわち》・和泉《いずみ》・摂津《せつつ》の全部で五州があり、併《あわ》せて五十三郡を統治している。

東海道《とうかいどう》には、伊賀《いが》・伊勢《いせ》・志摩《しま》・尾張《おわり》・参河《みかわ》・遠江《とおとうみ》・駿河《するが》・伊豆《いず》・甲斐《かい》・相模《さがみ》・武蔵《むさし》・安《あ》

房《わ》・上総《かずさ》・常陸《ひたち》の全部で十四州があり、併せて百十六郡を統治している。

東山道《とうさんどう》には、通江・美濃《みの》・飛驒《ひだ》・信濃《しなの》・上野《こうずけ》・下野《しもつけ》・陸奥《むつ》・出羽《でわ》の全部で八州があり、併せて百二十二郡を統治している。

北陸道《ほくりくどう》には、若狭《わかさ》・越前《えちぜん》・加賀《かが》・能登《のと》・越中《えっちゅう》・越後《えちご》・佐渡《さど》の全部で七州があり、併せて三十郡を統治している。

山陰道《さんいんどう》には、丹波《たんば》・丹彼・徂馬・因幡《いなば》・伯耆《ほうき》・出雲《いずも》・石見《いわみ》・隠伎の全部で八州があり、併せて五十二郡を統治している。

小陽道には、播麽・美作《みまさか》・備前《びぜん》・備中《びっちゅう》・備後《びんご》・安芸《あき》・周防《すおう》・長門《ながと》の全部で八州があり、併せて六十九郡を統治している。

南海道《なんかいどう》には、伊紀・淡路《あわじ》・河波・讃者・伊予《いよ》・土佐《とさ》の全部で六州があり、併せて四十八郡を統治している。

西海道《さいかいどう》には、筑前《ちくぜん》・筑後《ちくご》・豊前《ぶぜん》・豊後《ぶんご》・肥前《ひぜん》・肥後《ひご》・日向《ひゅうが》・大隅《おおすみ》・薩摩《さつま》の全部で九州があり、併せて九十三郡を統治している。

それに、壱伎・対馬《つしま》・多褹《たね》の全部で三島があり、それぞれが二郡ずつを統治している。

これを、五畿《ごき》・七道《しちどう》・三島《さんとう》といい、全部で三千七百七十二郡、四百十四駅、成人男子が八十八万三千三百二十九人である。成人男子以外の人口はよくわからない。以上は皆脊然《ちょうねん》の記録にあったものである。

考えるに、隋《ずい》の開皇《かいこう》二十年（六〇〇年）、姓は阿毎《あめ》、名は自多利思比孤《たりしひこ》という倭王《わおう》が、使者を遣わして親書を届けてきた。

唐《とう》の永徽《えいき》五年（六五四年）、また使者を遣わして琥珀《こはく》・馬脳《めのう》を献上した。

長安《ちょうあん》二年（七〇二年）、朝臣真人《あそんまひと》を遣わして日本《にっぽん》の産物を献《けん》じてきた。

開元《かいげん》年間（七一三〜七四一年）の初め、また使者を遣わして来朝させた。

天宝《てんぽう》十二年（七五三年）、さらに使者を遣わして来貢させた。

元和《げんわ》元年（八〇六年）には、高階真人《たかしなのまひと》を遣わして来貢させた。

開成《かいせい》四年（八三九年）、さらにまた使者を遣わして来貢させた。これらはすべて奝然《ちょうねん》の記録と同じである。

大中《だいちゅう》（八四七〜八六〇年）・光啓《こうけい》（八八五〜八八八年）・竜徳《りゅうとく》（九二一〜九二三年）および後周《こうしゅう》の広順《こうじゅん》年間（九五一〜九五三年）に、いずれも僧を遣わして中国《ちゅうごく》に来させたが、『唐書《とうじょ》』と『五代史《ごだいし》』にはそのことの記録が落ちている。唐の咸亨《かんこう》年間（六七〇〜六七四年）と開元二十三年（七三五年）、大暦《だいれき》十二年（七七七年）、建中《けんちゅう》元年（七八〇年）などに日本の使者が来貢しているが、奝然の記録にはそのことは載《の》っていない。

宋《そう》の太宗《たいそう》は奝然を謁見し、手厚くねぎらい、紫地の衣を賜わり、太平興国寺《たいへいこうこくじ》に宿泊させた。太宗は、日本国王が一姓の世襲であり、臣下もすべて世襲の官だと聞くと、嘆息して宰相にこう言われた。

「彼らはたかが島国の夷《えびす》だ。にもかかわらず、国王の位は久しきにわたって世襲し、その臣もまた親のあとを継いで絶えることがない。これこそ古《いにしえ》の理想の道と称すべきであろう。

ひるがえって中国は、唐の末の乱よりこのかた、天下の諸地方は分裂し、後梁《こうりょう》・後周《こうしゅう》など五代《ごだい》の王朝は天命を享《う》けて世を治めること特に短期間で、大臣や名家であとをつぎ得たものは少ない。朕《わたし》は、徳においては古の聖王に劣るとはいえ、つね日ごろ、朝な夕なに慎みかしこみ、政治の根本を追求して怠ることがない。やがては無窮の功業を建て、のちのちまで朽ちることのない範《のり》を残したいと思っておる。同時に、これはわが子孫のためにもなり、大臣たちの子孫に親の秩禄《ちつろく》・官位を継がせようとするためにもなるであろう。これこそが朕《わ》が心なのである」

日本国には、中国の書籍がたくさんある。奝然が来朝したときに、さらに『孝経《こうきょう》』一巻・『越王孝経新義《えつおうこうきょうしんぎ》第十五』一巻を太宗は手に入れた。いずれも金糸でかがった赤のうす絹の表装で、軸《じく》は水晶で作られていた。この『孝経』は鄭氏注本《ていしちゅうほん》である。また「越王」とは、唐の太宗の子、越王李貞《えつおうりてい》のことである。「新義」とは、記室参軍任希古《きしつさんぐんじんきこ》らの著したものである。奝然はまた五台山《ごだいさん》に行きたいと望んだ。そこでこれを許可し、途中の宿々《やどやど》に食事を提供させた。彼はさらに木版本の『大蔵経《だいぞうきょう》』を求めたので、帝は詔して与えさせた。雍熙《ようき》二年（九八五年）、奝然は台州寧海県《だいしゅうねいかいけん》の商人鄭仁徳《ていじんとく》の船に便乗して母国に帰った。

その後数年たって、鄭仁徳が日本から帰国したが、奝然は彼の弟子の喜因を仁徳の船に託して宋に派遣し、次のような上表文を奉って太宗に謝意を伝えさせた。

「日本国東大寺大朝法済大師《にっぽんこくとうだいじだいちょうほうせいだいし》・賜紫《しし》・沙門《しゃもん》奝然が謹んで申しあげます。傷ついた魚は、漢《かん》の天子の夢の中で救いを求め、救っていただいた後もその恩を忘れなかったとか。枯れた白骨に花が咲こうとも、魏氏《ぎし》の恩を忘れずに魏氏の敵に抵抗したとか。愚僧は不徳ではございますが、陛下に対するあふれるほどの忠誠は、抑えきれようはずもございません。奝然《ちょうねん》めは、ここに謹み謹み、伏してご挨拶申しあげます。

奝然めは、交易船の出港するものに便乗し、陛下の高くそびえる大宮殿をば、生あるうちに拝観いたしたく望んでおりました。落日をめがけて西へ進もうと存じましても、十万里の波濤《はとう》を越え尽くすことはむずかしいと考えておりました。しかしながら、東に別れを告げて、風にまかせてひたすら進むと、数千里の山々を越えゆくこともいとやさしゅうございました。いやしい生まれの身ながら、あつかましくも隆盛を極めた中華の国に行き着くことができました。

かくして陛下のありがたきおさしずをしきりにちょうだいし、遠隔の地まで自由に歩きまわることをお許しくださいました。かねてからの願いがかない、貴国の中の世にも珍しき物事をあらまし観《み》させていただきました。特に粲然《さんぜん》と輝く宮門の空が明けそめ、めでたき雲が九重《ここのえ》のうちに望んだこと、眼前がぱっと晴れわたって巌《いわお》なすとびらが現れ、五台山《ごだいさん》上にありがたき御灯明《とうみょう》を礼拝したことなどは格別のものでございました。三蔵《さんぞう》について学を授かり、数寺を巡《めぐ》ってのんびりと旅してまわりました。かくして、み仏《ほとけ》の美《うる》わしきみ教えを書きしるした経典が北門の北より運び出され、木版本の『大蔵経《だいぞうきょう》』が東海の東に伝わることとなりました。

さらに、帰国を許すとのありがたき仰《おお》せを蒙《こうむ》り、とり急ぎこちらへ参りました折に上陸いたしました港にはせつけました。そして、夏の末に台州《だいしゅう》より、船の纜《ともづな》を解《と》きて出帆し、秋のはじめに日本の国境《くにざかい》に到達いたしました。明くる春、ようやくにして、なじみの町に帰り着いたしだいでございます。僧侶や俗人は喜び迎え、品《しな》高き人々も待ちかねて迎えてくれました。

伏《ふ》して惟《おも》んみまするに、陛下のみ恵みははるか四方のはてに溢《あふ》れ、恩は五岳より高く、陛下の治め給う御世《みよ》は黄帝《こうてい》や軒轅《けんえん》氏の古《いにしえ》を超《こ》え、民草《たみくさ》は新しき金輪王《こんりんおう》に遭遇しております。奝然めは、むなしく鳳凰《ほうおう》の棲《すみか》に別れを告げ、再び小さな蟻塚《ありづか》にもどって参りました。かしこにおりましても、ここにおりましても、ただひたすら皇恩の偉大なるを仰ぎ奉り、山を越え、海原を越えて離れはいたしましたが、陛下のありがたきみ心を忘れようはずはございません。たとえ生涯にわたって身を粉《こ》にして力を尽くしましても、陛下からちょうだいいたしました一日のご恩に報いることはできますまい。筆を墨にひたし、涙を拭《ぬぐ》い、紙を開きますと、魂をゆすぶられ、陛下のご恩をお慕いする気持ちにたえかねております。謹《つつし》んでわが高弟の伝灯大法師位《でんとうだいほうしい》の嘉因《かいん》、ならびに宋の剃頭受戒僧《ていとうじゅかいそう》の祚《そ》乾《けん》らを遣わして御礼申しあげさせ、上表文を奉って申しあげるしだいでございます」

この上表文に「わが国の永延《えいえん》二年歳次《さいじ》戊子《ぼし》二月八日」と記しているのは、実は北宋《ほくそう》の端拱《たんきょう》元年（九八八年）に当たる。

また、別の上表文で、次のような品々を上納してきた。それは、青木の函《はこ》に納めた仏経。螺鈿《らでん》花形の平函《ひらばこ》に納めた琥珀《こはく》、青と紅《あか》と白の水晶、紅《あか》と黒の木槵子《むくろじ》の珠数《じゅず》各一連。螺鈿の杯二口を納めた毛《け》編みの籠《かご》一つ。法螺貝《ほらがい》二口と染めた皮二十枚を納めたつづら一つ。かつら二つを納めた金銀蒔絵《きんぎんまきえ》の筥《はこ》一つ。また参議《さんぎ》正四位上《しょうしいじょう》の藤佐理《とうのさり》の手跡二巻、および献上品の目録一巻と上表文一巻を納めた金銀蒔絵の筥一つ。また金の硯《すずり》一つ、鹿毛の筆、松烟《しょうえん》の墨、金銅の水さし、鉄刀を納めた金銀蒔絵の硯筥一つ。また檜扇《ひおうぎ》二十枚、蝙蝠《こうもり》模様の扇二枚を納めた金銀蒔絵の扇筥《おうぎばこ》一つ。一つには赤木の梳《くし》二百七十、一つには竜骨十橛《けつ》を納めた螺鈿《らでん》の梳函《くしばこ》一対。螺鈿の文机《ふづくえ》一つ。螺鈿の腰かけ一つ。白細布五疋《ひき》を納めた金銀蒔絵の平筥《ひらばこ》一つ。かわうその皮衣《かわごろも》一着を納めた鹿皮の籠《かご》一つ。螺鈿の鞍轡《くらくつわ》一揃《そろ》い。銅鉄の鐙《あぶみ》、紅糸の 鞦《しりがい》と泥障《あおり》。大和絵《やまとえ》の屏風《びょうぶ》一双。硫黄《いおう》七百斤などである。

咸平《かんぺい》五年（一〇〇二年）、建州《けんしゅう》の船商人周世昌《しゅうせいしょう》は、暴風に遭《あ》って日本《にっぽん》に流れ着き、前後七年滞在してから帰還することができた。その時、日本国人の滕木吉《とうぼくきつ》を伴って帰った。真宗《しんそう》は二人を呼び出して接見した。世昌は日本人が唱和した漢詩をたずさえて皇帝の御覧に供した。その詩句はなかなか凝《こ》ったつくりであったが、薄っぺらでとりえのないものだった。日本国の風俗をたずねたところ、婦人はみな髪を結わずに長くたらし、一着の衣服に二、三反の絹を使うということだった。さらに彼らは、おぼえている日本の州名、年号を説明した。真宗は滕木吉に命じて彼が持っていた木製の弓を引いて矢を射させたが、矢は遠くまでとどかなかった。なぜそんなに力がないのかと問いつめたところ、日本国では争いが少ないので戦《たたか》いに励んだりはしないからだ、と答えた。真宗は木吉に中国《ちゅうごく》の当世流行の衣服と銭とを賜わり、帰国させた。

景徳《けいとく》元年（一〇〇四年）、日本国の僧寂照《じゃくしょう》ら八人が来朝した。寂照は中国語の会話はできないけれども、漢字は知っていて、たいそうみごとに書いてみせる。彼との問答はすべて筆談によって行った。真宗は詔して彼に円通大師《えんつうだいし》と名乗らせ、紫方袍《しほうほう》を賜わった。

天聖《てんせい》四年（一〇二六年）十二月、明州《めいしゅう》の役人が、

「日本国の太宰府《だざいふ》から使者が遣わされて土産の物を献上しようとしているが、日本国政府の上表文を持参していない」と報告した。

仁宗《じんそう》は詔《みことのり》してその使者に謁見を許さず帰させた。その後日本国からは朝貢を申し入れてこない。華南《かなん》の商人に時どき日本の商品を中国に持ち帰る者があった。

熙寧《きねい》五年（一〇七二年）、誠尋《せいじん》という日本の僧侶が台州《だいしゅう》に来て、天台山《てんだいさん》の国清寺《こくせいじ》に足を止め、そのまま中国に留まりたいと願い出た。台州の役人はこのことを朝廷に上奏した。神宗《しんそう》は詔して都の王宮に呼び寄せた。誠尋は、銀の香炉・木槵子《むくろじ》・白ガラス・五香・水晶・紫檀《したん》・琥珀《こはく》で飾った珠数《じゅず》、および青色の綾織物《あやおりもの》を献上した。神宗は誠尋が遠来の客であり、仏の戒律を受けていることでもあるので、彼を開宝寺《かいほうじ》に滞在させて、同行の僧侶すべてに紫方《しほう》袍《ほう》を賜わった。その後たびたび土産の品を献上してきたが、来るのはすべて僧侶であった。

元豊《げんぽう》元年（一〇七八年）、日本国は通訳の僧仲回《ちゅうかい》をよこした。神宗は彼に慕化懐徳大師《ぼかかいとくだいし》の称号を賜わった。

明州の役人から再び報告があり、

「日本国の太宰府《だざいふ》からの文書が届けられ、それには、

『中国《ちゅうごく》から来た使者の孫忠《そんちゅう》が帰国する船に便乗し、仲回らを遣わして絁《つむぎ》二百匹、水銀五千両を献上する』と記してあった。

孫忠《そんちゅう》という男は海洋商人であり、仲回《ちゅうかい》の献上物の届け方が、他の諸国のしきたりと異なっていたので、明州《めいしゅう》の役所で適当に文書を与えて労に報い、献上物の値段相当のみやげ物を与え、仲回に託して東へ帰らせることにいたしたい」

と願い出た。朝廷はその通りにさせた。

乾道《けんどう》九年（一一七三年）、日本国《にっぽんこく》ははじめて明州《めいしゅう》の運送業の親方に日本の物産をことづけて入貢させた。

淳熙《じゅんき》二年（一一七五年）、倭《わ》の船乗りの滕太明《とうたいめい》が鄭作《ていさく》なる者を殴って殺してしまった。そこで孝宗《こうそう》は詔して太明に械《かせ》をはめ、その親方に身柄をあずけて日本に送り帰らせ、日本の法律によって処罰させた。

淳熙三年（一一七六年）、風を避けて近海に停泊した日本船が明州に来た。乗員はみな食べ物に困り、百人以上の者がものごいをしながら臨安府《りんあんふ》にたどり着いた。孝宗は詔して各人に毎日五十文《もん》の銭と米二升を支給し、日本の国の船が中国に来るのを待って、それに乗せて帰してやった。

淳熙十年（一一八三年）、日本、国人七十三人が、また大風に吹かれて秀州華亭県《しゅうしゅうかていけん》に流れ着いた。そこで常平義倉《じょうへいぎそう》の銭と米を支給して元気づけてやった。

紹熙《しょうき》四年（一一九三年）、泰州《たいしゅう》および秀州華亭県に、また倭《わ》人の風に吹かれて停泊させられた者が流れ着いた。光宗《こうそう》は詔《みことのり》して、彼らがたずさえた品物を取りあげることなく、常平《じょうへい》倉《そう》の米を出し、彼らに支給して元気づけたうえ、国に帰してやった。

その後日本国人は慶元《けいげん》六年（一二〇〇年）には平江府《へいこうふ》に、嘉泰《かたい》二年（一二〇二年）には定《てい》海県《かいけん》にやって来た。寧宗《ねいそう》はそのいずれの場合にも、銭と米とを支給して国に帰してやった。

元史（巻二百八・外夷一）

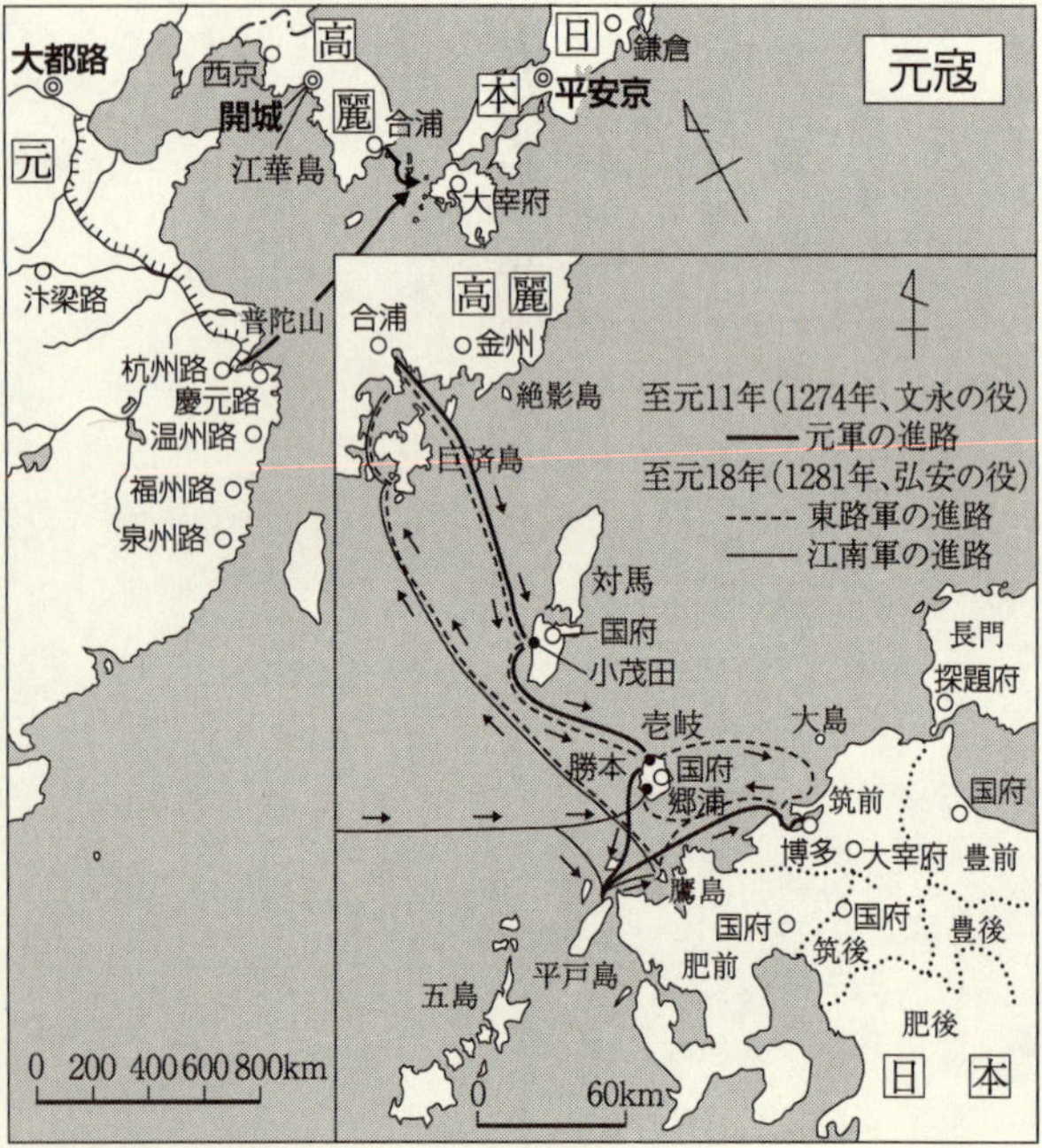

元寇
大都路
元
西京
高
麗
開城
江華島
合浦
日
本
鎌倉
平安京
大宰府
汴梁路
普陀山
杭州路
慶元路
温州路
福州路
泉州路
0 200 400 600 800km
高麗
合浦
金州
絶影島
巨済島
対馬
国府
小茂田
壱岐
勝本
国府
郷浦
鷹島
平戸島
五島
大島
長門
探題府
筑前
博多
大宰府
国府
豊前
国府
筑後
国府
肥前
豊後
肥後
日本
0 60km
至元11年(1274年、文永の役)
元軍の進路
至元18年(1281年、弘安の役)
東路軍の進路
江南軍の進路

日《にっ》本《ぽん》

日本国《にっぽんこく》は東海の東に在《あ》り。古《いにしえ》には倭《わ》の奴国《なこく》と称《しょう》す。或《あ》るいは云う、其《そ》の旧名を悪《にく》み、故に名を日本《にっぽん》に改む、と。其《そ》の国、日《ひ》の出《い》ずる所に近きを以《も》って也《なり》。

其《そ》の(1)土疆《どきょう》の至る所と国王の(2)世系《せいけい》及び物産風俗は『宋史《そうし》』の本伝に見ゆ。日本《にっぽん》の国為《た》るは、(3)中土《ちゅうど》を去ること殊《こと》に遠く、又《また》大海を隔《へだ》つ。後漢《ごかん》自《よ》り(4)魏《ぎ》・晋《しん》・(5)宋《そう》・隋《ずい》を歴《へ》て皆《みな》来貢す。唐《とう》の(6)永徽《えいき》・(7)顕慶《けんけい》・(8)長安《ちょうあん》・(9)開元《かいげん》・(10)天宝《てんぽう》・(11)上元《じょうげん》・(12)貞元《ていげん》・(13)元和《げんわ》・(14)開成《かいせい》中に、並びに使いを遣わして入朝す。

宋《そう》の(15)雍熙《ようき》元年、日本僧奝然《にっぽんそうちょうねん》、其《そ》の(16)徒《と》五、六人と海に浮かびて至り、(17)職貢《しょくこう》を奉《たてまつ》り、幷《なら》びに銅器十余(18)事《じ》を献ず。奝然《ちょうねん》は隷《れい》書《しょ》を善《よ》くするも(19)華言《かげん》に通ぜず。其《そ》の風土を問うに、但《た》だ書きて以《も》って対《こた》う。云う、其《そ》の国中に(20)五経《ごきょう》の書及び仏経《ぶっきょう》・(21)白居《はくきょ》

〈語釈〉

1国境。**2**系図。**3**中国。**4**三国の魏。**5**南朝の宋。**6**高宗の年号。**7**高宗の年号。**8**則天武后の年号。**9**玄宗の年号。**10**玄宗の年号。**11**粛宗の年号。**12**徳宗の年号。**13**憲宗の年号。**14**文宗の年号。**15**太宗の年号。**16**仲間。**17**貢ぎ物。**18**事は銅器を数える語。**19**中国の言葉。**20**易・書・詩・礼・春秋。**21**白氏文集。

易集《いしゅう》七十巻有り。

奝然《ちょうねん》還《かえ》りて後《のち》、国人(1)を以《も》って来《きた》りし者は滕木吉《とうぼくきつ》(2)と曰《い》う、僧を以《も》って来《きた》りし者は寂照《じゃくしょう》(3)と曰《い》う。寂照《じゃくしょう》は文字を識《し》り繕写《ぜんしゃ》(4)すること甚《はなは》だ妙なり。

熙寧《きねい》(5)以後に至りて、連《しき》りに方物(6)を貢《こう》す。其《そ》の来たる者は皆《みな》僧也《なり》。

元《げん》の世祖《せいそ》(7)の至元《しげん》二年、高麗人《こうらいじん》の趙彝《ちょうい》等《ら》日本国《にっぽんこく》と通ず可《べ》しと言うを以《も》って、奉使す可《べ》き者を択《えら》ぶ。〔至元《しげん》〕三年八月、命じて兵部侍郎《へいぶじろう》(8)黒的《こくてき》に虎符《こふ》(9)を給し、国信《こくしん》(10)使《し》に充《あ》て、礼部侍郎《れいぶじろう》(11)殷弘《いんこう》に金符《きんぷ》を給して国信副使《こくしんふくし》に充《あ》て、国書を持《じ》して日本に使いせしむ。書に曰《いわ》く、

「大蒙古国皇帝《だいもうここくこうてい》、書を日本国王《にっぽんこくおう》に奉ず。朕惟《ちんおも》うに古自《いにしえよ》り小国の君、境土相接するときは、講信修睦《こうしんしゅうぼく》(12)を尚《たっと》び務む。況《いわ》んや我が祖宗(13)天(14)の明命を受けて区夏《くか》(15)を奄有《えんゆう》(16)し、遐方《かほう》(17)異域の威を畏《おそ》

1日本国人として。2藤原姓の某か。3寂昭。4きれいに書くこと。

5宋の神宗の年号。6地方の産物。

7フビライ。

8軍事を司る役所の次官。9虎の形をした割り符。10国使。11人事式典を司る役所の次官。12うそを言わずに仲良くする。『礼記』礼運篇にある言葉。13ジンギス・カン。14天の明らかな命。15中国各地。16全体を領有し。17遠方。

れて徳に懐《なつ》く者は、悉《ことごと》く数う可《べ》からざるをや。

朕即位の初め、高麗《こうらい》の無辜《むこ》の民久しく鋒鏑《(18)ほうてき》に瘁《つか》るるを以《も》って、即《すなわ》ち令《れい》して兵を罷《や》め、其《そ》の疆域《きょういき》を還《かえ》し、其《そ》の旄倪《(19)ぼうげい》を反《かえ》らしむ。高麗《こうらい》の君臣は感戴《(20)かんたい》して来朝す。義は君臣なりと雖《いえど》も、歓《よろこ》ぶこと父子の若《ごと》し。計《はか》るに王《(21)おう》の君臣も亦《ま》た已《すで》に之《これ》を知るならん。

高麗《こうらい》は朕の東藩《(22)とうはん》也《なり》。日本は高麗《こうらい》に密邇《(23)みつじ》す。開国以来亦《ま》た時に中国《ちゅうごく》と通ず。朕の躬《み》に至りては一乗《(24)いちじょう》の使いも以《も》って和好を通ずること無し。尚《な》お恐る、王国之《これ》を知ること未《いま》だ審《つまび》らかならざるを。故に特に使いを遣わして書を持《じ》し、朕が志を布告せしむ。冀《ねが》くは今自《よ》り以往《(25)いおう》、問《(26)もん》を通じて好《よしみ》を結び、以《も》って相《あい》親睦せんことを。且《か》つ聖人(27)は四海を以《も》って家と為《な》す。相《あい》通好せざるは、豈《あ》に一家(28)の理《ことわり》ならん哉《や》。以《も》って兵を用うるに至るは、夫《そ》れ孰《たれ》か好《この》む所《ところ》ぞや。王其《そ》れ之《これ》を図《はか》れ」と。

18戦争。**19**老人と子供。**21**お前。**20**恩徳に感服して。

22王室の東方を守るまがき。**23**ごく近い。**24**一台の乗物。**25**このさき。**26**往来訪問。**27**皇帝が自分をさしていう。**28**天下を一家とみなすたてまえ。

黒的等《こくてきら》、道は高麗《こうらい》(1)に由《よ》る。高麗国王《こうらいこくおう》の王禃《おうしょく》、帝の命を以《も》って其《そ》の(2)枢密院副使《すうみついんふくし》宋君斐《そうくんひ》・(3)借礼部侍郎金賛等《しゃくれいぶじろうきんさんら》を遣《つか》わして、詔使の黒的等《こくてきら》を導きて日本《にっぽん》に往《ゆ》かしむるも、(4)至らずして還《かえ》る。

四年六月、帝(5)謂《おも》えらく、

「王禃《おうしょく》(6)辞《じ》を以《も》って解《かい》と為《な》し、(7)去使をして徒《いたずら》に還《かえ》ら令《し》む」

と。

復《ま》た黒的等《こくてきら》を遣わし高麗《こうらい》に至りて禃《しょく》を諭《さと》し、委《ゆだ》ぬるに日本の事を以《も》ってし、必ず其《そ》の要領を得るを以《も》って(8)期《き》と為《な》す。禃《しょく》は以為《おも》えらく、

「(9)海道険阻なれば、(10)天使を辱《かたじけ》なくす可《べ》からず」と。

九月、其《そ》の(11)起居舎人潘阜《ききょしゃじんはんぷ》等《ら》を遣わし、書を持《じ》して日本に往《ゆ》かしむ。留《とど》まること六ヵ月、亦《ま》た其《そ》の要領を得ずして帰る。

五年九月、黒的《こくてき》・(12)弘《こう》に命じて復《ま》た書を持《じ》して往かしむ。

1経由した。**2**参謀次長。**3**臨時の。**4**途中で引き返した。**5**元の世祖フビライ。**6**巧みに言葉をあやつって言い訳とし。**7**行った使者。**8**約束とした。**9**海上の旅路。**10**皇帝の使い。**11**身辺に侍る秘書官。**12**殷弘。

対馬島《つしまとう》に至るも、日本人拒《こば》みて納《い》れず。其《そ》の塔二郎《とうじろう》・弥二郎《やじろう》の二人を執《とら》えて還《かえ》る。

六年六月、高麗《こうらい》の金有成《きんゆうせい》に命じて執《とら》えし者を送還し、(13)中《ちゅう》書省《しょしょう》をして其《そ》の国に(14)牒《ちょう》せしむれども、亦《ま》た報《ほう》ぜず。有成《ゆうせい》、其《そ》の(15)太宰府《だざいふ》の守護所に留《とど》まる者《こと》之《これ》を久しうす。十二月、又《また》(16)秘書監《ひしょかん》の趙 良弼《ちょうりょうひつ》に命じて往き使いせしむ。書に曰《いわ》く、「蓋《けだ》し聞く、王者には外《そと》無しと。高麗《こうらい》は朕《ちん》と既《すで》に一家と為《な》る。王の国は実に鄰境(17)為《た》り。故に嘗《かつ》て(18)信使を馳《は》せて好《よしみ》を修めしめしも、(19)疆場《きょうえき》の吏《り》の為《ため》に抑《おさ》えられて通ぜず。獲《う》る所《ところ》の二人、(20)有司に勅《ちょく》して慰撫し、(21)牒《ちょう》を賚《もたら》して以《も》って還《かえ》さしめしが、遂《つい》に復《ま》た寂《せき》として(22)聞こゆる所《ところ》無し。

継ぎて通問《つうもん》せんと欲せしが、(23)属《たまたま》高麗《こうらい》の権臣林衍《けんしんりんえん》、乱を構え、是《これ》に(24)坐《ざ》して果たさず。豈《あ》に王《おう》も亦《ま》た此《こ》れに因《よ》りて輟《や》めて使いを遣わさざるか、或《あ》るいは已《すで》に遣わして(25)中路《ちゅうろ》にして梗塞《こうそく》せ

13国政の最高機関、内閣。**14**文書を出したが。**15**大宰府。福岡県太宰府市にあった対外関係及び西海道統轄の令制上の役所。鎌倉時代には鎮西奉行が大宰府守護所と称していた。**16**図書管理官。**17**隣国。**18**異国への使者。**19**国境（大宰府）の役人。**20**役人。**21**文書。**22**音沙汰がない。

23一二六九年、高麗の枢密副使林衍は元宗を廃し王弟安慶公淐をたてたが、元の世祖の介入を受け元宗は復位。**24**わざわいされて。**25**途中で道がふさがれた。

しか、皆《みな》知る可《べ》からず。然《しか》らずんば、日本は素《もと》礼を知るの国と号せしに、王の君臣寧《いずく》んぞ肯《あ》えて漫(1)《みだ》りに弗思(2)《ふっし》の事を為《な》す乎《や》。近ごろ已《すで》に林衍《りんえん》を滅ぼし、王位を復旧し、其《そ》の民を安集(3)せしむ。

特に少中大夫秘書監《しょうちゅうたいふひしょかん》の趙良弼《ちょうりょうひつ》に命じて国信使《こくしんし》に充《あ》て、書を持《じ》して以《も》って往《ゆ》かしむ。如《も》し即《すなわ》ち使いを発して之《これ》と偕《とも》に来《きた》らば、親仁善隣(4)《しんじんぜんりん》、国の美事(5)《びじ》なり。其《そ》れ或《ある》いは猶予(6)《ゆうよ》して以《も》って兵を用うるに至ることあらば、夫《そ》れ誰《たれ》か楽しみて為《な》す所ならん也《や》、王其《そ》れ審《つまび》らかに之《これ》を図《はか》れ」と。

良弼《りょうひつ》将《まさ》に往《ゆ》かんとして、其《そ》の王と相見(7)《そうけん》するの儀(8)を定めんことを乞う。廷議(9)《ていぎ》するに、其《そ》の国と上下の分《ぶん》未《いま》だ定まらず、礼数(10)《れいすう》言う可《べ》き無しと。帝之《これ》に従う。

七年十二月、高麗王《こうらいおう》の禃《しょく》に詔諭し、国信使《こくしんし》の趙良弼《ちょうりょうひつ》を送りて好《よしみ》を日本に通じ、必達《ひったつ》を期せしむ。仍《よ》りて忽林失《ふりんし》・王国《おうこく》

1いいかげんにひきのばし。2よくも考えない事。3安心して旧地にかえり集まる。4仁者に親しみ隣人同士仲良くする。『春秋左氏伝』隠公六年にある言葉。5そなたの国の。6ためらう。7面会。8作法をきめてもらいたいと。9朝廷で論議する。10こまかい礼儀作法は論じるめどがない。11慶尚南道。釜山の北西。

昌《しょう》・洪茶丘《こうさきゅう》を以《も》って兵を将《ひき》いて送りて海上に抵《いた》らしめ、国信《こくしん》使《し》の還《かえ》る比《ころ》まで姑《しばら》く(11)金州《きんしゅう》等《など》の処に屯駐せ令《し》む。

八年六月、日本《にっぽん》(12)通事《つうじ》の曹介升《そうかいしょう》等《ら》、上言す、

「高麗《こうらい》は(13)迂《う》路《ろ》して〔日本への〕国使を(14)導引す。外《ほか》に(15)捷径《しょうけい》有り。倘《も》し(16)便風を得ば、半日にして到る可《べ》し。若《も》し使臣去《ゆ》かば〔曹《そう》は〕則《すなわ》ち敢《あ》えて同往せず。若《も》し大軍進征せば、則《すなわ》ち願わくは(17)郷導と為《な》らん」と。

帝曰《いわ》く、

「此《か》くの如《ごと》くならば則《すなわ》ち当《まさ》に之《これ》を思うべし」と。

九月、高麗王禃《こうらいおうしょく》、其《そ》の通事《つうじ》別将《べっしょう》の徐称《じょしょう》を遣わし、良弼《りょうひつ》を導き送り、日本《にっぽん》に使いせしむ。

日本《にっぽん》、始めて弥四郎《やしろう》なる者を遣わして入朝せしむ。帝、(18)宴労して之《これ》を(19)遣わす。

九年二月、〔元《げん》の〕(20)枢密院《すうみついん》の臣言う、

12 通訳。13 廻り道。14 案内する。15 近道。16 順風。17 道案内。

18 宴を開きねぎらう。19 送りかえした。

20 軍事、機密を管轄する。

「日本に奉使せし趙良弼《ちょうりょうひつ》、(1)書状官《しょじょうかん》の張鐸《ちょうたく》を遣わし来《きた》りて言う、

『(2)去る歳の九月、日本国《にっぽんこく》人弥四《やし》郎等《ろうら》と与《とも》に太宰府《だざいふ》の西守護所《にししゅごしょ》に至る。守る者云う、曩《さき》に高麗《こうらい》の紿《あざむ》く所《ところ》と為《な》り、屢《しばしば》(3)上国の来《きた》り伐《う》たんとすることを言う。豈《あ》に皇帝の生《せい》を好み殺《さつ》を悪《にく》み、先ず(4)行人を遣わして(5)璽書《じしょ》を下示せしむることを期《き》せんや。然《しか》れども(6)王京は、此《ここ》を去ること尚《な》お遠し、願わくは先《ま》ず人を遣わして(7)奉使に従いて回報せん』と。

良弼《りょうひつ》、乃《すなわ》ち鐸《たく》を遣わし、其《そ》の使い二十六人と同《とも》に(8)京師《けいし》に至り見《まみ》えんことを求めしむ」と。

帝、(9)其《そ》の国主の使いの来《きた》るを疑い、(10)守護所の者の詐《いつわ》りならんと云う。(11)翰林承旨和礼霍孫《かんりんしょうしわれいかくそん》に詔《みことのり》し、以《も》って(12)姚枢《ようすう》・許衡《きょこう》等《ら》に問わしむ。皆対《みなこた》えて曰《いわ》く、

「誠に聖算の如《ごと》し。彼、我が兵を加うるを懼《おそ》れ、故に此《こ》の輩《やから》

1手紙を扱う役人。**2**去年。**3**元。**4**使者。**5**皇帝の勅書。**6**日本の都は。**7**お国の使節。**8**元の大都、北京。

9まことに日本国王の使節が来たのか否かを。**10**大宰府の者の言は。**11**詔書・文書を起草する官。**12**漢人の学者、世祖の顧問たち。

を発して、吾《わ》が強弱を伺《うかが》わしむる耳《のみ》。宜《よろ》しく之《これ》に寛仁を示すべし。且《か》つ其《そ》の入見を聴《ゆる》すは宜《よろ》しからず」と。〔世祖《せいそ》〕之《これ》に従う。是《こ》の月、高麗王禃《こうらいおうしょく》、書を日本に致す。五月、又《また》書を以《も》って往《ゆ》かしめ、必ず好《よしみ》を(13)大朝に通ぜ令《し》むるも、皆《みな》報ぜず。

十年六月、趙良弼《ちょうりょうひつ》、復《ま》た日本に使いするも、太宰府《だざいふ》に至りて還《かえ》る。

十一年三月、(14)鳳州経略使《ほうしゅうけいりゃくし》の忻都《きんと》・(15)高麗軍民総管《こうらいぐんみんそうかん》の洪茶丘《こうさきゅう》に命じて、(16)千料の舟・(17)抜《ぺ》都魯《ツウル》軽疾の舟・汲水の小舟各《おのおの》三百、共に九百艘《そう》を以《も》って、士卒一万五千を載せ、七月を以《も》って日本《にっぽん》を征せんと期す。冬十月、其《そ》の国に入り之《これ》を敗《やぶ》る。而《しか》れども(18)官軍整わず、又《また》矢尽《つ》きて、惟《た》だ(19)四境を(20)虜掠《りょりゃく》して帰る。

十二年二月、(21)礼部侍郎《れいぶじろう》の杜世忠《とせいちゅう》・(22)兵部侍郎《へいぶじろう》の何文著《かぶんちょ》・(23)計議《けいぎ》

13 元王朝。

14 陝西省鳳県。 15 元が朝鮮に設けた軍政府の長官。 16 二百人乗りの舟。 17 モンゴル語で「勇猛なる」。 18 元の軍。 19 そのあたり。 20 文永の役。

21 人事式典を司る役所の次官。 22 軍事を司る役所の次官。 23 顧問官。

官《かん》の撒都魯丁《サトウルテン》を遣わして往《ゆ》かしむ。復《ふたた》び書を致さしめしも、亦《ま》た報《ほう》ぜず。

十四年、日本《にっぽん》、商人を遣わし金《きん》を持ち来たりて、銅銭に易《か》えしむ。〔世祖《せいそ》〕之《これ》を許す。

十七年二月、日本《にっぽん》、〔元《げん》の〕国使《こくし》(1)杜世忠《とせいちゅう》等を殺す。征東元《せいとうげん》帥《すい》忻都《きんと》・洪茶丘《こうさきゅう》、自《みずか》ら兵を率《ひき》い、往《ゆ》きて討たんことを請う。廷議して姑《しばら》く少しく之《これ》を(2)緩《ゆる》うす。五月、范文虎《はんぶんこ》を召し、日本《にっぽん》を征《せい》することを議す。八月、詔《みことのり》して日本《にっぽん》を征するの士卒を募《つの》る。

十八年正月、(3)日本行省《にっぽんこうしょう》右丞相《ゆうじょうしょう》阿刺罕《アラハン》・右丞《ゆうじょう》范文虎《はんぶんこ》及《およ》び忻都《きんと》・洪茶丘《こうさきゅう》等に命じ、十万人を率《ひき》い、日本《にっぽん》を征せしむ。

二月、諸将、(4)陛辞《へいじ》す。帝勅《ていちょく》して曰《いわ》く、

「始め、彼《か》の国の使い来《きた》るに因《よ》り、故に朝廷も亦《ま》た使いを遣わして往《ゆ》かしむ。彼遂《つい》に我が使いを留《とど》めて還《かえ》さず。故に卿輩《けいら》

1 杜世忠は至元十二年（一二七五年）に渡日、その年鎌倉竜ノ口で斬られた。至元十六年の国使周福らも博多で斬られた。その報が元に届いたのが十七年ということであろう。 **2** おくらせる。 **3** 日本征討のために置かれた行中書省。行中書省は、国政の最高機関である中書省の地方出張官署。右・左丞相以下、平章・右丞・左丞・参知政事などの官員が置かれる。 **4** 皇帝に出発の挨拶をする。 **5** 漢族。 **6** 人

をして此《こ》の行《こう》を為《な》さしむ。朕《ちん》、(5)漢人《かんひと》の言《ことば》を聞くに、『人の家国を取るは、(6)百姓《ひゃくせい》と土地を得んと欲するなり』と。若《も》し尽《ことごと》く百姓《ひゃくせい》を殺さば、徒《いたずら》に地を得るも何《なに》をか用いん。又《また》一事有り、朕実《ちんまこと》に之《これ》を憂《うれ》う、恐らくは卿輩の(7)和《わ》せざらんこと耳《のみ》を。仮りに若《も》し彼《か》の国人至りて、卿輩と議する所有《こと》らば、当《まさ》に(8)同心協謀し、一口に出《い》ずるが如《ごと》く之《これ》に答うべし」と。

五月、日本行省《にっぽんこうしょう》参議《さんぎ》の裴国佐《はいこくさ》等《ら》言《いわ》く、「本省の右丞相《ゆうじょうしょう》阿刺罕《アラハン》・(9)范右丞《はんゆうじょう》・(10)李左丞《りさじょう》、先《さき》に忻都《きんと》・茶丘《さきゅう》と入朝す。時に(11)院の官と同《とも》に議定せり、(12)舟師を領《ひき》いて高麗《こうらい》の金州《きんしゅう》に至り、忻都《きんと》・茶丘《さきゅう》の軍と会して、然《しか》る後日本《のちにほん》に入征せんと。又《また》、(13)風水不便なるが為《ため》に、再び議して(14)一岐島《いきしま》に会せんと定む。

今年三月、日本の船、(15)風水の為に(16)漂至せるもの有り。其《そ》の

民。**7** 仲よく協力しないのではないかと。**8** 心をあわせ考えをそろえて。

9 范文虎。**10** 李庭。**11** そのとき枢密院の。**12** 水軍。**13** 風向きと海流。**14** 壱岐。

15 嵐。**16** 漂流して中国にいたる。

(1)水工をして地図を画かしむ。因《よ》りて見る、太宰府《だざいふ》の近く西のかたに(2)平戸島《ひらとじま》なる者有り、周囲皆《みな》水にして、軍船を屯す可《べ》きことを。此《こ》の島其《そ》(3)の防ぐ所に非《あら》ず。若《も》し(4)径往して此《こ》の島に拠《よ》り、人をして船に乗りて一岐《いき》に往《ゆ》かしめ、忻都《きんと》・〔洪〕茶丘《さきゅう》を呼び来たり会《かい》して進みて討たば利と為《な》さん」と。

帝曰《いわ》く、

「此《こ》の間、(5)彼《か》の中《うち》の事宜《じぎ》を悉《くわし》くせず、阿剌罕輩《アラハンら》必ず知らん。其《そ》れ之《これ》をして自処せ令《し》めよ」と。

六月、阿剌罕《アラハン》、病を以《も》って行くこと能《あた》わず、阿塔海《アタハイ》に命じて軍事を代わり総《す》べしむ。(6)八月、諸将未《いま》だ敵を見ざるに、全師を喪《うしな》いて以《も》って還《かえ》る。乃《すなわ》ち言う、

「日本に至り、太宰府《だざいふ》を攻めんと欲せしに、暴風、舟を破る。猶《な》おも戦いを議せんと欲せしが、(7)万戸《ばんこ》の厲徳彪《れいとくひょう》・(8)招討《しょうとう》の王国佐《おうこくさ》・(9)水手総管《すいしゅそうかん》の陸文政《りくぶんせい》等、(10)節制を聴かず、輒《すなわ》ち逃げ去

1船頭。2長崎県平戸市。3日本人の防禦を固めた処ではない。4直行して。

5元のほうでは日本領内の事情を詳しくは知らない。

6弘安の役。7一万人を指揮する万戸府の長官。8詔討使（討伐武官）。9船頭の総取締り。10統制。11日本行省。12慶尚南道馬山。13解散して送りかえし。

る。本省(11)、余軍を載せて合浦《がっぽ》(12)に至り、〔残軍を〕散遣(13)して郷里に還らしむ」と。

未《いま》だ幾《いくばく》もあらずして、敗卒の于閶《うしよう》脱《のが》れ帰りて言う、「官軍、六月海に入り、七月平壺《へいこ》(14)島《と》に至り、五竜山《ごりゅうざん》(15)に移る。八月一日(16)、風、舟を破る。五日、〔范〕文虎《ぶんこ》等《ら》の諸将各《おのおの》自《みずか》ら堅好(17)の船を択《えら》びて之《これ》に乗り、士卒十余万を山下(18)に棄つ。衆議して張百戸《ちょうひゃっこ》(19)なる者を推して主帥《しゅすい》と為《な》し、之《これ》を号して張総《ちょうそう》管《かん》と曰《い》い、其《そ》の約束を聴く。方《まさ》に木を伐りて舟を作り還《かえ》らんと欲《ほっ》せしに、七日、日本人《にっぽんじん》来たりて戦い、尽《ことごと》く死す。余の二、三万、其《そ》の虜《とりこ》と為《な》りて去る。九日、〔日本人《にっぽんじん》は〕八角島《はっかくとう》(20)に至り、尽《ことごと》く蒙古《もうこ》・高麗《こうらい》・漢人《かんひと》(21)を殺し、新附軍(22)を謂《い》いて唐《とう》人《じん》と為《な》し、殺さずして之《これ》を奴《ど》(23)とす。〔于〕閶輩是也《しょうらこれなり》(24)」と。

蓋《けだ》し行省《こうしょう》の官、事を議して相《あい》下らず、故に皆《みな》軍を棄てて帰りしならん。之《これ》を久しくして、莫青《ばくせい》、呉万五《ごまんご》なる者と亦《ま》た逃

14 平戸島。**15** 平戸の東方にある鷹島のことか。**16** 日本暦では閏七月一日。現在の太陽暦になおすと、八月二十三日にあたる。**17** じょうぶな。**18** 五竜山下。**19** 百戸は兵百人のかしら。**20** 博多のことか。**21** 中国北部の漢族。**22** 旧南宋治下の漢族、南人の軍。**23** 奴隷。**24** わたくしがその例です。

げ還《かえ》る。十万の衆、還るを得たる者三人耳《のみ》。

二十年、阿塔海《アタハイ》に命じ日本省《にっぽんしょう》丞相《じょうしょう》と為《な》し、徹里帖木児《チエリチムル》右《ゆう》丞《じょう》・(1)劉二抜都児《リユウルバトル》左丞《さじょう》と、兵を募《つの》り舟を造らしめ、復《ま》た日本を征《せい》せんと欲《ほっ》す。(2)淮西《わいせい》(3)宣慰使《せんいし》の昂吉児《アンキル》、民の労《つか》れしことを上言し、兵を寝《や》めんことを乞《こ》う。

二十一年、又其《またそ》の俗、仏を尚《たっと》ぶを以《も》って、王積翁《おうせきおう》と(4)補陀《ふだ》の僧如智《にょち》とを遣わし、往《ゆ》きて使いせしむ。舟中に行くことを願わざる者有り、共に謀りて積翁《せきおう》を殺し、至るを果たさず。

二十三年、帝曰《ていいわ》く、

「日本《にっぽん》は未《いま》だ嘗《かつ》て相侵《あいおか》さず、今(5)交趾《こうし》、辺《へん》を犯す。宜《よろ》しく日本《にっぽん》を置きて、専《もっぱ》ら交趾《こうし》を事とすべし」と。

成宗《せいそう》の大徳《だいとく》二年、(6)江浙省平章政事《こうせつしょうへいしょうせいじ》の也速答児《イエンタル》、兵を日本《にっぽん》に用いんことを乞《こ》う。帝曰《ていいわ》く、

「今は其《そ》の時に非《あら》ず、朕徐《ちんおもむ》ろに之《これ》を思わん」と。

1 バトルは勇者の称号。 2 淮水以西。 3 地方郡県の軍事・民政を司る。

4 浙江省舟山島にある、普陀山観音寺の僧。

5 漢代以来の郡の名。ベトナム社会主義共和国北半。

6 江蘇・浙江省を統べる行中書省の次官。

〔大徳《だいとく》〕三年、僧の寧一山《ねいいっさん》(7)なる者を遣わし、妙慈弘済大師《みょうじこうさいだいし》を加え、商舶に附《つ》けて日本《にっぽん》に往き使いせしむ。而《しか》れども日本人《にっぽんじん》は竟《つい》に至らず。

7 臨済宗の僧、一山一寧（一二四七～一三一七年）。請われて建長寺・円覚寺・南禅寺などに住んだ。

〈現代語訳〉

日本国《にっぽんこく》は東海《とうかい》の東に位置し、昔は倭《わ》の奴国《なこく》と称《しょう》した。昔の国名をきらって、日本と改めたのだと言う人もある。その国が、太陽の出る所の近くにあるのに因《ちな》んだのである。

その国境が接している所と国王の世系、および物産・風俗は『宋史《そうし》』の本伝（日本国伝）に見える。日本の国は中国からはるか離れた遠方にあり、そのうえ大海を隔てている。後漢《ごかん》以来、魏《ぎ》・晋《しん》・宋《そう》・隋《ずい》の各朝代にすべて来貢した。唐《とう》の永徽《えいき》・顕慶《けんけい》・長安《ちょうあん》・開元《かいげん》・天宝《てんぽう》・上《じょう》元《げん》・貞元《ていげん》・元和《げんわ》・開成《かいせい》年間にはいずれも使者を遣わして入朝した。

宋《そう》の雍熙《ようき》元年（九八四年）には、日本の僧奝然《ちょうねん》が彼の弟子《でし》五、六人とともに海路わが国に来て、貢ぎ物を献上し、また十種以上の銅器を献じた。奝然は隷書《れいしょ》が得意であったが中国語は理解しなかった。日本の風土についてたずねると、筆談で応じるだけだった。彼が言うに、日本には五経《ごきょう》の書、仏教の経典、白居易集《はくきょいしゅう》七十巻があるそうだ。

奝然が帰国したのち、日本国人として来た滕木吉《とうぼくきつ》という者がある。僧侶としては寂照《じゃくしょう》という者がある。寂照は文字を知っていて、書がたいそう巧みであった。

熙寧《きねい》年間（一〇六八〜一〇七七年）以後になると、つぎつぎと日本《にっぽん》の特産物を献上してきた。やってきたのはすべて僧侶である。

元《げん》の世祖《せいそ》の至元《しげん》二年（一二六五年）、高麗人《こうらいじん》の趙彝《ちょうい》らが、日本国と誼《よし》みを通じるのがよいとすすめたので、使者となる者を選んだ。

至元三年（一二六六年）八月、世祖《せいそ》は兵部侍郎《へいぶじろう》の黒的《こくてき》に虎符《こふ》を与えて国使《こくし》とし、礼部侍郎《れいぶじろう》の殷弘《いんこう》に金符《きんぷ》を与えて副使《ふくし》とし、国書をたずさえて日本に派遣した。その国書は次のようなものであった。

「大蒙古《だいもうこ》国皇帝《こくこうてい》は書を日本国王に奉《たてまつ》る。朕《ちん》思うに、古《いにしえ》より小国の君主たる者は、国境を接する隣国に対しては〈講信修睦《こうしんしゅうぼく》〉を旨《むね》として努めた。まして我が国は、祖宗ジンギス・カンが天命を受けて中国《ちゅうごく》全土を領有しており、遠方の異国にして、我が国の威力を畏《おそ》れ、徳に懐《なつ》くものは枚挙にいとまがないほどである。

朕が即位した当初、高麗国の罪なき民草の長期にわたった戦いに疲弊していたのを見て、命を発して戦いをやめさせ、高麗の領土を返還し、老人や子供を帰還させた。そこで高麗は君臣ともども感激して朕を敬《うやま》って来朝した。我が国と高麗との関係は、義としては君臣ではあるが、和《なご》みあう情においては父子のようである。王《そなた》の君臣も、おそらくすでにこの事はご承知であろう。

高麗国は朕の東の藩《まがき》である。日本はその高麗にごく近い。そして日本も建国以来おりに触れて中国と誼《よし》みを通じてきた。しかるに、この朕の時代になってからというもの、誼《よし》みを通じるための使者は一人として来ていない。ひょっとすると、王《そなた》はこのような事情をよくご存じないのではなかろうか。そこでわざわざ使者を遣わし、書を持参させ、朕の志を述べ知らせることとしたしだいである。願わくは、今よりのち、交わりを結び、誼《よし》みを通じ、互いに睦《むつ》みあわんことを。かつ、聖人は四海をば家となすものである。誼《よし》みを通じないのは、天下を一家とする理《ことわり》に反することになろう。かくして武力を発動するような事態にたちいたるならば、これこそまことに好ましからざることではないか。王よ、ご考慮くだされ」

黒的らは高麗経由で日本に行こうとした。高麗国王の王禃《おうしょく》は、元の皇帝の命により、高麗国の枢密院副使《すうみついんふくし》の宋君斐《そうくんひ》と借礼部侍郎《しゃくれいぶじろう》の金賛《きんさん》らを遣わし、元の特命使節黒的らを先導して日本に行かせることとしたが、けっきょく日本までは行き着かずに途中で引き返した。

至元四年（一二六七年）六月、世祖はこの事について、
「王禃がいいかげんな口実をこしらえて黒的らの使者をむざむざ引き返させたのだ」
と考えた。

そこでもう一度黒的らを高麗に遣わし王禃に日本と国交を通じることをよろしく頼むと言いふくめ、必ず要領をえた返答をもらってくるように約束させた。王禃は、
「海上の航路は危険であり、皇帝の使者がわざわざ行くにおよばぬ」
と考えた。

九月、王禃は部下の起居舎人《ききょしゃじん》潘阜《はんぷ》らを遣わし、書状を持たせて日本に行かせた。彼らは日本に六ヵ月滞在したが、やはり要領をえないまま帰国した。

至元《しげん》五年（一二六八年）九月、世祖《せいそ》は黒的《こくてき》と殷弘《いんこう》に命じて、またもや国書を持たせて日本《にっぽん》国《こく》へ行かせた。彼らは対馬《つしま》の島までは行ったが、そこの日本人が入国を拒否したので、塔《とう》二郎《じろう》・弥二郎《やじろう》という二人の日本人を対馬まで行った証拠として捕らえて帰国した。

至元六年（一二六九年）六月、世祖は高麗人《こうらいじん》の金有成《きんゆうせい》に命じて、さきに捕らえた二人の日本人を送還させ、中書省から日本国に文書を出させたが、やはりなしのつぶてであった。有成は日本の太宰府《だざいふ》の守護所《しゅごしょ》に長期間滞在していた。十二月、世祖はさらに秘書監《ひしょかん》の趙《ちょう》良弼《りょうひつ》に命じて使者として日本国に赴《おもむ》かせた。彼に持たせた国書の内容は次のとおりである。

「聞くところによれば、王たる者にとっては、あらゆるものが身内《みうち》であるそうだ。されぱこそかつて朕《ちん》とすでに一家《ひとついえ》の仲になっている。王《そなた》の国はまごうかたなき隣国である。高麗国は使者に親書を持たせて誼《よし》みを修《おさ》めさせようとしたにもかかわらず、貴国の国境の役人に止められ、王《そなた》に会うことがかなわなかった。そのおりに捕らえた二人の貴国人は、我が国の役人に命じていたわり慰め、書状を持たせて帰してやったが、そのまままったく音沙汰《おとさた》がない。

引き続き問いあわせようと思ったが、ちょうど高麗国の権臣林衍《りんえん》が内乱を起こし、この混乱にまきこまれて実現できなかった。あるいは王《そなた》も同じ理由で通交をとりやめて使者をこちらへよこさなかったのだろうか、それともよこしはしたが、途中で道をふさがれたのか、いっこうにわからない。そうでもなければ、日本はもともと礼儀を知る国と自負しながら、王《そなた》たち君臣が、どうして漫然と思慮のないことをしているのであろうか。最近すでに林衍を滅ぼし、高麗の王位を旧に復し、高麗国民を安心させた。

そこでわざわざ少中大夫《しょうちゅうたいふ》秘書監《ひしょかん》の趙良弼を国使とし、国書を持たせて貴国へ遣わしたのである。もし王《そなた》がただちに使者を出発させ、趙良弼とともにこちらへよこされるならば、それこそ〈親仁善隣《しんじんぜんりん》〉というべく、貴国の快挙といえるであろう。万一、ためらっているうちに、戦争にでもなったら、いったいどうするのだ。そのようなことはだれひとり望んではいないであろう。王《そなた》よ、よくよく考慮されよ」

　趙良弼は出発にさきだち、日本国王と会見する作法を定めていただきたいと願い出た。そこで朝廷で論議した結果、日本との格式の差がはっきりしないのだから、細かい礼儀作法を論じる規準がない、ということになり、世祖もこれに従った。

　至元七年（一二七〇年）十二月、世祖は高麗王の王禃《おうしょく》に詔し、国使《こくし》の趙良弼を送って日本に行き、日本と誼《よし》みを通じさせるように、必ず日本に到着するよう心がけよ、と言いつけた。さらに世祖は、忽林失《ふりんし》・王国昌《おうこくしょう》・洪茶丘《こうさきゅう》に命じ、兵を率いて趙良弼一行を船に乗るまで送らせ、一行が帰ってくるまで金州《きんしゅう》などの地に駐屯させておいた。

　至元八年（一二七一年）六月、日本語通訳の曹介升《そうかいしょう》らが上奏した。

「高麗人は日本まで廻り道をして我が国使を案内いたしましたが、実はほかに近道がございます。もし順風が吹けば半日で到着いたします。お使いの家来衆が日本に行かれるくらいのことでしたら、わたくしはあえて案内役はつとめません。しかし、もし大軍が征伐に赴くようなことになりましたならば、どうか先導役をつとめさせてくださいませ」

　世祖は言った。

「そういうことであれば、いずれ考えさせてもらおう」

九月、高麗王《こうらいおう》の王禃《おうしょく》は、通訳の別将《べっしょう》徐称《じょしょう》を良弼《りょうひつ》の先導役として日本に派遣した。日本はようやく弥四郎《やしろう》なる者を使者として元《げん》に入朝させた。世祖《せいそ》は彼のために宴を開き、慰労したうえで帰国させた。

至元《しげん》九年（一二七二年）二月、元《げん》の枢密院《すうみついん》のある朝臣が次のように報告した。

「陛下のご沙汰《さた》を奉じて日本《にっぽん》に使者として赴いた趙良弼が、書状官《しょじょうかん》の張鐸《ちょうたく》をよこして次のように報告してまいりました。

『昨年九月、日本国人弥四郎《やしろう》とともに太宰府《だざいふ》の西守護所《にししゅごしょ》までやってまいりました。するとそこを守衛していた者が言うには、以前高麗にあざむかれて、元国が日本に攻め寄せると、しばしばおどかされたのです。元国の皇帝陛下が、生者を憐み、殺戮《さつりく》を嫌われるお人柄であらせられ、以前から使者を遣わされ、陛下の親書をお示しくだされようとしておられたなどとは、夢にも思っておりませんでした。しかしながらわが国の都はここ西守護所からはまだまだ遠い所にございます。ひとまずここの者を貴国の使節とごいっしょに貴国へ赴かせ、ご返事を申しあげるということにさせていただきたい』

とのことです。

そこで趙良弼は張鐸を派遣して、日本からの使者二十六人を都に連れてきて拝謁させるようにと願い出ております」

世祖は、ほんとうに日本国王の使者が来たと思い、守護所の者の言葉はその場しのぎのでまかせであろうと言った。そこで翰林承旨《かんりんしょうし》の和礼霍孫《われいかくそん》に詔し、姚枢《ようすう》・許衡《きょこう》らに意見を求めさせた。すると彼らは口をそろえて次のように答えた。

「まことにお見とおしのとおりであります。日本国は、我が国が攻撃をしかけるのを恐れておりますので、そこでこの連中《れんじゅう》を我が国に遣わし、我が国の軍事力のほどを偵察させようとしたのでございます。この際どうか、陛下の寛大なご仁徳を彼らにお示しくださいますように。されど、拝謁をお許しになるのはおひかえになった方がよろしいかと存じます」

世祖はこの意見に従った。その月のうちに、高麗王の王禃は日本国に親書を届けた。五月、彼は重ねて使者に親書を持たせて日本国に派遣し、ぜひ元朝と誼《よし》みを通じるようにと勧めたが、二度ともなしのつぶてであった。

至元十年（一二七三年）六月、趙良弼は再び使者として日本国に赴《おもむ》いたが、太宰府《だざいふ》まで行っただけで引き返した。

至元十一年（一二七四年）三月、鳳州《ほうしゅう》経略使《けいりゃくし》の忻都《きんと》・高麗軍民総管《こうらいぐんみんそうかん》の洪茶丘《こうさきゅう》に命じ、二百人乗りの船、戦闘用の快速艇、給水用の小舟それぞれ三百艘《そう》、合わせて九百艘を擁《よう》し、一万五千の士卒をそれに乗せ、七月を期して日本に攻撃をかけさせた。冬十月、遠征軍は日本に進攻して日本軍をうち破った。しかし官軍も統率を失い、また矢も尽き、そのあたりを掠奪し、捕虜を得ただけで帰還した。

至元十二年（一二七五年）二月、礼部侍郎《れいぶじろう》杜世忠《とせいちゅう》・兵部侍郎《へいぶじろう》何文著《かぶんちょ》・計議官《けいぎかん》撒都魯丁《サトウルテン》を使者として日本に遣わした。こんども国書を届けさせたのだが、やはり返事はなかった。

至元《しげん》十四年（一二七七年）、日本国《にっぽんこく》から商人が遣わされ、金《きん》を持参して銅銭と交換することを願い出たので、世祖《せいそ》はこれを許可した。

至元十七年（一二八〇年）二月、日本は元《げん》の国使《こくし》杜世忠《とせいちゅう》らを殺した。征東元帥《せいとうげんすい》忻都《きんと》・洪茶《こうさ》丘《きゅう》は、みずから兵を率いて日本を征討したいと願い出た。そこで朝議を開いた結果、もう少し様子を見ようということになった。五月、世祖は范文虎《はんぶんこ》を召し出し、日本に遠征することについて相談した。八月、世祖は詔を発して日本遠征の士卒を募《つの》った。

至元十八年（一二八一年）正月、日本行省《にっぽんこうしょう》右丞《ゆうじょう》相《しょう》阿《ア》剌《ラ》罕《ハン》・右丞《ゆうじょう》范文虎および忻都・洪茶丘らに命じ、十万の士卒を率いて日本遠征に向かわせることとなった。二月、遠征軍の諸将は世祖に出陣の挨拶をした。世祖は次のように勅《みことのり》した。

「そもそもの始め、あちらの国の使者が来たのをきっかけとして、こちらの朝廷からも先方に使者を派遣したのだ。ところがあちらでは我が国の使者を引き留めて帰らせなかった。さればこそそなたたちにこのたびの挙をなさしめることとなったのである。朕《ちん》は漢族《かんぞく》が、

『よその国を奪うのは、人民と土地を手に入れたいからだ』

と言ったと聞いておる。

もし、かの国の人民を皆殺しにしてしまったならば、ただ土地だけ奪い取ってもなんの用に立つだろう。

加えて、まことに気がかりなことがもうひとつある。それは、そなたらが仲よく協力しあわないのではないか、ということだ。かりにもし日本国の者がそなたらと協議をしにくるよ

うなことがあったならば、そなたらは心をあわせ、意見にくいちがいがないようにして、ことばがひとつの口から出るように応対せよ」

五月、日本行省参議《さんぎ》の裴国佐《はいこくさ》らが上奏した。

「本省の右丞相阿剌罕《アラハン》・右丞范文虎・左丞《さじょう》李《り》庭《てい》は、さきに忻都・洪茶丘と共に参内《さんだい》いたしました。そのおりに、枢密院《すうみついん》の役人と評議いたしました結果、次のように方針を定めました。阿剌罕と范文虎は水軍を率いて高麗《こうらい》の金州《きんしゅう》に至り、忻都・洪茶丘の軍と合流し、そのうえで日本に進入しようと。ところがそれでは風向き、海流のぐあいがよろしくないということがわかり、あらためて評議しなおし、壱岐《いき》の島にて合流することにいたしました。

今年の三月、日本の船が嵐のためにわが国に漂流して来ました。その船頭《せんどう》に地図を画かせたところ、太宰府《だざいふ》の近く、その西方に平戸《ひらと》島《じま》というところがあり、周囲は海に囲まれ、軍船を停泊させるのに都合のよい場所だということがわかりました。この島は日本人が防禦を固めているところではございません。もし我が軍がこの島に直行し、ここを拠点とし、船を発して壱岐に連絡に行かせ、忻都・洪茶丘の軍を呼んでここで合流し、それから日本に攻めこめば有利でございましょう」

世祖は言った。

「こちらでは日本国の領内の事情にはうといが、阿剌罕《アラハン》らはきっとよく知っているだろうから、彼ら自身の判断にまかせるのがよかろう」

ところが、六月に阿剌罕《アラハン》が病気のために行けなくなったので、阿塔海《アタハイ》に、阿剌罕《アラハン》に代わって遠征軍を統轄させた。八月、遠征軍の将軍たちは、日本軍《にっぽんぐん》と一戦も交えないうちに、全軍を喪失して帰還してきた。彼らは次のように報告した。

「日本に着き、太宰府《だざいふ》を攻めようとしたところが、暴風に襲われて舟がこわされた。それでもなお戦いを続けようと評議したが、万戸《ばんこ》の厲徳彪《れいとくひょう》・招討《しょうとう》の王国佐《おうこくさ》・水手総管《すいしゅそうかん》の陸文政《りくぶんせい》らが統制に従わずに逃亡した。本省では、残った兵を舟に乗せて合浦《がっぽ》まで引き返し、そこで彼らを解散して故郷に帰還させた」

その後まもなく、敗軍の兵卒于閶《うしょう》が日本から脱出して次のように報告して、さきの将軍らの報告がうそであったことが暴露された。

「我が官軍は、六月に出港し、七月に平壺島《へいことう》に到着し、さらに五竜山《ごりゅうざん》に移動した。八月一日、暴風が起こって舟をこわした。五日、范文虎《はんぶんこ》らの諸将軍は、それぞれ勝手に頑丈な船を選んでそれに乗り、十余万の部下を山のふもとに棄てて逃げた。そこで残された者はみなで相談し、張 百戸《ちょうひゃっこ》なる者を推して指揮官とし、張 総管《ちょうそうかん》と呼んでその命令に従うこととなった。われわれは木を伐り倒し、それで舟をこしらえて帰ろうとしていたところが、七日、日本軍がやってきて戦闘した結果、我が軍は全滅した。生き残った二、三万の兵は日本の捕虜となって連れて行かれた。九日になると、日本人が八角島《はっかくとう》に来て、蒙古人《もうこじん》・高麗人《こうらいじん》・元朝治下の漢族《かんぞく》をみな殺しにし、南人《なんじん》の新附軍を唐人《とうじん》と称《しょう》し、これは生かしておいて奴隷《どれい》とした。わたしたちはこの中にいたのだ」

おそらく日本行省《にっぽんこうしょう》の役人たちは、暴風にあったあとの事態について議論をしたのだが、たがいに自説をまげず、話がまとまらないままに、それぞれ部下を見棄てて逃げ帰ることになってしまったのだろう。その後だいぶたってから、莫青《ばくせい》が呉万五《ごまんご》という者といっしょに逃げ帰ってきた。遠征軍十万の兵のうち、生還できたのはわずか三人だけだったのである。

至元《しげん》二十年（一二八三年）、阿塔海《アタハイ》を日本省丞相《にっぽんしょうじょうしょう》に任命し、徹里帖木児《チェリチムル》右丞《ゆうじょう》、劉二抜都児《リュウルバトル》左丞《さじょう》とともに、兵を募って舟を造らせ、もういちど日本に遠征しようとした。しかし淮西《わいせい》宣慰使《せんいし》の昂吉児《アンキル》が、民が疲弊していることを上奏し、遠征をとりやめるように願い出た。

至元二十一年（一二八四年）、日本の風習として仏教を厚く信仰しているというので、王《おう》積翁《せきおう》と普陀山《ふださん》の僧如智《にょち》とを使者として日本に派遣することになった。しかし、同船した者の中に日本に行くことをいやがる者があり、彼らは共謀して王積翁を殺し、結局この使節団は日本まで行き着けなかった。

至元二十三年（一二八六年）、世祖《せいそ》は言った。

「日本国は今までに我が国を侵略したことはない。現在、交趾《こうし》が我が辺境を侵犯しておる。日本のことはさしおいて、ともかく交趾に対応することに専念するがよい」

成宗《せいそう》の大徳《だいとく》二年（一二九八年）、江浙省《こうせつしょう》平章政事《へいしょうせいじ》の也速答児《イエンタル》が、日本に対して軍事行動を起こすべきだ、と願い出た。しかし成宗は言った。

「いまはその時ではない。朕《ちん》はゆっくり考えることとしたい」

大徳《だいとく》三年（一二九九年）、僧の寧一山《ねいいっさん》という者を使者とし、妙慈弘済大師《みょうじこうさいだいし》の号を授けて、商人の船に便乗させ日本に遣わした。しかし日本人の使者はついにやってこなかった。

明史（巻三百二十二・外国三）

日
本
京都
山城
摂津
山口
豊後
対馬
壱岐
析木崖?
薩摩
五竜山?
朝
鮮
臨津江
王京
開城
平壌
義州
釜山
(遼東)
馬雄島
望海堝
京
師
京師(北京)
順天府
登州
萊州
山
東
王家山島
大
運
河
臨清
膠州
日照
安東衛
済寧
贛楡
桃源
沭陽
開封
邳州
徐州
清河
淮安
揚州
河
南
南京応天府
南
京
蘇州
舟山
杭州
寧波(明州)
紹興
桃渚
明
台州
松門
長
江
浙江
仙居
黄巌
温州
楽清
湖
広
江
西
建寧
平陽
盤石
(閩)
福
福州
金郷
興化
泉州
建
台
湾
竜巌
漳州
彭湖
広
東
潮州
恵来
恵州
甲子
広州
碣石
海豊
廉州
雷州
瓊州
琉球
呂宋
0
200
400
600km

明時代の東北アジア

日本《にっぽん》

日本《にっぽん》は、古《いにしえ》の倭《わ》の奴国《なこく》なり。唐《とう》(1)の咸亨《かんこう》の初め、日本《にっぽん》に改む。東海の日の出《い》ずるところに近きを以《も》って名づくる也《なり》。

〔その〕地は海に環《とりま》かれ、惟《た》だ東北のみ大山に限《かぎ》らる。五《ご》畿《き》、七道《しちどう》、三島《さんとう》有り、共に一百十五州にして、五百八十七郡を統《す》ぶ。其《そ》の小国は数十にして、皆焉《みなこれ》に服属す。国の小なるものは百里、大なるも五百里を過ぎず。戸《こ》〔数〕小なるものは千、多きも一、二万を過ぎず。

国主は世《よよ》王を以《も》って姓と為《な》し、群臣も亦《ま》た世官(2)なり。宋《そう》以前には、皆《みな》中国に通じ、朝貢絶えず、事は前史(3)に具《そな》(4)わる。惟《た》だ元《げん》(5)の世祖《せいそ》は、数《しばしば》使いの趙良弼《ちょうりょうひつ》を遣わし、之《これ》を招けども至らず。乃《すなわ》ち忻都《きんと》・范文虎《はんぶんこ》等に命じて、舟師十万を帥《ひき》いて、之《これ》を征せしめしも、(6)五竜山《ごりゅうざん》に至りて暴風に遭《あ》い、軍尽《ことごと》く〔海

〈語　釈〉

1 高宗の年号。

2 世襲。 3 昔の歴史書。 4 くわしい。 5 元の初代のフビライ。 6 長崎県松浦市の鷹島か。

中に〕没《ぼっ》す。後《のち》、屢《しばしば》招けども至らず、元《げん》の世を終えるまで、未《いま》だ相通ぜざる也《なり》。

明《みん》興《おこ》りて、(1)高皇帝《こうこうてい》即位し、(2)方国珍《ほうこくちん》・(3)張士誠《ちょうしせい》、相継《あいつ》ぎて誅《ちゅう》に服《ふく》す。諸豪亡命し、往往《しばしば》島人を糾《きゅう》して山東浜海の州県に入寇《にゅうこう》す。

洪武《こうぶ》二年三月、帝《てい》、(4)行人《こうじん》の楊載《ようさい》を遣わして其《そ》の国に(5)詔諭《しょうゆ》せしめ、且《か》つ詰《なじ》るに入寇の故を以《も》ってして謂《い》う、「宜《よろ》しく朝《ちょう》すべくんば則《すなわ》ち来庭せよ。しからずんば則《すなわ》ち兵を修めて自《みずか》ら固めよ。倘《も》し必ず寇盗《こうとう》を為《な》さば、即《すなわ》ち将に命じて(6)徂征《そせい》せしめん耳《のみ》。王、其《そ》れ之《これ》を図《はか》れ」と。(7)日本王良懐《にっぽんおうりょうかい》命を奉ぜず。復《ま》た山東《さんとう》を寇《こう》し、転じて(8)温《おん》・台《だい》・明州《めいしゅう》の(9)旁海の民を掠《りゃく》し、遂《つい》に福建《ふくけん》沿海の郡《ぐん》を寇《こう》す。〔洪武《こうぶ》〕三年三月、又《また》〔山東《さんとう》〕(10)莱州府《らいしゅうふ》(11)同知《どうち》の趙秩《ちょうちつ》を遣《つか》わして之《これ》を(12)責譲せしむ。〔趙秩《ちょうちつ》は〕海に泛《うか》びて(13)析木崖《せきぼくがい》に至り、其《そ》

1 太祖朱元璋（洪武帝）。2 一三一九～一三七四年。浙江に乱を起こし、元や明の朱元璋に叛服を繰り返し勢力を拡大した。3 一三二一～一三六七年。塩仲買人から江蘇に乱を起こし、大周、呉国を建てたが朱元璋に敗死。4 外交官。5 勅書で教えさとす。6 いって征伐させる。7 後醍醐天皇の皇子懐良親王（一三二九～一三八三年）。南朝の征西将軍となり九州で活躍していたので明は国王と誤認。8 温州府・台州府・明州府（浙江

の境に入らんとす。関を守る者、拒《こば》みて納《い》れず。秩《ちつ》、書を以《も》って良懐《りょうかい》に抵《いた》し、良懐《りょうかい》、秩《ちつ》を延《ひ》(14)きて入らしむ。〔趙秩《ちょうちつ》は良懐に〕諭《さと》すに中国《ちゅうごく》の威徳を以《も》ってし、詔書に其《そ》の不臣(15)を責むる語有り。良懐《りょうかい》曰《いわ》く、

「吾が国は扶桑《ふそう》(16)の東に処《お》ると雖《いえど》も、未《いま》だ嘗《かつ》て中国《ちゅうごく》を慕わずんばあらず。惟《た》だ蒙古《もうこ》は我と等しき夷《えびす》なるに、乃《すなわ》ち我を臣妾(17)にせんと欲《ほっ》す。我が先王、服《ふく》(18)せず。〔元《げん》は〕乃《すなわ》ち其《そ》の臣、趙姓《ちょうせい》(19)なる者をして我を誂《いざな》(20)うに好《よ》き語《ことば》を以《も》ってせしむ。〔趙《ちょう》の〕語未《いま》だ既《お》わらざるに、〔元《げん》の〕水軍十万海岸に列せり。天の霊を以《も》って〔のゆえに〕、雷霆波濤《らいていはとう》〔おこり〕、一時(21)に〔元《げん》の〕軍、尽《ことごと》く覆《くつが》える。今新《あら》たに〔明《みん》の〕天子、中夏《ちゅうか》に帝《てい》たり。天使(22)も亦《ま》た趙姓《ちょうせい》なれば、豈《あ》に蒙古《もうこ》の裔《すえ》なるか。〔いま〕亦《ま》た将《まさ》に我を誂《いざな》うに好《よ》き語《ことば》を以《も》ってして我を襲わんとするならん」と。

省の温州市・臨海市・寧波市）。**9** 沿海。**10** 山東省莱州市。**11** 府の次官。**12** 責めなじらせた。**13** 唐津の海岸か。**14** 呼びよせて。**15** 臣下として服従しないこと。**16** 東海中の神木。日の出る所といわれる。**17** 家来。**18** 服従せず。**19** 趙良弼。**20** うまい言葉でたぶらかす。**21** あっというまに。**22** 皇帝の使い。

〔良懐《りょうかい》〕左右に目くばせして将《まさ》に(1)之《これ》を兵《へい》せんとす。秩《ちつ》、為《ため》に動ぜず、徐《おもむ》ろに曰《いわ》く、

「我が大明《だいみん》の天子は神聖文武にして、蒙古《もうこ》の比に非《あら》ず。我も亦《ま》た蒙古《もうこ》の使者の後(2)《のち》に非ず。能《よ》く兵《へい》するならば我を兵せよ」

と。

良懐《りょうかい》気(3)《くじ》沮け、堂を下りて秩《ちつ》を延《ひ》き、礼遇すること甚《はなは》だ優《ゆう》なり。其《そ》の僧の祖来《そらい》を遣わし、表(4)を奉《ほう》ぜしめて臣と称《しょう》し、馬及び方物(5)を貢《こう》し、且《か》つ明(6)《めい》・台《だい》二郡《ぐん》より掠(7)《りゃく》せられし人口七十余を送還せしむ。

四年十月を以《も》って〔祖来《そらい》ら〕京(8)《みやこ》に至る。太祖《たいそ》之《これ》を嘉《よみ》し其《そ》の使者を宴賚(9)《えんらい》す。其《そ》の俗、仏に佞(10)《おもね》るゆえに西方の教え(11)を以って之《これ》を誘うべしと念《おも》える也《なり》。乃《すなわ》ち僧の祖闡《そせん》・克勤等《こくきんら》八人に命《めい》じて使者の国に還《かえ》るを送らしめ、良懐《りょうかい》に大統暦(12)《だいとうれき》及び文綺(13)《ぶんき》・紗(14)《しゃ》羅《ら》を賜う。是《こ》の年〔日本は〕温州《おんしゅう》を掠《りゃく》す。

1 趙秩をあやめようとした。2 子孫。3 気がそがれる。4 上表文。5 地方の物産。6 明州・台州。7 とりこにされた。8 金陵（南京市）。9 ねぎらってもてなす。10 したしむ。11 仏教。12 洪武三年（一三七〇年）に制定され明代を通じて使用された暦。元代の郭守敬の授時暦を基礎としたもの。13 模様織りの絹。14 うすぎぬ。

五年、(15)海塩《かいえん》・澉浦《かんぽ》を寇《こう》し、又福建《またふくけん》海上の諸郡を寇《こう》す。

六年、於顕《おけん》を以《も》って総兵官《そうへいかん》と為《な》し、海に出《い》でて倭《わ》を巡(16)せしむ。倭《わ》、(17)萊《らい》〔州《しゅう》〕・(18)登《とう》〔州《しゅう》〕を寇《こう》す。祖《そ》闡《せん》等《ら》既《すで》に〔日本《にっぽん》に〕至り、其《そ》の国の為《ため》に教えを演《の》べ、其《そ》の国人頗《すこぶ》る敬信す。而《しか》れども王は則《すなわ》ち傲慢《ごうまん》無礼にして、之《これ》を拘《とら》うること二年、七年五月を以《も》って京《みやこ》に還る。倭《わ》、(19)膠州《こうしゅう》を寇《こう》す。

時に良懐《りょうかい》年少にして、(20)持明《じみょう》なる者有り、之《これ》と立つを争い、国内乱る。

是《こ》の年七月、其《そ》の大臣、僧の宣聞渓《せんぶんけい》等《ら》を遣わし、書を齎《もたら》して、(21)中書省《ちゅうしょしょう》に上《たてまつ》らしむ。馬及び方物を貢すれども表(22)無し。(23)帝《てい》、命じて之《これ》を却《しりぞ》けしむるも、仍《な》おも其《そ》の使者に賜いて遣わし還《かえ》す。未《いま》だ幾《いくばく》もあらずして、其《そ》の(24)別島の守臣(25)氏久《うじひさ》、僧を遣わし表を奉じて来貢せしむ。帝《てい》、国王の命無く且《か》つ(26)正《せい》朔《さく》を奉《ほう》ぜざるを以《も》って、亦《ま》た之《これ》を却《しりぞ》けしも、其《そ》の使者に賜

15浙江省の海塩県。澉浦鎮。**16**巡回。取り締まり。**17**山東省萊州市。**18**山東省蓬萊市。**19**山東省膠州市。**20**北朝の持明院統。鎌倉時代後期からの大覚寺統と持明院統の皇位継承争いは、この頃、後醍醐天皇の南朝（大覚寺統）と足利尊氏のおす北朝（持明院統）の対立となっていた。**21**国政の最高機関。内閣にあたる。**22**上表文。**23**太祖。**24**九州を指すか。**25**薩摩の島津氏久か。**26**中国の年号、暦を用いていないので。

わり、(1)礼臣《れいしん》に命じて(2)移牒《いちょう》せしめ、責むるに分を越えて(3)私貢せるの非を以《も》ってす。〔日本《にっぽん》〕又頻《またしき》りに入りて寇掠するを以《も》って、中書《ちゅうしょ》〔省《しょう》〕に命じて移牒《いちょう》し之《これ》を責めしむ。〔日本《にっぽん》〕乃《すなわ》ち九年四月を以《も》って、僧の(4)圭廷用《けいていよう》等を遣わし来貢せしめ、且《か》つ謝罪す。帝《てい》、其《そ》の(5)表詞の誠ならざるを悪《にく》み、詔《みことのり》を降して戒諭するも、使者を(6)宴賚《えんらい》すること制《きまり》の如《ごと》し。

十二年、来貢す。

十三年、復《ま》た貢するも、表無し。但《た》だ其《そ》の征夷将軍《せいいしょうぐん》(7)源《みなもとの》義満《よしみつ》より丞相《じょうしょう》に奉《たてまつ》る書を持つ。〔その〕書辞又《ま》た倨《おご》れり。〔太祖《たいそ》〕乃《すなわ》ち其《そ》の貢を却《しりぞ》け、使いを遣わし詔《みことのり》を(8)齎《もたら》して譙譲《しょうじょう》せしむ。

十四年、復《ま》た来貢す。帝《てい》、再び之《これ》を却け、礼官に命《めい》じて(9)移書して其《そ》の王を責めしめ、幷《なら》びに其《そ》の征夷将軍《せいいしょうぐん》を責め、示

1儀式や外交を司る礼部の役人。**2**文書を伝えて。**3**個人的な貢ぎ物をもたらした不当性。**4**廷用文珪。**5**上表文のことば。**6**ねぎらってもてなす。**7**室町幕府三代将軍足利義満（一三五八～一四〇八年）。足利氏は源氏の一統。**8**責めとがめる。**9**文書を伝えて。**10**東征するやもしれぬとの。**11**三皇、五帝ともに中国古代の

すに(10)征《せい》せんと欲《ほっ》するの意を以《も》ってす。良懐《りょうかい》上言すらく、「臣聞く、(11)三皇《さんこう》、極を立て、五帝《ごてい》、(12)宗《そう》に禅《ぜん》す、と。惟《た》だ中華《ちゅうか》にのみ之《これ》主有りて、豈《あ》に夷狄《いてき》には君無からんや。(13)乾坤浩蕩《けんこんこうとう》、一主の独権するところに非《あら》ず。宇宙は寛洪《かんこう》なれば、諸邦を作り以《も》って分守せしむ。蓋《けだ》し天下とは、乃《すなわ》ち天下の天下にして、一人の天下に非《あら》ざる也《なり》。

臣、遠弱の倭《わ》、(14)褊小《へんしょう》の国に居《すまい》し、城池(15)は六十に満たず、封疆《ほうきょう》は三千〔里〕に足らざるも、尚《な》お(16)知足《ちそく》の心を存せり。陛下は中華《ちゅうか》の主と作《な》り、(17)万乗《ばんじょう》の君と為《な》る。城池は数千余、封疆は百万里なるも、猶《な》お不足の心有り、常に(18)滅絶の意を起こす。夫《そ》れ天、(19)殺機を発《はっ》せば、星を移し(20)宿《しゅく》を換《か》う。地、殺機を発せば、竜蛇、陸に走る。人、殺機を発せば、天地も反覆す。昔、堯《ぎょう》・舜《しゅん》徳《とく》を有《ゆう》して、四海来賓し、(21)湯《とう》・武《ぶ》仁を施して、八方奉貢す。

伝説上の聖天子。誰をあてるかについては諸説あり。**12**岱宗（泰山）で封禅の式をあげる。**13**天地はひろくたゆたい。

14せまくて小さい。**15**城郭と濠。**16**満足することを知って野望をもたぬ心。**17**一万輛の戦車を有する天子。**18**他国を滅ぼさんとの。**19**殺戮のきざし。**20**星座。**21**殷の湯王・周の武王。

臣聞く、天朝に(1)興戦《こうせん》の策有らば、小邦も亦《ま》た禦敵《ぎょてき》の図《はかりごと》有り。文を論ぜば〔小邦にも〕孔《こう》・孟《もう》・(2)道徳《どうとく》の文章有り。武を論ぜば〔小邦にも〕(3)孫《そん》・呉《ご》・韜略《とうりゃく》の兵法有り、と。又《また》聞く、陛下股肱《ここう》の将を選び、精鋭の師を起こし、来《きた》りて臣の境を侵《おか》さん、と。〔されば小邦にも〕水沢の地、山海の洲、自《おの》ずから其《そ》の備え有り。豈《あ》に途に跪《ひざまず》きて之《これ》を奉るを肯《がえ》んぜん乎《や》。之《これ》に順《したが》うとも未《いま》だ必ずしも其《そ》れ生きず。之《これ》に逆らうとも、未《いま》だ必ずしも其《そ》れ死せず。(4)賀蘭山《がらんさん》の前に相逢《あい》うて、聊《いささ》か以《も》って(5)博戯《はくぎ》せん。臣何ぞ懼《おそ》れん哉《や》。倘《も》し君勝ちて臣負けば、且《しばら》く上国の意を満たさん。設《も》し臣勝ちて君負けば、反《かえ》って(6)小邦の羞《はじ》と作《な》らん。古《いにしえよ》自り和を講《こう》ずるを上と為《な》し、戦を罷《や》むるを強と為《な》す。(7)生霊の塗炭《とたん》を免れしめ、(8)黎庶《れいしょ》の艱辛《かんしん》を拯《すく》わん。特に使臣を遣わし、敬《けい》して(9)丹陛《たんぺい》に叩《こう》せしむ、惟《た》だ(10)上国之《これ》を図りたまえ」と。

1 いくさをおこそうという。**2** 老子道徳経。**3** 孫子・呉子・六韜・三略などの。**4** 賀蘭山は寧夏回族自治区にある山。黄河上流にあり、西は砂漠地帯。明の一番奥地まで攻め込みますよ、の意。**5** ひと勝負いたさん。**6** 小国のくせに一か八かの賭けに出たという恥。**7** 人民がどん底にあえぐこと。**8** 人民のつらさ。**9** 朱塗りのきざはし（陛下の御前）に伏して。**10** 貴国のほうで。

〔洪武《こうぶ》〕帝《てい》、表を得て慍《いか》(11)ること甚《はなは》だしきも、終《つい》に蒙古《もうこ》の轍《てつ》(12)に鑑《かんが》み、兵を加えざる也《なり》。

十六年、倭《わ》は金郷《きんきょう》(13)・平陽《へいよう》(14)を寇《こう》す。

十九年、使いを遣わして来貢するも、之《これ》を却《しりぞ》く。

(15)明年、江夏侯《こうかこう》の周徳興《しゅうとくこう》に命じて福建《ふくけん》浜海の四郡《ぐん》(16)に往《ゆ》きて形勢を相視《あいみ》しむ。衛《えい》(17)・所《しょ》の城の要害に当たらざる者は之《これ》を移置し、民戸(18)三丁《てい》に一を取り、以《も》って戍卒《じゅそつ》(19)に充《あ》つ。乃《すなわ》ち城一十六を築き、巡検司《じゅんけんし》四十五を増し、卒(20)〔二〕万五千余人を得たり。又信国公《またしんこくこう》の湯和《とうわ》に命じ、浙東《せっとう》・〔浙《せっ》〕西《せい》諸郡《ぐん》を行視し、海防を整飭《せいちょく》(21)し、乃《すなわ》ち城五十九を築かしむ。民戸(22)四丁以上は一を以《も》って戍卒と為《な》し、五万八千七百余人を得、諸衛《えい》を分戍《ぶんじゅ》(23)し、海防大いに飭《ととの》う。

閏《うるう》六月、福建《ふくけん》に命じて海舟百艘を備えしめ、広東《カントン》は之《これ》に倍す。九月を以《も》って浙江《せっこう》に会《かい》し倭《わ》を捕らえんとせしも、既《すで》(24)にし

11 鬱憤。 12 失敗した先例。
13 浙江省平陽県南の金郷鎮。 14 浙江省平陽県。
15 洪武二十年。 16 福州府・興化府・泉州府・漳州府。 17 衛・所は要衝に置いた軍営。一百余人からなる百戸所を最小単位とし、百戸所を十併せて千戸所、千戸所を五併せて一衛とした。 18 成年男子三人につき一人。 19 守兵。 20 兵。 21 引きしめととのえる。 22 男子四人以上あれば一人を徴用して。 23 分担をきめて守らせ。
24 計画だけに終わって。

て行われず。

是《これ》より先、(1)胡《こ》惟庸《いよう》、逆《ぎゃく》を謀《たくら》み、日本《にっぽん》に藉《か》りて助けと為《な》さんと欲す。乃《すなわ》ち(2)寧波衛《ニンポーえい》の指揮林賢《りんけん》と厚く結び、佯《いつわ》りて賢《けん》の罪を奏《そう》し、(3)謫《たく》して日本《にっぽん》に居《お》らしめ、其《そ》の君臣に(4)交通せしむ。尋《つ》いで奏《そう》して賢《けん》を職に復《ふく》し、使いを遣わして之《これ》を召す。密《ひそ》かに書を其《そ》の(5)王に致し、兵を借り己《おのれ》を助けしむ。〔林《りん》〕賢《けん》還るとき、其《そ》の王、僧の如瑤《じょよう》を遣わし、兵卒四百余人を率いて詐《いつわ》りて入貢と称《しょう》せしめ、且《か》つ(6)巨燭を献じて、火薬・刀剣を其《そ》の中に蔵《かく》す。既《すで》に至るも、惟庸《いよう》已《すで》に敗れ、計《はかりごと》行われず。帝も亦《ま》た未《いま》だ其《そ》の(7)狡謀《こうぼう》を知らざる也《なり》。

数年を越えて、其《そ》の事始めて露《あらわ》れ、乃《すなわ》ち(8)賢《けん》を族《ぞく》し、日本《にっぽん》を怒ること特に甚《はなはだ》し。意を決して之《これ》を絶ち、専《もっぱ》ら防海を以《も》って務めと為《な》す。然《しか》れども其《そ》の時、(9)王子の滕祐寿《とうゆうじゅ》なる者来《きた》りて(10)国学《こくがく》に入る。帝《てい》猶《な》お善く之《これ》を待《たい》す。

1明初の宰相（?〜一三八〇年）。創業の功臣であったが、太祖に対して反逆を謀ったとして誅殺された。2浙江省寧波市。3流罪の名目で追い出して。4連絡。5足利義満か。6大ろうそく。7たくらみ。
8一族みな殺しにし。9藤原祐寿。10貴族の大学。

二十四年五月、特に(11)観察使《かんさつし》を授け、之《これ》を(12)京師《けいし》に留《とど》む。後《のち》に(13)『祖訓』《そくん》を著《あらわ》し、(14)不征の国十五を列《れつ》し、日本焉《にっぽんこれ》に与《あずか》る。是自《これよ》り朝貢至らず、(15)海上の警も亦《ま》た漸《ようや》く息《や》む。

(16)成祖《せいそ》即位し、使いを遣わして登極を以《も》って其《そ》の国に詔諭《しょうゆ》せしむ。

(17)永楽《えいらく》元年、又《また》(18)左《さ》通政《つうせい》の趙居任《ちょうきょじん》・(19)行人《こうじん》の張洪《ちょうこう》を遣わし、僧の道成《どうせい》と偕《とも》に往《ゆ》かしむ。将《まさ》に行かんとして、其《そ》の貢使已《すで》に寧波《ニンポー》に達せり。(20)礼官《れいかん》の李《り》至《し》剛奏《ごうそう》す、「(21)故事、(22)番使《ばんし》中国《ちゅうごく》に入るときは、私《ひそ》かに兵器を携《たずさ》えて民に鬻《ひさ》ぐことを得ず。宜《よろ》しく(23)所司《しょし》に勅《ちょく》して其《そ》の船《ふね》を覈《しら》べしめ、諸《もろもろ》の禁を犯す者は、悉《ことごと》く(24)籍《せき》して京師《けいし》に送るべし」と。

帝曰《ていいわ》く、「外夷《がいい》、貢を修むるときは、険を履《ふ》み危を蹈《ふ》みて来《きた》ること遠く、費《つい》やす所実に多し。齎《もたら》す所有りて以《も》って資斧《しふ》(25)を助くるも

11諸州を巡視監察する官。12金陵（南京市）。13太祖御撰。14従わない国。15倭の襲来。

16太祖の子で三代永楽帝（在位一四〇二～一四二四年）。燕王から二代建文帝を討って即位。一四二一年、北京に遷都した。

17成祖の年号。18上表文などを受け付ける役所である通政使司の次官。19外交官。20式部官。21先例によれば。22外国の使い。23役人。24名簿をつくって。

25旅費。

亦《ま》た人情(1)なり、豈《あ》に概《おしな》べて拘《こう》(2)するに禁令を以《も》ってす可《べ》けんや。其《そ》の兵器に至っては、亦《ま》た時直《じち》(3)に准《じゅん》じて之《これ》を市《う》らしめ、化《か》(4)に向かうを阻《はば》むこと毋《な》かれ」と。

十月、使者至り、王の源道義《みなもとのみちよし》(5)の表《ひょう》及び貢物を上《たてまつ》る。帝厚く之《これ》を礼し、官を遣わして其《そ》の使いと偕《とも》に還《かえ》らしめ、道義《みちよし》に冠服《かんぷく》・亀鈕《きちゅう》(6)の金章及び錦綺《きんき》(7)・紗羅《しゃら》(8)を賚《たま》う。(9)明年十一月、来《きた》りて皇太子を冊立《さくりつ》(10)することを賀《が》す。時に対馬《つしま》・台岐(11)諸島の賊、浜海の居民を掠《りゃく》す。因《よ》って其《そ》の王に諭《さと》(12)して之《これ》を捕らえしむ。王、兵を発《はつ》し其《そ》の衆を尽《ことごと》く殲《ころ》し、其《そ》の魁《かい》二十人を縶《しば》り、三年十一月を以《も》って朝に献じ且《か》つ貢を修む。帝益《ますます》之《これ》を嘉《よみ》し、鴻臚寺《こうろじ》(13)少卿《しょうけい》の潘賜《はんし》を遣わし中官《ちゅうかん》(14)の王《おう》進《しん》と偕《とも》に其《そ》の王に九章(15)の冕服《べんぷく》及び銭鈔《せんしょう》(16)・錦綺《きんき》を賜いて加等《かとう》す。其《そ》の献《けん》ぜし所の人を還《かえ》し、其《そ》の国をして自《みずか》ら之《これ》を治めしむ。〔日本《にほん》の〕使者寧波《ニンポー》(17)に至り、尽《ことごと》く其《そ》の人を甑《こしき》(18)に置き、之《これ》

1 世のつね。 2 とりしまる。 3 時価。 4 中国の文明を学ぼうとするのを。 5 道義は、三代将軍足利義満の出家後の名。 6 亀型のつまみのついた金印。金印を受けたことは明から日本国王に封ぜられたことになり、明の正朔を奉じた（暦を授かった）こととともに、義満の上表に「日本国王臣源表」としたことに加えて、義満の臣従外交との批判が当時出た。 7 綾錦。 8 うすぎぬ。 9 永楽二年。 10 冊をたまう任命の儀。 11 壱岐の誤り。 12 足利将軍。 13 外務次官。 14 宦官。 15 竜や山など九つの模様のついた天子の礼服。 16 貨幣。 17 浙江省寧波市。 18 素焼きの蒸し器。

を烝《む》し殺す。

明年(19)正月、又《また》(20)侍郎《じろう》の兪士吉《ゆしきつ》を遣わし、璽書《じしょ》を齎《もたら》して(21)褒嘉《ほうか》せしめ、(22)賜賚《しらい》すること(23)優渥《ゆうあく》なり。其《そ》の国の山を封《ほう》じて「寿安《じゅあん》鎮国之山《ちんこくのやま》」と為《な》し、碑文を御製して其《そ》の上に立てしむ。六月、使い来《きた》りて謝す。〔之《これ》に〕冕服《べんぷく》を賜う。

　五年、六年、頻《しき》りに入貢し、且《か》つ獲《とら》えし所の(24)海寇《かいこう》を献《けん》ず。使い還《かえ》るとき、(25)仁孝皇后《じんこうこうごう》製《つく》る所の『勧善《かんぜん》』、『内訓《ないくん》』の二書を賜わらんことを請う。即《すなわ》ち命じて各《おのおの》百本を給《きゅう》せしむ。十一月、再び貢《こう》す。十二月、其《そ》の国の世子《せいし》の(26)源義持《みなもとのよしもち》、使いを遣わして来《きた》り、父の(27)喪を告ぐ。(28)中官《ちゅうかん》の周全《しゅうぜん》に命じ往《ゆ》きて祭らしめ、(29)諡《し》「恭献《きょうけん》」を賜わり、且《か》つ(30)賻《ふ》を致す。又《また》官を遣わして勅を齎《もたら》し、義持《よしもち》を封《ほう》じて日本国王《にっぽんこくおう》と為《な》す。時に海上復《ま》た倭《わ》を以《も》って警告す。再び官を遣わして義持《よしもち》を諭《さと》し〔倭寇《わこう》を〕(31)剿捕《そうほ》せしむ。

19 永楽四年。**20** 秘書官。**21** けっこうなこととほめ。**22** みやげをたまわる。**23** てあつい。
24 海賊。**25** 成祖の皇后。**26** 足利義持（一三八六～一四二八年）。足利義満の長男、四代将軍。**27** 義満は一四〇八年没。**28** 周全渝。**29** おくり名。**30** 香奠をとどけた。**31** 一挙に捕らえる。

八年四月、義持《よしもち》、使いを遣わして恩を謝《しゃ》し、尋《つ》いで獲《とら》えし所の海寇《かいこう》を献《けん》ぜしむ。帝、之《これ》を嘉《よみ》す。

明年(1)二月、復《ま》た王進《おうしん》を遣わし勅を賚《もたら》して(2)褒賚《ほうらい》し、物貨を(3)収市《しゅうし》せしむ。其《そ》の君臣、進《しん》を阻《はば》みて帰らしめざらんと謀る。進《しん》、潜《ひそ》かに舶《ふね》に登り、他の道従《よ》り遁《のが》れて還《かえ》る。(4)是自《これよ》り、久しく貢《こう》せず。是《こ》の年、倭《わ》、(5)盤石《ばんせき》を寇《こう》す。

十五年、倭《わ》、(6)松門《しょうもん》・(7)金郷《きんきょう》・(8)平陽《へいよう》を寇《こう》す。倭寇《わこう》数十人を捕らえ、(9)京《けい》に至る者有り。(10)廷臣法を(11)正さんと請う。帝曰《いわ》く、「之《これ》を威《おど》すに刑を以《も》ってするは、之《これ》を懐《なつ》くるに徳を以ってするに若《し》かず。宜《よろ》しく之《これ》を還《かえ》すべし」と。乃《すなわ》ち(12)刑部員外郎《けいぶいんがいろう》の呂淵等《りよえんら》に命じ、勅を賚《もたら》して(13)責譲せしめ、罪を悔いて(14)自《みずか》ら新《あら》たならしむ。中華《ちゅうか》の人の(15)掠《りゃく》せらる者も、亦《ま》た送還せしむ。

(16)明年四月、其《そ》の王、使いを遣わして〔呂《りよ》〕淵等《えんら》に随いて来

1永楽九年。**2**おほめの品をたまい。**3**売買する。**4**将軍義持は父義満の政治を批判し、対明交渉も停止した。**5**浙江省温州市東。**6**浙江省温嶺市東。**7**平陽県南。**8**平陽県。**9**南京に送致した。**10**朝臣。**11**法によって処分する。**12**法務省の四等官。**13**せめなじらせ。**14**過ちを改めさせた。**15**捕らえられた者。**16**永楽十六年。**17**縦横に往

貢せしめ、謂《い》う、

「海寇《かいこう》(17)旁午《ぼうご》す、故に貢使上達すること能《あた》わず。其《そ》の(18)無頼鼠《ぶらいそ》窃《せつ》する者に〔つきて〕は、実《まこと》に臣の知る所に非《あら》ず。願わくは〔わが〕罪を貸《ゆるく》して、其《そ》の朝貢することを容《ゆる》したまえ」と。

帝、其《そ》の詞《ことば》の順《じゅん》なるを以《も》って之《これ》を許し、使者を礼すること故《もと》の如《ごと》し。然《しか》れども海寇は猶《な》お絶えず。

十七年、倭船《わせん》、(19)王家山島《おうかさんとう》に入る。都督《ととく》(20)劉栄《りゅうえい》、精兵を率いて疾《と》く馳《は》せて(21)望海堝《ぼうかいか》に入る。賊数千人、二十舟に分乗し直《ただ》ちに馬雄島《ばゆうとう》に抵《いた》り、進んで望海堝《ぼうかいか》を囲む。栄《えい》、(22)伏を発して出《い》でて戦い、(23)奇兵、其《そ》の帰路を断つ。賊、桜桃園《おうとうえん》に奔《はし》る。栄《えい》、兵を合わせて之《これ》を攻め、首を斬《き》ること七百四十二、(24)生擒《せいきん》すること八百五十七。栄《えい》を召して京《けい》に至らしめ、広寧伯《こうねいはく》に封《ほう》ず。是《これ》自《よ》り、倭《わ》、敢《あ》えて遼東《りょうとう》を窺《うかが》わず。

二十年、倭《わ》、(25)象山《しょうざん》を寇《こう》す。

来する。旁は横、午は縦。
18暴れ者、盗人のたぐい。
19遼東半島の東南にある大・小王家島。**20**劉江、のち改名。**21**王家山島を望む遼東半島の地。**22**伏兵。**23**別動隊。**24**生けどり。
25浙江省象山県。

宣徳《せんとく》(1)七年正月、帝《てい》(2)、四方の蕃国(3)皆《みな》来朝するも、独り日本《にっぽん》の久しく貢《こう》せざるを念《おも》い、中官《ちゅうかん》の柴山《さいざん》に命じて琉球《りゅうきゅう》に往《ゆ》かしめ、其《そ》の王をして日本に転諭し、之《これ》に勅を賜わらしむ。明年(4)夏、王の源 義教《みなもとのよしのり》(5)、使いを遣わして来《きた》らしむ。帝、之《これ》に報《むく》い、白金《はっきん》(6)・綵幣《さいへい》(7)を賚《たま》う。秋に復《ま》た至る。

十年十月、英宗《えいそう》、位を嗣《つ》ぎしを以《も》って、使いを遣わして来貢す。

正統《せいとう》(8)元年二月、使者、還《かえ》るとき、王及び妃に銀幣《ぎんへい》(9)を賚《たま》う。

四月、工部《こうぶ》(10)、言う、「宣徳《せんとく》の間に、日本諸国には皆信符《みなしんぷ》を給して勘合《かんごう》(11)す。今改元(12)伊《こ》れ始む。例《れい》(13)、当《まさ》に更《あらた》め給すべし」と。之《これ》に従う。

四年五月、倭船《わせん》四十艘、台州《だいしゅう》の桃渚《とうしょ》(14)・寧波《ニンポー》の大嵩《だいすう》(15)二千戸の所《しょ》を連破し、又《また》昌国衛《しょうこくえい》(16)を陥れ、大いに殺掠《さつりゃく》を肆《ほしいまま》にす。

1 宣宗の年号。 2 宣宗。 3 外国。 4 宣徳八年。 5 六代将軍足利義教。 6 銀。 7 模様織りの絹。 8 英宗の年号。 9 銀貨。 10 建設・通産省にあたる。 11 割符をつきあわして調べる勘合貿易。 12 年号があらたまった。 13 先例にならい。 14 浙江省臨海市の東方。 15 浙江省寧波市の東方。 16 浙江省象山県南。

八年五月、海寧《かいねい》[17]を寇《こう》す。

是《これ》より先、洪熙《こうき》[18]の時、黄巌《こうがん》[19]の民の周来保《しゅうらいほ》・竜巌《りゅうがん》[20]の民の鍾普福《しょうふふく》、徭役《ようえき》[21]に困《くる》しみて叛《そむ》いて倭《わ》に入る。倭《わ》、来寇する毎《ごと》に之《これ》を郷導《きょうどう》[22]と為《な》す。是《ここ》に至りて倭《わ》を導いて楽清《がくせい》[23]を犯し、先に岸に登りて偵伺《ていし》[24]す。俄《にわ》かにして倭《わ》去りしかば、二人村中に留《とど》まり、丐食《かいじき》[25]す。獲《とら》われて極刑に置かれ、其《そ》の首を海上に梟《さら》す。

倭《わ》の性は黠《かつ》[26]にして、時に方物《ほうぶつ》[27]・戎器《じゅうき》[28]を載せて、海浜に出没し、間《すき》を得ば、則《すなわ》ち其《そ》の戎器を張りて肆《ほしいまま》に侵掠し、〔時を〕得ずんば、則ち其《そ》の方物を陳《なら》べて朝貢と称《しょう》す。東南の海浜之《これ》[29]を患《うれ》う。

景泰《けいたい》[30]四年、入貢す。臨清《りんせい》[31]に至り、居民の貨を掠《りゃく》す。指揮有りて往《ゆ》きて詰《なじ》るに、〔倭《わ》寇《こう》が彼を〕殴《なぐ》りて幾《ほとん》ど死せしむ。所司、執《とら》えて治《ち》[32]せんと請うも、帝《てい》[33]、遠人[34]の心を失うを恐れて許さず。

17 浙江省海寧市。
18 仁宗の年号。 **19** 浙江省黄巌区。 **20** 福建省竜巌市。 **21** 賦役。 **22** 道案内。 **23** 浙江省楽清市。 **24** ようすをうかがう。 **25** ものごい。
26 わるがしこい。 **27** 地方の産物。 **28** 兵器。 **29** これにてこずった。
30 代宗の年号。 **31** 山東省の運河沿いにある臨清市。 **32** 法により処罰する。 **33** 代宗。 **34** 遠国の人、日本人。

是《これ》より先、(1)永楽《えいらく》の初め、日本に詔《みことのり》し、「十年に一《ひと》たび貢し、人は二百に止《とど》め、船は二艘《そう》に止めしむ。軍器を携《たずさ》えることを得ず、違《たが》う者は寇《こう》を以《も》って論ぜん(2)」と。乃《すなわ》ち賜うに二舟を以《も》ってし、入貢の用と為《な》さしむるも、後《のち》、(3)悉《ことごと》く制《きまり》の如《ごと》くせず。(4)宣徳《せんとく》の初め、要約(5)を申定し、「人は三百を過ぐること毋《な》く、舟は三艘を過ぐること毋《な》し」とす。

而《しか》れども倭人《わじん》は利を貪《むさぼ》り、貢物の外、携《たずさ》えし所の私物、(6)十倍を増すも、例、当《まさ》に直《あたい》を給《きゅう》すべしとす。(7)礼官《れいかん》言う、「宣徳《せんとく》の間、貢せし所の硫黄《いおう》・(8)蘇木《そぼく》・刀・扇・漆器の属、時の直《あたい》にて(9)估《こ》して(10)銭鈔《せんしょう》を給《きゅう》し、或《ある》いは布帛《ふはく》に(11)折支《せっし》す。〔その〕数為《た》る、多きこと無けれども、然《しか》れども〔倭人《わじん》は〕已《すで》に大いに利を獲《え》たり。今若《も》し仍《な》お旧制のごとくせば、当《まさ》に銭(12)二十一万七千を給すべし。銀の価《か》之くの如《ごと》し。〔されば〕宜《よろ》しく大

1 三代成祖の年号。 2 処罰する。 3 まったく取りきめを守らない。 4 宣宗の年号。 5 約束をきめなおす。 6 公式貢物の十倍をこえたが。 7 式部・外交官。 8 南方に生え、樹皮を赤い染料とする。蘇枋、蘇方ともいう。 9 みつもって。 10 貨幣。 11 換算して支払った。 12 銅銭。 13 余り。

いに其《そ》の直《あたい》を減じ、銀三万四千七百有奇(13)を給すべし」と。之《これ》に従う。〔日本《にっぽん》の〕使臣悦《よろこ》ばず、旧制の如《ごと》くにせられたしと請う。詔《みことのり》して銭〔一〕万を増すも、猶《な》お以《も》って少なしと為《な》し、賜物を増さんことを求む。詔して布帛《ふはく》千五百を増さしむ。〔日本《にっぽん》の使臣〕終《つい》に(14)怏怏《おうおう》として去る。

(15)天順《てんじゅん》の初め、其《そ》の王、(16)源 義政《みなもとのよしまさ》、前の使臣、罪を天朝に獲《え》たるも、恩宥《おんゆう》を蒙《こうむ》りたるを以《も》って、使いを遣わして罪を謝《しゃ》せんと欲《ほっ》するも、敢《あ》えて自《みずか》ら達せず、(17)書を朝鮮王《ちょうせんおう》に移して(18)転請せしむ。朝鮮《ちょうせん》、以《も》って(19)聞《ぶん》す。廷議により朝鮮《ちょうせん》に勅《ちょく》して(20)覈実《かくじつ》し、老成にして大体を識《し》りたる者を択《えら》びて使いに充《あ》て、前の仍《ごと》く(21)肆擾《しじょう》すること得ざらしむ。(22)既《すで》にして〔日本《にっぽん》の〕貢使亦《ま》た至らず。

(23)成化《せいか》四年夏、〔源　義政《みなもとのよしまさ》〕乃《すなわ》ち使いを遣わし馬を貢して謝恩せしむ。〔憲宗《けんそう》〕之《これ》に礼すること制《きまり》の如《ごと》くす。其《そ》の(24)通事《つうじ》三

14 不平たらたらで。

15 英宗の年号。六代英宗正統帝は土木の変で捕虜となり、その間に七代代宗が即位したが、のち英宗は復位して八代英宗天順帝となった。16 八代将軍足利義政。17 国書。18 中つぎを頼んで。19 その由を申しこした。20 本当かどうかを確かめて。21 勝手に騒ぎをおこす。22 しかし結局は。

23 憲宗の年号。24 通訳。

人、自《みずか》ら言う、

「本寧波《もとニンポー》の村民なりしが、幼くして賊の為に掠《りゃく》せられ、日本《にっぽん》に市《う》り与えらる。今、(1)便道《べんどう》して省祭《せいさい》せんことを請う」と。

〔憲宗〕之《これ》を許す。戒むるに、其《そ》れ、〔日本《にっぽん》の〕使臣と同《とも》に家に至り、中国人を引きて(2)下海することを勿《な》かれ、と。

十一月、使臣清啓《せいけい》復《ま》た来貢す。〔その部下たちは〕人を市に傷つく。有司其《そ》の罪を治《ち》せんと請うも、詔《みことのり》して清啓《せいけい》に(3)付《ふ》す。〔清啓《せいけい》は〕奏《そう》して言う、

「法を犯せし者は当《まさ》に(4)本国の刑を用うべし、国に還《かえ》りて法の如《ごと》く(5)論治することを容《ゆる》したまえ。且《か》つ自《みずか》ら(6)鈐束《けんそく》する能《あた》わざるの罪に服《ふく》せん」と。

帝、倶《とも》に之《これ》を赦《ゆる》す。是自《これよ》り、使者益《ますます》(7)忌《い》むこと無し。

十三年九月、来貢し、(8)『仏祖統紀《ぶっそとうき》』などの諸書を求む。詔《みことのり》して(9)『法苑珠林《ほうおんじゅりん》』を以《も》って之《これ》に賜う。使者其《そ》の王の(10)意《こころ》を

1 道のついでに里帰りして祖先を祭る。
2 海上に出る。
3 身柄をあずけ。 4 日本。 5 裁判。 6 手下を取り締まれなかった責任を負う。
7 つつしみ。
8 五十四巻。宋の釈志磐撰。天台宗中心の仏教通史。 9 百巻。唐の釈道世

述べ、常例より外《ほか》に増賜されんことを請う。〔憲宗《けんそう》は〕銭五万貫を賜うことを命ず。

二十年十一月、復《ま》た貢す。

(11)弘治《こうじ》九年三月、王の(12)源義高《みなもとのよしたか》、使いを遣わして来《きた》らしむ。〔使者〕還《かえ》りて(13)済寧《さいねい》に至るとき、其《そ》の下復《ま》た刀を持ちて人を殺す。所司《しょし》之《これ》を罪せんと請う。詔すらく、「今自《よ》りは、止《た》だ五十人のみ都《みやこ》に入ることを許す。余は(14)舟次《しゅうじ》に留めおき、厳《きび》しく防禁せよ」と。

十八年冬、来貢す。時に武宗《ぶそう》已《すで》に即位す。命じて故事の如《ごと》くし、(15)金牌《きんぱい》の(16)勘合《かんごう》を鋳《い》て之《これ》に給《きゅう》せしむ。

(17)正徳《せいとく》四年の冬、〔日本《にっぽん》の使い〕来貢す。(18)礼官《れいかん》言う、「明年正月、(19)大祀《たいし》慶成《けいせい》の宴のとき、朝鮮《ちょうせん》の陪臣は殿東《でんとう》の第七班に在《あ》り。日本《にっぽん》は向《さき》に例無し。請う、殿西《でんせい》の第七班となさんことを」と。

撰。仏教故実書。**10**将軍義尚の希望。

11孝宗の年号。**12**十一代将軍足利義澄（一四八〇～一五一一年）。義高は義澄が一四九三～一五〇二年の間、名乗った名。**13**山東省済寧市、運河ぞいの要地。**14**舟着場の宿。

15金の札。**16**勘合符（証明札）。

17武宗の年号。**18**礼部の役人（外交儀礼をも扱った）。**19**天地宗廟の祭りの後の宴会。

之《これ》に従う。礼官《れいかん》又《また》言う、「日本《にっぽん》の貢物、向《さき》には舟三(1)を用う、今止《た》だ一のみ、賜う所の銀幣《ぎんぺい》は、宜《よろ》しく其《そ》の舟の数の如《ごと》くすべし。且《か》つ表文(2)無し。勅を賜うと否と、上裁(3)を請う」と。(4)所司《しょし》に命じ文(5)を移して之《これ》に答えしむ。

五年春、其《そ》の王の(6)源義澄《みなもとのよしずみ》は使臣宋素卿《そうそけい》を遣わして来貢せしむ。時に劉瑾《りゅうきん》(7)、柄《へい》(8)を窃《ぬす》み、其《そ》の黄金千両を納《い》れ、飛魚《ひぎょ》の服を賜う、前(9)には未《いま》だ有らざる所なり。素卿《そけい》は(10)鄞県《ぎんけん》の朱氏《しゅし》の子(11)、名は縞《こう》、幼くして歌唱を習う。倭《わ》の使い、見て之《これ》を悦《よろこ》ぶ、而《しこう》して縞《こう》の叔《しゅく》(12)の澄《ちょう》(13)、其《そ》の直《ち》を負う、因《よ》りて(14)縞《こう》を以《も》って償《つぐな》う。是《ここ》に至り、正使《せいし》に充《あた》り、蘇州《そしゅう》に至りて、澄《ちょう》与《とも》に相見《あいまみ》ゆ。後《のち》に事覚《あらわ》れ、法は死に当たるも、劉瑾《りゅうきん》之《これ》を庇《かば》いて謂《い》う、「澄《ちょう》已《すで》に自首せり」と。

1 三船。 **2** 上表文。 **3** 帝の裁定。
4 所轄の役人。 **5** 文書を関係機関にまわして。 **6** 足利義澄。 **7** 政権。 **8** 勝手にぎり。 **9** これまで例のなかったこと。
10 浙江省寧波市鄞州区。 **11** 子孫。 **12** おじの朱澄。 **13** 前借金を負債として背負っていた。 **14** 身柄を売って。

並びに免《まぬが》るるを獲《え》たり。

七年、義澄《よしずみ》の使い復《ま》た来貢す。浙江《せっこう》の守臣言う、「今《いま》(15)畿輔《きほ》・山東《さんとう》には、(16)盗《とう》、充斥《じゅうせき》す、使臣之《これ》に遇《あ》いて掠《りゃく》する所と為《な》るを恐る。請う、貢物を以《も》って浙江《せっこう》の官庫《かんこ》に貯《たくわ》え、其《そ》の表文のみを収めて京師《けいし》に送らんことを」と。礼官《れいかん》、兵部《へいぶ》に会《かい》して議《ぎ》し、南京《ナンキン》の守備官をして所在に即《つ》きて宴賚《えんらい》し、遣わして帰らしめ、(17)附進せる方物は、皆《みな》(18)全直《ち》を予《あた》えて、遠人の(19)化に向かう心を阻《はば》むこと毋《な》から令《し》めんことを請う。之《これ》に従う。

(20)嘉靖《かせい》二年五月、其《そ》の貢使の(21)宗設《そうせつ》、寧波《ニンポー》に抵《いた》る。未《いま》だ幾《いくばく》もあらずして〔宋〕素卿《そけい》、(22)瑞佐《ずいさ》と偕《とも》に復《ま》た至り、(23)互いに真偽を争う。素卿《そけい》、市舶《しはく》の(24)太監頼恩《たいかんらいおん》に賄《まいない》し、宴の時、素卿《そけい》を宗《そう》設《せつ》の上〔席〕に坐《ざ》せしめ、〔素卿《そけい》の〕船、後《のち》に至るも又《また》先(25)に験発《けんぱつ》を為《な》す。宗設《そうせつ》、怒りて之《これ》と闘《たたか》い、瑞佐《ずいさ》を殺し、其《そ》の舟

15都（北京）の周辺。**16**盗賊がみちみちている。**17**とどけてきた日本の産物。**18**ねぎりなしの代価。**19**中国の教化を慕う心。**20**世宗の年号。**21**謙道宗設。幕府から遣明船貿易権を独占獲得した大内氏が、この年派遣した正徳の勘合を持つ三隻の遣明船の正使。**22**鸞岡瑞佐。細川氏がすでに無効の弘治の勘合を幕府から得て仕立てた遣明船の正使。大内船に数日遅れて寧波に着いた。**23**以下の寧波での事件は、応仁の乱に象徴される細川氏と大内氏の政治・軍事上の対立を背景とする。**24**商船取り締まりの宦官。**25**点検通関の手続きをした。

を焚《や》き、素卿《そけい》を追いて(1)紹興《しょうこう》の城下に至る。素卿《そけい》他所に(2)竄匿《ざんとく》して免《まぬが》る。凶党寧波《ニンポー》に還《かえ》る。過ぐる所焚掠《ふんりゃく》し、(3)指揮《しき》の袁璡《えんしん》を執《とら》え、船を奪いて海に出《い》ず。(4)都指揮《としき》の劉錦《りゅうきん》、追いて海上に至るも、戦いて没《ぼっ》す。(5)巡按御史《じゅんあんぎょし》の欧珠《おうしゅ》、以《も》って聞《き》こえ、且《か》つ言う、

「素卿《そけい》の状に拠《よ》らば、(6)西海路《さいかいじ》の(7)多羅氏義興《たらしよしおき》なる者は、向《さき》に日本《にっぽん》の統轄に属す。入貢の例無し。〔しかるに〕貢道必ず西海《さいかい》を経るに因《よ》りて、(8)正徳《せいとく》朝の勘合《かんごう》奪う所と為《な》る。我、已《や》むを得ずして(9)弘治《こうじ》朝の(10)勘合を以《も》って、(11)南海路《なんかいじ》由《よ》り(12)起程《きてい》し、比《このご》ろ寧波《ニンポー》に至る。其《そ》の偽りを詰《なじ》るに因《よ》りて、(13)釁《きん》を啓《ひら》くを致す」と。

(14)章、礼部《れいぶ》に下る。部議す、

「素卿《そけい》の言《ことば》未《いま》だ信ず可《べ》からざれば、宜《よろ》しく入朝を聴《ゆる》すべからず。但《ただ》し釁《きん》は宗設《そうせつ》より起こる、素卿《そけい》の(15)党、殺さるる者多し、其《そ》の前に(16)投番の罪有りと雖《いえど》も、已《すで》に(17)先朝の宥赦《ゆうしゃ》を経《へ》た

1浙江省紹興市。 2にげこんで。 3衛の守備隊長。 4一省の衛・所を管轄する。 5各省を巡行する監察官。 6九州北部。 7大内義興。多々良は大内氏の出自にちなむ姓。大内義興は足利義稙の将軍再任に功績があった。 8十一代武宗の年号。 9十代孝宗の年号。 10勘合符は明の皇帝の代がわりごとに新たに発行され、未使用の旧勘合は本来返納することになっていた。 11四国。 12出発し。 13仲たがいの発端をひらくに至った。 14申したて状。 15仲間。 16外国へ身売りして渡る。 17正徳五年に。 18文書を回してとりはからせ。 19つきつめた処置。

り。問いを容《い》るること毋《な》かれ。惟《た》だ素卿《そけい》に宣諭《せんゆ》して国に還《かえ》らしめ、其《そ》の王に(18)移咨《いし》して勘合《かんごう》の有無を察《さっ》せしめ、(19)究治を行わしめん」と。

帝《てい》、已《すで》に可なりと報《こた》う。(20)御史《ぎょし》の熊蘭《ゆうらん》・(21)給事《きゅうじ》の張翀《ちょうちゅう》、交《こもごも》章して言う、

「素卿《そけい》の罪重くして貸《ゆる》す可《べ》からず、請う、頼恩《らいおん》及び海道副使《かいどうふくし》の張芹《ちょうきん》・分守参政《ぶんしゅさんせい》の朱鳴陽《しゅめいよう》・分巡副使《ぶんじゅんふくし》の許完《きょかん》・都指揮《としき》の張浩《ちょうこう》を(22)幷《なら》び治《ち》せん。(23)関を閉じ、(24)貢《こう》を絶ち、中国の威を振い、(25)狡寇《こうこう》の計を寝《や》ましめん」と。

事方《まさ》に議して行われんとす。会《たまたま》宗設《そうせつ》の党、中林《ちゅうりん》・望古多《ぼうこた》羅《ら》の逸《のが》れ出でし舟、暴風の為《ため》に飄《ただよ》いて朝鮮《ちょうせん》に至る。朝鮮人《ちょうせんじん》、(26)三十級を撃斬し、二賊を(27)生擒《せいきん》して以《も》って献《けん》ず。給事中《きゅうじちゅう》の夏《か》言《げん》、〔この事件が起きたので〕因《よ》りて浙江《せっこう》に(28)逮《およ》び赴き、所司を会《あっ》めて〔宋《そう》〕素卿《そけい》と(29)雑《まじ》え治《ち》せんと請う。因《よ》りて給事中《きゅうじちゅう》の劉《りゅう》

20監察役の主司。**21**六部を監察するほか、上表文の処理や詔勅の調整をする官。**22**同時に処罰する。**23**出入口。**24**入貢をやめさせ。**25**ずるい盗賊。

26首三十。**27**ひっとらえて。**28**かけつけて。**29**いっしょに処断いたしたし。

穆《ぼく》・御史《ぎょし》の王道《おうどう》を遣《つか》わし往《ゆ》かしむ。

四年に至りて、獄(1)成り、素卿《そけい》、及び中林《ちゅうりん》・望古多羅《ぼうこたら》は並《なら》びに死に論ぜられ、獄に繋《つな》がる。之《これ》を(2)久しくして、皆《みな》(3)瘐《つか》れて死せり。

時に琉球《りゅうきゅう》使臣の鄭縄《ていじょう》の帰国すること有り。〔彼に〕命じて日本《にっぽん》に伝え諭《さと》すに、宗設《そうせつ》を擒《とら》えて献ずること、(4)袁璡《えんしん》及び海浜の(5)掠《りゃく》せられし人を還《かえ》すこと、否《さもなく》ば則ち(6)関を閉じ貢《こう》を絶《た》ち、徐《おもむ》ろに(7)征討を議《ぎ》せんことを以《も》ってす。

九年、琉球《りゅうきゅう》の使臣、蔡瀚《さいかん》なる者、道〔の途中で〕日本《にっぽん》を経《へ》たり。其《そ》の王、(8)源義晴《みなもとのよしはる》、表を(9)附《ふ》して言う、「向《さき》には本国(10)多事にして、(11)干戈《かんか》道を梗《ふさ》ぐに因《よ》りて、(12)正徳《せいとく》の勘《かん》合《ごう》、(13)東都に達せず。故《ゆえ》を以《も》って、〔宋〕素卿《そけい》、(14)弘治《こうじ》の勘合を捧《ほう》じて行く、貸《ゆる》し遣《や》られんことを乞う。望むらくは并《なら》びに新しき勘合・金印《きんいん》を賜わり、修貢すること常の如《ごと》くならんこと

1 裁判が終わった。**2** ながい月日をへたのち。**3** 拷問や飢寒のために獄死した。
4 寧波の衛指揮。**5** さらわれた人。**6** 出入口をとざし入貢をことわり。**7** 日本遠征をはかろうぞとの旨。
8 十二代将軍足利義晴。**9** 蔡瀚にことづけて。**10** 応仁の乱のあとの戦国時代。**11** 戦争。**12** 十一代武宗の年号。**13** 日本の京都。**14** 十代孝宗の年号。

を」と。
(15)礼官《れいかん》其《そ》の文を験《けん》するに、(16)印篆《いんてん》無し。〔礼官《れいかん》〕言う、「倭《わ》は(17)譎詐《けっさ》にして信じ難し。宜《よろ》しく琉球王《りゅうきゅうおう》に勅して(18)伝諭《でんゆ》せしめ、(19)仍《な》お前命に遵《したが》わしむべし」と。

十八年七月、義晴《よしはる》の貢使、寧波《ニンポー》に至る。守臣以《も》って(20)聞《ぶん》す。時に貢《こう》を通ぜざること已《すで》に十七年、(21)巡按御史《じゅんあんぎょし》に勅《ちょく》して(22)三司《さんし》の官《かん》を(23)督同《とくどう》して覈《しら》べしめ、〔もし〕果《は》たして誠心より順を効《いた》さば、制《きまり》の如《ごと》く遣わし送り、否《さもなく》ば則ち却《しりぞ》け回《かえ》さしめ、且《か》つ居民交通の禁を厳《げん》にせしむ。

(24)明年二月、貢使の(25)碩鼎等《せきていら》京《みやこ》に至り前《さき》の請《せい》を申《の》べ、嘉靖《かせい》の新勘合《かんごう》を賜わり、〔宋《そう》〕素卿《そけい》及び(26)原留の貢物を還《かえ》されんことを乞う。〔礼《れい》〕部《ぶ》、議《ぎ》するに、「勘合《かんごう》は遽《にわ》かに給《きゅう》す可《べ》からず、務《つと》めて(27)旧を繳《おさ》めて新に易《か》うべし。貢期は十年を限り、人は百を過ぎず、舟は三を過ぎず、

15礼部の役人、外交官。**16**はんこ。**17**ずるくて人をだます。**18**日本に伝言させ。**19**今までどおり。**20**そのことを朝廷に報告した。**21**各省を巡行する監察官。**22**都指揮使・布政使・按察使。**23**引率監督して。**24**嘉靖十九年。**25**博多の僧、湖心碩鼎。**26**とどめおかれた。**27**古いものを納付させ新しい品にかえよ。

〔その〕余は許す可《べ》からず」と。

詔《みことのり》して議の如《ごと》くせしむ。

二十三年七月、復《ま》た来貢するも、未《いま》だ(1)期《き》に及《およ》ばずして、且《か》つ表文無し。部臣、当《まさ》に納むべからずと謂《い》い、之《これ》を却《しりぞ》く。其《そ》の人、(2)互市《ごし》を利とし、海浜に留《とど》まりて去らず。巡按御史《じゅんあんぎょし》の高《こう》節《せつ》、沿海の文武将吏の罪を治《ち》し、(3)奸豪《かんごう》の〔日本人《にっぽんじん》との〕交通を厳禁せんことを請う。(4)旨を得て允《ゆる》し行う。而《しか》れども(5)内地の諸奸、其《そ》の交易を利とし、多く之《これ》が(6)嚢橐《のうたく》と為《な》り、終《つい》に尽《ことごと》くは絶《た》つこと能《あた》わず。

二十六年六月、巡按御史《じゅんあんぎょし》の楊九沢《ようきゅうたく》言う、「浙江《せっこう》の(7)寧《ねい》・(8)紹《しょう》・(9)台《だい》・(10)温《おん》は皆《みな》浜海にして、界《さかい》は福建《ふくけん》の(11)福《ふく》・(12)興《こう》・(13)漳《しょう》・(14)泉《せん》の諸郡に連なり、倭《わ》の患《うれ》い有り。衛《えい》・所《しょ》の城《じょう》池《ち》及び巡海副使《じゅんかいふくし》・備倭都指揮《びわとしき》を設くと雖《いえど》も、但《た》だ海寇《かいこう》は出没するに常無く、(15)両地の(16)官弁、(17)通摂《つうせつ》すること能《あた》わざれば、制禦

1 所定の時期に達してない。2 交易市でもうけたがって。3 法に従わず日本と交易する中国人。4 おゆるしをえて。5 中国本土。6 人や品物を隠す袋。

7 寧波。8 紹興。9 台州。10 温州。11 福州。12 興化。13 漳州。14 泉州。15 浙江・福建。16 役人。17 統一指揮。

せんこと難《かた》しと為《な》す。請う、往《さき》の例の如《ごと》く、特に巡視の重臣を遣わし、海浜の諸郡を尽《ことごと》く統《す》べ、庶事の権一《いっ》に帰《き》せば、威令行われ易《やす》からん」と。

廷議して善なりと称《しょう》す。乃《すなわ》ち(18)副都《ふくと》御史《ぎょし》の朱紈《しゅがん》に命じて、浙江《せっこう》を巡撫《じゅんぶ》し、兼《か》ねて(19)福《ふく》・(20)興《こう》・(21)漳《しょう》・(22)泉《せん》・建寧《けんねい》の五府の軍事を制《せい》せしむ。

未《いま》だ幾《いくばく》もあらずして、其《そ》の王の(23)義晴《よしはる》、使いの(24)周良《しゅうりよう》等《ら》を遣わして、期《き》に先だちて来貢し、舟四〔艘《そう》〕、人六百を用いて、海外に泊し、以《も》って明年の貢期を待たしむ。守臣之《これ》を(25)沮《はば》まば、則《すなわ》ち(26)風を以《も》って解と為《な》す。十一月、事〔朝廷に〕聞こゆ。帝《てい》、期に先だつは制《きまり》に非《あら》ずして、且《か》つ人、船とも額(27)を越えたるをもって、守臣に勅して(28)勒回《ろくかい》せしむ。十二月、倭《わ》の賊、(29)寧《ねい》・(30)台《だい》、二郡を犯し、大いに殺掠《さつりやく》を肆《ほしいまま》にす。二郡の将吏並《なら》びに罪を獲《え》たり。

18百官を監察する都察院の次官。**19**福州。**20**興化。**21**漳州。**22**泉州。

23足利義晴。**24**策彦周良（一五〇一～一五七九年）は京都の天竜寺の僧。対明貿易船団の正副使には、京都五山から教養・実務のともに優れた僧が任命されることが多かった。**25**阻。**26**風を口実にして言いわけをした。**27**定数。**28**強制退去。**29**寧波。**30**台州。

(1)明年六月、周良《しゅうりよう》復《ま》た貢《こう》せんことを求む。〔朱《しゅ》〕紈《がん》以《も》って(2)聞《ぶん》す。礼部《れいぶ》言う、

「日本の貢期及び舟と人数と、制《さだめ》に違《たが》うと雖《いえど》も、第《た》だ表辞(3)は恭順なり。(4)貢期を去ること亦《ま》た遠からず、若《も》し概《がい》して拒絶を加えば、則《すなわ》ち航海の労憫《あわれ》むべし。若《も》し稍《やや》含容を務めば、則《すなわ》ち(5)宗設《そうせつ》・〔宋《そう》〕素卿《そけい》の事鑑《かんが》みる可《べ》し。宜《よろ》しく紈《がん》に勅して〔嘉《か》靖《せい》〕十八年の例に循《したが》い、五十人を起送(6)し、余は(7)嘉賓館《かひんかん》に留《とど》めおき、量《はか》りて(8)犒賞《こうしょう》を加え、諭《さと》して国に帰らしむべし。(9)互市防《ごしぼう》守《しゅ》の事の若《ごと》きは、宜《よろ》しく紈《がん》に在《あ》りて之《これ》を善処せしむべし」と。

可《か》と報ず。〔朱《しゅ》〕紈《がん》力《つと》めて言う、

「五十人は少なきに過ぐ。乃《すなわ》ち百人をして都に赴かしめん」

と。

(10)部議は但《た》だ百人を賞し、余は罷《や》めて賞する勿《な》かれという。

〔周《しゅう》〕良《りょう》、訴う、

1嘉靖二十七年。**2**朝廷に報告した。**3**上表文のことばづかい。**4**やがてきめられた入貢の時になる。**5**党派争いのはてに殺傷をおこした前例が戒めとなろう。**6**北京に送りとどけ。**7**寧波の迎賓館。**8**ねぎらいのほうび。**9**現地取引と警備。

10礼部の決定。**11**必要とする。**12**かくれて。**13**海賊。

「貢舟《こうしゅう》は高大にして勢《せい》五百人を(11)須《もち》いん。〔また〕中国の商船、海に入るとき、往往にして島中に(12)蔵匿《ぞうとく》して(13)寇《こう》と為《な》る。故に〔わが方も〕一舟を増して寇《こう》を防ぐ。敢《あ》えて制《きまり》に違《たが》うに非《あら》ず」と。

部議量《はか》りて其《そ》の賞を増し、且《か》つ謂《い》う、

「百人の制、彼《か》の国の(14)勢遵行《せいじゅんこう》し難し。宜《よろ》しく其《そ》の貢舟の大小を相《み》て、以《も》って禁令を施すべし」と。

之《これ》に従う。

日本故《にっぽんもと》(15)孝《こう》・(16)武《ぶ》両朝の勘合《かんごう》を有すること(17)二百道に幾《ちか》し。使臣此《これ》より前《さき》入貢せしとき、新しきものに易《か》えんと請わば、其《そ》の旧《ふる》きものを(18)緻《おさ》めしむ。是《ここ》に至りて〔周《しゅう》〕良《りよう》、(19)弘治《こうじ》の勘合《かんごう》十五道を持して言う、

「其《そ》の余は素卿《そけい》の子の窃《ぬす》む所と為《な》り、之《これ》を捕らえんとすれども獲《え》ず。(20)正徳《せいとく》の勘合《かんごう》は十五道を留《とど》めて信《しん》と為《な》し、四十道を以《も》

14 船乗り。

15 孝宗。年号は弘治。16 武宗。年号は正徳。17 ほぼ二百通。18 取りあげておさめる。19 孝宗の治世。20 武宗の治世。

って来《きた》り還《かえ》す」と。

部議いう、(1)「異時《いじ》悉《ことごと》く旧《きゅう》を繳《おさ》め令《し》めて、(2)乃《すなわ》ち新と易《か》うることを許さん」と。

亦《ま》た可と報ず。

是《こ》の時に当たり、(3)日本王《にっぽんおう》入貢すと雖《いえど》も、其《そ》の各島の諸《もろもろ》の倭《わ》、歳《とし》ごとに常に侵掠し、(4)浜海の奸民又《また》往往にして之《これ》と勾《むす》ぶ。〔朱《しゅ》〕紈《がん》乃《すなわ》ち厳に(5)申禁《しんきん》を為《な》し、(6)交通する者を獲《え》ば、(7)命《めい》を俟《ま》たず輒《すなわ》ち(8)便宜を以《も》って之《これ》を斬《き》る。是《これ》に由《よ》りて、(9)浙《せっ》・(10)閩《びん》の(11)大姓、素《もと》倭《わ》の(12)内主《ないしゅ》と為《な》る者、利を失って怨む。紈又《がんまた》数《しばしば》(13)疏《そ》を朝《ちょう》に騰《のぼ》し、大姓の倭《わ》に通ずるの状を(14)顕言す。故《ゆえ》を以《も》って閩《びん》・浙《せっ》の人皆之《みなこれ》を悪《にく》み、しかも閩尤《びんもっと》も甚《はなは》だし。(15)巡按御史周 亮《じゅんあんぎょししゅうりょう》は閩《びん》の産なり。上疏して紈《がん》を詆《そし》る。巡撫《じゅんぶ》を改めて巡視《じゅんし》と為《な》し、以《も》って其《そ》の権《けん》を殺《そ》がんと請う。其《そ》の党の

1将来いつか。 2その時点で。 3足利将軍。 4中国の沿海。 5取り締まり。 6倭と通じあう。 7上司の許可。 8臨機応変、自分の権限をもって。 9浙江。 10福建。 11豪族。 12内通者。 13上表文。 14はっきり告発した。 15地方巡察官。 16周亮の申請を支持した。 17並べたて綴る。

朝《ちょう》に在《あ》る者、(16)之《これ》を左右す。竟《つい》に其《そ》の請《こ》いの如《ごと》くす。又紈《またがん》の官を奪い、其《そ》の擅《ほしいまま》に殺せし罪を(17)羅織《らしょく》す。紈《がん》、自殺す。是自《これよ》り巡撫《じゅんぶ》を置かざること四年、海禁復《ま》た弛《ゆる》み、乱益《ますます》滋《しげ》く甚《はなはだ》し。

(18)祖制にては、浙江《せっこう》に(19)市舶提挙司《しはくていきょし》を設く。(20)中官《ちゅうかん》を以《も》って之《これ》を主《つかさど》り、寧波《ニンポー》に駐せしむ。海船至らば則《すなわ》ち其《そ》の直《あたい》を平らかにし、(21)制馭《せいぎょ》の権は(22)上《しょう》に在《あ》り。世宗《せいそう》に及び、尽《ことごと》く天下鎮守の中官《ちゅうかん》を(23)撤《てつ》し、幷《なら》びに(24)市舶《しはく》を撤す。而《しこう》して浜海の(25)奸人遂《つい》に其《そ》の利を操《あやつ》る。初め市は、猶《な》お商、(26)之《これ》を主《つかさど》る。(27)通番の禁を厳《げん》にするに及び、遂《つい》に之《これ》を(28)貴官の家に移す。其《そ》の直《あたい》に負《そむ》く者愈《いよいよ》甚《はなはだ》し。(29)之《これ》を索《もと》むること急ならば、則《すなわ》ち(30)危言を以《も》って之《これ》を嚇《おど》し、或《ある》いは又《ま》た好言を以《も》って之《これ》を紿《あざむ》きて謂《い》う、「我終《つい》に(31)若《なんじ》の直《あたい》に負《そむ》かず」と。

倭《わ》、其《そ》の(32)貲《し》を喪《うしな》いて〔国に〕返るを得ず、已《すで》に大いに恨

18最初の制度。**20**中央派遣の宦官。**19**交易船の取締官。**21**制御。**22**皇帝。**23**とりやめ。**24**交易船取り締まりの役。**25**悪者ども。**26**商人。**27**外国人と密貿易すること。**28**高級役人＝豪族。**29**倭人がもうけを求める。**30**厳しい言葉。**31**お前たちには損をさせてはいない。**32**資産、商売のもとで。

む。而《しこう》して大奸(1)の汪直《おうちょく》・徐海《じょかい》・陳東《ちんとう》・麻葉《まよう》の若《ごと》き輩《やから》は、素《もと》より其(2)《そ》の中に窟《くつ》し、内地(3)にては逞《たくま》しくするを得ざるを以《も》って、悉《ことごと》く海島に逸《のが》れて主謀と為《な》る。倭《わ》、指揮を聴《き》きて、之《これ》を誘いて入寇す。海中(4)の巨盗は、遂《つい》に倭《わ》の服飾(5)・旂号《きごう》を襲い、並びに分艘(6)して内地を掠《かす》め、大いに利せざるは無し。故《ゆえ》に倭《わ》の患《なやみ》は日ごとに劇《はげ》し。是《ここ》に於《お》いて廷議ありて復《ま》た巡撫《じゅんぶ》を設く。〔嘉靖《かせい》〕三十一年七月、僉都御史(7)《せんとぎょし》王忬《おうしょ》を以《も》って之《これ》に任ず。而《しか》れども〔倭寇《わこう》の〕勢《いきお》い已《すで》に撲滅《ぼくめつ》す可《べ》からず。

明初、沿海の要地に衛《えい》・所《しょ》を建て、戦船を設け、董(8)《す》ぶるに都司《とし》・巡視《じゅんし》・副使《ふくし》等の官を以《も》ってし、控制(9)《こうせい》すること周密なり。承平(10)久しきに迨《およ》んで、船は敝《やぶ》れ、伍(11)《ご》は虚《むな》し。警(12)に遇《あ》うに及んでは、乃《すなわ》ち漁船を募《つの》り、以《も》って哨守(13)《しょうしゅ》に資《し》す。兵は素練(14)に非《あら》ず、船は専業(15)に非ず。寇船(16)《こうはく》至るを見ば、輒《すなわ》ち風(17)を望んで逃《とう》匿《とく》す。而《しこう》して上には又《また》統率して之《これ》を御するもの無し。故《ゆえ》を以《も》

1大悪人。2倭人の中にくいこんでおり。3本土。4大海賊。5着物や旗じるしのまねをして着け。6船を組みわけして。7百官を監察する都察院の三等官。8とりまとめる。9とりしまる。10太平の続くこと。11兵隊は欠員ばかり。12非常のしらせ。13哨戒守備に用だてた。14平素訓練。15軍用。16海賊船。17形勢危うしとみたとたんに逃げかくれる。

って賊帆の指《さ》す所、残破せざるは無し。

三十二年三月、(18)汪直《おうちょく》、諸《もろもろ》の倭《わ》と勾《むす》び大挙して入寇す。(19)艦を連ぬること数百、海を蔽《おお》いて至る。(20)浙東《せっとう》・〔浙《せつ》〕西《せい》、(21)江《こう》南《なん》・〔江《こう》〕北《ほく》、浜海数千里、同時に警を告ぐ。(22)昌国衛《しょうこくえい》を破る。四月、(23)太倉《たいそう》を犯し、(24)上海県《シャンハイけん》を破り、(25)江陰《こういん》を掠《りゃく》し、(26)乍浦《さほ》を攻《せ》む。八月、(27)金山衛《きんざんえい》を劫《かす》め、(28)崇明《すうめい》、及び(29)常熟《じょうじゅく》・(30)嘉定《かてい》を犯す。

三十三年正月、太倉《たいそう》自《よ》り(31)蘇州《そしゅう》を掠《りゃく》し、(32)松江《しょうこう》を攻《せ》め、復《ま》た〔長《ちょう》〕江《こう》の北に趨《はし》って、(33)通《つう》・泰《たい》に薄《せま》る。四月、(34)嘉善《かぜん》を陥《おと》し、(35)崇明《すうめい》を破り、復《ま》た蘇州《そしゅう》に薄《せま》りて、(36)崇徳県《すうとくけん》に入る。六月、(37)呉《ご》江由《こうよ》り(38)嘉興《かこう》を掠《りゃく》し、還《かえ》りて(39)柘林《しゃりん》に屯《とん》す。縦横に来往し、無人の境に入るが若《ごと》し。

〔王《おう》〕忬《しょ》も亦た為《な》す所有る能《あた》わず。未《いま》だ幾《いくばく》もあらずして、忬《しょ》改めて(40)大同《だいどう》に(41)撫《ぶ》し、李天寵《りてんちょう》を以《も》って代わらしむ。又《また》(42)兵部《へいぶ》尚書張経《しょうしょちょうけい》に命じて軍務を総督せしむ。乃《すなわ》ち大いに兵を四方

18大海賊の名。**19**望楼を持つ船。**20**浙江の東部と西部。**21**長江の南部と北部。**22**浙江省象山県の南。**23**江蘇省太倉市。**24**上海市。**25**江蘇省江陰市。**26**浙江省平湖市の東南。**27**上海市金山区の東南。**28**上海市崇明県。**29**江蘇省常熟市。**30**上海市嘉定区。**31**江蘇省蘇州市。**32**上海市松江区。**33**江蘇省通州市と泰州市。**34**浙江省嘉善県。**35**上海市崇明県。**36**浙江省海寧市の北。**37**江蘇省呉江市。**38**浙江省嘉興市。**39**上海市奉賢区の南。**40**山西省大同市。**41**巡撫に転任し。**42**軍事総官。

より徴《ちよう》し、力を協《あわ》せて(1)進剿《しんしよう》す。

是《こ》の時、倭《わ》、(2)川沙窪《せんさわ》・柘林《しやりん》を以《も》って巣と為《な》し、抄掠《しようりやく》して四《よも》に出《い》ず。

(3)明年正月、賊、舟を奪いて乍浦《さほ》・(4)海寧《かいねい》を犯し、崇徳《すうとく》を陥れ、転じて(5)塘棲《とうせい》・(6)新市《しんし》・(7)横塘《おうとう》・(8)双林等《そうりんなど》の処を掠《りやく》し、(9)徳清県《とくせいけん》を攻む。五月、復《ま》た新たなる倭《わ》を合わせて(10)突《とつ》として嘉興《かこう》を犯し、(11)王江涇《おうこうけい》に至りしが、乃《すなわ》ち〔張《ちよう》〕経《けい》の為に千九百余級を撃斬さる。余《のこり》は柘林《しやりん》に奔《はし》る。其《そ》の他の倭《わ》、復《ま》た蘇州《そしゆう》の境を掠《りやく》し、延《ひ》いて江陰《こういん》・(12)無錫《むしやく》に及《およ》び、太湖《たいこ》に出入す。大抵《およそ》、真の倭《わ》は(13)十の三、倭《わ》に従う者、(14)十の七なり。倭《わ》、戦うときは、則《すなわ》ち其《そ》の掠《りやく》せし所の人を駆《か》りて(15)軍鋒と為《な》す。(16)法、厳なれば、人皆《みな》(17)死を致す。而《しこう》して官軍、素《もと》(18)懦怯《だきよう》にして、至る所(19)潰奔《かいほん》す。

帝《てい》、乃《すなわ》ち(20)工部侍郎《こうぶじろう》趙文華《ちようぶんか》を遣わして、軍情を督察せし

1 討伐。
2 上海市の東。
3 嘉靖三十四年。 4 浙江省海寧市。 5 浙江省杭州市の北。 6 塘棲の北。 7 浙江省海塩県の西北。 8 浙江省桐郷市の西北。 9 浙江省徳清県。 10 にわかに。 11 嘉興の北。太湖に近い。 12 江蘇省無錫市。
13 十人のうち三人。 14 中国人。 15 先鋒。 16 軍法がきびしいので。 17 死力を尽くして戦う。 18 臆病。 19 敗走。
20 建設次官。

む。文華《ぶんか》、功罪を顚倒《てんとう》し、諸軍益《ますます》解体す。〔張《ちょう》〕経《けい》・〔李《り》〕天寵《てんちょう》、並びに逮《とら》われ、代うるに周琉《しゅうじゅう》・胡宗憲《こそうけん》を以《も》ってす。月を踰《こ》えて、〔周《しゅう》〕琉《じゅう》罷《や》め、代うるに楊宜《ようぎ》を以《も》ってす。

時に賊勢蔓延《まんえん》し、(21)江《こう》・(22)浙《せっ》、蹂躙《じゅうりん》せられざるところ無し。新《しん》倭《わ》、来《きた》るもの益《ますます》衆《おお》く、益《ますます》毒を肆《ほしいまま》にす。毎《つね》に自《みずか》ら其《そ》の舟を焚《や》き、岸に登りて劫掠《きょうりゃく》す。

(23)杭州《こうしゅう》の北新関《ほくしんかん》自《よ》り西のかた(24)淳安《じゅんあん》を(25)剽《かす》め、(26)徽州《きしゅう》の歙県《しょうけん》を突き、(27)績谿《せきけい》・旌徳《せいとく》に至る。(28)涇県《けいけん》を過ぎ、(29)南陵《なんりょう》に趨《はし》り、遂《つい》に(30)蕪湖《ぶこ》に達す。南岸を焼き、(31)太平府《たいへいふ》に奔《はし》り、(32)江寧鎮《こうねいちん》を犯し、(33)径《けい》して南京《ナンキン》を侵す。倭《わ》、紅衣黄蓋(34)にして、衆を率《ひき》い大安徳門《だいあんとくもん》を犯す。夾岡《きょうこう》に及び、乃《すなわ》ち(35)秣陵関《まつりょうかん》に趨《はし》りて去る。(36)溧水《りっすい》由《よ》り(37)溧陽《りつよう》・(38)宜興《ぎこう》を(39)流劫《りゅうきょう》す。官兵太湖《たいこ》自《よ》り出《い》ずと聞き、遂《つい》に(40)武進《ぶしん》を越えて無錫《むしゃく》に抵《いた》り、(41)恵山《けいざん》に駐《ちゅう》す。一昼夜に奔《はし》ること百八十余里、(42)滸墅《こしょ》に抵《いた》る。官軍の囲む所と為《な》る。〔官軍〕追いて、楊《よう》

21 江蘇。22 浙江。

23 杭州の北。24 浙江省淳安県。25 さっと掠奪し。26 安徽省南部。27 安徽省績渓県・旌徳県。28 安徽省涇県。29 安徽省南陵県。30 安徽省蕪湖市。31 安徽省当塗県。32 江蘇省南京市江寧鎮。33 まっすぐ進む。34 黄色の笠。35 南京の南。36 江蘇省溧水県。37 江蘇省溧陽市。38 江蘇省宜興市。39 流れ動き掠奪する。40 江蘇省常州市。41 無錫西郊の山。42 江蘇省蘇州市の北西。

林橋《りんきょう》に及《およ》び、之《これ》を殲《ほろぼ》す。

是《こ》の役《えき》には、賊、六、七十人に過ぎざれども、数千里を経(1)行し、殺戮《さつりく》、戦傷せらるる者幾《ほとん》ど四千人、八十余日を歴《へ》て始めて滅《ほろ》ぶ。此《こ》れ〔嘉靖《かせい》〕三十四年九月の事也《なり》。(2)応天巡撫《おうてんじゅんぶ》の曹邦輔《そうほうほ》、(3)捷《しょう》を以《も》って聞《き》こゆ。〔趙《ちょう》〕文華《ぶんか》、其《そ》の功を忌《ねた》む。倭《わ》の(4)陶宅《とうたく》に巣くうを以って、乃《すなわ》ち大いに(5)浙《せつ》・直《ちょく》の兵を集め、〔胡《こ》〕宗憲《そうけん》と与《とも》に親《みずか》ら之《これ》を将《ひき》いる。又《また》〔曹《そう》〕邦輔《ほうほ》と約して(6)合勦《がっしょう》せんとし、道を分けて並び進み、(7)松江《しょうこう》の甎橋《せんきょう》に営《えい》す。倭《わ》、(8)鋭を悉《つ》くして来《きた》り衝《つ》く。〔官軍〕遂《つい》に大敗す。〔趙《ちょう》〕文華《ぶんか》、気奪われ、賊益《ますます》熾《さかん》なり。

十月、倭《わ》、(9)楽清《がくせい》自《よ》り岸に登る。(10)黄巌《こうがん》・仙居《せんきょ》・奉化《ほうか》・余姚《よよう》・上虞《じょうぐ》を流劫《りゅうきょう》す。(11)殺擄《さつりょ》せらるる者算《かぞ》うること無し。(12)嵊県《しょうけん》に至りて乃《すなわ》ち之《これ》を殲《ほろぼ》すに、亦《ま》た二百人に満たず。顧《かえ》って(13)三府に深く入り、五十日を歴《へ》て始めて平らぐ。

1直進し。

2南京。3勝ちいくさのしらせ。4上海市奉賢区の東北。5浙江と南直隷（南京）。6いっしょに討伐しようと。7上海市松江区。8ありたけの精兵をくり出して。

9浙江省楽清市。10浙江省黄巌区・仙居県・奉化市・余姚市・上虞市。11殺されたり捕らえられたり。12浙江省嵊州市。13紹興・寧波・台州の三府。

其《そ》れより先、一枝[14]は山東《さんとう》の日照[15]《にっしょう》自《よ》り東安衛[16]《とうあんえい》を流劫《りゅうきょう》す。淮[17]《わい》安《あん》・贛楡《かんゆ》・沭陽《じゅつよう》・桃源《とうげん》に至る。清河[18]《せいか》に至りて雨に阻《はば》まる。徐[19]《じょ》・邳《ひ》の官兵の殲《ほろぼ》す所と為《な》るも、亦《ま》た数十人に過ぎず。千里に流害し、千余を殺戮《さつりく》す、其《そ》の悍[20]《かん》なること此《か》くの如《ごと》し。而《し》して〔趙《ちょう》〕文華《ぶんか》、甎橋《せんきょう》の敗ありて自《よ》り、倭寇《わこう》の勢い甚《はなは》だしく、其《そ》の柘林《しゃりん》自《よ》り周浦[21]《しゅうほ》に移るや、川沙《せんさ》の旧巣《きゅうそう》及び嘉定[22]《かてい》の高橋《こうきょう》に泊《はく》する者と自如[23]《じじょ》たるを見る。他《た》の侵犯する者虚日《こと》無きも、〔趙《ちょう》〕文華《ぶんか》乃《すなわ》ち寇息《こうや》みしことを以《も》って朝[24]に還《かえ》らんことを請う。

明年[25]二月、〔楊《よう》〕宜《ぎ》を罷《や》め、代うるに〔胡《こ》〕宗憲《そうけん》を以《も》ってす。阮鶚《げんがく》を以《も》って浙江《せっこう》に巡撫《じゅんぶ》たらしむ。是《ここ》に於《お》いて〔胡《こ》〕宗《そう》憲《けん》乃《すなわ》ち使いを遣わし日本国王《にっぽんこくおう》を諭《さと》し、島寇《とうこう》を禁戢[26]《きんしゅう》せしめ、通番[27]の奸商を招還し、立功免罪[28]を許さんと請う。既《すで》に旨[29]《し》を得て、遂《つい》に寧波《ニンポー》の諸生[30]、蔣洲《しょうしゅう》・陳可願《ちんかがん》を〔日本《にっぽん》に〕遣わし往《ゆ》

14 一支隊。15 山東省日照市。16 日照の南。安東衛の誤り。17 江蘇省の淮安市・贛楡県・沭陽県・泗陽県付近。18 江蘇省清河区。19 江蘇省の徐州市・邳州市。20 乱暴なこと。21 上海市東北郊。22 上海市東南郊。23 のんびりかまえて動かない。24 北京宮廷に帰任すること。

25 嘉靖三十五年。26 取り締まらせ。27 倭人と気脈を通じる。28 取り締まりが成功すれば、今までの罪を問わない。29 勅許。30 知識人。

かしむ。是《ここ》に及んで、可願還《かがんかえ》りて言う、「其《そ》の国の(1)五島《ごとう》に至り、(2)汪直《おうちょく》・毛海峰《もうかいほう》に遇《あ》えり。〔汪《おう》・毛《もう》が〕謂《い》わく、『日本は内乱し、(3)王と其《そ》の相《しょう》と倶《とも》に死す。諸島、(4)相《あい》統摂せず、須《すべから》く偏《あまね》く諭《さと》して乃《すなわ》ち其《そ》の入犯を杜《とざ》すべし』と。又《また》言う、『(5)薩摩洲《さつましゅう》なる者有り、已《すで》に帆を揚げて入寇すと雖《いえど》も、其《そ》の本心に非《あら》ず、通貢・互市《ごし》を乞《こ》う。〔薩摩《さつま》は〕賊を殺して自《みずか》ら(6)効《いた》さんことを願う』と。乃《すなわ》ち〔蔣《しょう》〕洲《しゅう》を留《とど》めて各島に伝諭せしめ、而《しこう》して可願《かがん》を送りて〔中国に〕還せり」と。

宗憲《そうけん》、以《も》って聞《き》こゆ。兵部《へいぶ》言う、

「〔汪《おう》〕直等《ちょくら》、(7)本《もと》編民なり。(8)既《すで》に効順を称《しょう》すれば則《すなわ》ち当《まさ》に兵を釈《と》くべし。乃《すなわ》ち絶えて〔兵を解散することには〕言及せず。第《た》だ、開市・通貢を求むるのみ。(9)隠《いん》として属国の若《ごと》く然るも其《そ》の奸、測《はか》り回《がた》し。宜《よろ》しく(10)督臣をして国威を振揚し、厳に備禦を加えしむべし。(11)檄《げき》を〔汪《おう》〕直等《ちょくら》に移《うつ》して、(12)舟山《しゅうざん》の

1 五島列島。 2 汪直は王直とも書く。安徽省出身の倭寇最大の頭目。毛海峰はその養子。嘉靖三十二年の大寇は彼らによるもの。 3 大内氏の内訌を指すか。 4 統制されていない。 5 島津氏。 6 忠誠をつくしたいと。

7 戸籍に名をつらねた人民。 8 いったん王朝に帰順したという以上は、すぐさま賊兵の隊を解散すべきであるのに。 9 あたかも。 10 監督の役人、巡撫らをさす。 11 告示文。 12 浙江省舟山列島。 13 海賊討伐の実績

(13)諸賊の巣を剿除《そうじょ》せしめて以《も》って自《みずか》ら明らかにせしめよ。〔もし〕果たして(14)海疆廓清《かいきょうかくせい》たれば、自《おの》ずから(15)恩賚《おんらい》有らん」と。
之《これ》に従う。

時に(16)両浙《りょうせつ》皆《みな》倭《わ》〔の害〕を被《こうむ》り、而《しこう》して(17)慈谿《じけい》、焚殺《ふんさつ》せらること独り惨《さん》にして、(18)余姚《よよう》之《これ》に次ぐ。(19)浙西《せっせい》の(20)柘林《しゃりん》・乍浦《さほ》・(21)烏《う》鎮《ちん》・皂林《そうりん》の間、皆《みな》賊巣と為《な》り、前後して至る者二万余人なり。〔胡《こ》〕宗憲《そうけん》に命じて亟《すみやか》に(22)方略を図《はか》らしむ。七月、宗憲《そうけん》言う、

「賊首の毛海峰《もうかいほう》、陳可願《ちんかがん》が還《かえ》りて自《よ》り、一たび倭寇《わこう》を舟山《しゅうざん》に敗《やぶ》り、再び之《これ》を(23)瀝表《れきひょう》に敗る。又《ま》た其《そ》の党を遣わして各島に(24)招諭し、相率《あいひき》いて(25)効順せしむ。乞《こ》う、重賞を加えん」と。

〔兵《へい》〕部《ぶ》、〔胡《こ》〕宗憲《そうけん》をして(26)便宜を以《も》って行わ令《し》む。

是《こ》の時に当たり、(27)徐海《じょかい》・陳東《ちんとう》・麻葉《まよう》ら、方《まさ》に兵を連ねて(28)桐《とう》郷《きょう》を攻囲す。宗憲《そうけん》、計《はかりごと》を設けて之《これ》を(29)間《かん》す。〔徐《じょ》〕海《かい》、遂《つい》に

をあげて忠誠を証明する。**14** 海域がさっぱりと平定されれば。**15** ほうび。
16 浙東浙西。**17** 浙江省慈谿市。**18** 浙江省余姚市。**19** 浙江省西部。**20** いずれも杭州湾北岸。**21** いずれも浙江省桐郷市西北。**22** 討伐の計略。**23** 舟山列島西端の瀝港。**24** 帰順するようすすめ。**25** 帰順。
26 自分の裁量でよろしきようにはからしめた。**27** 海賊のかしらの名。**28** 浙江省桐郷市。**29** 仲間われさせた。

東《とう》・葉《よう》を擒《とら》えて以《も》って降り、尽《ことごと》く其《そ》の余衆を乍浦《さほ》に殲《ほろぼ》す。未《いま》だ幾《いくばく》もあらずして、復《ま》た〔徐《じょ》〕海《かい》を(1)梁荘《りょうそう》に蹴《け》ちらす。〔徐《じょ》〕海《かい》も亦《ま》た首を授く。余党、尽《ことごと》く滅ぶ。(2)江南《こうなん》・(3)浙西《せっせい》の諸寇略《ほ》ぼ平らぎしも、(4)江北《こうほく》の倭《わ》は則《すなわ》ち(5)丹陽《たんよう》を犯し、及《およ》び(6)瓜洲《かしゅう》を掠《りゃく》す。漕艘《そうそう》を焼きし者、明春(7)復《ま》た(8)如皐《じょこう》・海門《かいもん》を犯し、(9)通州《つうしゅう》を攻め、(10)揚州《ようしゅう》・高郵《こうゆう》を掠《りゃく》して、(11)宝応《ほうおう》に入り、遂《つい》に(12)淮安府《わいあんふ》を侵し、(13)廟湾《びょうわん》に集まりて、年を逾《こ》えて乃《すなわ》ち克《こく》せらる。其《そ》の(14)浙東《せっとう》の倭《わ》は則《すなわ》ち舟山《しゅうざん》に盤踞《ばんきょ》するも、亦《ま》た先後して官軍の襲う所と為《な》る。

是《これ》より先、蔣洲《しょうしゅう》、諸島を宣諭し、豊後《ぶんご》に至りて留《とど》めらる。僧人をして(15)山口等《やまぐちなど》の島に往《ゆ》きて(16)禁戢《きんしゅう》を伝諭せ令《し》む。是《ここ》に於《お》いて山口《やまぐち》の都督《ととく》、(17)源 義長《みなもとのよしなが》、(18)咨《し》を具《そな》え〔中国より〕掠《りゃく》せられし人口を送還す。而《しこう》して咨《し》には乃《すなわ》ち国王の印を用う。豊後《ぶんご》の太守《たいしゅ》、(19)源 義鎮《みなもとのよししげ》、僧の徳陽《とくよう》等《ら》を遣わして方物を具《ぐ》し、表を

1 浙江省平湖市東南。

2 長江の南。 3 浙江の西。 4 長江の北。 5 江蘇省丹陽市。 6 江蘇省揚州市の南。 7 嘉靖三十六年。 8 江蘇省の如皐市・海門市。 9 江蘇省南通市。 10 江蘇省の揚州市・高郵市。 11 江蘇省宝応県。 12 江蘇省淮安市。 13 江蘇省阜寧県。 14 浙江の東。

15 山口県、大内氏の領地。 16 取り締まり。 17 大内義長(?~一五五七年)。大友義鎮(宗麟)の弟で、大内義隆が一五五一年に陶晴賢に殺された後、大内氏を相続。大友氏は足利尊氏から源姓を賜わったという。 18

奉じて謝罪し、勘合を頒《わか》ち修貢せんと請い、〔蔣《しょう》〕洲《しゅう》を送りて還《かえ》す。

前《さき》に楊宜《ようぎ》の遣わせし所の鄭舜功[20]《ていしゅんこう》は海に出《い》でて哨探[21]《しょうたん》せる者にして行きて豊後《ぶんご》の島に至る。島主[22]亦《ま》た僧の清授《せいじゅ》を遣わして舟に附き来《きた》りて謝罪し、言う、

「前後の侵犯は皆《みな》中国の奸商、諸島の夷衆《いしゅう》を潜《ひそ》かに引きつれしものにして、義鎮等《よししげら》実《まこと》に知らず」と。

是《ここ》に於《お》いて〔胡《こ》〕宗憲《そうけん》其《そ》の事を疏《そ》陳《ちん》す。言う、

「〔蔣《しょう》〕洲《しゅう》、使いを奉ずること二年、豊後《ぶんご》と山口《やまぐち》の二島に止歴[23]す。或《ある》いは貢物有れども印信[24]《いんしん》・勘合《かんごう》無く、或いは印信有れども国王の名称無し。皆《みな》[25]朝典に違《たが》う。然《しか》れども彼既《すで》に貢を以《も》って来《きた》り、又掠《またりゃく》せられし人口[26]を送還す。実に罪を畏《おそ》れ恩を乞うの意有り。宜《よろ》しく礼[27]《れい》もて其《そ》の使《つか》いを遣わし、義鎮《よししげ》・義長《よしなが》に伝諭せしめ、日本王《にっぽんおう》に転諭せしめて、倡乱[28]《しょうらん》の諸渠《しょきょ》及び中

回答文書。**19**大友宗麟（一五三〇～一五八七年）。対外貿易に積極的だった。**20**三年間、豊後に抑留されたが、その知見と倭寇対策をまとめた『日本一鑑』十六巻は、当時の日本認識を一新した。**21**ようすをさぐる。**22**大友義鎮。**23**足をとめて各地をたずねた。**24**はんこと勘合符。**25**明朝で定めた方式。**26**中国人。**27**丁寧に。**28**乱を率いた倭寇の首領たち。

国の奸宄《かんき》(1)を擒《とら》えて献ぜ令《し》むべし。〔しかるのち〕方《まさ》に通貢を許さん」と。

詔《みことのり》して可とす。

汪直《おうちょく》の海島に踞《きょ》(2)するや、其《そ》の党の王滶《おうごう》・葉宗満《ようそうまん》・謝和《しゃわ》・王《おう》清渓等《せいけいら》と、各《おのおの》倭寇《わこう》を挟《はさ》(3)みて雄《かしら》と為《な》る。朝廷、伯爵《はくしゃく》(4)・万金の賞を懸《か》けて以《も》って之《これ》を購《あがな》(5)うに至るも、迄《つい》に致(6)すこと能《あた》わず。

是《ここ》に及《およ》んで内地の官軍、頗《すこぶ》る備え有り。倭《わ》、横(7)なりと雖《いえど》も、亦《ま》た多く剿戮《しょうりく》(8)せられ、全島に一人の帰る者無きこと有り。往往〔汪《おう》〕直《ちょく》を怨む。直《ちょく》、漸《ようや》く自《みず》ら安から(9)ず。〔胡《こ》〕宗《そう》憲《けん》、直《ちょく》と同郡(10)にして、直《ちょく》の母と其《そ》の妻孥《さいど》(11)とを杭州《こうしゅう》(12)に館《とま》らせ、蒋洲《しょうしゅう》を遣わして其《そ》の家書を齎《もたら》し、之《これ》を招かしむ。直《ちょく》、家属の固《もと》より恙《つつが》無きことを知り、頗《すこぶ》る心動く。義鎮等《よししげら》も中国の(13)互市を許せしを以《も》って、亦《ま》た喜ぶ。乃《すなわ》ち巨舟を装《そう》し、其《そ》の(14)属の善妙等《ぜんみようら》四十余人を遣わして直等《ちょくら》に随い来《きた》り貢市《こうし》(15)せしむ。

1悪人ども。
2いすわる。3仲間にくみ入れて。4爵位。5買収。
6めしとる。
7勝手に暴れるとはいえ。
8討たれ殺されて。9不安をいだく。10徽州府。11妻子ら。12浙江省杭州市。13貿易。14家来。15貢ぎ物をもたらして取り引きした。

三十六年十月の初めに於《お》いて、舟山《しゅうざん》の(16)岑港《しんこう》に抵《いた》る。将吏(17)以《も》って(18)入寇也《なり》となし、兵を陳《つら》ねて備う。〔汪《おう》〕直乃《ちょくすなわ》ち王激《おうごう》を遣わして入りて〔胡《こ》〕宗憲《そうけん》に見《まみ》えしめて謂《い》う、

「我、好《よしみ》を以《も》って来たるに、何故《なにゆえ》に兵を陳《つら》ねて我を待つや」

と。

〔王《おう》〕激《ごう》は即《すなわ》ち毛海峰《もうかいほう》にして、〔汪《おう》〕直《ちょく》の養子なり。〔胡《こ》〕宗《そう》憲《けん》、慰労すること(19)甚《はなは》だ至れり、心《むね》を指《さ》して(20)他無しと誓う。

俄《にわ》かに善妙《ぜんみょう》等《ら》副将の盧鏜《ろとう》と舟山《しゅうざん》に見《あ》う。鏜《とう》、〔善妙《ぜんみょう》らをして〕直《ちょく》を擒《とら》え以《も》って献ぜ令《し》めんとす。語《ことば》、洩《も》れて〔汪《おう》〕直《ちょく》、益《ますます》疑う。〔胡《こ》〕宗憲《そうけん》、(21)開諭すること(22)百方なるも、直《ちょく》終《つい》に信ぜずして、曰《い》う、

「果たして爾《しから》ば、激《ごう》を遣わして出《い》だすべし、吾当《われまさ》に入りて見《あ》うべし」と。

宗憲《そうけん》立ちどころに(23)之《これ》を遣わす。直又《ちょくまた》一貴官を邀《まね》きて(24)質《ち》と

16浙江省舟山島の岑港。17将軍・官吏。18入寇かと思って。19いたれりつくせりで。20他意のないことを。21説得する。22いろいろ。23王激を。24人質。

為《な》さんという。即《すなわ》ち(一)指揮《しき》夏正《かせい》に命じて往《ゆ》かしむ。直《ちょく》(2)、以《も》って信と為《な》し、遂《つい》に宗満《そうまん》・清渓《せいけい》と偕《とも》に来《きた》る。宗憲《そうけん》大いに喜び、之《これ》を礼接すること甚《はなは》だ厚し。巡按御史王本固《じゅんあんぎょしおうほんこ》に杭州《こうしゅう》に謁せしむるに、本固《ほんこ》は〔直《ちょく》らを接待するに〕属吏(3)を以《も》ってす。激等《ごうら》聞きて大いに恨み、夏正《かせい》を支解(4)し、舟を焚《や》きて山に登り、岑港《しんこう》に拠《よ》りて堅く守る。

年を逾《こ》(5)え、新倭《しんわ》大いに至り、屢《しばしば》浙東《せっとう》の三郡(6)を寇《こう》す。其《そ》の岑港《しんこう》に在《あ》る者は、徐《おもむ》ろに柯梅《かばい》(7)に移り之《ゆ》き、新舟を造りて海に出《い》ず。宗憲《そうけん》、之《これ》を追わず。十一月、賊、帆を揚げて南へ去り、泉州《せんしゅう》(8)の浯嶼《ごしょ》(9)に泊《はく》し、同安《どうあん》(10)・恵安《けいあん》・南安《なんあん》の諸県を掠《りゃく》し、福寧州《ふくねいしゅう》(11)を攻め、福安《ふくあん》(12)・寧徳《ねいとく》を破る。

明年四月(13)、遂《つい》に福州《ふくしゅう》(14)を囲み、月を経るも解《と》かず。福清《ふくせい》(15)・永《えい》福《ふく》の諸城皆《みな》攻燬《こうき》(16)せられ、興化《こうか》(17)に蔓延《まんえん》し、漳州《しょうしゅう》(18)に奔突《ほんとつ》す。其《そ》の患《うれ》いは尽《ことごと》く福建《ふくけん》に移り、潮《ちょう》(19)〔州〕・広《こう》〔州〕の間、亦《ま》

1 衛の隊長。 **2** たしかに間違いなしと考え。 **3** 下級役人。 **4** 両手両足を切り落とす。

5 嘉靖三十七年。 **6** 紹興府・寧波府・台州府か。 **7** 舟山島の海岸。 **8** 福建省泉州市。 **9** 金門島。 **10** 福建省同安区・恵安県・南安市。 **11** 福建省霞浦県。 **12** 福建省福安市・寧徳市。

13 嘉靖三十八年。 **14** 福建省福州市。 **15** 福建省福清市・永泰県。 **16** 攻め焼かれ。 **17** 福建省莆田市。 **18** 福建省漳州市周辺。 **19** 広東省潮州

た紛紛《ふんぷん》として倭警(20)を以《も》って聞《き》こゆ。

四十年に至りて、浙東《せっとう》・江北《こうほく》の諸寇、次《じ》を以《も》って平らぐ。〔胡《こ》〕宗憲《そうけん》、尋《つ》いで罪に坐して逮《とら》わる。

(21)明年十一月、〔倭寇《わこう》〕(22)興化府《こうかふ》を陥《おと》し、大いに殺掠《さつりゃく》し、移りて(23)平海衛《へいかいえい》に拠《よ》りて去らず。初め倭《わ》の浙江《せっこう》を犯す也《や》、州《しゅう》・県《けん》・衛《えい》・所《しょ》の城を破ること百を以《も》って数う。然《しか》れども未《いま》だ(24)府城《ふじょう》を破る者《こと》有らず。是《ここ》に至り、遠近震動す。亟《すみやか》に兪大猷《ゆだいゆう》・戚継光《せきけいこう》・劉顕《りゅうけん》の諸将を徴《め》して合撃し、之《これ》を破らしむ。其《そ》の、他《ほか》の州《しゅう》・県《けん》を侵犯せる者、亦《ま》た諸将の破る所と為《な》り、福建《ふっけん》も亦《ま》た平らぐ。

其《そ》の後、広東《カントン》の巨寇(25)、曾一本《そういっぽん》・黄朝太《こうちょうたい》等《ら》、倭《わ》を引きて助と為《な》さざるもの無し。

(26)隆慶《りゅうけい》の時、(27)碣石《けっせき》・甲子《こうし》の諸衛・所を破る。已《すで》にして(28)化州《かしゅう》の(29)石城県《せきじょうけん》を犯し、(30)錦嚢所《きんのうしょ》・(31)神電衛《しんでんえい》を陥《おと》す。(32)呉川《ごせん》・陽江《ようこう》・茂《ぼう》

市・広州市。**20**倭寇襲来の警報。

21嘉靖四十一年。**22**福建省莆田県。**23**莆田県の東南。**24**府は州・県より大きい。

25有力な賊。**26**穆宗の年号。**27**いずれも広東省陸豊市の東。**28**広東省化州市。**29**広東省廉江市。**30**広東省徐聞県の北。**31**広東省電白県の東。**32**広東省呉川市・陽江市・茂名市・海豊市・台山市・恵来県。

名《めい》・海豊《かいほう》・新寧《しんねい》・恵来《けいらい》の諸県、悉《ことごと》く焚掠《ふんりゃく》に遭《あ》う。転じて(1)雷《らい》・廉《れん》・瓊《けい》の三郡の境に入り、〔三郡〕亦《ま》た其《そ》の患《かん》を被る。(2)万暦《ばんれき》二年、浙東《せっとう》の(3)寧《ねい》・(4)紹《しょう》・(5)台《だい》・(6)温《おん》の四郡を犯し、又広東《またカントン》の銅鼓《どうこ》石《せき》・(7)双魚所《そうぎょしょ》を陥《おと》す。

三年、(8)電白《でんぱく》を犯す。

四年、(9)定海《ていかい》を犯す。

八年、浙江《せっこう》の(10)韮山《きゅうざん》及び福建《ふっけん》の(11)彭湖《ほうこ》・(12)東湧《とうゆう》を犯す。

十年、(13)温州《おんしゅう》を犯し、又広東《またカントン》を犯す。

十六年、浙江《せっこう》を犯す。然《しか》れども時の(14)彊吏《きょうり》、(15)嘉靖《かせい》の禍《わざわ》いに懲《こ》りて、海防頗《すこぶ》る飭《ととの》う。〔それ故に〕賊来《きた》らば輒《すなわ》ち利を失う。其《そ》の広東《カントン》を犯せし者、(16)蜑賊《たんぞく》の梁本豪《りょうほんごう》の(17)勾引《こういん》するところと為り、勢い尤《もっと》も(18)猖獗《しょうけつ》なり。総督陳瑞《ちんずい》、衆軍を集めて之《これ》を撃ち、斬首《ざんしゅ》すること千六百余級、其《そ》の船を沈むること百余艘《そう》、本豪《ほんごう》も亦《ま》た首を授く。(19)帝、為《ため》に(20)郊廟《こうびょう》に告謝し、(21)捷《しょう》を宣して賀を受

1 雷州半島付近から海南島。
2 神宗の年号。3 寧波府。4 紹興府。5 台州府。6 温州府。7 広東省陽江市の西南。
8 広東省電白県の東。
9 浙江省定海区。
10 韮山列島。11 彭湖列島。
12 福州市の東方海上の島。
13 浙江省温州市。
14 国境を守る役人。15 嘉靖は十二代世宗の年号。嘉靖三十年代の大寇をいう。16 蜑民は中国南部の水上生活者。蜑民の賊。17 組んで手引きしてもらう。18 あらあらしい。19 神宗。20 みたまやにお礼を申しのべ。21 勝ちいくさを宣言して、臣下の祝辞をうけた。

けしと云《い》う。

日本には故《もと》、王有り、其《そ》の下に「関白《かんぱく》」と称《しょう》する者ありて最も尊し。時に(22)山城州《やましろしゅう》の(23)渠《かしら》(24)信長《のぶなが》を以《も》って之《これ》と為《な》す。偶《たまたま》猟に出《い》で、一人の樹下に臥《が》するものに遇《あ》う。〔その人〕驚起して衝突す。執《とら》えて之《これ》を詰《なじ》る。自《みずか》ら言う、平秀吉《たいらのひでよし》、薩摩州《さつましゅう》の人の奴《ど》為《た》りと。(25)雄健蹻捷《きょうしょう》にして、(26)口辯有り。信長之《のぶながこれ》を悦《よろこ》び、馬を牧せ令《し》め、名を木下人と曰《い》う。後《のち》に漸《ようや》く(27)事を用う。信長《のぶなが》の為《ため》に画策し、二十余州を奪い幷《あわ》す。遂《つい》に(28)摂津《せっつ》の鎮守大《ちんじゅたい》将《しょう》と為《な》る。

参謀《さんぼう》(29)阿奇支《あけち》なる者有り。(30)罪を信長《のぶなが》に得たり。〔信長《のぶなが》は〕秀吉《ひでよし》に命じて兵を統《す》べ之《これ》を討たしむ。俄《にわ》かにして信長《のぶなが》、其《そ》の下《しも》の明智《あけち》の殺す所と為《な》る。秀吉《ひでよし》、方《まさ》に阿奇支《あけち》を攻滅す。(31)変を聞き、部将〔小西《こにし》〕行長等《ゆきながら》と勝ちに乗じ兵を還《かえ》して之《これ》を(32)誅《ちゅう》す。威名益《ますます》振るう。尋《つ》いで信長《のぶなが》の(33)三子を廃し、関白《かんぱく》を僭称《せんしょう》

22京都府。**23**頭目。**24**織田信長。**25**丈夫ですばしっこい。**26**口がうまい。**27**大事をあずかるようになった。**28**大阪府、兵庫県。

29明智と毛利の混同か。**30**叱られるようなことをした。**31**備中高松城攻めをさすか。**32**山崎の合戦。**33**信長の次男信雄・三男信孝・嫡孫秀信の三人をさしおいてとも、第三子の信孝を滅ぼしてともとれる。

し、尽《ことごと》く其《そ》の衆(1)を有《たも》つ。時に万暦《ばんれき》十四年たり。是《ここ》に於《お》いて益《ますます》兵を治め、六十六州(2)を征服し、又《また》威を以《も》って琉球《りゅうきゅう》(3)・呂宋《ルソン》(4)・暹羅《シャム》(5)・仏郎機《フランキイ》の諸国を脅かし、皆《みな》奉貢せしむ。乃《すなわ》ち国王の居《お》りし所の山城《やましろ》を改めて大閤(6)を為《つく》り、広く城郭を築き、宮殿を建つ。其《そ》の楼閣九重に至る者有りて、婦女珍宝を其《そ》の中に実《み》たす。其《そ》の法を用うること厳にして、軍行には進む有りて退くこと無し。違《たが》う者は子壻(7)《しせい》と雖《いえど》も必ず誅《ちゅう》す。故を以《も》って向かう所敵無し。

乃《すなわ》ち文禄(8)《ぶんろく》と改元し、幷《なら》びに中国《ちゅうごく》を侵し、朝鮮《ちょうせん》を滅ぼして、之《これ》を有《たも》たんと欲《ほっ》す。故時(9)の汪直《おうちょく》の遺党を召問し、唐人(10)の倭《わ》を畏《おそ》るること虎の如《ごと》きなることを知り、気益《ますます》驕《おご》る。益《ますます》大いに兵甲(11)を治め、舟艦を繕《つくろ》いて、其《そ》の下(12)《しも》と謀《はか》り、中国北《ちゅうごくぺ》京《キン》に入るには、朝鮮人《ちょうせんじん》を用いて導き(13)と為《な》し、浙(14)《せっ》・閩(15)《びん》沿海の郡《ぐん》県《けん》に入るには、唐人《とうじん》を用いて導きと為《な》さんとす。琉球《りゅうきゅう》の其《そ》

1 信長の旧臣下。**2** 日本全国。**3** フィリピン。**4** タイ。**5** ポルトガル人。**6**「太閤」の号と混同か。**7** 娘むこ。**8** 万暦二十年。**9** むかし。**10** 中国人。**11** いくさ道具。**12** 家来。**13** 案内者。**14** 浙江。**15** 福建。**16** 実情。**17** 日本に入貢させないようにした。

の情(16)を洩《も》らさんことを慮《おもんぱか》り、入(17)貢すること毋《な》からしむ。(18)同安《どうあん》の人陳甲《ちんこう》なる者、琉球《りゅうきゅう》に商《あきない》す。中国《ちゅうごく》の害と為《な》らんことを懼《おそ》れ、(19)琉球長史《りゅうきゅうちょうし》の鄭迥《ていけい》と謀《はか》り、〔琉球王《りゅうきゅうおう》の世子《せいし》の〕進貢請封の使いに因《よ》りて、具《つぶさ》に其《そ》の情を以《も》って来《きた》り告ぐ。甲《こう》又《また》故郷に旋《まわ》り、其《そ》の事を巡撫趙参魯《じゅんぶちょうさんろ》に陳《の》ぶ。参魯《さんろ》以《も》って聞《き》こえ、〔神宗《しんそう》はその事を〕(20)兵部《へいぶ》に下す。〔兵《へい》〕部《ぶ》は朝鮮王《ちょうせんおう》に移し咨《はか》る。〔朝鮮《ちょうせん》〕王《おう》、但《た》だ深く(21)嚮導《きょうどう》の誣《ふ》なることを辨ずるのみにして、亦《ま》た(22)其《そ》の己《おのれ》を謀ることを知らざるなり。

初め、秀吉《ひでよし》、広く諸鎮(23)の兵を徴《ちょう》し、三歳の糧《かて》を儲《たくわ》え、自《みずか》ら将《ひき》いて以《も》って中国を犯さんと欲《ほっ》す。会《たまたま》(24)其《そ》の子死して、旁《ほか》に兄弟無し。前《さき》に(25)豊後《ぶんご》の島主の妻を奪いて妾と為《な》す。其《そ》の後患《こうかん》と為《な》らんことを慮《おもんぱか》る。而《しこう》して諸鎮、秀吉《ひでよし》の暴虐を怨み、咸《みな》曰《いわ》く、

「此《こ》の挙は大唐を襲うに非《あら》ずして、乃《すなわ》ち我ら(26)を襲わんとする

18 福建省同安区。**19** 中国より派遣される外交書記官。**20** 兵部の処置にまかす。**21** 朝鮮が道案内をするというのはいつわりだと。**22** じつは朝鮮がねらわれている。

23 諸大名。**24** 鶴松。**25** 大内氏をさすか、その事実なし。あるいは淀君についての誤りか。**26** それとは逆に、我らの力を弱めようとするにほかならない。

耳《のみ》」と。
各《おのおの》異志を懐《いだ》く。是《これ》に由《よ》りて秀吉《ひでよし》、敢《あ》えて親《みずか》ら行かず。
(1)二十年四月、其《そ》の将、(2)清正《きよまさ》・(3)行長《ゆきなが》・(4)義智《よしとも》・僧の玄蘇《げんそ》・宗逸《そういつ》等《ら》を遣わし、舟師数百艘《そう》を将いて、対馬《つしま》の島由《よ》り海を渡り、(5)朝鮮《ちょうせん》の釜山《ふざん》を陥れ、勝ちに乗じて長駆し、五月を以《も》って(6)臨津《りんしん》を渡り、(7)開城《かいじょう》を掠《りゃく》し、分かれて(8)豊徳《ほうとく》の諸郡を陥《おと》さしむ。朝鮮《ちょうせん》、風《ふう》を望んで潰《つい》え、清正《きよまさ》等遂《つい》に(9)王京《おうけい》に偪《せま》る。(10)朝鮮王李昖《ちょうせんおうりえん》、城を棄て(11)平壌《へいじょう》に奔《はし》り、又《また》(12)義州《ぎしゅう》に奔《はし》り、使いを遣わし(13)絡繹《らくえき》として急を〔明《みん》に〕告ぐ。倭《わ》遂《つい》に王京《おうけい》に入り、其《そ》の王妃・王子を執《とら》え、追奔《ついほん》して平壌《へいじょう》に至り、兵を放ち(14)淫掠《いんりゃく》す。
七月、〔明《みん》は〕副総兵祖承訓《ふくそうへいそしょうくん》に命じて赴《おもむ》き援《たす》けしむ。〔祖承訓《そしょうくん》〕倭《わ》と平壌《へいじょう》城外に戦いて、大敗し、承訓《しょうくん》僅《わずか》に身を以《も》って免《まぬか》る。八月、(15)中朝乃《すなわ》ち(16)兵部侍郎《へいぶじろう》宋応昌《そうおうしょう》を以《も》って(17)経略《けいりゃく》と為《な》し、(18)都督《ととく》李如松《りじょしょう》を(19)提督《ていとく》と為《な》し、兵を統《す》べて之《これ》を討たしむ。

1文禄元年。2加藤。3小西。4宗。5慶尚南道釜山。6臨津（イムジン）江。7ケソン。8開城の東。9ソウル。10宣祖。11ピョンヤン。12平安北道義州。13ひっきりなしに。14強姦略奪。
15朝廷。16兵部の次官。17臨時の総司令官。18全国の衛所を分掌する。19水陸全軍の指揮官。

是《こ》の時に当たり、[20]寧夏《ねいか》[21]未《いま》だ平らかならざるに、朝鮮《ちょうせん》の事起こる。[22]兵部尚書石星《へいぶしょうしょせきせい》、計《はかりごと》の出《い》ずる所無し。能《よ》く倭《わ》に説く者を募《つの》りて之《これ》を偵《うかが》わしめんとす。是《ここ》に於《お》いて[23]嘉興《かこう》の人、沈惟《しんい》敬《けい》募に応《おう》ず。〔石《せき》〕星《せい》、即《すなわ》ち游撃将軍《ゆうげきしょうぐん》の[24]銜《かん》を仮《か》し、之《これ》を〔李《り》〕如松《じょしょう》の麾下《きか》に送る。

[25]明年、如松《じょしょう》の師[26]、大いに平壌《へいじょう》に捷《か》ち、朝鮮《ちょうせん》の失いし所の[27]四道、並びに復《ふく》す。如松《じょしょう》、勝ちに乗じて[28]碧蹄館《へきていかん》に趨《おもむ》きたれど、敗れて師を退かしむ。

是《ここ》に於《お》いて[29]封貢の議、起こる。中朝は〔沈《しん》〕惟敬《いけい》に弥縫《びほう》せしめて以《も》って[30]款局《かんきょく》を成さんとす。事は[31]朝鮮伝《ちょうせんでん》に詳《つまび》らかなり。之《これ》を久しうして、秀吉《ひでよし》死し[32]、諸《もろもろ》の倭《わ》、帆を揚げて尽《ことごと》く帰り、朝鮮《ちょうせん》の患《うれ》い亦《ま》た平らぐ。然《しか》れども関白《かんぱく》の東国[33]を侵せし自《よ》り、[34]前後七載、〔中国《ちゅうごく》・朝鮮《ちょうせん》は〕師を喪《うしな》うこと数十万、[35]餉《しょう》を糜《ついや》すこと数百万〔斤〕、[36]中朝と朝鮮《ちょうせん》と迄《つい》に勝算無し。関白《かんぱく》

20 寧夏回族自治区。**21** 哱拝（ボバイ）の反乱。一五九二年二月、帰化モンゴル人哱拝が今の寧夏回族自治区で起こした反乱。平定に半年以上かかった。**22** 長官。**23** 浙江省嘉興市。**24** 臨時に職名を与え。

25 万暦二十一年。**26** 軍隊。**27** 『明史』朝鮮伝には黄海・平安・京畿・江原とある。**28** 高陽市徳陽区。

29 秀吉を日本国王とし、入貢させては、との意見。**30** 事をあらだてずにおさめる。**31** 『明史』朝鮮伝。**32** 万暦二十六年。**33** 朝鮮。**34** ここでは文禄の役（朝鮮では壬辰倭乱）が主で、慶長の役（丁酉倭乱）にはほとんど触れない。載は年。**35** 兵糧。**36** 明の中央王朝。

の死するに至り、兵禍始めて休《や》む。諸《もろもろ》の倭《わ》も亦《ま》た皆《みな》退きて(1)島巣《とうそう》を守り、東南稍《ようや》く枕《まくら》を安んずるの日有り。秀吉《ひでよし》凡《およ》そ再(2)伝して亡ぶ。

明《みん》の世の終わるころまで、倭《わ》に通《つう》ずるの禁、甚《はなは》だ厳なり。(3)閭巷《りよこう》の小民、(4)倭《わ》を指して相詈罵《あいりば》するに至り、甚《はなはだ》しきは(5)以《も》って其《そ》の小児女を噤《きん》ずと云《い》う。

1 日本列島の本拠。 2 二代だけで。

3 村里。 4 悪口をいうとき「この倭人め」といい。 5 「倭人が来るぞ」といって子どもを黙らせた。

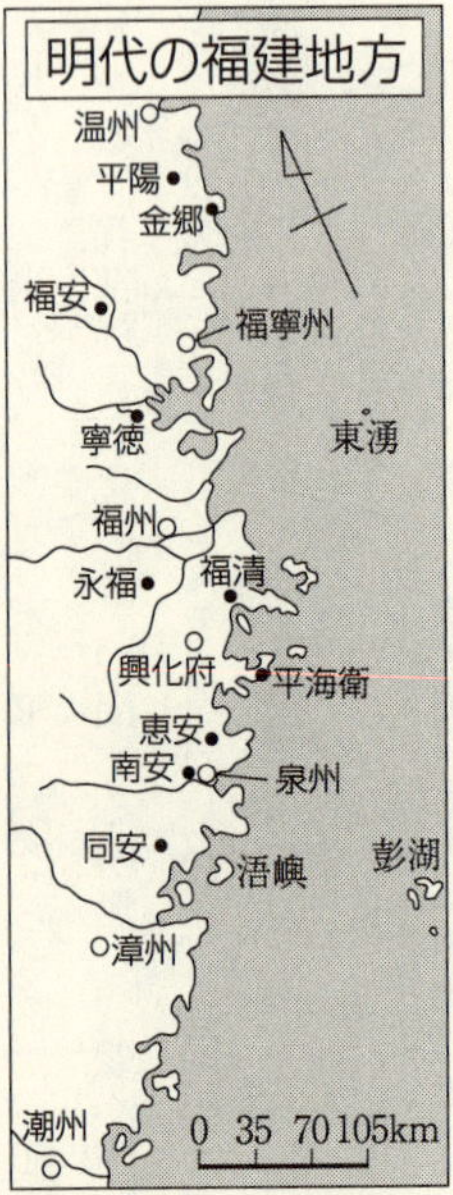

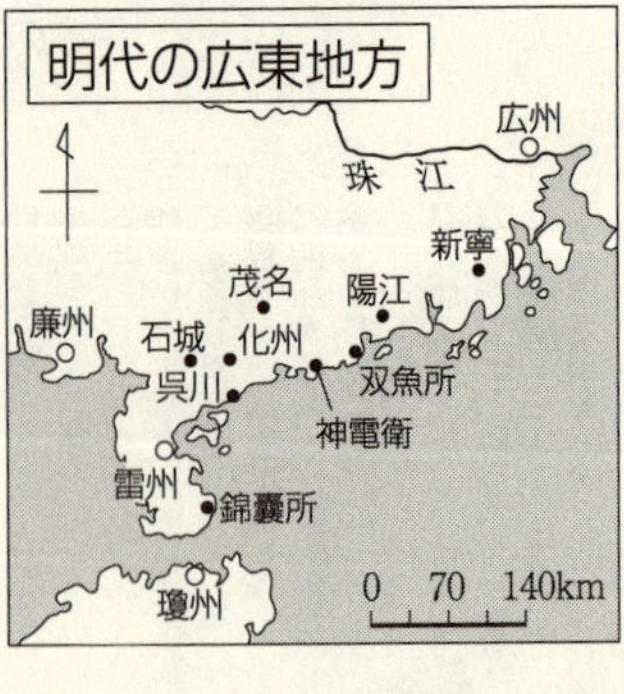

明代の南京浙江地方
桃源
清河
廟湾
淮安
宝応
高郵
泰州
揚州
瓜洲
如皐
鎮江
南京応天府
長
江
江寧鎮
丹陽
武進
江陰
通州
海門
太平府
溧水
常熟
崇明
無錫
蕪湖
太倉
溧陽
宜興
滸墅
蘇州
嘉定
太湖
呉江
上海
川沙
南陵
松江
周浦
烏鎮
王江涇
嘉善
柘林
双林
嘉興
梁荘
金山衛
涇県
徳清
皂林
桐郷
新市
崇徳
乍浦
北新関
塘棲
海寧
海塩
旌徳
岑港
杭州
横塘
澉浦
瀝表
定海
績谿
歙県
慈谿
柯梅
浙
余姚
紹興
上虞
寧波
(鄞県)
大嵩
普陀山
淳安
江
嵊県
韭山
象山
昌国衛
0　30　60　90km
仙居
台州
桃渚

〈現代語訳〉

日本《にっぽん》は古《いにしえ》の倭《わ》の奴国《なこく》である。唐《とう》の咸亨《かんこう》年間（六七〇〜六七四年）の初めに国名を日本と改めた。東海の太陽が出るところに近いというので名づけたのである。

その地は海にとりまかれ、ただ東北だけが大きな山岳を境としている。その行政単位は、五畿《ごき》、七道《しちどう》、三島《さんとう》に分かれ、すべて百十五州あり、五百八十七郡を統轄している。その小国は数十あり、いずれも日本に従属している。国の小さいものは百里四方、大きいものでも五百里四方しかない。各国の戸数は、少ないものは千、多いものでも一、二万しかない。

国主は代々王を姓とし、群臣も世襲である。宋以前は、中国《ちゅうごく》のどの王朝にも誼《よし》みを通じ、絶えず朝貢していたことが、昔の歴史書に詳しく書かれている。ただ元《げん》の世祖《せいそ》は、しばしば使者の趙良弼《ちょうりょうひつ》を日本に遣わし、日本からの使者を招いたけれどもやってこなかった。そこで忻都《きんと》・范文虎《はんぶんこ》らに命じ、水軍十万を率いて日本に遠征させたが、五竜山《ごりゅうざん》まで行ったところで暴風にあい、全軍海のもくずと消えた。その後もたびたび招いたが、日本の使者は来ず、元の世が終わるまで日本とは交わりを断ったままであった。

明《みん》が興《おこ》り、太祖高皇帝《たいそこうこうてい》が即位し、方国珍《ほうこくちん》・張士誠《ちょうしせい》らがあい継《つ》いで誅《ちゅう》せられると、地方の有力者で明《みん》に服さぬ者たちが日本に亡命し、日本の島民を寄せ集めて、しばしば山東《さんとう》の海岸地帯の州県に侵入した。

洪武《こうぶ》二年（一三六九年）三月、太祖は外交官の楊載《ようさい》を日本に遣わし、勅書を与えて教えさとし、さらに沿岸侵入について非難した。その内容は次の如くである。

「我が国に朝貢する気があれば挨拶に来られよ。それがいやならば兵を訓練して防備を固められるがよかろう。どうしても侵入をやめぬというならば、我が方としてはただちに将に命じ、貴国を征伐しに赴かせるであろう。王よ、よく考えられよ」

しかし日本国王良懐《りょうかい》は太祖の命に従わなかった。そして山東への侵攻をくりかえし、南に転じて温州《おんしゅう》・台州《だいしゅう》・明州《めいしゅう》一帯の沿海の民衆を掠奪し、さらに福建《ふくけん》沿海の諸郡を侵略した。

洪武三年（一三七〇年）三月、太祖は重ねて萊州府同知《らいしゅうふどうち》の趙秩《ちょうちつ》を日本に遣わして侵攻の責任を追及させようとした。趙秩は海路析木崖《せきぼくがい》に至り、日本国内に入境しようとした。すると国境の関所の番人が止《と》めて入国させなかったので、秩は国書を良懐に届けると、良懐は秩を招き寄せた。趙秩は良懐に中国の威勢と仁徳を説明した。また、太祖からの詔書には、日本が中国に臣下として服従しないことを責める言葉が書かれていた。良懐は言った。

「我が国は、扶桑《ふそう》の茂る東海のかなたに位置してはおりますが、今日《こんにち》まで中国を敬慕し続けてまいりました。ただ、蒙古《もうこ》は、我が国と同じく中国にとっては夷《えびす》であるのに、我が国を臣下として従属させようとしたのです。我が先王はそれを拒否しました。元はやむなくその臣趙（良弼）なる者をよこし、調子のよい言葉をつらねてたぶらかそうとしたのです。そして、趙がそれを言い終わらぬうちに、元の十万の水軍が我が国の海岸に軍船を並べていたのです。ところが、霊妙なる天のお佑《たす》けにより、いかずちが鳴りわたり、大波小波がわき起こり、瞬時にして元の軍はことごとく海中に没し去りました。いまあらたに明国《みんこく》の天子が中国において皇帝となられました。ところが、皇帝のご使者がこのたびも趙という姓とは、ひょっとすると蒙古《もうこ》の子孫なのではありますまいか。こんどもうまい言葉を並べておいて、我が国を襲おうという魂胆とお見受けしますが」

良懐《りょうかい》は左右の者に目くばせをして趙秩《ちょうちつ》を斬《き》ろうとした。しかし秩は泰然として言った。

「わが大明帝国《だいみんていこく》の天子は神聖にして文武に秀で、蒙古の比ではない。わしも蒙古の使者の子孫などではない。斬れるものなら斬ってみよ」

良懐は気がそがれ、高堂から下りて趙秩を招き入れ、きわめて鄭重に彼を遇した。良懐は仏僧祖来《そらい》を明に遣わし、上表文を奉らせ、明に対して臣と称し、馬や地方の物産を献上し、さらに明州《めいしゅう》・台州《だいしゅう》二郡から連れ去られた七十余人の民を送還させた。

洪武《こうぶ》四年（一三七一年）十月、祖来らは都に到着した。太祖《たいそ》はこれを喜んで迎え、その使者の労をねぎらってもてなした。日本の風俗が仏《ほとけ》にしたしむものであるから、西方渡来の仏の教えによって日本を誘いこむことができそうだと考えた。そこで僧の祖闡《そせん》・克勤《こくきん》ら八人に命じて、帰国する日本の使者に付き添って行かせ、良懐に明《みん》の大統暦《だいとうれき》および綾模様の絹・沙《うす》羅《ぎぬ》を賜わった。この年、日本人は温州《おんしゅう》で掠奪をはたらいた。

洪武五年（一三七二年）、日本人は海塩《かいえん》・澉浦《かんぽ》に侵攻し、また福建《ふくけん》の海岸一帯の諸郡を侵した。

洪武六年（一三七三年）、明は、於顕《おけん》を総兵官《そうへいかん》に任じ、海上に出て巡回し、倭《わ》の賊を取り締まらせた。倭は、萊州《らいしゅう》・登州《とうしゅう》を侵した。一方、祖闡らは日本に着くと、日本人に仏の教えを説きかせてやり、大いに信望を集めた。しかし日本国王は傲慢《ごうまん》無礼で、祖闡らを捕らえて二年間拘禁した。祖闡らは洪武七年（一三七四年）五月に都に帰還した。倭寇は膠州《こうしゅう》を侵した。

当時良懐はまだ若く、持明《じみょう》という者と王位を争い、国内は乱れた。

この年七月、日本の大臣が僧の宣聞渓《せんぶんけい》らに書状を持たせて明に派遣し、中書省《ちゅうしょしょう》にその書を呈出させた。馬や地方の産物を献上したが、太祖《たいそ》への上表文は持参しなかった。そこで太祖はこれを追い返すように命令したが、それでも以前からのしきたりどおりにその使者に賜わり物をして帰還させた。それからまもなく、日本の離島の守護《しゅご》である氏久《うじひさ》が僧を遣わし、上表文を奉じて来朝させた。太祖は、日本国王の命でもないし、明《みん》の年号や暦も用いていないので、これも追い返したが、その使者に賜わり物をし、礼部《れいぶ》の役人に命じて文書を伝えさせ、氏久が分際《ぶんざい》をわきまえずに明《みん》の帝に対して私的な貢ぎ物をもたらした非礼を責めさせた。

その後も日本はしきりに明の領内に侵入しては掠奪をはたらくので、太祖《たいそ》は中書省に命じ、日本に文書を送って責任を追及させた。

日本国は、やっと洪武九年（一三七六年）四月になって、僧の圭廷用《けいていよう》らを遣わして来貢させ、かつ謝罪した。太祖は、その上表文の言葉に誠意が見られないことに感情を害し、詔を発して戒めたが、使者に対してはしきたりどおりにねぎらいもてなした。

洪武十二年（一三七九年）、日本国からの使者が来貢した。

洪武十三年（一三八〇年）にも来貢したが、上表文は届かなかった。ただ、日本国の征夷《せいい》将軍源義満《しょうぐんみなもとのよしみつ》より明《みん》の丞相《じょうしょう》に奉る書状を持っていた。しかしその手紙の文辞もまたおごりたかぶったものだった。そこで太祖《たいそ》はその貢ぎ物を拒絶し、使者を日本《にっぽん》に遣わし勅命によって非礼をとがめた。

洪武《こうぶ》十四年（一三八一年）、日本国はまたもや来貢した。太祖はこんどもこれを追い返し、礼部《れいぶ》の役人に命じ、文書を伝えて日本国王を責めさせ、同時にその征夷将軍《せいいしょうぐん》をも責め、事と次第によっては東征するやもしれぬとおどした。すると良懐《りょうかい》から次のような上奏文が届いた。

「臣《わたくし》めはこう聞いております。貴国におかせられては、三皇《さんこう》が国の基《もとい》を築きたまい、五帝《ごてい》が岱山《たいざん》において封禅《ほうぜん》の儀式をあげられたと。しかし、いったい国の主というものは、中華《ちゅうか》の国にだけあって、夷狄《いてき》の国には存在しないとでも思っておられるのでしょうか。天地はひろびろとひろがり、ただ一人の君主が独裁するものではございませぬ。宇宙は広大でありますれば、諸国をこしらえてそれぞれ守らせているのであります。そもそも天下というものは、天下の天下であって、一人の天下ではございませぬ。

臣《わたくし》は、貴国からは遠く、しかも国力の弱い狭小の国におりまして、領有している城は六十に満たず、国境の長さは三千里足らずでございます。それでも足《た》るを知るの心はもっております。陛下は中華の主であり、万乗《ばんじょう》の君であらせられます。城は数千余、国境は百万里もある大国におわしますのに、なお満たされぬお気持ちをおもちのようで、常に他国を滅ぼそうとのお志を起こされておられます。

そもそも天が殺機を発すれば、星が流れ、星座に変動が生じます。地が殺機を発すれば、竜や蛇が陸を逃げまわります。人が殺機を発すれば、天地もくつがえります。その昔、堯《ぎょう》帝《てい》・舜帝《しゅんてい》は有徳《うとく》の君であらせられたればこそ、四海の人々が来朝し、湯王《とうおう》・武王《ぶおう》は広く仁を施したもうたればこそ、八方の国々が来貢したのでございます。

臣《わたくし》の聞くところによりますと、朝廷に戦を起こすはかりごとがあれば、藩属の小国にも防御のもくろみがあり、朝廷が文化を説けば、小国にも孔《こう》・孟《もう》・老《ろう》の教えが備わり、朝廷が武略を説けば、小国にも孫《そん》・呉《ご》・韜略《とうりゃく》の兵法が備わるものだとか。また聞くところによりますと、陛下は腹心の将軍を選んで精鋭の軍を編成し、臣の国境を侵攻なさろうとしておられるとか。さればわが方にも、水辺の地、山海の地方それぞれに自然の備えがございます。おめおめと陛下の軍に頭を下げることを承知いたしましょうか。陛下に帰順したからといって命が助かるともかぎりませぬし、陛下に反抗したからといって死ぬともかぎりますまい。

いかがでしょう、賀蘭山《がらんさん》の麓《ふもと》でお目にかかり、さしで一勝負をいたしては。臣《わたくし》は懼《おそ》れはいたしませせぬ。もし君《あなた》が勝たれ臣が負ければ、とりあえずは貴国の野心を満たすことになりましょう。しかし、万一臣が勝って君が負けたとしても、それはそれで、臣どもが小国のくせに身のほど知らずだと非難されて恥をかくことになりましょう。古《いにしえ》より国と国とのあいだがらは、和を講ずるのが上策であり、戦を止めるのが強者であるとされております。人民を塗炭《とたん》の苦しみから解放してやり、万民の艱難《かんなん》を救ってやろうではありませんか。ここに、特に使者を遣わし、謹んで陛下のおん前に伏してご挨拶をいたさせます。なにとぞお国の方でよろしくお考えください」

洪武帝《こうぶ》はこの上表文を読んで、激怒したが、結局蒙古《もうこ》の失敗した先例に照らして、日本《にっぽん》に対して武力を発動しなかった。

洪武十六年（一三八三年）、倭《わ》の賊は金郷《きんきょう》・平陽《へいよう》に侵攻した。

洪武十九年（一三八六年）、日本国は使者を遣わして来貢したが、これを追い返した。

翌年（一三八七年）、太祖《たいそ》は江夏侯《こうかこう》の周徳興《しゅうとくこう》に命じ、福建《ふくけん》沿海の四郡に赴いて倭寇《わこう》侵攻の実情を視察させた。その結果、衛・所の城塞で倭寇の動きに対応しにくい場所にあるものは、これを要害の地に移設し、住民の各家庭の成年男子三人につき一人を徴用して守備隊の兵に当てることとした。かくして、十六城を新たに築き、四十五の巡検司を増設し、一万五千人以上の兵を確保した。太祖はさらに信国公《しんこくこう》の湯和《とうわ》に命じ、浙東《せっとう》・浙西《せっせい》の諸郡を視察させ、海防の態勢を整備し、五十九の城を築かせた。また、各家庭の成年男子が四人以上ある場合には一人を徴用して守備兵とし、五万八千七百人以上を確保し、各衛を分担して守らせ、海防の態勢は大いに整った。

閏《うるう》六月、太祖は福建に命じて海洋船百艘《そう》を備えさせ、広東《カントン》には二百艘を備えさせた。そして、九月を期してこれらの船を浙江《せっこう》に集めて倭寇を捕らえようとしたが、結局実行には至らなかった。

これよりさき、胡惟庸《こいよう》が反逆をたくらみ、日本から援助を借りようとした。そこで寧波衛《ニンポーえい》の指揮官林賢《りんけん》と結託し、詐《いつわ》って林賢の罪をこしらえあげて上奏し、流罪の名目で国外に追放させて日本に行かせ、日本の君臣と連絡をとらせた。やがて胡惟庸は、林賢の罪を赦《ゆる》して復職させたいと上奏した。そこで日本に使者を遣わして召し返すこととなったが、胡は密《ひそ》かに日本国王に手紙を送り、兵を借りて自分を援助してほしいと頼んだ。林賢が帰国することになると、日本国王は、僧の如瑤《じょよう》を使者として明《みん》に遣わし、彼に兵卒四百余人を連《つ》れ、入貢と詐って明に入国させた。そして巨大な蠟燭《ろうそく》を献上すると見せ、実はその中に火薬や刀剣をかくしておいた。ところが、如瑤一行が明に着いたときには、胡惟庸はすでに官軍に敗れていたため、その計画は実行されなかった。だが太祖は彼の日本国をまきこんだ陰謀には気がついていなかった。

数年たって、この事がはじめて露見した。そこで太祖は林賢一族をみな殺しにし、日本に対して大いに腹を立てた。そして日本との国交を断絶し、もっぱら沿海防衛に努めた。しかしそのころ、日本国王の王子滕祐寿《とうゆうじゅ》が来朝し、国学《こくがく》に入学した。太祖は、国交は断絶したが、彼に対しては手厚く遇した。

洪武二十四年（一三九一年）五月、太祖は格別のはからいで滕祐寿に観察使《かんさつし》の地位を授け、引き続き都に留めおかせた。その後太祖は『祖訓《そくん》』を著し、明に従わぬ十五ヵ国を列挙したが、日本国がその中に入っていた。それ以来日本からは朝貢が絶え、倭寇の海からの襲撃もようやく下火《したび》になった。

成祖《せいそ》が即位した際（一四〇二年）、日本に使者を派遣して、その旨を伝えさせた。永楽《えいらく》元年（一四〇三年）、さらに左通政《さつうせい》の趙居任《ちょうきょじん》・行人《こうじん》の張洪《ちょうこう》に僧の道成《どうせい》を伴わせて日本に遣わすこととした。ところが、この一行が出発しようとした時、日本《にっぽん》からの朝貢の使者が寧波《ニンポー》に到着し、礼部《れいぶ》の役人の李至剛《りしごう》が次のように上奏した。

「先例によれば、外国の使者が中国に入国する時には、武器をかくし持って民にこっそり売ることを禁じております。したがって、勅《みことのり》を賜わり、役人に日本の使者の船を臨検させ、禁を犯した者は漏れなく名簿に記載して都に報告させてはいかがかと存じます」

これに対して成祖《せいそ》は言った。

「夷《えびす》どもが来貢するに当たっては、遠路はるばるさまざまな危険を冒してやってくるのだから、出費も大変なものであるにちがいない。品物を運んで来て売り、旅費の一部にあてるくらいのことは、しかたがないだろう。いちがいに禁令を適用してとりしまるのはどうだろうか。もし武器が発見されたならば、適当な値段で売らせたらよいのであって、夷《えびす》どもがわが国の文明を慕う志を阻《はば》むことはない」

その年の十月、日本からの使者が来朝し、日本国王 源 道義《みなもとのみちよし》からの上表文および貢ぎ物を献じた。成祖は手厚くこれを礼遇し、彼らが帰国する際に明《みん》の役人を同行させ、道義に衣冠・亀鈕《きちゆう》の金印および錦の織物・沙羅《うすぎぬ》を下賜した。

翌年（一四〇四年）十一月、立太子《りったいし》の儀を慶賀するために日本国の使者が来朝した。当時、対馬《つしま》・壱岐《いき》諸島を拠点とする海賊が、中国沿海の住民に対して掠奪をはたらいていた。そこで成祖は日本国王にこの賊どもを捕らえるように言いつけた。日本国王は軍隊を動員して海賊を根こそぎ殺し、その頭目二十人をしばりあげ、永楽《えいらく》三年（一四〇五年）十一月、彼らを明の朝廷にさし出し、また貢ぎ物も献上した。成祖はいよいよ満悦し、鴻臚寺《こうろじ》少卿《しょうけい》の潘《はん》賜《し》と宦官《かんがん》の王進《おうしん》とを日本にさし向け、日本国王に九章《きゅうしょう》の礼服および貨幣・錦の織物を賜わり、位階を昇《のぼ》らせた。同時に、奉献された海賊の頭目たちを帰国させ、日本国の判断で処分させることとした。すると日本の使者は、寧波《ニンポー》まで行くと、彼らを一人残らず甑《こしき》に入れて蒸《む》し殺してしまった。

翌年（一四〇六年）正月、成祖は重ねて侍郎《じろう》の兪士吉《ゆしきつ》を日本に遣わし、日本国王に国書を届け、今回の事件についての日本側の処置をほめ、手厚い贈り物を賜《たま》わった。そして、日本国のある山を封《ほう》じて「寿安鎮国《じゅあんちんこく》の山《やま》」と命名し、成祖みずから碑文をつくって石碑をその山頂に立てさせた。

六月、日本国から使者が来朝して、成祖に謝意を表した。成祖はこの使者に礼装用の冠と服を賜わった。

永楽五年、六年（一四〇七、〇八年）の間、日本からは頻繁に使者が来貢し、同時に捕虜にした海賊を献じてきた。使者が帰国する際、仁孝皇后《じんこうこうごう》が著した『勧善《かんぜん》』『内訓《ないくん》』の二書をいただきたいと願い出た。成祖はただちにそれぞれ百部を与えさせた。十一月、日本の使者が再び来貢した。十二月、日本国王の世継ぎの源義持《みなもとのよしもち》が使者をさし向け、父義満《よしみつ》の訃報《ふほう》を告げた。そこで成祖は宦官《かんがん》の周全《しゅうぜん》を使者として弔問させ、義満に「恭献《きょうけん》」という諡《おくりな》を賜わり、さらに香奠《こうでん》を届けさせた。さらに役人を遣わし、成祖の勅《みことのり》を伝え、義持を日本国王に封《ほう》じた。そのころ、またもや沿海地方に倭《わ》寇《こう》襲来の警報が発せられた。そこで成祖は重ねて役人を遣わし、倭寇《わこう》を一網打尽にせよと義持《よしもち》に命じた。

永楽《えいらく》八年（一四一〇年）四月、義持は使者を遣わして厚恩に感謝し、さらに逮捕した海賊をさし出させた。成祖《せいそ》はこれをほめた。

翌年（一四一一年）二月、成祖は再び王進《おうしん》をさし向け、勅《みことのり》を伝えて褒美《ほうび》の品を賜い、品物の取り引きをさせた。ところが、義持とその家来《けらい》は、王進を押し止めて帰らせまいと企《たくら》んだ。そこで王進は密かに船に乗り、別の航路をとって逃げ帰った。それ以来、長い間日本《にっぽん》からの来貢はなかった。この年、倭寇は盤石《ばんせき》を侵攻した。

永楽十五年（一四一七年）、倭寇は松門《しょうもん》・金郷《きんきょう》・平陽《へいよう》を侵攻した。倭寇数十人を捕らえて都へ送致した者があった。朝臣たちは法によって処分することを願い出た。すると成祖は言った。

「彼らは、刑罰によっておどすより、仁徳によって親しみ従わせた方がよいのだ。帰国させてやるがよい」

そこで、刑部員外郎《けいぶいんがいろう》の呂淵《りょえん》らに命じ、倭寇どもに勅《みことのり》を伝えて罪を叱り、彼らが罪を悔い改めて更生するように教え導かせた。この時倭寇に捕らえられていた中国人も、同様に送還させた。

翌年（一四一八年）四月、日本国王は、帰国する呂淵らに日本の使者を随行させて来貢させ、次のように上奏した。

「海賊どもが我がもの顔にのさばっておりますので、彼らに妨げられて我が国の使者が貴国に貢ぎ物を持ってうかがうことができないでおります。このような無頼の盗賊どもにつきましては、まこと臣《わたくし》どもの関知するところではございませぬ。どうか臣《わたくし》どもの至らぬ点はお目こぼしいただきまして、貴国に朝貢することをお許しください」

成祖は彼の言葉が率直であるとしてこれを許し、日本国からの使者を以前と同様に礼遇した。しかし、倭寇の侵攻はなおあとを絶たなかった。

永楽十七年（一四一九年）、倭寇の船が王家山島《おうかさんとう》に侵入した。都督《ととく》の劉栄《りゅうえい》は精兵を率いて望海堝《ぼうかいか》に馳《は》せつけた。賊は数千人を二十艘《そう》の舟に分乗させ、まっしぐらに馬雄島《ばゆうとう》に赴き、さらに進んで望海堝を包囲した。劉栄は伏兵を発してうって出る一方、奇襲隊に敵の退路を断たせた。賊は桜桃園《おうとうえん》に逃げた。劉栄は兵力を結集してこれを攻め、賊の首級七百四十二をあげ、八百五十七人を生けどりにした。成祖は劉栄を都に招き寄せ、広寧伯《こうねいはく》に封《ほう》じた。それ以来、倭寇は遼東地方《りょうとうちほう》をねらおうとしなくなった。

永楽二十年（一四二二年）、倭寇は象山《しょうざん》に侵攻した。

宣徳《せんとく》七年（一四三二年）正月、宣宗《せんそう》は四方の外国がいずれも来朝したのに日本だけが長い間来貢しないことを気にかけ、宦官《かんがん》の柴山《さいざん》を琉球《りゅうきゅう》に遣わし、琉球王を通じて日本国王に意向を伝え、勅《みことのり》を届けさせた。

翌年（一四三三年）夏、日本国王の源義教《みなもとのよしのり》が使者を派遣してきた。宣宗はこの使者に返礼として白金と模様織りの絹を賜わった。秋に再び使者が来朝した。

宣徳十年（一四三五年）十月、英宗《えいそう》が帝位を継いだことを慶賀して、日本国からの使者が来貢した。

正統《せいとう》元年（一四三六年）二月、その使者が帰国する際、日本国王《にっぽんこくおう》および王妃に銀貨を賜わった。四月、工部《こうぶ》から次のように提議された。

「宣徳《せんとく》年間（一四二六〜一四三五年）には、日本の諸国に対して割符を与えて勘合貿易《かんごうぼうえき》を行っていた。このたび改元されたのだから、前例にならって、あらためて割符を発給すべきである」

英宗《えいそう》はその提議に従った。

正統四年（一四三九年）五月、倭《わ》寇《こう》の船四十艘《そう》が台州《だいしゅう》の桃渚《とうしょ》・寧波《ニンポー》の大嵩《だいすう》二千戸の所《しょ》を連破し、さらに昌国衛《しょうこくえい》を陥《おとしい》れ、殺戮《さつりく》・掠奪《りゃくだつ》の限りを尽くした。

正統八年（一四四三年）五月、倭寇は海寧《かいねい》に侵攻した。

これよりさき、洪熙《こうき》の時代（一四二五年）に、黄巌《こうがん》の住民の周来保《しゅうらいほ》と竜巌《りゅうがん》の住民の鍾普福《しょうふふく》が賦役苦しさのあまり、明《みん》に背《そむ》いて倭寇に加わった。それ以来、倭寇が来襲する時は必ず彼らを案内役とするようになった。かくして彼らは倭寇を先導して楽清《がくせい》に侵攻し、まっさきに上陸して様子をうかがった。ところが急に倭人が引き揚げてしまったので、二人は村内にとり残され、ものごいをしてまわっていたが、やがて捕らえられ、極刑に処せられたあげくに、海岸でさらし首になった。

倭人は悪がしこい性格で、時機を見ては地方の産物と武器を船に積んで沿海に出没し、防備にすきがあればその武器をふるって侵略・掠奪をほしいままにし、その機会がなければ産物を並べて朝貢と称《しょう》した。東南の沿海地方ではこれに手を焼いていた。景泰《けいたい》四年（一四五三年）、倭人が入貢と称して来朝したが、臨清《りんせい》まで来ると、住民の財物を掠奪した。ある隊長がかけつけて倭人をきつく責めたところ、倭人になぐり殺されそうになった。役人が倭人を捕らえて法によって処罰したいと願い出たが、代宗《だいそう》は遠国の信望を失うことを恐れて許可しなかった。

これよりさき、永楽《えいらく》年間（一四〇三〜一四二四年）の初め、成祖《せいそ》は日本に詔《みことのり》し、

「十年に一度来貢すること、使節団の人数は二百人以内、船は二艘までとすること、武器を携行することはあいならぬ、これに違反する者は賊として処罰する」

と申し渡した。

そして入貢用として二艘の舟を賜わったが、その後日本国はいっこうに取りきめを守ろうとしなかった。そこで宣徳年間（一四二六〜一四三五年）の初めに約束をきめなおし、

「人数は三百人以下、舟は三艘以下」

と改めた。

しかしそれでも倭人は利を貪《むさぼ》り、来貢する機会に乗じて、献上物のほかに、その十倍以上の私物を持ちこんで売りつけようとした。ただこれも、先例では、言い値で買いあげてやっていた。礼部《れいぶ》の役人は次のように提案した。

「宣徳年間に日本が献上してきた硫黄《いおう》・蘇木《そぼく》・刀・扇・漆器の類は、時価を見はからって貨幣で取り引きするか、あるいは絹布に換算して支払いました。それらはたいした数量ではご

ざいませんでしたが、それでも倭人《わじん》はすでに莫大な利益を懐《ふところ》に入れました。今回、もしこのような方法に従って取り引きをするならば、銅銭二十一万七千を支払わなければなりません。銀で支払っても同じことです。されば、できるだけ値切って、せいぜい銀三万四千七百に多少色をつけた程度を支払うのがよろしゅうございます」

代宗《だいそう》はこの意見に従った。しかし日本国《にっぽんこく》の使者はこれを不満とし、もと通りの方法にしてほしいと願い出た。そこで代宗は、銅銭一万を上のせしてやるように詔《みことのり》したが、それでも少ないと言い、賜わり物をふやしてくれと要求した。そこで代宗は詔して絹布千五百を増してやった。日本の使者はそれで結局しぶしぶ帰っていった。

天順《てんじゅん》年間（一四五七～一四六四年）の初め、日本国王源義政《みなもとのよしまさ》は、前回の使者が明朝《みんちょう》に対して失礼をはたらいたにもかかわらず、ありがたいお情けをいただいたとして、謝罪の特使を派遣したいと考えたが、直接明《みん》の天子に申し入れることを遠慮し、親書の取り次ぎを朝鮮《ちょうせん》王《おう》に依頼した。朝鮮王はそのことを英宗《えいそう》に報告した。英宗は、朝議を開いた結果、朝鮮国王に命じて、日本国王の言うことが事実かどうかをたしかめさせ、経験豊富で大局を心得た者を選んで使者とし、日本に行ってから、前回のように日本の使者にかってな騒ぎを起こさせないように配慮させた。しかし結局は日本からの貢使はやってこなかった。

成化《せいか》四年（一四六八年）夏、源義政が使者を派遣し、馬を献上して明の天子の恩情に謝意を表させた。憲宗《けんそう》はこれをしきたりに従って礼遇した。その折の日本側の通訳三人は、「自分たちはもともと寧波《ニンポー》の村民であったが、幼いころに海賊にさらわれ、日本に売り与えられた。このたびは道のついでに里帰りして祖先の祭りをさせていただきたい」

と願い出た。

憲宗はこれを許可したが、日本の使者を家に連れて行ったり、中国人を連れて海上に出ることのないように、と警告した。

十一月、日本国の使者清啓《せいけい》がまた来貢した。ところが、その部下たちが市場で人にけがをさせた。役人はその罪を法に照らして処置したいと願い出たが、憲宗は詔《みことのり》してその者たちの身柄を清啓にあずけた。清啓は、

「法に触れる行為をした者は、我が日本国の刑を適用すべきであると考えます。帰国してから法に照らして処罰することをお認め願いたい。また、部下の取り締まりを十分に果たせなかったわたくし自身の責任は、罪に服したい」

と、上奏した。

憲宗はその申し出《い》でを許可し、清啓の責任も追及しなかった。このようなことがあってから、日本国の使者はますます大きな顔をするようになった。

成化十三年（一四七七年）九月、日本国の使者が来貢し、『仏祖統紀《ぶっそとうき》』などの書物をほしがった。憲宗は詔《みことのり》して『法苑珠林《ほうおんじゅりん》』を賜わった。使者は日本国王の意向を述べ、いつものしきたりのほかにもっと多くの賜わり物をちょうだいしたいと願い出たので、憲宗は銭五万貫を賜うように命じた。

成化二十年（一四八四年）十一月、また日本国の使者が来貢した。

弘治《こうじ》九年（一四九六年）三月、日本国王《にっぽんこくおう》源《みなもとの》義高《よしたか》が使者を派遣してきた。その使者が帰国の途上、済寧《さいねい》まで来た時、その部下がまた刃傷《にんじょう》ざたを起こして人を殺した。役人がこの男を処罰したいと願い出たところ、孝宗《こうそう》は、
「今後、日本の使者は五十人に限って入京させ、残りの者は船着場《ふなつきば》の宿に留めおいて、きびしく監禁するように」
と、詔《みことのり》した。

弘治十八年（一五〇五年）冬、日本国の使者が来貢した。それはすでに武宗《ぶそう》が即位していた時だった。武宗は、日本からの使者の扱いは先例通りにせよと命じ、金牌《きんぱい》の勘合符《かんごうふ》を鋳造して持たせてやった。

正徳《せいとく》四年（一五〇九年）冬、日本国の使者が来貢した時、礼部《れいぶ》の役人が提議した。
「明年正月、大祭慶祝の宴に参列する朝鮮王《ちょうせんおう》の家臣は、宮殿の東側の第七組に入ることになっております。しかし日本の使者については先例がございませんので、宮殿の西側の第七組に入れてはいかがかと存じます」

武宗はこれに従った。礼部の役人はさらに次のように述べた。
「日本国からの献上物は、以前は三艘《そう》の船に載せてきておりましたが、今回は一艘だけでございます。ご下賜なされる銀貨の数は、やってきた船の数に応じて定めましょう。それに上表文も持参しておりませんが、勅《みことのり》を賜うか否か、ご裁可をちょうだいいたしたく存じます」

武宗は所轄の役人に命じ、然るべき機関に文書を送って武宗の考えを伝えさせた。

正徳五年（一五一〇年）春、日本国王の源義澄《みなもとのよしずみ》は、使者として宋素卿《そうそけい》を遣《つか》わして来貢させた。ちょうど、宦官《かんがん》の劉瑾《りゅうきん》が朝廷の実権を私《わたくし》していた時で、彼は日本から献上された黄金千両を受け取り、返礼として飛魚《ひぎょ》の服を与えた。それは前例になかった扱い方であった。

この時の日本国王の使臣宋素卿《そうそけい》は、もとは鄞県《ぎんけん》の朱氏《しゅし》の出であり、名は縞《こう》、幼いころから歌が得意で、ある時、倭人《わじん》の使者の眼にとまって気に入られた。ところが、縞の叔父《おじ》の朱澄《しゅちょう》が借金を背負っていたので、縞の身柄を倭人に売って借金の返済にあてたのであった。そしてこの時縞は日本の正使となって蘇州《そしゅう》に赴き朱澄と面会した。その後、このような事情が発覚した。朱澄の行為は死罪に相当したが、劉瑾はこれをかばって、

「朱澄はすでに自首している」

と言ったので、澄も縞《こう》も罰せられずにすんだ。

正徳七年（一五一二年）、日本国王源義澄の使者が再び来貢した。その時、浙江《せっこう》の守備隊の役人が願い出た。

「ただ今、近畿《きんき》と山東地方《さんとうちほう》には盗賊がはびこっております。日本国の使者がこれらの盗賊にあって掠奪されるようなことがあったら大変です。日本国からの献上物は浙江の役所の倉庫に収蔵し、持参した上表文だけを受け取って都に送付することにしてはいかがでしょうか」

そこで礼部の役人は兵部《へいぶ》と協議して、南京《ナンキン》の守備官に命じ、日本人の滞在する現地で宴を開き、土産物を賜わって帰国させ、使者が持参した産物は、いずれも先方の言い値どおりに代金を支払い、遠国の人の我が国の教化を慕う心を妨げることのないようにしてやりたい、

と願い出た。武宗《ぶそう》はこの意見に従った。

嘉靖《かせい》二年（一五二三年）五月、日本国《にっぽんこく》の貢使の宗設《そうせつ》が寧波《ニンポー》に来た。それから間もなく、宋《そう》素卿《そけい》が瑞佐《ずいさ》といっしょに再び中国《ちゅうごく》に来た。宗設と素卿は、互いに我こそが真の使者だと主張して譲らなかった。素卿は市舶《しはく》の太監頼恩《たいかんらいおん》に賄賂《わいろ》を贈り、宴会で素卿を宗設より上席に坐るようにさせ、素卿の船の方があとから到着したのに、宗設の船より先に検査・通関の手続きをしてもらった。腹を立てた宗設は素卿に闘いを挑み、瑞佐を殺害し、その船を焼き払い、素卿を紹興《しょうこう》の城下まで追いつめたが、素卿はよそにのがれてどうにか難を免れた。宗設ら不《ふ》逞《てい》の輩《やから》は寧波に引き返したが、その途中、焼きうち、掠奪をほしいままにし、守備隊長の袁《えん》璡《しん》を捕らえ、船を奪って出航した。都指揮《としき》の劉錦《りゅうきん》が海上まで追いかけたが、宗設と戦って殺された。巡按御史《じゅんあんぎょし》の欧珠《おうしゅ》は、以上の情況を上奏し、次のように述べた。

「宋素卿の口述書によれば、西海路《さいかいじ》の多羅氏義興《たらしよしおき》なる者は以前は日本の統治下にあって、明《みん》国《こく》へ入貢したためしはない。ところが、我が国から明国への入貢の航路は必ず西海路を経由するために、正徳朝《せいとくちょう》に発行された勘合符《かんごうふ》が多羅氏に奪い取られた。そこでわたくしはやむをえず弘治朝《こうじちょう》の勘合符を持ち、南海路《なんかいじ》から出発してさきごろ寧波に来たのだが、勘合符が偽物であるときめつけられたので、それが不和の発端をひらいたのだ、ということでございます」

その口述書が礼部《れいぶ》に回された。礼部で会議を開いた結果、次のように上奏した。

「宋素卿の口述はなお信用できませんので、入朝をお許しになってはなりませぬ。ただ、仲たがいは宗設の方から起こしたものであり、素卿の一党に殺された者が多うございました。

かつて外国へ身売りして不法に渡航した罪はございますが、すでに前朝において赦免《しやめん》されております。問題をむしかえすことはいかがかと存じます。勅命《ちよくめい》をもって素卿をさとしたうえ帰国させ、日本国王に文書を回して検討させ、勘合符の有無を調べさせ、最終的な処置を取らせるようにいたしましょう」

世宗《せいそう》がこれに裁可を与えたあとで、御史《ぎよし》の熊蘭《ゆうらん》と給事《きゆうじ》の張翀《ちようちゆう》が相次いで文章を作って提出した。

「宋素卿の罪は重罪で赦《ゆる》すことはあいなりませぬ。どうか、頼恩《らいおん》および海道副使《かいどうふくし》張芹《ちようきん》・分守《ぶんしゆ》参政《さんせい》朱鳴陽《しゆめいよう》・分巡副使《ぶんじゆんふくし》許完《きよかん》・都指揮《としき》張浩《ちようこう》らとともに処罰させていただきたい。そして、日本国に対する出入の関を閉ざし、入貢をやめさせ、中国の国威を宣揚し、悪がしこい盗賊の奸計を根絶やしにいたしましょう」

この提議が検討された結果、今や実行に移されようとした時、たまたま宗設の一党の中林《ちゆうりん》と望古多羅《ぼうこたら》らが乗って海上に脱出した船が、暴風にあって朝鮮《ちようせん》に流れ着いた。朝鮮人は彼らの首三十級を斬り、二人を捕らえて明に献じた。そこで給事中の夏言《かげん》は浙江《せつこう》にかけつけ、所轄の役人と相談し捕らえた二人を宋素卿とともに処断したいと願い出た。この要請を受け、中央から給事中の劉穆《りゆうぼく》と御史《ぎよし》の王道《おうどう》が浙江に派遣された。

嘉靖四年（一五二五年）になってこの裁判は終わり、宋素卿および中林・望古多羅はいずれも死刑の判決を受けて獄につながれた。その後、彼らは、長い年月を経て疲れ病んで獄死した。

そのころ琉球《りゅうきゅう》から遣わされた使者の鄭縄《ていじょう》が帰国することとなった。そこで彼に命じ、日《にっ》本《ぽん》に対して、宗設《そうせつ》を捕らえて明《みん》にさし出すこと、袁璡《えんしん》および沿海地方の捕らえられた中国人《ちゅうごくじん》を返還すること、もしこれを実行しなければ、出入の関を閉じ、入貢をことわり、そのうえでゆっくりと日本遠征を検討することになるであろうことを伝えさせた。

嘉靖《かせい》九年（一五三〇年）、蔡瀚《さいかん》という琉球の使者が中国に来朝する途中、日本に立ち寄った。日本国王 源 義晴《みなもとのよしはる》は明の天子への、次のような上表文を蔡瀚にことづけた。

「さきごろ我が国は多事でございまして、戦乱によって交通が遮断されたため、正徳朝《せいとくちょう》の勘《かん》合符《ごうふ》が都まで届けられませんでした。そのような次第にて、宋素卿《そうそけい》は弘治朝《こうじちょう》の勘合符を奉じて貴国に赴いたのでございます。どうかお目こぼしいただき、帰国させていただけますよう願い上げます。また、新しい勘合符・金印《きんいん》を賜わり、以前のごとくに入貢させていただけますれば幸いに存じます」

礼部《れいぶ》の役人がその上表文を調べてみると、印が捺《お》してない。その役人は言った。

「倭人《わじん》はずるくて人をだましますから信用できませぬ。どうか琉球王に勅《みことのり》して、さきに鄭縄に託したとおりの命令に従うよう日本国王に伝言いたさせましょう」

嘉靖十八年（一五三九年）七月、義晴の貢使《こうし》が寧波《ニンポー》にやってきた。当地の守備の任に当たる役人がそのことを朝廷に報告した。日本からの入貢がとだえてからすでに十七年もたっていたので、世宗《せいそう》は巡按御史《じゅんあんぎょし》に勅《ちょく》し、三司《さんし》の役人を集め、巡按御史に指揮を取らせて日本国からの貢使をきびしく取り調べ、もしも彼らが真に誠心誠意恭順《きょうじゅん》の意をもっているならば、しきたりどおりに都へ向かわせ、疑わしければ追い返すよう、また寧波の住民に対する日本人との通交の禁令を厳しくするよう命じた。

翌年（一五四〇年）二月、日本国の貢使碩鼎《せきてい》らが都に来て、嘉靖九年の日本国王の懇請を改めて申し述べ、嘉靖の新勘合符を賜わり、宋素卿および留めおかれたままになっている献上物を返還していただきたいと願い出た、礼部で協議した結果、次のような方針を定めた。「新しい勘合符はおいそれと発給してはならない。努めて、旧《ふる》い勘合符を提出させ新しい勘合符ととりかえる。入貢の時期は十年に一度に限り、人数は百人以下、舟は三艘《そう》以下とする。それ以外は認められない」

世宗はこの方針どおりに詔《みことのり》した。

嘉靖二十三年（一五四四年）七月、日本国の使者が再び来貢したが、所定の時期に達していないし、上奏文も持参していなかった。礼部の役人は、この使者は受け入れられぬとして追い返した。ところがその使者は、交易市でもうけようとして、沿海の地に留まったまま帰ろうとしなかった。そこで巡按御史の高節《こうせつ》は、それを許している沿海の文官・武将の罪を罰し、利を貪《むさぼ》る中国商人が日本人と交易することを厳しく禁じたいと願い出た。そして世宗の許しを得てこの方針を実行した。しかし、わが国の不逞《ふてい》の輩《やから》が日本人との交易でひともうけしようと企み、日本人を隠しかばうために、このような状況はいつまでも断ち切ることができなかった。

嘉靖二十六年（一五四七年）六月、巡按御史の楊九沢《ようきゅうたく》が提議した。

「浙江《せっこう》の寧波《ニンポー》・紹興《しょうこう》・台州《だいしゅう》・温州《おんしゅう》はいずれも沿海の地で、境界は福建《ふくけん》の福州《ふくしゅう》・興化《こうか》・漳州《しょうしゅう》・泉州《せんしゅう》などの諸郡と接しており、倭寇《わこう》の襲来の危険にさらされている。衛《えい》・所《しょ》の城塞および巡海副使《じゅんかいふくし》・備倭都指揮《びわとしき》を設けて備えを固めてはいるが、海賊どもは時を選ばず出没し、浙江・福建二地方の役人が防衛体制を統一して指揮しなければ、賊の侵攻を防ぐことはむずかしい。以前の例のように、中央から特別に巡視の重臣を遣わし、沿海の諸郡のすべてを統轄し、もろもろの実権を一ヵ所に集中すれば、威令もゆきとどきやすいだろう」

朝廷で協議した結果、これは良策であると認められた。そこで副都御史《ふくとぎょし》の朱紈《しゅがん》に命じて、浙江の巡撫《じゅんぶ》とし、兼ねて福州・興化・漳州・泉州・建寧《けんねい》の五府の軍事をとりしきらせた。

それから間もなく、日本国王《にっぽんこくおう》の源義晴《みなもとのよしはる》は、使者の周良《しゅうりょう》らを遣わし、定められた時期より前に来貢させ、四艘《そう》の船と六百人の人数で使節団を構成し、海上に船を停泊して翌年の貢期のくるのを待たせた。沿海防衛の役人は、いったん引き揚げるように迫ったが、風をよけることを口実として動こうとしなかった。十一月、この状況《こ》が朝廷に報告された。世宗《せいそう》は、時期より前に来るのは定めに反するし、人も船も約束の数を超えているからと、防衛の役人に勅して強制的に退去させた。十二月になって、倭人の賊どもが寧波・台州二郡に侵攻し、殺戮《さつりく》・掠奪をほしいままにした。二郡の将軍・役人は、みな責任を問われて処罰された。

翌年（一五四八年）六月、周良は再び入貢を求めてきた。朱紈はこれを朝廷に報告した。礼部《れいぶ》は上奏した。

「日本国の使者の貢期および船と人の数は定めとくいちがっておりますが、ただ上表文の言葉づかいは恭順でございます。貢期まではそれほど間がないことでもありますし、不用意に入貢を拒絶しては長い航海を経てやってきた彼らがあまりにもかわいそうです。かといって、少しいい顔をして見せますと、先年の宗設《そうせつ》・宋素卿《そうそけい》らが引き起こした事件の二の舞になる恐れがあります。どうか朱紈に命じられて、嘉靖《かせい》十八年の前例に従い、使節団のうち五十人は北京《ペキン》に送りとどけ、その他の者は寧波の嘉賓館《かひんかん》に留めおき、適当に見計らってねぎらいの褒賞《ほうしょう》を与え、よく教えさとしたうえで帰国するようにされてはいかがかと存じます。現地での商品の取り引きと防衛の仕事は、朱紈のもとでよしなにとりはからせるのがよろしかろうと存じます」

世宗はこれを裁可した。これを受けた朱紈は次のように力説した。

「五十人では少なすぎます。百人は都に行かせましょう」

これに対して礼部で検討した結果、百人に対してだけ褒賞を行い、その他の者については褒賞の必要はないとされた。日本の使者周良は、

「来貢した船は大型で、水夫は五百人必要でございます。また、中国の商船で外洋に出たものが、しばしば島かげにかくれて海賊となることがございます。したがってわが方としてはこれらの海賊に備えて船一艘を余分に加えているのでありまして、すきこのんで定めに違反しているわけではございません」

と訴えた。

礼部で協議した結果、日本人に対する褒賞を増すことになり、次のように提案した。

「百人というとりきめは、あの国の水夫の必要人数から見て履行させることはむずかしい。入貢する船の大小に見合った形で禁令を実施するのがよろしいでしょう」

世宗《せいそう》はこれに従った。

日本《にっぽん》が以前から所有していた孝《こう》・武《ぶ》両朝の勘合符《かんごうふ》はほぼ二百通にのぼった。これまで日本から入貢した使者は、古い勘合符を新しいものと取りかえてほしいと願い出たならば、持っていた古いものを取りあげておさめさせた。この時の使者周良《しゅうりょう》は、弘治朝《こうじちょう》の勘合符十五通を携えていたが、

「このほかの勘合符は宋素卿《そうそけい》の息子にぬすまれ、彼を捕らえようとしたが取り逃がしてしまった。正徳朝《せいとくちょう》の勘合符は、十五通は手もとに残して身分の証明とし、四十通を返還する」と申し立てた。

礼部《れいぶ》で協議した結果、

「将来いつの日か古い勘合符をすべて返還させ、その時点で新しいものと取りかえることを許可することにしたい」

と提議し、世宗はこれも裁可した。

当時、日本国王は使者を入貢させはしたが、日本近海の島々の倭寇《わこう》どもは、毎年侵攻をくりかえし、中国《ちゅうごく》沿海地方の不逞《ふてい》の住民もしばしば彼らと結託した。そこで朱紈《しゅがん》は取り締まりを厳重にし、倭人と通じあう者を捕らえると、いちいち上司の許可を待つことなく、自分の権限によってその者を斬った。このために、浙《せつ》・閩《びん》の豪族で日ごろから倭人と通じていた者

たちが、うまい汁が吸えなくなって、朱紈に怨《うら》みを抱いた。朱紈はさらに、しばしば上奏文を朝廷に送り、豪族たちが倭人と通じている状況を包みかくさず告発した。こういうわけで、閩・浙の住民はみな朱紈を憎むようになり、とりわけ閩の人々はひどかった。巡按御史《じゅんあんぎょし》周亮《しゅうりょう》は閩の出身だった。彼は上疏して朱紈を非難した。そして朱紈を巡撫《じゅんぶ》から巡視《じゅんし》に降格させて権力を弱めようとした。朝廷内の周亮の一党は、周亮の申請を支持したので、結局世宗はそれに従い、さらに朱紈の官職を奪い、彼が勝手に人を殺した罪を数えあげて非難した。追いこまれた朱紈は自殺した。このことがあってから四年間、巡撫の席は埋められなかったので、海賊に対する禁戒は再びゆるみ、混乱はますます頻繁に起こり、その害もひどくなってきた。

当初の制度では、浙江《せっこう》に市舶提挙司《しはくていきょし》を設け、中央派遣の宦官《かんがん》にこれをつかさどらせ、寧波《ニンポー》に駐在させた。交易船が着くと、交易の価格を公平に決めた。この官を制御する権力は皇帝が自ら握った。世宗《せいそう》の時代（一五二一～一五六六年）になって、天下鎮守《ちんじゅ》として中央の宦官《かんがん》を派遣する制をすべて撤廃し、同時に市舶の制度も廃止した。かくして沿海地方の悪党は、交易の利権を手中に収めたのであった。初めのうち、交易市場は商人たちの手で運営されていたが、外国人と密貿易をすることに対する禁令が厳しくなるに及んで、その運営の実権は高級官僚の手に移った。そして、交易の公平な価格を守らない者が次第に多くなった。倭人が利益をしつこく求めると、厳しい言葉でおどしつけるかと思うと、甘言を用いて相手をだまし、

「結局はお前たちには損をさせてはいないのだ」

と言う。

倭人《わじん》は商売のもとでを使い果たして国に帰るに帰れず、深い怨《うら》みを抱いていた。そのうえ、大悪党の汪直《おうちょく》・徐海《じょかい》・陳東《ちんとう》・麻《ま》葉《よう》のごとき輩《やから》は、日ごろから倭人の中にくいこみ、国内ではかってにふるまうわけにいかないので、すべて海上の島に逃れて奸計《かんけい》の采配をふるった。倭人たちが言いつけに従えば、彼らを誘って本土を掠奪《りゃくだつ》した。外海に出たこれらの大盗賊は、やがて倭人の着物や旗じるしをまねて用い、船団をいくつかに分けて本土に侵攻して掠奪し、一人残らず大いに懐《ふところ》を肥やした。こういうわけで、倭寇《わこう》による損害は日ましにひどくなってきた。そこで朝廷で検討した結果、巡撫《じゅんぶ》を復活させることとなり、嘉靖《かせい》三十一年（一五五二年）七月、僉都御史《せんとぎょし》の王忬《おうしょ》をこれに当てた。しかしながら、倭寇の勢力は、すでに撲滅しきれなくなっていた。

明初《みんしょ》においては、沿海の要害の地に衛《えい》・所《しょ》を設け、軍船を建造し、都司《とし》・巡視《じゅんし》・副使《ふくし》等の官がそれらを統轄し、取り締まりはたいへんゆきとどいていた。ところが、太平の世が久しく続くうちに、船はこわれ、軍隊には欠員が目立つようになった。そして、いざ非常事態の警報が発せられると、泥縄式に漁船をかき集めて見張りや警備に用だてるしまつだった。また、兵士は平素から訓練したものではないし、船も軍事専用のものではない。だから海賊船が近づくと、必ず形勢我に利あらずと見て逃げかくれる。しかも彼らを統御する上官がいないのだから、賊船に目をつけられた所は、かたはしからひどく破壊された。

嘉靖三十二年（一五五三年）三月、汪直はもろもろの倭寇と結託し、大挙して侵攻してきた。数百隻の軍艦が、海を蔽《おお》わんばかりに連なって攻め寄せた。浙東《せっとう》・浙西《せっせい》・江南《こうなん》・江北《こうほく》に及ぶ沿海数千里にわたって同時に警報が発せられた。賊はまず昌国衛《しょうこくえい》を破り、四月には、太《たい》倉《そう》を侵略し、上海県《シャンハイけん》を破り、江陰《こういん》を奪取し、乍浦《さほ》に攻めこんだ。さらに八月には、金山衛《きんざんえい》を襲い、崇明《すうめい》及び常熟《じょうじゅく》・嘉定《かてい》を侵略した。

嘉靖三十三年（一五五四年）正月、賊は太倉から蘇州《そしゅう》に侵入し、松江《しょうこう》を攻め、また長江《ちょうこう》の北岸に馳せて通州《つうしゅう》と泰州《たいしゅう》に迫った。四月には、嘉善《かぜん》を陥落させ、崇明《すうめい》をうち破り、再び蘇州に迫って崇徳県に軍を進めた。さらに六月には、呉江《ごこう》から嘉興《かこう》を侵略し、引き返して柘林《しゃりん》に駐屯した。このように、賊軍は縦横無尽に動きまわり、無人の境を行くようだった。

これには王忬もまったくお手あげであった。それから間もなく、王忬は大同巡撫《だいどうじゅんぶ》に転任となり、李天寵《りてんちょう》をその後任に当てた。また、兵部尚書《へいぶしょうしょ》の張経《ちょうけい》に命じて軍務を総轄させた。かくして国内の四方から大規模な徴兵を行い、総力を結集して賊軍を征討した。

この時、倭寇は、川沙窪《せんさわ》・柘林を根拠地として、四方にうって出ては掠奪をはたらいた。

翌年（一五五五年）正月、賊は船を奪って乍浦・海寧《かいねい》に侵攻し、崇徳《すうとく》を陥れ、矛先を転じて塘棲《とうせい》・新市《しんし》・横塘《おうとう》・双林《そうりん》などの各地を奪い、徳清県《とくせいけん》を攻めた。五月、さらに新手《あらて》の倭寇といっしょになって不意に嘉興《かこう》を侵し王江涇《おうこうけい》まで攻めこんだが、そこで張経の軍によって千九百余りの首級をあげられ、敗残の兵は柘林に逃げ帰った。その他の倭寇は、再び蘇州の境界を侵略し、さらに足をのばして江陰・無錫《むしゃく》に至り、太湖《たいこ》のあたりにも出没した。

これらの賊軍のあらましは、真の倭人《わじん》は十人のうち三人で、残りの七人は倭人に寝返った中国人《ちゅうごくじん》だった。倭人は、いざ戦いとなると、捕虜の中国人を先陣に駆りたてた。軍法が厳しかったので、賊軍の兵士たちは死にもの狂いで戦った。ところが官軍の方はもともと臆病者ぞろいだったから、戦えば必ずなだれをうって逃げるというしまつだった。

世宗《せいそう》はそこで、工部侍郎《こうぶじろう》の趙文華《ちょうぶんか》を遣わして軍情を視察させた。ところが文華は功罪の査定が不公平だったので、全軍の士気はますますおとろえ、統制を失った。張経《ちょうけい》と李天寵《りてんちょう》はともに逮捕され、その後任には周琉《しゅうじゅう》・胡宗憲《こそうけん》が当てられた。翌月、周琉も罷免されて楊宜《ようぎ》をこれに代えた。

そのころ賊軍の勢力はしだいにひろがり、江蘇《こうそ》・浙江《せっこう》一帯で蹂躙《じゅうりん》されないところはないほどになった。そして、新手《あらて》の倭寇《わこう》もつぎつぎに加わり、いよいよ思うがままに荒らしまわった。彼らは着岸すると乗ってきた船を焼き捨て、上陸して掠奪する。

杭州《こうしゅう》の北新関《ほくしんかん》から西に向かって淳安《じゅんあん》を一蹴し、徽州《きしゅう》の歙県《しょうけん》を襲い、績谿《せきけい》・旌徳《せいとく》まで進出した。さらに涇県《けいけん》を突破し、南陵《なんりょう》に進撃し、そのまま蕪湖《ぶこ》に達した。賊軍はそこで長江《ちょうこう》南岸の町を焼き払い、太平府《たいへいふ》に押し寄せ、江寧鎮《こうねいちん》を攻略してまっしぐらに南京《ナンキン》に侵攻した。倭寇は、赤い服に黄色い笠を着用し、軍を率いて大安徳門《だいあんとくもん》に攻めこんだ。そして、夾岡《きょうこう》まで進み、秣陵関《まつりょうかん》を走り抜けていった。また、溧水《りっすい》から溧陽《りつよう》・宜興《ぎこう》一帯に出没しては掠奪をはたらいた。やがて官軍が太湖《たいこ》から進撃してくるといううわさが流れると、賊軍は武進《ぶしん》を経由して無錫《むしゃく》に至り、恵山《けいざん》に駐屯した。その後、一昼夜に百八十余里を走って滸墅《こしょ》に至ったが、そこで官軍に包囲された。官軍は賊軍に楊林橋《ようりんきょう》で追いついてこれを殲滅《せんめつ》した。

この一連の戦いでは、賊の軍勢はわずか六、七十人にすぎなかったが、数千里をあっというまに席捲《せっけん》し、中国側の死傷者は四千人にもなんなんとし、八十余日も動乱が続いたあげくに、やっと滅ぼされた。これは嘉靖《かせい》三十四年（一五五五年）九月のことである。

応天巡撫《おうてんじゅんぶ》の曹邦輔《そうほうほ》は勝利のしらせを朝廷に報告した。すると、趙文華がその功をねたみ、倭寇の残党が陶宅《とうたく》に巣くっているとして、浙江・南直隷《なんちょくれい》で大規模な徴兵を行い、胡宗憲とともにみずからこの征討軍の先頭に立った。趙文華はさらに曹邦輔《そうほうほ》と協力して賊を征伐しようととりきめを結び、二方向から同時に軍を進め、趙文華の軍は松江《しょうこう》の甎橋《せんきょう》に陣を布《し》いた。ところが倭寇が精鋭を集中して攻めこんできた。官軍はかくして大敗を喫し、趙文華は意気阻喪し、賊軍の勢力はますます燃えさかった。

十月、倭寇は楽清《がくせい》から上陸し、黄巌《こうがん》・仙居《せんきょ》・奉化《ほうか》・余姚《よよう》・上虞《じょうぐ》一帯を移動しながら掠奪をはたらき、殺されたり捕らえられたりした者は莫大な数にのぼった。賊軍が嵊県《しょうけん》に来たところで根こそぎ討ち取ったが、賊軍は二百人にも満たなかった。それなのに、賊軍は三府まで深く食いこみ、五十日かかってやっと平定された。

これよりさき、賊軍の一隊は、山東《さんとう》の日照から東安衛《とうあんえい》あたりに出没しては掠奪し、淮安《わいあん》・贛楡《かんゆ》・沭陽《じゅつよう》・桃源《とうげん》に達した。清河《せいか》に進出した時、雨にわざわいされて矛先がにぶり、徐州《じょしゅう》・邳州《ひしゅう》の官軍に征討されたが、それでも賊軍はせいぜい数十人にすぎなかった。賊軍は千里にわたって損害を与え、千人以上の民を殺害し、その凶暴ぶりを見せつけた。

しかも、趙文華《ちょうぶんか》が甎橋《せんきょう》で敗れてからは、倭寇《わこう》の勢力はいよいよ盛んになった。彼らは、柘林《しゃりん》から周浦《しゅうほ》に移動すると、川沙《せんさ》のもとの根拠地および嘉定《かてい》の高橋《こうきょう》に駐屯していた賊軍とともに、どっしりと構えて動きがなくなったように見えた。その他の賊軍は、毎日のように侵略をくりかえしていたが、趙文華は賊の動きがなくなったことを理由に、中央に帰任したいと願い出た。

翌年（一五五六年）二月、楊宜《ようぎ》を罷免《ひめん》し、胡宗憲《こそうけん》を後任に当て、阮鶚《げんがく》を浙江巡撫《せっこうじゅんぶ》に任じた。そこで胡宗憲は使者を遣わして日本国王《にっぽんこくおう》に意向を伝え、島を根城《ねじろ》とする賊を取り締まらせ、倭人と内通している悪徳商人を呼びもどし、取り締まりが成功すれば、今までの罪は不問に付するように取り計らいたいと願い出た。これに関する勅許を得ると、胡宗憲は寧波《ニンポー》の諸生《しょせい》蔣洲《しょうしゅう》と陳可願《ちんかがん》を日本にさし向けた。かの地に赴いて帰って来た陳可願は次のように報告した。

「あの国の五島《ごとう》に参りまして、汪直《おうちょく》と毛海峰《もうかいほう》に会いました。彼らが申しますに、『日本国内には内乱が生じて、国王と宰相とが二人とも死にました。したがって、周辺諸島には統制がゆきとどいておりませぬ。どうか島々にあまねく帝のご意向を伝えて、島々を根城にする倭寇の侵入を根絶させる必要がございます』と。また、『薩摩洲《さつましゅう》なるものがおりまして、すでに船に乗って中国に侵攻したこともありましたが、本心は侵略にあるのではなく、入貢と相互交易を願っているのです。薩摩は海賊どもを殺し、みずから帝に忠誠を尽くしたいと願っております』とも申したてております。そこで蔣洲を留め、周辺の諸島にわが方の趣旨を伝えさせ、そのうえで私を中国に送り返したのでございます」

胡宗憲は陳可願のこの報告を上奏した。すると兵部《へいぶ》から次のような意見が出された。

「汪直らはもともと編民《へんみん》である。わが朝に帰順したいと申し出るからには、すぐにも武力を解除すべきであるのに、そのことにはまったく言及せず、ただ交易の許可と入貢を求めているだけだ。あたかも属国のように頼ってきているように見えるものの、その悪だくみははかりしれないものがある。どうか監督の役人に命じて国威を宣揚させ、賊に対する防御を一層厳重にするのがよろしかろう。汪直らに告示の文をまわし、わが国に忠誠を尽くすというのなら、舟山《しゅうざん》の賊どもの根城を一掃することによって、忠誠の証《あか》しをたてさせてやろう。もし彼らの力によって海賊が平らげられ沿岸が安穏になれば、おのずから、褒美《ほうび》にあずかろう」

世宗《せいそう》はこの意見に従った。

当時、両浙《りょうせつ》地方はどこも倭寇の損害を蒙《こうむ》り、慈谿《じけい》は、焼きうちにあい、殺戮《さつりく》されて、特に惨澹《さんたん》たるありさまであり、余姚《よよう》の被害がこれに次ぐものであった。浙西《せっせい》の柘林《しゃりん》・乍浦《さほ》・烏《う》鎮《ちん》・皂林《そうりん》一帯はすべて賊の巣窟となり、賊軍に参加した者は前後合わせて二万余人にのぼった。そこで世宗は胡宗憲に命じて、急いで賊軍征討の策略を計画させた。七月、胡宗憲は意見を提出した。

「賊の首魁《しゅかい》の毛海峰は、陳可願がこちらに帰ってきてから、倭寇をまず舟山《しゅうざん》で撃ち破り、さらに瀝表《れきひょう》でもう一度撃ち破った。さらに彼らの一党を島々にさし向けて明国《みんこく》に帰順するようすすめさせ、賊どもを芋《いも》づる式に帰順させた。彼らにたっぷり褒美を与えていただきたい」

兵部《へいぶ》は胡宗憲《こそうけん》に、自分の裁量で適宜にはからうよう命じた。

ちょうどそのころ、賊軍の頭目の徐海《じょかい》・陳東《ちんとう》・麻葉《まよう》らが兵を連ねて桐郷《とうきょう》を攻め囲んでいた。胡宗憲は計略を用いて彼らを離間させた。その結果、徐海は陳東と麻葉をとりこにして降伏し、宗憲は陳・麻の残党を乍浦《さほ》で殲滅《せんめつ》した。ほどなく徐海の軍を梁荘《りょうそう》で粉砕し、徐海も首をうち取られた。そして賊の残党はすべて滅んだ。

かくして、江南《こうなん》と浙西《せっせい》の倭寇《わこう》どもはほぼ平定されたが、江北《こうほく》の倭寇は丹陽《たんよう》を侵略し、さらに瓜洲《かしゅう》を襲った。運河の運送船を焼き払った賊は、翌年春、如皐《じょこう》・海門《かいもん》を侵略し、通州《つうしゅう》を攻め、揚州《ようしゅう》・高郵《こうゆう》を襲って宝応《ほうおう》に入り、やがて淮安府《わいあんふ》を侵し、廟湾《びょうわん》に集合したところで、年を越えてからやっと平らげられた。浙東《せっとう》の倭寇は舟山《しゅうざん》にいすわっていたが、これも前後して官軍に攻められた。

これよりさき、蔣洲《しょうしゅう》は島々をめぐって帰順を呼びかけて、豊後《ぶんご》まで行ったがそこで足留めをくわされた。そこで僧侶をさし向けて、山口《やまぐち》などの島に行かせて倭寇取り締まりを要請させた。すると山口の都督《ととく》 源 義長《みなもとのよしなが》は回答の文書を提出し、中国《ちゅうごく》から連れて行かれた人たちを送還した。その回答文には国王の印が捺《お》してあった。豊後の太守《たいしゅ》 源 義鎮《みなもとのよししげ》は、僧の徳陽《とくよう》らを遣わして地方の産物を献上し、上表文を奉って謝罪し、勘合符《かんごうふ》を受けて入貢を復活したいと願い出、蔣洲を送還した。

以前、楊宜《ようぎ》が海上の状況を探るために遣わした鄭舜功《ていしゅんこう》が豊後に行き着いた。すると、その島主も僧の清授《せいじゅ》をさし向け、鄭の船に便乗させて謝罪に来させ、次のように述べた。

「前後にわたって貴国を侵犯したのはすべて中国の悪徳商人どもで、彼らが日本《にっぽん》の島々の野蛮な者たちを秘かに引き連れておこなったことであり、義鎮らは本当のところ関知していないのです」

そこで胡宗憲は次のように上奏した。

「蔣洲は使命を奉じ、二年間豊後と山口の二島に滞在し、各地を訪ねてまいりました。いま彼とともに来た日本の使者は、ある者は献上物を携えておりますが、国王の印も勘合符もなく、またある物には印は捺してあっても国王の署名がなく、いずれも我が朝の定めに違反しております。しかしながら、日本からこうして献上物がとどけられたことであり、そのうえさらわれた中国人を送り返してきております。まことに彼らの罪を畏れて寛大なご処置を願う真心が察せられます。どうか礼をもってこの使者を送り返し、源義鎮と源義長にご沙汰を伝え、さらに日本国王《にっぽんこくおう》にまで届けさせ、倭寇の首謀者どもと、中国の悪党どもを捕らえてさし出させるようお命じ下さい。しかるのちに日本からの入貢を許すことにしてはいかがかと存じます」

世宗《せいそう》はこれを裁可する旨の詔を下した。

汪直《おうちょく》が海上の島を根城としていたとき、その一味の王激《おうごう》・葉宗満《ようそうまん》・謝和《しゃわ》・王清渓《おうせいけい》らとともにそれぞれ倭寇を仲間に引きこんで頭目となった。朝廷では、伯爵《はくしゃく》の爵位と一万金の懸賞をかけて彼らを捕らえようとしたが、ついに召し捕ることができなかった。

このころになると、内地の官軍の防備態勢もかなりととのってきた。倭寇は、思うがままに暴れまわりはしても、大部分はうち殺され、根拠地とする島には、一人も生還者がいないということもあった。そこで彼らは汪直《おうちょく》に怨《うら》みを抱くようになり、汪直はしだいに不安になってきた。胡宗憲《こそうけん》は汪直と同郡の出身というよしみで、汪直の母と妻子を杭州《こうしゅう》に宿らせ、蔣洲《しょうしゅう》をさし向け、家族の手紙をとどけさせて汪直を呼び寄せようとした。汪直は、家族が無事で過ごしていることを知ると、大いに心が動いた、また、源義鎮《みなもとのよししげ》らも、中国《ちゅうごく》側が相互交易を許可したことを知って喜んだ。そこで大船を仕立て、一党の善妙《ぜんみょう》ら四十余人を遣わし、汪直らを先導として献上物をもたらし、取り引きをするためにやってこさせた。

嘉靖《かせい》三十六年（一五五七年）十月初め、彼らは舟山《しゅうざん》の岑港《しんこう》に到着した。中国側は、倭寇《わこう》の襲来かと思って兵力を動員して防備を固めた。汪直はそこで王滶《おうごう》を遣わし、胡宗憲のもとに赴かせ、会見を申しこんでこう言わせた。

「われわれは誼《よし》みを通じるために来たのに、どうして兵力を動員してわれわれを迎えるのか」

王滶は実は毛海峰《もうかいほう》であり、汪直の養子になっていた。胡宗憲は王滶を至れり尽くせりに慰労し、自分の胸を指さして、絶対に他意はない、と誓った。

ところが予想外の事件が起こった。善妙《ぜんみょう》らが、胡宗憲の副将の盧鏜《ろとう》と舟山《しゅうざん》で顔を合わせた。盧鏜はこの機を利用して、善妙らに汪直を捕らえてさし出させようと考えた。ところが、この策略が漏れて汪直の耳に入ったので、汪直はますます胡宗憲に対して疑惑を抱いた。そして、胡宗憲が手をかえ品をかえて説得したが、最後まで汪直は信用しなかった。彼はこう言った。

「貴殿の言われることがまことならば、まず王滶を当方へ帰してもらいたい。そのうえで私は貴殿のもとへ行ってお眼にかかろう」

胡宗憲は即座に王滶を帰した。しかし汪直はそれでもまだ信用せず、さらに高官一人を人質としてよこすように申し入れた。胡宗憲は二つ返事で指揮《しき》の夏正《かせい》を汪直のもとに行かせた。汪直はこれでようやく信用できると考え、宗満《そうまん》・清渓《せいけい》といっしょにやってきた。胡宗憲は大いに喜び、彼らをきわめて鄭重に礼遇した。ところが、胡宗憲のとりなしで、汪直を杭州において巡按御史王本固《じゅんあんぎょしおうほんこ》に挨拶させたところが、王本固は部下の役人にあしらわせた。王滶らはこれを聞くと深く怨み、人質の夏正を斬ってバラバラにし、乗ってきた船に火をかけて山に登り、岑港を拠点として官軍の攻撃に備えて守りを固めた。

年を越すと（一五五八年）、新手《あらて》の倭寇が大挙して襲来し、しばしば浙東《せっとう》の三郡を侵犯した。そして、岑港にたてこもっていた王滶らの一味は徐々に柯梅《かばい》に移動し、新たに船をこしらえて海上に逃れた。しかし胡宗憲はこれを追おうとはしなかった。十一月、賊船は帆をかかげて南方へ去り、泉州《せんしゅう》の浯嶼《ごしょ》に停泊し、同安《どうあん》・恵安《けいあん》・南安《なんあん》の諸県を侵略し、福寧州《ふくねいしゅう》を襲い、福安《ふくあん》・寧徳《ねいとく》を撃ち破った。

翌年（一五五九年）四月、賊軍はついに福州《ふくしゅう》を包囲し、一ヵ月たっても囲みを解こうとしなかった。その間、福清《ふくせい》・永福《えいふく》の諸城市はいずれも攻撃を受けて炎上した。賊軍は興化府《こうかふ》にまで勢力を伸ばし、漳州府《しょうしゅうふ》に急襲をかけた。かくて賊の災いはすべて福建《ふくけん》に移り、潮州《ちょうしゅう》・広州《こうしゅう》一帯からも倭寇襲来の警報が次から次へと入り乱れて朝廷に報告された。

嘉靖《かせい》四十年（一五六一年）になって、浙東《せっとう》・江北《こうほく》の倭寇《わこう》はあいついで平定された。間もなく、胡宗憲《こそうけん》はある事件にかかわって罪を問われ、逮捕された。

翌年（一五六二年）十一月、倭寇は興化府《こうかふ》を陥《おとしい》れ、大規模な殺戮・掠奪を行い、平海衛《へいかいえい》に移動し、そこにいすわって動かなかった。当初、倭寇が浙江《せっこう》を侵犯したころは、州《しゅう》・県《けん》・衛《えい》・所《しょ》の町の数百ヵ所が撃破されたが、府城《ふじょう》ほどの大都市が撃破されたことはなかった。このたびこういう事態に直面し、付近のものはもちろん、遠方のものまで大いに動揺した。朝廷では、急遽《きゅうきょ》、兪大猷《ゆだいゆう》・戚継光《せきけいこう》・劉顕《りゅうけん》らの諸将軍を召し出し、協力してこの賊を征討させた。その他の州・県を侵犯した賊も、将軍たちに撃ち破られ、福建《ふっけん》も平定された。

その後、広東《カントン》の有力な賊の曾一本《そういっぽん》・黄朝太《こうちょうたい》らはそろって倭人《わじん》を引き入れて仲間とした。隆慶《りゅうけい》年間（一五六七～一五七二年）に碣石《けっせき》・甲子《こうし》などの衛《えい》・所《しょ》を撃ち破った。やがて彼らは化州《かしゅう》の石城県《せきじょうけん》に侵攻し、錦嚢所《きんのうしょ》・神電衛《しんでんえい》を陥れた。また、呉川《ごせん》・陽江《ようこう》・茂名《ぼうめい》・海豊《かいほう》・新《しん》寧《ねい》・恵来《けいらい》等の諸県もすべて焼きうちにあったり、掠奪されたりした。賊軍はやがてその矛先を転じて、雷州府《らいしゅうふ》・廉州府《れんしゅうふ》・瓊州府《けいしゅうふ》の三郡の境界に侵入し、この三郡も損害をこうむった。

万暦《ばんれき》二年（一五七四年）、賊は浙東の寧波府《ニンポーふ》・紹興府《しょうこうふ》・台州府《だいしゅうふ》・温州府《おんしゅうふ》の四郡を侵犯し、

さらに広東の銅鼓《どうこ》石《せき》・双魚所《そうぎょしょ》を陥れた。

万暦三年（一五七五年）、賊は電白《でんぱく》に侵入した。

四年（一五七六年）には定海《ていかい》に侵入した。

八年（一五八〇年）には、浙江の韭山《きゅうざん》および福建の彭湖《ほうこ》・東湧《とうゆう》に侵入した。

また、十年（一五八二年）には温州に侵入し、さらに広東にも侵入した。

さらに十六年（一五八八年）には浙江に侵入した。しかし、当時の国境警備の役人は、嘉靖年間（一五二二〜一五六六年）の戦禍にこりて、海からの襲撃に対する防備を怠りなく固めていた。そのため、賊軍は襲来しても、そのたびに失敗した。これらの中で広東に侵攻した賊は、蜑民《たんみん》の盗賊梁本豪《りょうほんごう》が内通して手引きしたもので、勢力はとりわけ盛んだった。総督《そうとく》の陳瑞《ちんずい》は、軍勢を結集してこれを撃ち、千六百余の首級をあげ、賊の船百余艘《そう》を撃沈し、梁本豪も首をとられた。かくして神宗《しんそう》は郊廟にお礼参りをし、勝利を宣言して臣下の祝賀を受けた、とのことである。

日本国にはもともと国王がいた。そして、その下に「関白《かんぱく》」と称《しょう》する者があり、臣としては最も高貴な地位である。そのころ、山城州《やましろしゅう》の主、信長《のぶなが》が関白に任じられていた。彼がたまたまある日、狩りに出たとき、樹の下に寝そべっていた一人の男に出会った。その男はとび起きて信長にぶつかってきた。信長は彼を捕らえて問いつめると、その男はみずから、平《たいらの》秀吉《ひでよし》、薩摩州《さつましゅう》の人の奴隷であると名乗った。力強く、すばしっこく、そしてなかなか弁が立つ。信長はすっかり気に入って、彼に馬の世話をさせた。樹の下で出会ったことから、彼に「木下人」と名づけた。その後しだいに大事をまかせられるようになり、信長のために策をめぐらし、二十余州を併呑し、やがて摂津《せっつ》の鎮守大将《ちんじゅたいしょう》となった。

信長の参謀に阿奇支《あけち》という者がいたが、あるとき信長のきげんを損《そこ》ねるようなことをした。信長は秀吉に命じ、兵を率いて彼を討伐させた。ところが、信長は家臣の明智《あけち》の不意討ちにあって殺された。秀吉《ひでよし》はその時、阿奇支《あけち》を攻め滅ぼしたところだったが、変事が起こったことを聞くと、部将小西行長《こにしゆきなが》らとともに、勝ち戦《いくさ》に乗じて軍を引き返して明智《あけち》を誅殺《ちゅうさつ》した。秀吉の威名はますます天下に轟《とどろ》いた。秀吉はやがて信長《のぶなが》の第三子信孝《のぶたか》を廃し、みずから関白《かんぱく》を僭称し、信長の手勢《てぜい》をすべて配下に収めた。時に万暦《ばんれき》十四年（一五八六年）であった。

かくして秀吉はますます軍備を充実させ、六十六州を征服し、さらにその威光によって琉球《りゅうきゅう》・呂宋《ルソン》・暹羅《シャム》・仏郎機《フランキイ》の諸国を脅かし、いずれの国からも朝貢させるようにした。そこで国王の居城であった山城《やましろ》にかえて大規模な居城を築き、広大な城郭をめぐらし、宮殿を建てた。その中には、九層にのぼる楼閣もあり、そこは婦人・珍宝で溢《あふ》れていた。秀吉は、軍律を厳しく適用し、軍を進めるに当たっては、前進するだけで退却はない。これに違反する者は、娘むこであっても罪を責めて殺した。それゆえに、向かうところ敵なしの勢いであった。

秀吉はかくして年号を文禄《ぶんろく》と改め（一五九二年）、そのころから中国《ちゅうごく》を侵略し、朝鮮《ちょうせん》を滅ぼして併合しようという野心を抱くようになった。そこで以前の汪直《おうちょく》の残党を呼んで情報を集めた結果、唐人《とうじん》が倭人《わじん》を虎のように恐れていることを知り、ますます驕《おご》りたかぶった。そして、着々と軍備を整え、艦船を修理し、家臣と謀略を練り、中国の北京《ペキン》に侵入するには朝鮮人を案内者とし、浙《せっ》・閩《びん》等沿海地方の郡県《ぐんけん》に侵入するには中国人を案内役にするのがよかろうということになった。また、琉球国は、このような情報を中国に漏《も》らすおそれがあるということから、日本《にっぽん》に入貢させせないようにした。

同安《どうあん》出身の陳甲《ちんこう》という者が琉球で商売をしていた。彼は秀吉の動向を知り、中国にとって災いとなることを心配し、琉球長史《りゅうきゅうちょうし》の鄭迥《ていけい》と相談し、琉球王の世継ぎを王に封《ほう》じてもらうことを要請するための使者の入貢に便乗して、中国に渡り、つぶさに日本の実情を報告した。陳甲はさらに故郷の同安に立ち寄り、このことを巡撫《じゅんぶ》の趙参魯《ちょうさんろ》に説明した。趙参魯はこれを神宗《しんそう》に上奏し、神宗はその処置を兵部《へいぶ》に委ねた。兵部はこれを朝鮮王に伝えて意見を求めた。朝鮮王は、朝鮮が秀吉の案内役になるなどということはいつわりだと、ひたすら弁明するばかりで、朝鮮自体が秀吉の野望の標的にされているとは気づいていなかった。

最初、秀吉は、広く全国の諸大名の兵を徴集し、三年分の兵糧を蓄え、みずから先頭に立って中国へ侵攻しようと考えていた。ところが、たまたま息子が死に（一五九一年）、そのほかに兄弟がいなかった。豊後《ぶんご》の島主の妻を奪って妾としていたが、秀吉はこれが将来の禍根となることを心配していた。はたして諸大名は秀吉の暴虐ぶりを怨《うら》んで、口ぐちにこう言った。

「秀吉の今回の計画は、大唐国《だいとうこく》を襲うためのものではなく、われわれの力を弱めようとするものにほかならぬ」

かくして諸大名は反逆の心を持った。そこで秀吉は、みずから遠征軍を率いてゆくことに踏み切れなかったのである。

万暦二十年（一五九二年）四月、秀吉は、その部将加藤清正《かとうきよまさ》・小西行長・宗義智《そうよしとも》、および僧《そう》の玄蘇《げんそ》・宗逸《そういつ》らに命じ、船団数百艘を率い、対馬《つしま》から海を渡り、朝鮮の釜山《ふざん》を陥れ、勝利に乗じて長駆し、五月には臨津《りんしん》に渡り、開城《かいじょう》を攻略し、部隊を分けて豊徳《ほうとく》の諸郡を陥落させた。朝鮮《ちょうせん》の軍は、形勢悪しと見るとなだれをうって逃げ、清正らはついに王都に迫った。朝鮮王李昖《りえん》は、城を棄てて平壌《へいじょう》に逃げ、さらに義州《ぎしゅう》に逃げ、使者を派遣して事態の切迫をつぎつぎと明《みん》に報告させた。倭人《わじん》の軍はついに王都に攻めこみ、王妃・王子を捕らえ、逃げる朝鮮軍を追って平壌まで進んできた。日本軍《にっぽんぐん》はここで兵士に自由行動を許し、彼らは強姦掠奪をはたらいた。

七月、明は副総兵《ふくそうへい》の祖承訓《そしょうくん》に命じて救援に赴かせた。祖承訓の援軍は倭人と平壌城外で戦ったが大敗を喫し、承訓は九死に一生を得て逃れた。八月、朝廷は、兵部侍郎《へいぶじろう》の宋応昌《そうおうしょう》を経略《りゃく》に任じ、都督《ととく》の李如松《りじょしょう》を提督《ていとく》とし、兵を率いて日本軍を討たせた。

当時、中国《ちゅうごく》では寧夏《ねいか》地方の動乱がまだ平定されていないうちに朝鮮の事件が起こったので、兵部尚書《へいぶしょうしょ》の石星《せきせい》はどうしてよいか方策の立てようがなかった。そこで倭人を説得できる者を募《つの》って、日本軍内部の様子をさぐらせることとした。すると、嘉興《かこう》出身の沈惟敬《しんいけい》がこれに応募してきた。石星はただちに彼に游撃将軍《ゆうげきしょうぐん》の肩書きを臨時に与えて李如松のもとに派遣した。

翌万暦《ばんれき》二十一年（一五九三年）、李如松の軍は平壌で大勝利を収め、朝鮮が失った四道をすべて回復した。如松は勝利に乗じて碧蹄館《へきていかん》に進んだが、そこで敗れて軍を退却させた。

この時、朝廷では秀吉《ひでよし》を国王に封《ほう》じ、入貢させてはという意見が出された。朝廷は、沈惟敬に朝鮮の事態をなんとか収拾させ、事を円満に解決しようとした。これについては「朝鮮《ちょうせん》伝《でん》」に詳しく記載する。

しばらくして秀吉は死に（一五九八年）、もろもろの倭人の軍はことごとく海路帰国したので、朝鮮にとっての災いも平らげられた。しかしながら、関白《かんぱく》秀吉が朝鮮に侵入してから前後七年間に、中国と朝鮮の失った士卒は数十万、費やした兵糧は数百万斤にのぼったが、明の朝廷と朝鮮の側には最後まで勝算はなかった。たまたま関白が死んだために、兵乱はようやく収まったのである。日本国の大名たちも、みな引き揚げて日本列島の本拠を守り、中国の東南方には、ようやく枕を高くして寝られる日が訪れたのであった。秀吉の家は結局二代で滅びた。

明の時代が終わるころまで、倭人と交通することを禁じたおきては、きわめて厳しかった。そこで、村里の民衆までが悪口を言いあうときに、相手を「この倭人めが」とののしるようにまでなり、子供たちがうるさく騒ぐと、「倭人が来るぞ」とおどして黙らせた者さえあったという。

『倭国伝』原文

後漢書（巻八十五・東夷列傳）

倭

倭在韓東南大海中、依山島爲居、凡百餘國。自武帝滅朝鮮、使驛通於漢者三十許國、國皆稱王、世世傳統。其大倭王居邪馬臺國。樂浪郡徼、去其國萬二千里、去其西北界拘邪韓國七千餘里。其地大較在會稽・東冶之東、與朱崖・儋耳相近。故其法俗多同。

土宜禾稻・麻紵・蠶桑、知織績爲縑布。出白珠・青玉。其山有丹土。氣溫暖、冬夏生菜茹。無牛・馬・虎・豹・羊・鵲。其兵有矛・楯・木弓・竹矢、或以骨爲鏃。男子皆黥面文身、以其文左右大小別尊卑之差。其男衣皆横幅結束相連。女人被髮屈紒、衣如單被、貫頭而著之、竝以丹朱坋身、如中國之用粉也。有城柵・屋室。父母兄弟異處、唯會同男女無別。飲食以手、而用籩豆。俗皆徒跣、以蹲踞爲恭敬。人性嗜酒。多壽考、至百餘歲者甚衆。國多女子、大人皆有四・五妻、其餘或兩或三。女人不淫不妒。又俗不盜竊、少爭訟。犯法者沒其妻子、重者滅其門族。其死停喪十餘日、家人哭泣、不進酒食、而等類就歌舞爲樂。灼骨以卜、用決吉凶。行來渡海、令一人不櫛沐、不食肉、不近婦人、名曰持衰。若在塗吉利、則雇以財物。如病疾遭害、以爲二持衰不レ謹、便共殺レ之。

建武中元二年、倭奴國奉レ貢朝賀。使人自稱二大夫一。倭國之極南界也。光武賜以二印綬一。安帝永初元年、倭國王帥升等獻二生口百六十人一、願請レ見。

桓靈間、倭國大亂、更相攻伐、歷レ年無レ主。有二一女子一、名曰二卑彌呼一、年長不レ嫁、事二鬼神道一、能以レ妖惑レ衆。於レ是共立爲レ王。侍婢千人、少二有レ見者一。唯有二男子一人一給二飲食一、傳二辭語一。居處宮室・樓觀・城柵、皆持レ兵守衞。法俗嚴峻。

自二女王國一東度レ海千餘里、至二拘奴國一。雖二皆倭種一、而不レ屬二女王一。自二女王國一南四千餘里、至二朱儒國一。人長三・四尺。自二朱儒一東南行レ船一年、至二裸國・黑齒國一。使驛所レ傳、極二於此一矣。

會稽海外有二東鯷人一、分爲二二十餘國一。又有二夷洲及澶洲一。傳言秦始皇遣二方士徐福一將二童男女數千人一入レ海、求二蓬萊神仙一不レ得、徐福畏レ誅不二敢還一、遂止二此洲一、世世相承、有二數萬家一。人民時至二會稽市一。會稽・東冶縣人有下入レ海行遭レ風、流移至二澶洲一者上。所在絕遠、不レ可二往來一。

三國志（卷三十・魏書三十・烏丸鮮卑東夷傳）

夫餘

夫餘在㆓長城之北㆒、去㆓玄菟㆒千里、南與㆓高句麗㆒、東與㆓挹婁㆒、西與㆓鮮卑㆒接、北有㆓弱水㆒、方可㆓二千里㆒。戸八萬、其民土著、有㆓宮室・倉庫・牢獄㆒。多㆓山陵・廣澤㆒、於㆓東夷之域㆒最平敞。土地宜㆓五穀㆒、不㆑生㆓五果㆒。其人麤大、性彊勇謹厚、不㆓寇鈔㆒。國有㆓君王㆒、皆以㆓六畜㆒名㆑官。有㆓馬加・牛加・豬加・狗加・大使・大使者・使者㆒。邑落有㆓豪民㆒、名㆓下戸㆒皆爲㆓奴僕㆒。諸加別主四出、道大者主㆓數千家㆒、小者數百家。食飲皆用㆓俎豆㆒、會同・拜爵・洗爵、揖讓升降。以㆓殷正月㆒祭㆑天、國中大會、連日飲食歌舞、名曰㆓迎鼓㆒。於㆓是時㆒斷㆓刑獄㆒、解㆓囚徒㆒。在㆑國衣尚㆑白、白布大袂・袍・袴、履㆓革鞜㆒。出㆑國則尚㆓繒・繡・錦・罽㆒、大人加㆓狐狸・狖・白黒貂之裘㆒、以㆓金銀㆒飾㆑帽。譯人傳㆑辭、皆跪、手據㆑地竊語。用㆑刑嚴急、殺㆑人者死、沒㆓其家人㆒爲㆓奴婢㆒。竊㆔盜一㆓責十二㆒。男女淫、婦人妒、皆殺㆑之。尤憎㆑妒、已殺、尸㆓之國南山上㆒、至㆓腐爛㆒。女家欲㆑得、輸㆓牛馬㆒乃與㆑之。兄死妻㆑嫂、與㆓匈奴㆒同俗。其國善養㆑牲、出㆓名馬・赤玉・貂狖・美珠㆒。珠大者如㆓酸棗㆒。以㆓弓・矢・刀・矛㆒爲㆑兵、家家自有㆓鎧仗㆒。國之耆老自説㆓古之亡人㆒。作㆓城柵㆒皆員、有㆑似㆓牢獄㆒。行㆑道晝夜無㆓老幼㆒皆歌、通日聲不㆑絶。有㆓軍事㆒亦祭㆑天、殺㆑牛觀㆑蹄以占㆓吉凶㆒、蹄解者爲㆑凶、合者爲㆑吉。有㆑

敵、諸加自戰、下戸倶擔レ糧飲三食之一。其死、夏月皆用レ氷。殺レ人徇葬、多者百數。厚葬、有レ槨無レ棺。

夫餘本屬二玄菟一。漢末、公孫度雄二張海東一、威二服外夷一。夫餘王尉仇台更屬二遼東一。時句麗・鮮卑彊。度以三夫餘在二二虜之閒一、妻以二宗女一。尉仇台死、簡位居立。無二適子一、有二孽子麻余一。位居死、諸加共立二麻余一。牛加兄子名位居、爲二大使一、輕レ財善施、國人附レ之。歲歲遣レ使詣二京都一貢獻。正始中、幽州刺史毌丘儉討二句麗一。遣二玄菟太守王頎一詣二夫餘一。位居遣二大加一郊迎、供二軍糧一。季父牛加有二二心一。位居殺二季父父子一、籍二沒財物一、遣レ使簿斂送レ官。舊夫餘俗、水旱不レ調、五穀不レ熟、輒歸二咎於王一、或言レ當レ易、或言レ當レ殺。麻余死、其子依慮年六歲、立以爲レ王。漢時、夫餘王葬用二玉匣一、常豫以付二玄菟郡一、王死則迎取以葬。公孫淵伏レ誅、玄菟庫猶有二玉匣一具一。今夫餘庫有二玉璧・珪・瓚數代之物一、傳レ世以爲レ寶、耆老言二先代之所一レ賜也。其印文言濊王之印。國有三故城名二濊城一、蓋本濊貊之地、而夫餘王二其中一。自謂二亡人一、抑有レ以也。

高句麗

高句麗在二遼東之東千里一、南與二朝鮮・濊貊一、東與二沃沮一、北與二夫餘一接。都二於丸都之下一、方可二二千里一、戸三萬。多二大山深谷一、無二原澤一。隨二山谷一以爲レ居、食二澗水一。無二良田一、雖レ力二佃作一、不レ足三以實二口腹一。其俗節レ食、好治二宮室一。於二所レ居之左右一立二大屋一、祭二鬼神一、又祀二靈星・社稷一。其人性凶急、喜二寇鈔一。其國有レ王、其官有二相加・對盧・沛者・古雛加・主簿・優台丞・使者・皁衣・先人一、尊卑各有二等級一。東夷舊語以爲二夫餘別種一。言語諸事、多與二夫餘一同、其性氣・衣服有レ異。本有二五族一。有二涓奴部・絶奴部・順奴部・灌奴部・桂婁部一。本涓奴部爲レ王、稍微弱、今桂婁部代レ之。漢時賜二鼓吹技人一、常從二玄菟郡一受二朝服衣幘一、高句麗令主二其名籍一。後稍驕恣、不二復詣レ郡、于二東界一築二小城一、置二朝服衣幘其中一、歳時來取レ之。今胡猶名二此城一爲二幘溝漊一。溝漊者、句麗名レ城也。其置レ官、有二對盧一則不レ置二沛者一。有二沛者一則不レ置二對盧一。王之宗族、其大加皆稱二古雛加一。涓奴部本國主、今雖レ不レ爲レ王、適統大人、得レ稱二古雛加一、亦得下立二宗廟一、祠中靈星・社稷上。絶奴部世與レ王婚、加二古雛之號一。諸大加亦自置二使者・皁衣・先人一、名皆達二於王一、如二卿大夫之家臣一。會同坐起、不レ得下與二王家使者・皁衣・先人一同列上。其國中大家不二佃作一、坐食者萬餘口。下戸遠擔二米糧魚鹽一供二給之一。其民喜二歌舞一、國中邑落、暮夜男女群聚、相就歌戲。無二大倉庫一、家家自有二小倉一、名レ之爲二桴京一。其人絜清自喜。善藏釀。跪拜申二一脚一、與二夫餘一異、行步皆走。以二十月一祭レ天。國中大會、名曰二東盟一。其公會、衣服皆錦繡金銀以自飾。大加・主簿頭著レ幘、如レ幘而無レ餘、其小加著二折風一。形如レ弁。其國東有二大穴一、名二隧穴一。十月國中大會、迎二隧神一還二于國東一上二祭之一。置二木隧于神坐一。無二牢獄一。有レ罪諸加評議、便殺レ之、沒二入妻子一爲二奴婢一。其俗作二婚姻一、言語已定、女家作二小屋於大屋後一、名二壻屋一。壻暮至二女家戶外一、自名跪拜、乞レ得レ就二女宿一。如レ是者再三、女父母乃聽使下就二小屋中一宿上、傍頓二錢帛一。至二生レ子已長大一、乃將レ婦歸レ家。其俗淫。男女已嫁娶、便稍作二送終之衣一。厚葬、金銀財幣、盡二於送死一。積レ石爲レ封、列二種松柏一。其馬皆小、便二登山一。國人有二氣力一、習二戰鬪一、沃沮・東濊皆屬レ焉。又有二小水貊一。句麗作レ國、依二大水一而居。西安平縣北有二小水一、南流入レ海。句麗別種依二小水一作レ國、因名レ之爲二小水貊一。出二好弓一。所謂貊弓是也。

王莽、初發二高句麗兵一以伐レ胡。不レ欲レ行。彊迫遣レ之。皆亡二出塞一爲二寇盜一。遼西大尹田譚追二擊之一、爲レ所レ殺。州郡縣歸二咎于句麗侯騶一。嚴尤奏言、貊人犯レ法。罪不レ起二于騶一、且宜二安慰一。今猥被二之大罪一、恐二其遂反一。莽不レ聽、詔レ尤擊レ之。尤誘二期句麗侯騶一至而斬レ之、傳二送其首一詣二長安一。莽大悅、布二告天下一、更二名高句麗一爲二下句麗一。當二此時一爲二侯國一。

漢光武帝八年、高句麗王遣レ使朝貢、始見稱レ王。

至二殤・安之閒一、句麗王宮數寇二遼東一、更屬二玄菟一。遼東太守蔡風・玄菟太守姚光以レ宮爲二二郡害一、興レ師伐レ之。宮詐降請レ和、二郡不レ進。宮密遣レ軍攻二玄菟一、焚二燒候城一、入二遼隧一、殺二吏民一。後宮復犯二遼東一。蔡風輕將二吏士一追二討之一、軍敗沒。

宮死、子伯固立。順・桓之閒、復犯二遼東一、寇二新安・居鄉一、又攻二西安平一、于二道上一殺二帶方令一、略二得樂浪太守妻子一。靈帝建寧二年、玄菟太守耿臨討レ之、斬二首虜一數百級。伯固降、屬二遼東一。熹平中、伯固乞レ屬二玄菟一。公孫度之雄二海東一也、伯固遣二大加優居・主簿然人等一助レ度擊二富山賊一、破レ之。

伯固死、有二二子一。長子拔奇、小子伊夷模。拔奇不肖、國人便共立二伊夷模一爲レ王。自二伯固時一、數寇二遼東一、又受二亡胡五百餘家一。建安中、公孫康出レ軍擊レ之、破二其國一、焚二燒邑落一。拔奇怨二爲レ兄而不一レ得レ立、與二涓奴加一各將二下戶三萬餘口一詣レ康降、還住二沸流水一。降胡亦叛伊夷模。伊夷模更作新國。今日所在是也。拔奇遂往遼東、有子留句麗國。今古雛加駮位居是也。其後復擊玄菟。玄菟與遼東合擊、大破之。

伊夷模無子。淫灌奴部、生子名位宮。伊夷模死、立以爲王。今句麗王宮是也。其曾祖名宮、生能開目視。其國人惡之。及長大、果凶虐、數寇鈔、國見殘破。今王生墮地、亦能開目視人。句麗呼相似爲位。似其祖、故名之爲位宮。位宮有力・勇、便鞍馬、善獵射。景初二年、太尉司馬宣王率衆討公孫淵。宮遣主簿・大加將數千人助軍。正始三年、宮寇西安平、其五年、爲幽州刺史毌丘儉所破。語在儉傳。

東沃沮

東沃沮在高句麗蓋馬大山之東、濱大海而居。其地形東北狹、西南長、可千里。北與挹婁・夫餘、南與濊貊接。戶五千、無大君王、世世邑落、各有長帥。其言語與句麗大同、時時小異。漢初、燕亡人衛滿王朝鮮時、沃沮皆屬焉。漢武帝元封二年、伐朝鮮、殺滿孫右渠、分其地爲四郡。以沃沮城爲玄菟郡。後爲夷貊所侵、徙郡句麗西北。今所謂玄菟故府是也。沃沮還屬樂浪。漢以土地廣遠、在單單大領之東、分置東部都尉、治不耐城、別主領東七縣。時沃沮亦皆爲縣。漢建武六年、省邊郡。都尉由此罷。其後皆以其縣中渠帥爲縣侯。不耐・華麗・沃沮諸縣皆爲侯國。夷狄更相攻伐、唯不耐濊侯至今猶置功曹・主簿諸曹。皆濊民作之。沃沮諸邑落渠帥、皆自稱三老。則故縣・國之制也。國小、迫二于大國之間一、遂臣二屬句麗一。句麗復置二其中大人一爲二使者一、使二相主領一、又使三大加統二責其租税一。貊布・魚・鹽・海中食物、千里擔負致レ之、又送二其美女一以爲二婢妾一。遇レ之如二奴僕一。

其土地肥美、背レ山向レ海、宜二五穀一、善二田種一。人性質直彊勇、少二牛馬一、便持レ矛步戰。食飲居處、衣服禮節、有レ似二句麗一。其葬作二大木槨一、長十餘丈、開二一頭一作レ戸。新死者皆假埋レ之、才使レ覆レ形、皮肉盡、乃取レ骨置二槨中一。擧レ家皆共二一槨一、刻レ木如二生形一、隨二死者一爲レ數。又有二瓦鑪一、置二米其中一、編縣二之於槨戸邊一。

毌丘儉討二句麗一、句麗王宮奔二沃沮一。遂進レ師擊レ之。沃沮邑落皆破レ之、斬二獲首虜一三千餘級、宮奔二北沃沮一。北沃沮一名二置溝婁一、去二南沃沮一八百餘里、其俗南北皆同。與二挹婁一接。挹婁喜乘レ船寇鈔。北沃沮畏レ之、夏月恆在二山巖深穴中一爲二守備一。冬月氷凍、船道不レ通、乃下居二村落一。王頎別遣追二討宮一、盡二其東界一。問二其耆老一、海東復有レ人不、耆老言、國人嘗乘レ船捕レ魚。遭レ風見レ吹數十日、東得二一島一。上有レ人、言語不二相曉一。其俗常以二七月一取二童女一沈レ海。又言、有二一國一亦在二海中一、純女無レ男。又說、得二一布衣一、從二海中一浮出。其身如二中人衣一、其兩袖長三丈。又得二一破船一、隨レ波出二在海岸邊一、有二一人一項中復有レ面、生二得之一、與語不二相通一、不レ食而死。其域皆在二沃沮東大海中一。

挹婁

挹婁在㆓夫餘東北千餘里㆒、濱㆓大海㆒、南與㆓北沃沮㆒接、未㆑知㆓其北所㆑極。其土地多㆓山險㆒。其人形似㆓夫餘㆒、言語不㆘與㆓夫餘・句麗㆒同㆖。有㆓五穀・牛・馬・麻布㆒。人多㆓勇力㆒。無㆓大君長㆒、邑落各有㆓大人㆒。處㆓山林之閒㆒、常穴居、大家深九梯、以㆑多爲㆑好。土氣寒、劇㆓於夫餘㆒。其俗好養㆑豬、食㆓其肉㆒、衣㆓其皮㆒。冬以㆓豬膏㆒塗㆑身、厚數分、以禦㆓風寒㆒。夏則裸袒、以㆓尺布㆒隱㆓其前後㆒、以蔽㆓形體㆒。其人不絜、作㆑溷在㆓中央㆒、人圍㆓其表㆒居。其弓長四尺、力如㆑弩。矢用㆑楛、長尺八寸、青石爲㆑鏃。古之肅愼氏之國也。善㆑射、射㆑人皆入㆑目。矢施㆑毒、人中皆死。出㆓赤玉・好貂㆒、今所謂挹婁貂是也。自㆑漢已來、臣㆓屬夫餘㆒。夫餘責㆓其租賦㆒重、以㆓黄初中㆒叛㆑之。夫餘數伐㆑之。其人衆雖㆑少、所在㆓山險㆒、隣國人畏㆓其弓矢㆒、卒不㆑能㆑服也。其國便乘㆑船寇盜、隣國患㆑之。東夷飲食類皆用㆓俎豆㆒、唯挹婁不、法俗最無㆓綱紀㆒也。

濊

濊南與㆓辰韓㆒、北與㆓高句麗・沃沮㆒接、東窮㆓大海㆒。今朝鮮之東皆其地也。戸二萬。昔箕子既適㆓朝鮮㆒、作㆓八條之教㆒以教㆑之。無㆓門戸之閉㆒而民不㆑爲㆑盜。其後四十餘世、朝鮮侯準僭號稱㆑王。陳勝等起、天下叛㆑秦。燕・齊・趙民避㆓地朝鮮㆒數萬口。燕人衞滿、魋結夷服、復來王㆑之。漢武帝伐滅㆓朝鮮㆒、分㆓其地㆒爲㆓四郡㆒。自㆑是之後、胡・漢稍別。無㆓大君長㆒、自㆑漢已來、其官有㆓侯邑君・三老㆒、統㆓主下戸㆒。其耆老舊自謂㆘與㆓句麗㆒同種㆖。其人性愿愨、少㆓嗜欲㆒、有㆓廉恥㆒、不㆓請匄㆒。言語法俗大抵與㆓句麗㆒同、衣服有㆑異。男女衣皆著㆓曲領㆒、男子繫㆓銀花廣數寸㆒以爲㆑飾。自㆓單單大山領㆒以西屬㆓樂浪㆒、自㆑領以東七縣、都尉主㆑之。皆以㆑濊爲㆑民。後省㆓都尉㆒、封㆓其渠帥㆒爲㆑侯。今不耐濊皆其種也。漢末更屬㆓句麗㆒。其俗重㆓山川㆒、山川各有㆓部分㆒、不㆑得㆓妄相涉入㆒。同姓不㆑婚。多㆓忌諱㆒、疾病死亡輒捐㆓棄舊宅㆒、更作㆓新居㆒。有㆓麻布㆒、蠶桑作㆑緜。曉候㆓星宿㆒、豫知㆓年歲豐約㆒。不㆘以㆓珠玉㆒爲㆖寶。常用㆓十月節㆒祭㆑天、晝夜飮酒歌舞、名㆑之爲㆓舞天㆒。又祭㆑虎以爲㆑神。其邑落相侵犯、輒相罰責㆓生口牛馬㆒。名㆑之爲㆓責禍㆒。殺㆑人者償㆑死。少㆓寇盜㆒。作㆓矛長三丈㆒、或數人共持㆑之、能步戰。樂浪檀弓出㆓其地㆒。其海出㆓班魚皮㆒。土地饒㆓文豹㆒、又出㆓果下馬㆒。漢桓時獻㆑之。

正始六年、樂浪太守劉茂・帶方太守弓遵以㆔領東濊屬㆓句麗㆒、興㆑師伐㆑之、不耐侯等擧㆑邑降。其八年、詣㆑闕朝貢。詔更拜㆓不耐濊王㆒。居處雜在㆓民閒㆒。四時詣㆑郡朝謁。二郡有㆓軍征・賦・調㆒、供給役使、遇㆑之如㆑民。

韓

韓在㆓帶方之南㆒、東西以㆑海爲㆑限、南與㆑倭接。方可㆓四千里㆒。有㆓三種㆒、一曰㆓馬韓㆒、二曰㆓辰韓㆒、三曰㆓弁韓㆒。辰韓者、古之辰國也。馬韓在㆑西。其民土著、種植、知㆓蠶桑㆒、作㆓綿布㆒。各有㆓長帥㆒、大者自名爲㆓臣智㆒、其次爲㆓邑借㆒。散在㆓山海閒㆒、無㆓城郭㆒。有㆓爰襄國・牟水國・

桑外國・小石索國・大石索國・優休牟涿國・臣濆沽國・伯濟國・速盧不斯國・日華國・古誕者國・古離國・怒藍國・月支國・咨離牟盧國・素謂乾國・古爰國・莫盧國・卑離國・占離卑國・臣釁國・支侵國・狗盧國・卑彌國・監奚卑離國・古蒲國・致利鞠國・冉路國・兒林國・駟盧國・內卑離國・感奚國・萬盧國・辟卑離國・臼斯烏旦國・一離國・不彌國・支半國・狗素國・捷盧國・牟盧卑離國・臣蘇塗國・莫盧國・古臘國・臨素半國・臣雲新國・如來卑離國・楚山塗卑離國・一難國・狗奚國・不雲國・不斯濆邪國・爰池國・乾馬國・楚離國一、凡五十餘國。大國萬餘家、小國數千家、總十餘萬戶。辰王治二月支國一。臣智或加二優呼臣雲遣支報安邪踧支濆臣離兒不例拘邪秦支廉之號一。其官有二魏率善・邑君・歸義侯・中郎將・都尉・伯長一。

侯準既僭號稱レ王、爲三燕亡人衞滿所二攻奪一。將二其左右宮人一走入レ海、居二韓地一、自號二韓王一。其後絕滅、今韓人猶有下奉二其祭祀一者上。漢時屬二樂浪郡一、四時朝謁。

桓・靈之末、韓・濊彊盛、郡縣不レ能レ制、民多流三入韓國一。建安中、公孫康分二屯有縣以南荒地一、爲二帶方郡一、遣二公孫模・張敞等一收三集遺民一、興レ兵伐二韓・濊一。舊民稍出。是後倭・韓遂屬二帶方一。景初中、明帝密遣二帶方太守劉昕・樂浪太守鮮于嗣一越レ海定二二郡一、諸韓國臣智加三賜邑君印綬一。其次與二邑長一。其俗好二衣幘一、下戶詣レ郡朝謁、皆假二衣幘一。自服二印綬衣幘一千有餘人。部從事吳林、以三樂浪本統二韓國一、分三割辰韓八國一以與二樂浪一。吏譯轉有二異同一、臣智激レ韓忿、攻二帶方郡崎離營一。時太守弓遵・樂浪太守劉茂興レ兵伐レ之。遵戰死、二郡遂滅レ韓。

其俗少二綱紀一、國邑雖レ有二主帥一、邑落雜居、不レ能二善相制御一。無二跪拜之禮一。居處作二草屋土室一、形如レ冢。其戶在レ上、擧レ家共在レ中、無二長幼男女之別一。其葬有レ槨無レ棺。不レ知レ乘二牛馬一。牛馬盡二於送一レ死。以二瓔珠一爲二財寶一、或以綴レ衣爲レ飾、或以縣レ頸垂レ耳。不下以二金銀錦繡一爲上レ珍。其人性彊勇、魁頭露紒、如二炅兵一、衣二布袍一、足履二革蹻蹋一。其國中有レ所レ爲及官家使レ築二城郭一、諸年少勇健者、皆鑿二脊皮一、以二大繩一貫レ之、又以二丈許木一鍤レ之、通日嚾呼作力、不二以爲一レ痛。既以勸作、且以爲レ健。常以二五月一下レ種訖、祭二鬼神一、群聚歌舞、飮レ酒晝夜無レ休。其舞、數十人倶起相隨、踏レ地低昂、手足相應、節奏有レ似二鐸舞一。十月農功畢、亦復如レ之。信二鬼神一、國邑各立二一人主三祭天神一、名二之天君一。又諸國各有二別邑一、名レ之爲二蘇塗一。立二大木一、縣二鈴鼓一、事二鬼神一。諸亡逃至二其中一、皆不レ還レ之、好作レ賊。其立二蘇塗一之義、有レ似二浮屠一、而所レ行善惡有レ異。其北方近レ郡諸國差曉二禮俗一、其遠處直如二囚徒・奴婢相聚一。無二他珍寶一。禽獸草木略與二中國一同。出二大栗一、大如レ梨。又出二細尾雞一、其尾皆長五尺餘。其男子時時有二文身一。又有二州胡一在二馬韓之西海中大島上一。其人差短小、言語不レ與レ韓同、皆髡頭如二鮮卑一。但衣レ韋、好レ養二牛及豬一。其衣有レ上無レ下、略如二裸勢一。乘レ船往來、市三買韓中一。

辰韓在二馬韓之東一。其耆老傳レ世、自言古之亡人避二秦役一來適二韓國一、馬韓割二其東界地一與レ之。有二城柵一。其言語不下與二馬韓一同上、名レ國爲レ邦、弓爲レ弧、賊爲レ寇、行酒爲二行觴一。相呼皆爲レ徒、有レ似二秦人一、非二但燕・齊之名一レ物也。名二樂浪人一爲二阿殘一。東方人名レ我爲レ阿、謂二樂浪人本其殘餘人一。今有下名レ之爲二秦韓一者上。始有二六國一、稍分爲二十二國一。

弁辰亦十二國、又有㆓諸小別邑㆒、各有㆓渠帥㆒。大者名㆓臣智㆒、其次有㆓險側㆒、次有㆓樊濊㆒、次有㆓殺奚㆒、次有㆓邑借㆒。有㆓已柢國・不斯國・弁辰彌離彌凍國・弁辰接塗國・勤耆國・難彌離彌凍國・弁辰古資彌凍國・弁辰古淳是國・冉奚國・弁辰半路國・弁辰樂奴國・軍彌國・弁軍彌國・弁辰彌烏邪馬國・如湛國・弁辰甘路國・戸路國・州鮮國・馬延國・弁辰狗邪國・弁辰走漕馬國・弁辰安邪國・馬延國・弁辰瀆盧國・斯盧國・優由國㆒。弁・辰韓合二十四國、大國四五千家、小國六七百家、總四五萬戸。其十二國屬㆓辰王㆒。辰王常用㆓馬韓人㆒作㆑之、世世相繼。辰王不㆑得㆓自立爲㆒㆑王。土地肥美、宜㆑種㆓五穀及稻㆒。曉㆓蠶桑㆒、作㆓縑布㆒、乘㆓駕牛馬㆒。嫁娶禮俗、男女有㆑別。以㆓大鳥羽㆒送㆑死、其意欲㆑使㆓死者飛揚㆒。國出㆑鐵、韓・濊・倭皆從取㆑之。諸市買皆用㆑鐵、如㆓中國用㆒㆑錢、又以供㆓給二郡㆒。俗喜㆓歌舞・飲酒㆒。有㆑瑟、其形似㆑筑、彈㆑之亦有㆓音曲㆒。兒生、便以㆑石厭㆓其頭㆒、欲㆓其褊㆒。今辰韓人皆褊頭。男女近㆑倭、亦文身。便步戰、兵仗與㆓馬韓㆒同。其俗、行者相逢、皆住讓㆑路。

弁辰與㆓辰韓㆒雜居、亦有㆓城郭㆒。衣服居處與㆓辰韓㆒同。言語・法俗相似、祠㆓祭鬼神㆒有㆑異、施㆑竈皆在㆓戸西㆒。其瀆盧國與㆑倭接㆑界。十二國亦有㆑王、其人形皆大。衣服絜淸、長髮。亦作㆓廣幅細布㆒。法俗特嚴峻。

倭人

倭人在㆓帶方東南大海之中㆒、依㆓山島㆒爲㆓國邑㆒。舊百餘國。漢時有㆓朝見者㆒。今使譯所㆑通三十國。從レ郡至レ倭、循二海岸一水行、歷二韓國一、乍南乍東、到二其北岸狗邪韓國一。七千餘里、始度二一海一、千餘里至二對馬國一。其大官曰二卑狗一、副曰二卑奴母離一。所レ居絕島、方可二四百餘里一。土地山險、多二深林一。道路如二禽鹿徑一。有二千餘戶一。無二良田一、食二海物一自活。乘レ船南北市糴。又南渡二一海一。千餘里、名曰二瀚海一。至二一大國一。官亦曰二卑狗一、副曰二卑奴母離一。方可二三百里一。多二竹木叢林一。有二三千許家一。差有二田地一、耕レ田猶不レ足レ食。亦南北市糴。又渡二一海一、千餘里至二末盧國一。有二四千餘戶一。濱二山海一居。草木茂盛、行不レ見二前人一。好レ捕二魚・鰒一、水無二深淺一、皆沈沒取レ之。東南陸行五百里、到二伊都國一。官曰二爾支一、副曰二泄謨觚・柄渠觚一。有二千餘戶一。世有レ王。皆統二屬女王國一。郡使往來常所レ駐。東南至二奴國一百里。官曰二兕馬觚一、副曰二卑奴母離一。有二二萬餘戶一。東行至二不彌國一百里。官曰二多模一、副曰二卑奴母離一。有二千餘家一。南至二投馬國一。水行二十日。官曰二彌彌一、副曰二彌彌那利一。可二五萬餘戶一。南至二邪馬壹國一、女王之所レ都。水行十日、陸行一月。官有二伊支馬一。次曰二彌馬升一、次曰二彌馬獲支一、次曰二奴佳鞮一。可二七萬餘戶一。自二女王國一以北、其戶數・道里可レ得二略載一、其餘旁國遠絕、不レ可レ得レ詳。次有二斯馬國一、次有二已百支國一、次有二伊邪國一、次有二都支國一、次有二彌奴國一、次有二好古都國一、次有二不呼國一、次有二姐奴國一、次有二對蘇國一、次有二蘇奴國一、次有二呼邑國一、次有二華奴蘇奴國一、次有二鬼國一、次有二爲吾國一、次有二鬼奴國一、次有二邪馬國一、次有二躬臣國一、次有二巴利國一、次有二支惟國一、次有二烏奴國一、次有二奴國一、此女王境界所レ盡。其南有二狗奴國一、男子爲レ王、其官有二狗古智卑狗一、不レ屬二女王一。自レ郡至二女王國一萬二千餘里。

男子無二大小一皆黥面文身。自レ古以來、其使詣二中國一、皆自稱二大夫一。夏后少康之子封二於會稽、斷髮文身以避蛟龍之害。今倭水人好沈沒捕魚蛤、文身亦以厭大魚水禽、後稍以爲飾。諸國文身各異、或左或右、或大或小、尊卑有差。計其道里、當在會稽・東冶之東。其風俗不淫。男子皆露紒、以木緜招頭。其衣横幅、但結束相連、略無縫。婦人被髮屈紒、作衣如單被、穿其中央、貫頭衣之。種禾稻・紵麻、蠶桑・緝績、出細紵・縑緜。其地無牛・馬・虎・豹・羊・鵲。兵用矛・楯・木弓。木弓短下長上、竹箭或鐵鏃或骨鏃、所有無與儋耳・朱崖同。倭地溫暖、冬夏食生菜。皆徒跣。有屋室、父母兄弟臥息異處、以朱丹塗其身體、如中國用粉也。食飲用籩豆、手食。其死、有棺無槨。封土作冢。始死停喪十餘日、當時不食肉、喪主哭泣、他人就歌舞飲酒。已葬、擧家詣水中澡浴、以如練沐。其行來渡海詣中國、恆使一人不梳頭、不去蟣蝨、衣服垢汚、不食肉、不近婦人、如喪人。名之爲持衰。若行者吉善、共顧其生口財物、若有疾病、遭暴害、便欲殺之、謂其持衰不謹。出眞珠・青玉。其山有丹、其木有柟・杼・豫樟・楺・櫪・投・橿・烏號・楓香。其竹篠・簳・桃支。有薑・橘・椒・蘘荷、不知以爲滋味。有獮猴・黑雉。其俗擧事行來、有所云爲、輒灼骨而卜、以占吉凶。先告所卜、其辭如令龜法。視火坼占兆。其會同坐起、父子・男女無別。人性嗜酒。見大人所敬、但搏手以當跪拜。其人壽考、或百年、或八、九十年。其俗、國大人皆四、五婦、下戸或二、三婦。婦人不淫。不妒忌。不盜竊、少諍訟。其犯法、輕者沒其妻子、重者滅其門戸及宗族。尊卑各有差序、足相臣服。收租賦。有邸閣。國國有市、交易有無。使大倭監之。自女王國以北、特置一大率、檢察諸國、諸國畏憚之。常治伊都國、於二國中一有レ如二刺史一。王遣レ使詣二京都・帶方郡・諸韓國一、及郡使二倭國一、皆臨レ津搜露、傳二送文書賜遺之物一詣二女王一、不レ得二差錯一。下戶與二大人一相二逢道路一、逡巡入レ草。傳レ辭說レ事、或蹲或跪、兩手據レ地、爲二之恭敬一。對應聲曰レ噫。比如二然諾一。

其國本亦以二男子一爲レ王。住七八十年、倭國亂、相攻伐歷レ年。乃共立二一女子一爲レ王。名曰二卑彌呼一。事二鬼道一、能惑レ衆。年已長大、無二夫壻一。有二男弟一佐二治國一。自レ爲レ王以來、少二有レ見者一。以二婢千人一自侍。唯有二男子一人一給二飮食一、傳レ辭出入。居處・宮室・樓觀・城柵、嚴設、常有レ人持レ兵守衞。

女王國東渡レ海千餘里、復有レ國、皆倭種。又有二侏儒國一在二其南一。人長三四尺、去二女王一四千餘里。又有二裸國・黑齒國一、復在二其東南一。船行一年可レ至。參二問倭地一、絕在二海中洲島之上一。或絕或連、周旋可二五千餘里一。

景初二年六月、倭女王遣二大夫難升米等一詣レ郡、求下詣二天子一朝獻上。太守劉夏遣レ吏將送詣二京都一。其年十二月、詔書報二倭女王一曰、制二詔親魏倭王卑彌呼一。帶方太守劉夏遣レ使送二汝大夫難升米・次使都市牛利一、奉二汝所レ獻男生口四人・女生口六人・班布二匹二丈一、以到。汝所レ在踰遠、乃遣レ使貢獻。是汝之忠孝、我甚哀レ汝。今以レ汝爲二親魏倭王一、假二金印・紫綬一、裝封付二帶方太守一假二授汝一。其綏二撫種人一、勉爲二孝順一。汝來使難升米・牛利涉レ遠、道路勤勞。今以二難升米一爲二率善中郎將一、牛利爲二率善校尉一、假二銀印・青綬一、引見勞賜遣還。今以二絳地交龍錦五匹・絳地縐粟罽十張・蒨絳五十匹・紺青五十匹一、答二汝所レ獻貢直一。又特賜二汝紺地句文錦三匹・細班華罽五張・白絹五十匹・金八兩・五尺刀二口・銅鏡百枚・眞珠・鉛丹各五十斤一、皆装封付二難升米・牛利一還到録受。悉可下以示二汝國中人一、使上知三國家哀レ汝、故鄭重賜二汝好物一也。

正始元年、太守弓遵遣二建中校尉梯儁等一奉二詔書・印綬一詣二倭國一、拜二假倭王一。幷齎レ詔賜二金・帛・錦・罽・刀・鏡・采物一。倭王因レ使上レ表答二謝恩詔一。其四年、倭王復遣二使大夫伊聲耆・掖邪狗等八人一、上二獻生口・倭錦・絳青縑・緜衣・帛布・丹木・弣・短弓矢一。掖邪狗等壹拜二率善中郎將印綬一。其六年、詔賜二倭難升米黄幢一、付レ郡假授。其八年、太守王頎到レ官。倭女王卑彌呼與二狗奴國男王卑彌弓呼一素不レ和、遣二倭載斯・烏越等一詣レ郡、説二相攻撃状一。遣二塞曹掾史張政等一因齎二詔書・黄幢一、拜二假難升米一爲レ檄告二喩之一。卑彌呼以死、大作レ冢、徑百餘歩。狗葬者奴婢百餘人。更立二男王一、國中不レ服。更相誅殺。當時殺二千餘人一。復立二卑彌呼宗女壹與、年十三一爲レ王。國中遂定。政等以レ檄告二喩壹與一。壹與遣二倭大夫率善中郎將掖邪狗等二十人一送二政等一還。因詣レ臺、獻二上男女生口三十人一、貢二白珠五千・孔青大句珠二枚・異文雜錦二十匹一。

宋書（卷九十七・夷蠻）

倭國

倭國在二高驪東南大海中一、世修二貢職一。高祖永初二年、詔曰、倭讃萬里修レ貢、遠誠宜レ甄、可レ賜二除授一。太祖元嘉二年、讃又遣二司馬曹達一奉レ表獻二方物一。讃死、弟珍立。遣レ使貢獻。自稱二使持節・都督倭百濟新羅任那秦韓慕韓六國諸軍事・安東大將軍・倭國王一。表求二除正一。詔除二安東將軍・倭國王一。珍又求三除二正倭隋等十三人平西・征虜・冠軍・輔國將軍號一。詔竝聽。二十年、倭國王濟遣レ使奉獻。復以爲二安東將軍・倭國王一。二十八年、加二使持節・都督倭新羅任那加羅秦韓慕韓六國諸軍事一、安東將軍如レ故。幷除二所レ上二十三人軍・郡一。濟死。世子興遣レ使貢獻。世祖大明六年、詔曰、倭王世子興、奕世載レ忠、作二藩外海一、稟レ化寧レ境、恭修二貢職一。新嗣二邊業一。宜レ授二爵號一。可二安東將軍・倭國王一。興死、弟武立。自稱二使持節・都督倭百濟新羅任那加羅秦韓慕韓七國諸軍事・安東大將軍・倭國王一。

順帝昇明二年、遣レ使上表曰、封國偏遠、作二藩于外一。自レ昔祖禰、躬擐二甲冑一、跋二渉山川一、不レ遑二寧處一。東征二毛人五十五國一、西服二衆夷六十六國一、渡平二海北九十五國一。王道融泰、廓二土遐畿一。累葉朝宗、不レ愆二于歲一。臣雖二下愚一、忝胤二先緒一、驅二率所レ統、歸二崇天極一、道遥二百濟一、裝二治船舫一。而句驪無道、圖二欲見呑一、掠二抄邊隸一、虔劉不レ已。每致二稽滯一、以失二良風一。

雖レ曰レ進レ路、或通或不。臣亡考濟、實忿三寇讎壅二塞天路一、控弦百萬、義聲感激、方欲二大擧一、奄喪二父兄一、使三垂成之功、不レ獲二一簣一。居在二諒闇一、不レ動二兵甲一。是以偃息未レ捷。至レ今欲三練レ甲治レ兵、申二父兄之志一。義士虎賁、文武效レ功、白刃交レ前、亦所レ不レ顧。若以二帝德一覆載、摧二此强敵一、克靖二方難一、無レ替二前功一。竊自假二開府儀同三司一、其餘咸各假授、以勸二忠節一。詔除二武使持節・都督倭新羅任那加羅秦韓慕韓六國諸軍事・安東大將軍・倭王一。

隋書（巻八十一・東夷）

高麗

高麗之先、出レ自二夫餘一。夫餘王嘗得二河伯女一、因閉二於室內一、為二日光隨而照一レ之、感而遂孕、生二一大卵一。有二一男子一、破レ殼而出。名曰二朱蒙一。夫餘之臣以三朱蒙非二人所一レ生、咸請レ殺レ之。王不レ聽。及レ壯、因二從レ獵、所レ獲居レ多、又請レ殺レ之。其母以告二朱蒙一。朱蒙棄二夫餘一東南走。遇二一大水一。深不レ可レ越。朱蒙曰、我是河伯外孫、日之子也。今有レ難、而追兵且レ及。如何得レ渡。於レ是魚鼈積而成レ橋、朱蒙遂渡。追騎不レ得レ濟而還。

朱蒙建レ國、自號二高句麗一、以レ高為レ氏。朱蒙死、子閭達嗣。至二其孫莫來一、興レ兵遂幷二夫餘一。至二裔孫位宮一、以二魏正始中一入二寇西安平一。毌丘儉拒破レ之。位宮玄孫之子曰二昭列帝一。為二慕容氏所一レ破。遂入二丸都一、焚二其宮室一、大掠而還。昭列帝後為二百濟所一レ殺。其曾孫璉、遣二使後魏一。璉六世孫、湯、在レ周遣レ使朝貢。武帝拜二湯上開府・遼東郡公・遼東王一。高祖受レ禪、湯、復遣レ使詣レ闕。進授二大將軍一、改封二高麗王一。歲遣レ使朝貢不レ絕。

其國東西二千里、南北千餘里。都二於平壤城一。亦曰二長安城一。東西六里、隨レ山屈曲、南臨二浿水一。復有二國內城・漢城一。並其都會之所、其國中呼為二三京一。與二新羅一每相侵奪、戰爭不レ息。官有二太大兄、次大兄、次小兄、次對盧、次意侯奢、次烏拙、次太大使者、次大使者、次小使者、次褥奢、次翳屬、次仙人、凡十二等㆒。復有㆓內評・外評・五部褥薩㆒。人皆皮冠、使人加㆔插鳥羽㆒。貴者冠用㆓紫羅㆒、飾以㆓金銀㆒。服㆓大袖衫、大口袴、素皮帶、黃革屨㆒。婦人裙襦加㆑襈。兵器與㆓中國㆒略同。每㆓春秋㆒校獵、王親臨㆑之。人稅㆓布五匹、穀五石㆒。遊人則三年一稅。十人共細布一匹。租戶一石、次七斗、下五斗。反逆者縛㆓之於柱㆒、爇而斬㆑之、籍㆔沒其家㆒。盜則償㆓十倍㆒。用㆑刑既峻、罕㆑有㆓犯者㆒。樂有㆓五絃・琴・箏・篳篥・横吹・簫・鼓之屬㆒、吹㆑蘆以和㆑曲。每㆓年初㆒、聚㆔戲於浿水之上㆒、王乘㆓腰輿㆒、列㆓羽儀㆒以觀㆑之。事畢、王以㆓衣服㆒入㆑水、分㆓左右㆒爲㆓二部㆒、以㆓水石㆒相濺擲、諠呼馳逐、再三而止。俗好㆓蹲踞㆒、潔淨自喜。以㆓趨走㆒爲㆑敬、拜則曳㆓一脚㆒。立各反拱、行必搖㆑手。性多㆓詭伏㆒。父子同㆑川而浴、共㆑室而寢。婦人淫奔、俗多㆓遊女㆒。有㆓婚嫁㆒者、取㆓男女相悅㆒、然卽爲㆑之、男家送㆓豬・酒㆒而已、無㆓財聘之禮㆒。或有㆓受㆑財者㆒、人共恥㆑之。死者殯㆓屋內㆒、經㆓三年㆒、擇㆓吉日㆒而葬。居㆓父母及夫之喪㆒、服皆三年、兄弟三月。初終哭泣、葬則鼓儛作㆑樂以送㆑之。埋訖、悉取㆓死者生時服玩車馬㆒置㆓於墓側㆒、會葬者爭取而去。敬㆓鬼神㆒、多㆓淫祠㆒。

開皇初、頻有㆑使入朝。及㆓平㆑陳之後㆒、湯大懼、治㆑兵積㆑穀、爲㆓守拒之策㆒。十七年、上賜㆓湯璽書㆒曰、

朕受㆓天命㆒、愛㆔育率土㆒、委㆓王海隅㆒、宣㆔揚朝化㆒、欲㆑使㆔圓首方足各遂㆓其心㆒。王每遣㆓使人㆒、歲常朝貢。雖㆑稱㆓藩附㆒、誠節未㆑盡。王既人臣、須㆑同㆓朕德㆒、而乃驅㆔逼靺鞨㆒、固㆔禁契丹㆒。諸藩頓顙、爲㆓我臣妾㆒、忿㆓善人之慕㆑義、何毒害之情深乎。太府工人、其數不㆑少、王必須㆑之、自可㆓聞奏㆒。昔年潛行㆓財貨㆒、利動㆓小人㆒、私將㆓弩手㆒逃㆔竄下國㆒。豈非㆘修㆔理

兵器一、意欲レ不レ滅、恐レ有二外聞一故爲中盜竊上。時命二使者一、撫二慰王藩一、本欲下問二彼人情一、教中彼政術上。王乃坐二之空館一、嚴加二防守一、使三其閉レ目塞レ耳、永無二聞見一。有二何陰惡一、弗レ欲二人知一、禁二制官司一、畏二其訪察一。又數遣二馬騎一、殺二害邊人一、屢騁二姦謀一、動二作邪說一、心在二不賓一。

朕於二蒼生一悉如二赤子一。賜二王土宇一、授二王官爵一、深恩殊澤、彰二著遐邇一。王專懷二不信一、恆自猜疑、常遣二使人一密覘二消息一。純臣之義豈若レ是也。蓋當レ由二朕訓導不一レ明、王之愆違、一已寬恕、今日以後、必須二改革一。守二藩臣之節一、奉二朝正之典一、自化二爾藩一、勿レ忤二他國一、則長享二富貴一、實稱二朕心一。彼之一方、雖二地狹人少一、然普天之下、皆爲二朕臣一。今若黜レ王、不レ可二虛置一、終須下更二選官屬一、就レ彼安撫上。王若洒レ心易レ行、率二由憲章一、卽是朕之良臣、何勞三別遣二才彥一也。昔帝王作レ法、仁信爲レ先、有レ善必賞、有レ惡必罰。四海之內、具聞二朕旨一、王若無レ罪、朕忽加レ兵、自餘藩國謂二朕何一也。王必虛レ心納二朕此意一、愼勿三疑惑更懷二異圖一。

往者陳叔寶代在二江陰一、殘二害人庶一、驚二動我烽候一、抄二掠我邊境一。朕前後誡勑、經二歷十年一。彼則恃二長江之外一、聚二一隅之衆一、惛狂驕傲、不レ從二朕言一。故命レ將出レ師、除二彼凶逆一。來往不レ盈二旬月一、兵騎不レ過二數千一、歷代逋寇、一朝淸蕩、遐邇乂安、人神胥悅。聞王歎恨、獨致二悲傷一。黜二陟幽明一、有司是職、罪レ王不レ爲二陳滅一、賞レ王不レ爲二陳存一、樂レ禍好レ亂、何爲レ爾也。王謂遼水之廣何二如長江一。高麗之人多二少陳國一。朕若不レ存二含育一、責二王前愆一、命二一將軍一、何待二多力一。慇懃曉示、許二王自新一耳。宜下得二朕懷一、自求中多福上。

湯得書惶恐、將奉表陳謝。會病卒。子元嗣立。高祖使使拜元爲上開府儀同三司、襲爵遼東郡公、賜衣一襲。元奉表謝恩、幷賀祥瑞、因請封王。高祖優册元爲王。

明年、元率靺鞨之衆萬餘騎寇遼西。營州總管韋沖擊走之。高祖聞而大怒、命漢王諒爲元帥、總水陸討之、下詔黜其爵位。時餽運不繼、六軍乏食、師出臨渝關、復遇疾疫、王師不振。及次遼水、元亦惶懼、遣使謝罪、上表稱遼東糞土臣元云云。上於是罷兵、待之如初。元亦歲遣朝貢。

煬帝嗣位、天下全盛、高昌王・突厥啓人可汗竝親詣闕貢獻。於是徵元入朝。元懼藩禮頗闕。大業七年、帝將討元之罪、車駕渡遼水。上營於遼東城、分道出師、各頓兵於其城下。高麗率兵出拒、戰多不利。於是皆嬰城固守。帝令諸軍攻之、又勅諸將、高麗若降者、卽宜撫納、不得縱兵。城將陷、賊輒言請降。諸將奉旨不敢赴機。先令馳奏。比報至、賊守禦亦備、隨出拒戰。如此者再三。帝不悟。由是食盡師老、轉輸不繼、諸軍多敗績。於是班師。是行也、唯於遼水西拔賊武厲邏、置遼東郡及通定鎭而還。

九年、帝復親征之。乃勅諸軍以便宜從事。諸將分道攻城、賊勢日蹙。會楊玄感作亂、反書至。帝大懼、卽日六軍竝還。兵部侍郎斛斯政亡入高麗。高麗具知事實、悉銳來追。殿軍多敗。十年、又發天下兵。會盜賊蜂起、人多流亡、所在阻絶、軍多失期。至遼水、高麗亦困弊、遣使乞降、囚送斛斯政以贖罪。帝許之、頓於懷遠鎭、受其降款。仍以俘囚・軍實歸。至京師、以高麗使者親告於太廟、因拘留之。仍徵元入朝、元竟不至。帝勅諸軍嚴裝、更圖後擧、會天下大亂、遂不克復行。

百濟

百濟之先、出㆑自㆓高麗國㆒。其國王有㆓一侍婢㆒、忽懷孕、王欲㆑殺㆑之。婢云、有㆑物狀如㆓鷄子㆒、來感㆓於我㆒。故有㆑娠也。王捨㆑之。後遂生㆓一男㆒。棄㆓之廁溷㆒、久而不㆑死。以爲㆑神、命養㆑之、名曰㆓東明㆒。及㆑長、高麗王忌㆑之。東明懼、逃至㆓淹水㆒。夫餘人共奉㆑之。東明之後、有㆓仇台者㆒。篤㆓於仁信㆒、始立㆓其國于帶方故地㆒。漢遼東太守公孫度以㆑女妻㆑之。漸以昌盛、爲㆓東夷强國㆒。初以㆓百家㆒濟㆑海、因號㆓百濟㆒。歷㆓十餘代㆒、代臣㆓中國㆒。前史載㆑之詳矣。開皇初、其王餘昌遣㆑使貢㆓方物㆒。拜㆑昌爲㆓上開府・帶方郡公・百濟王㆒。

其國東西四百五十里、南北九百餘里、南接㆓新羅㆒、北拒㆓高麗㆒。其都曰㆓居拔城㆒。官有㆓十六品㆒、長曰㆓左平㆒、次大率、次恩率、次德率、次杅率、次奈率、次將德、服㆓紫帶㆒。次施德、皂帶。次固德、赤帶。次李德、青帶。次對德以下、皆黃帶。次文督、次武督、次佐軍、次振武、次剋虞、皆用㆓白帶㆒。其冠制竝同。唯奈率以上飾以㆓銀花㆒。長史三年一交代。畿內爲㆓五部㆒、部有㆓五巷㆒。士人居㆑焉。五方各有㆓方領一人㆒、方佐貳㆑之。方有㆓十郡㆒、郡有㆑將。其人雜㆔有新羅・高麗・倭等㆒、亦有㆓中國人㆒。其衣服與㆓高麗㆒略同。婦人不㆑加㆓粉黛㆒、女辮髮垂㆑後、已出嫁則分爲㆓兩道㆒、盤㆓於頭上㆒。俗尙㆓騎射㆒、讀㆓書史㆒、能㆓吏事㆒、亦知㆓醫藥・蓍龜・占相之術㆒。以㆓兩手㆒據㆑地爲㆑敬。有㆓僧尼㆒、多㆓寺塔㆒。有㆓鼓角・箜篌・箏・竽・篪・笛之樂㆒、投壺・圍棊・樗蒲・握槊・弄珠之戲㆒。行㆓宋元嘉曆㆒、以㆓建寅月㆒爲㆓歲首㆒。國中大姓有㆓八族㆒、沙氏・燕氏・劦氏・解氏・貞氏・國氏・木氏・苩氏。婚娶之禮、略同㆓於華㆒。喪制如㆓高麗㆒。有㆓五穀・牛・猪・鷄㆒、多不㆓火食㆒。厥田下濕、人皆山居。有㆓巨栗㆒。毎以㆓四仲之月㆒、王祭㆓天及五帝之神㆒。立㆓其始祖仇台廟於國城㆒、歳四祠㆑之。國西南人島居者十五所、皆有㆓城邑㆒。

平㆑陳之歳、有㆓一戰船㆒、漂至㆓海東躭牟羅國㆒。其船得㆑還、經㆓于百濟㆒。昌資㆓送之㆒甚厚、幷遣㆑使奉㆑表賀㆑平㆑陳。高祖善㆑之、下㆑詔曰、百濟王既聞㆑平㆑陳、遠令㆑奉㆑表。往復至難、若逢㆓風浪㆒、便致㆓傷損㆒。百濟王心迹淳至、朕已委知。相去雖㆑遠、事同㆓言面㆒、何必數遣㆑使來、相體悉。自㆑今以後、不㆑須㆓年別入貢㆒。朕亦不㆓遣㆑使往㆒、王宜㆑知㆑之。使者舞蹈而去。

開皇十八年、昌使㆔其長史王辯那來獻㆓方物㆒。屬㆑興㆓遼東之役㆒、遣㆑使奉㆑表、請㆑爲㆓軍導㆒。帝下㆑詔曰、往歳爲㆘高麗不㆑供㆓職貢㆒、無㆗人臣禮㆖、故命㆑將討㆑之。高元君臣恐懼、畏服歸㆑罪、朕已赦㆑之、不㆑可㆑致㆑伐。厚㆓其使㆒而遣㆑之。高麗頗知㆓其事㆒、以㆑兵侵㆓掠其境㆒。

昌死、子餘宣立。死、子餘璋立。

大業三年、璋遣㆓使者燕文進㆒朝貢。其年、又遣㆓使者王孝鄰㆒入獻、請㆑討㆓高麗㆒。煬帝許㆑之、令㆑覘㆓高麗動靜㆒。然璋內與㆓高麗㆒通㆑和、挾㆑詐以窺㆓中國㆒。七年、帝親征㆓高麗㆒。璋使㆔其臣國智牟來請㆓軍期㆒。帝大悅、厚加㆓賞錫㆒、遣㆓尚書起部郎席律㆒詣㆓百濟㆒、與相知。明年、六軍渡㆑遼、璋亦嚴㆓兵於境㆒、聲言㆑助㆑軍、實持㆓兩端㆒。尋與㆓新羅㆒有㆑隙、每相戰爭。十年、復遣㆑使朝貢。後天下亂、使命遂絕。

其南海行三月、有㆓躭牟羅國㆒。南北千餘里、東西數百里、土多㆓麞・鹿㆒、附㆓庸於百濟㆒。百濟自西行三日、至㆓貊國㆒云。

新羅

新羅國、在二高麗東南一。居二漢時樂浪之地一、或稱二斯羅一。魏將毌丘儉討二高麗一破レ之、奔二沃沮一。其後復歸二故國一、留者遂爲二新羅一焉。故其人雜二有華夏・高麗・百濟之屬一。兼二有沃沮・不耐・韓・獩之地一。其王本百濟人、自レ海逃入二新羅一、遂王二其國一。傳レ祚至二金眞平一。開皇十四年、遣レ使貢二方物一。高祖拜二眞平一爲二上開府・樂浪郡公・新羅王一。其先附二庸於百濟一、後因二百濟征二高麗一、高麗人不レ堪二戎役一、相率歸レ之、遂致二强盛一。因襲二百濟附庸諸迦羅國一。其官有二十七等一。其一曰二伊罰干一、貴如二相國一。次伊尺干、次迎干、次破彌干、次大阿尺干、次阿尺干、次乙吉干、次沙咄干、次及伏干、次大奈摩干、次奈摩、次大舍、次小舍、次吉士、次大烏、次小烏、次造位。外有二郡縣一。其文字・甲兵同二於中國一。選二人壯健者一悉入レ軍。烽・戍・邏俱有二屯營部伍一。風俗・刑政・衣服、略與二高麗・百濟一同。每二正月旦一相賀、王設二宴會一、班二賚群官一。其日拜二日月神一。至二八月十五日一、設レ樂、令二官人射一、賞以二馬・布一。其有二大事一、則聚二群官一詳議而定レ之。服色尙レ素。婦人辮髮繞レ頭、以二雜綵及珠一爲レ飾。婚嫁之禮、唯酒食而已、輕重隨二貧富一。新婚之夕、女先拜二舅姑一、次卽拜レ夫。死有二棺斂一。葬起二墳陵一。王及父母妻子喪、持服一年。田甚良沃、水陸兼種。其五穀・果菜・鳥獸・物產、略與レ華同。大業以來、歲遣二朝貢一。新羅地多二山險一、雖下與二百濟一構上隙、百濟亦不レ能レ圖レ之。

靺鞨

靺鞨、在二高麗之北一。邑落倶有二酋長一、不二相總一一。凡有二七種一。其一號二粟末部一、與二高麗一相接、勝兵數千、多二驍武一、每寇二高麗中一。其二曰二伯咄部一、在二粟末之北一、勝兵七千。其三曰二安車骨部一、在二伯咄東北一。其四曰二拂涅部一、在二伯咄東一。其五曰二號室部一、在二拂涅東一。其六曰二黑水部一、在二安車骨西北一。其七曰二白山部一、在二粟末東南一。勝兵竝不レ過二三千一、而黑水部尤爲二勁健一。自二拂涅一以東、矢皆石鏃、卽古之肅愼氏也。所レ居多依二山水一、渠帥曰二大莫弗瞞咄一、東夷中爲二强國一。有二徒太山者一、俗甚敬畏。上有二熊・羆・豹・狼一、皆不レ害レ人、人亦不二敢殺一。地卑濕、築レ土如レ堤、鑿レ穴以居。開レ口向レ上、以レ梯出入。相與偶耕。土多二粟・麥・穄一。水氣鹹、生二鹽於木皮之上一。其畜多レ猪。嚼レ米爲レ酒、飲レ之亦醉。婦人服レ布、男子衣二猪・狗皮一。俗以レ溺洗二手・面一、於二諸夷一最爲二不潔一。其俗淫而妬、其妻外婬、人有下告二其夫一者上、夫輒殺レ妻、殺而後悔、必殺二告者一。由レ是姦婬之事終不二發揚一。人皆射獵爲レ業。角弓長三尺、箭長尺有二寸。常以二七・八月一造二毒藥一、傅レ矢以射二禽獸一、中者立死。

開皇初、相率遣レ使貢獻。高祖詔二其使一曰、朕聞、彼土人庶多能勇捷。今來相見。實副二朕懷一。朕視二爾等一如レ子。爾等宜二敬レ朕如一レ父。對曰、臣等僻二處一方一、道路悠遠。聞三內國有二聖人一、故來朝拜。既蒙二勞賜一、親奉二聖顏一、下情不レ勝二歡喜一、願得三長爲二奴僕一也。其國西北與二契丹一相接、每相劫掠。後因二其使來一、高祖誡レ之曰、我憐二念契丹與一レ爾無レ異、宜三各守二土境一、豈不二安樂一。何爲輒相攻擊。甚乖二我意一。使者謝レ罪。高祖因厚勞レ之、令三宴二飲於レ前。使者與二其徒一皆起舞、其曲折多二戰鬭之容一。上顧謂二侍臣一曰、天地閒乃有二此物一。常作二用兵意一、何其甚也。然其國與レ隋懸隔。唯粟末・白山爲レ近。

煬帝初與二高麗一戰、頻敗二其衆一。渠帥度地稽率二其部一來降。拜爲二右光祿大夫一、居二之柳城一、與二邊人一來往。悅二中國風俗一、請レ被二冠帶一。帝嘉レ之、賜以二錦綺一而褒二寵之一。及二遼東之役一、度地稽率二其徒一以從。每有二戰功一、賞賜優厚。十三年、從三帝幸二江都一。尋放歸二柳城一。在レ塗遇二李密之亂一。密遣レ兵邀レ之、前後十餘戰、僅而得レ免。至二高陽一、復沒二於王須拔一。未レ幾、遁歸二羅藝一。

流求國

流求國、居二海島之中一、當二建安郡東一。水行五日而至。土多二山洞一。其王姓歡斯氏、名渴剌兜、不レ知二其由來有レ國代數一也。彼土人呼レ之爲二可老羊一、妻曰二多拔荼一。所レ居曰二波羅檀洞一、塹柵三重、環以二流水一、樹レ棘爲レ藩。王所レ居舍、其大一十六閒、琱二刻禽獸一。多二鬭鏤樹一。似レ橘而葉密、條纖如レ髮然下垂。國有二四五帥一、統二諸洞一、洞有二小王一。往往有レ村、村有二鳥了帥一、竝以二善戰者一爲レ之、自相樹立、理二一村之事一。男女皆以二白紵繩一纏レ髮、從二項後一盤繞至レ額。其男子用二鳥羽一爲レ冠、裝以二珠貝一、飾以二赤毛一。形製不レ同。婦人以二羅紋白布一爲レ帽、其形正方。織二鬭鏤皮幷雜色紵及雜毛一以爲レ衣、製裁不レ一。綴レ毛垂レ螺爲レ飾、雜色相閒、下垂二小貝一、其聲如レ珮。綴レ鐺施レ釧、懸二珠於頸一。織レ藤爲レ笠、飾以二毛・羽一。有二刀・矟・弓・箭・劍・鈹之屬一。其處少レ鐵、刃皆薄小、多以二骨角一輔二助之一。編レ紵爲レ甲、或用二熊豹皮一。王乘二木獸一、令二左右輿一レ之而行。導從不レ過二數十人一。小王乘レ机、鏤爲二獸形一。國人好相攻擊、人皆驍健善走、難レ死而耐レ創。諸洞各爲二部隊一、不二相救助一。兩陣相當、勇者三五人出レ前跳噪、交レ言相罵、因相擊射。如其不レ勝、一軍皆走、遣レ人致レ謝、卽共和解。收二取鬪死者一、共聚而食レ之、仍以二髑髏一將二向王所一。王則賜レ之以レ冠、使レ爲二隊帥一。無二賦斂一、有レ事則均稅。用レ刑亦無二常准一、皆臨レ事科決。犯罪皆斷二於鳥了帥一。不レ伏、則上二請於王一。王令二臣下共議定一レ之。獄無二枷鎖一、唯用レ繩縛。決二死刑一以二鐵錐一。大如レ筯、長尺餘、鑽レ頂而殺レ之。輕罪用レ杖。俗無二文字一。望二月虧盈一以紀二時節一、候二草藥枯一以爲二年歲一。

人深目長鼻、頗類二於胡一。亦有二小慧一。無二君臣上下之節、拜伏之禮一。父子同レ牀而寢。男子拔二去髭鬢一、身上有レ毛之處皆亦除去。婦人以レ墨黥レ手、爲二蟲蛇之文一。嫁娶以二酒肴珠貝一爲レ娉、或男女相悅、便相匹偶。婦人產乳、必食二子衣一、產後以レ火自灸、令二汗出一、五日便平復。以二木槽中暴二海水一爲レ鹽、木汁爲レ酢、釀二米麴一爲レ酒。其味甚薄。食皆用レ手。偶得二異味一、先進二尊者一。凡有二宴會一、執レ酒者必待レ呼レ名而後飮。上二王酒一者、亦呼二王名一。銜レ杯共飮、頗同二突厥一。歌呼蹋蹄、一人唱、衆皆和、音頗哀怨。扶二女子上膊一、搖レ手而舞。其死者氣將レ絕、舉至レ庭、親賓哭泣相弔。浴二其屍一、以二布帛一纏レ之、裹以二葦草一、親土而殯、上不レ起レ墳。子爲レ父者、數月不レ食レ肉。南境風俗少異、人有二死者一、邑里共食レ之。

有二熊・羆・豺・狼一。尤多二猪・雞一、無二牛・羊・驢馬一。厥田良沃、先以レ火燒而引レ水灌レ之。持二一插一、以レ石爲レ刃。長尺餘、闊數寸、而墾レ之。土宜二稻・粱・床黍・麻・豆・赤豆・胡豆・黑豆等一、木有二楓・栝・樟・松・梗・楠・杉・梓・竹・籐一。果藥同二於江表一、風土氣候與二嶺南一相類。

俗事二山海之神一、祭以二酒肴一、鬭戰殺レ人、便將二所レ殺人一祭二其神一。或依二茂樹一起二小屋一、或懸二髑髏於樹上一、以レ箭射レ之。或累レ石繋レ幡以爲二神主一。王之所レ居、壁下多聚二髑髏一以爲レ佳。人間門戶上必安二獸頭骨角一。

大業元年、海師何蠻等、每二春秋二時一、天淸風靜、東望依希、似レ有二煙霧之氣一、亦不レ知二幾千里一。三年、煬帝令三羽騎尉朱寬入レ海求二訪異俗一。何蠻言レ之、遂與レ蠻俱往。因到二流求國一、言不二相通一、掠二一人一而返。明年、帝復令三寬慰二撫之一、流求不レ從。寬取二其布甲一而還。時倭國使來朝、見レ之曰、此夷邪久國人所レ用也。帝遣二武賁郎將陳稜・朝請大夫張鎭州一率レ兵自二義安一浮レ海擊レ之。至二高華嶼一、又東行二日至二黿鼊嶼一、又一日便至二流求一。初、稜將二南方諸國人一從レ軍。有二崐崘人一頗解二其語一。遣レ人慰二諭之一、流求不レ從、拒二逆官軍一。稜擊二走之一、進至二其都一。頻戰皆敗、焚二其宮室一、虜二其男女數千人一、載二軍實一而還。自レ爾遂絕。

倭國

倭國、在二百濟・新羅東南、水陸三千里一。於二大海之中一依二山島一而居。魏時、譯二通中國一。三十餘國、皆自稱レ王。夷人不レ知二里數一、但計以レ日。其國境東西五月行、南北三月行、各至二於海一。其地勢東高西下。都二於邪靡堆一。則魏志所レ謂邪馬臺者也。古云、去二樂浪郡境及帶方郡一竝一萬二千里、在二會稽之東一、與二儋耳一相近。漢光武時、遣レ使入朝、自稱二大夫一。安帝時、又遣レ使朝貢、謂二之倭奴國一。桓・靈之閒、其國大亂、遞相攻伐、歷レ年無レ主。有二女子一名卑彌呼、能以二鬼道一惑レ衆。於レ是國人共立爲レ王。有二男弟一、佐二卑彌一理レ國。其王有二侍婢千人一、罕下有レ見二其面一者上、唯有二男子二人一給二王飲食一、通二傳言語一。其王有二宮室・樓觀・城柵一、皆持レ兵守衞、爲レ法甚嚴。自レ魏至二于齊・梁一、代與二中國一相通。

開皇二十年、倭王姓阿每、字多利思比孤、號阿輩雞彌、遣レ使詣レ闕。上令三所司訪二其風俗一。使者言、倭王以レ天爲レ兄、以レ日爲レ弟、天未レ明時出聽レ政、跏趺坐、日出便停二理務一、云レ委二我弟一。高祖曰、此太無二義理一。於レ是訓令レ改レ之。王妻號二雞彌一。後宮有二女六七百人一。名二太子一爲二利歌彌多弗利一。無二城郭一。內官有二十二等一、一曰二大德一、次小德、次大仁、次小仁、次大義、次小義、次大禮、次小禮、次大智、次小智、次大信、次小信、員無二定數一。有二軍尼一百二十人一、猶二中國牧宰一。八十戶置二一伊尼翼一、如二今里長一也。十伊尼翼屬二一軍尼一。其服飾、男子衣二裙襦一、其袖微小、履如二屨形一、漆二其上一、繫二之於脚一。人庶多二跣足一。不レ得下用二金銀一爲上飾。故時衣二橫幅一、結束相連而無レ縫。頭亦無レ冠、但垂二髮於兩耳上一。至レ隋、其王始制レ冠、以二錦綵一爲レ之、以二金銀鏤花一爲レ飾。婦人束二髮於後一、亦衣二裙襦一。裳皆有レ襈。攕レ竹爲レ梳、編レ草爲レ薦、雜レ皮爲レ表、緣以二文皮一。有二弓・矢・刀・矟・弩・穳・斧一。漆レ皮爲レ甲、骨爲二矢鏑一。雖レ有レ兵、無二征戰一。其王朝會、必陳二設儀仗一、奏二其國樂一。戶可二十萬一。

其俗殺人・强盗及姦皆死、盗者計レ贓酬レ物、無レ財者没レ身爲レ奴。自餘輕重、或流或杖。每訊二究獄訟一、不二承引一者、以レ木壓レ膝、或張二强弓一、以レ弦鋸二其項一。或置二小石於沸湯中一、令二所レ競者探一レ之、云、理曲者卽手爛。或置二蛇甕中一、令レ取レ之、云、曲者卽螫レ手矣。人頗恬靜、罕二爭訟一、少二盗賊一。樂有二五弦・琴・笛一。男女多黥臂點面文身、沒レ水捕レ魚。無二文字一、唯刻レ木結レ繩。敬二佛法一、於二百濟一求二得佛經一、始有二文字一。知二卜筮一、尤信二巫覡一。每至二正月一日一、必射戲・飲酒。其餘節略與レ華同。好二棊博・握槊・樗蒲之戲一。氣候溫暖、草木冬青、土地膏腴、水多陸少。以二小環一挂二鸕鷀項一、令二入レ水捕レ魚、日得二百餘頭一。俗無二盤俎一、藉以二槲葉一、食用レ手餔レ之。性質直、有二雅風一。女多男少。婚嫁不レ取二同姓一、男女相悦者卽爲レ婚。婦入二夫家一、必先跨レ火、乃與レ夫相見。婦人不二淫妬一。死者斂以二棺槨一、親賓就レ屍歌舞、妻子兄弟以二白布一製レ服。貴人三年殯二於外一、庶人卜レ日而瘞。及レ葬、置二屍船上一、陸地牽レ之、或以二小輿一。有二阿蘇山一。其石無レ故火起接レ天者、俗以爲レ異、因行二禱祭一。有二如意寶珠一、其色青、大如二雞卵一、夜則有レ光、云、魚眼精也。新羅・百濟皆以レ倭爲三大國多二珍物一、竝敬二仰之一、恆通レ使往來。

大業三年、其王多利思比孤遣レ使朝貢。使者曰、聞海西菩薩天子重興二佛法一。故遣朝拜、兼沙門數十人來學二佛法一。其國書曰、日出處天子致二書日沒處天子一無レ恙云云。帝覽レ之不レ悦、謂二鴻臚卿一曰、蠻夷書有二無禮者一、勿二復以聞一。明年、上遣二文林郎裴淸一使二於倭國一。度二百濟一、行至二竹島一、南望二躭羅國一、經三都斯麻國迥在二大海中一。又東至二一支國一、又至二竹斯國一、又東至二秦王國一。其人同二於華夏一、以爲二夷洲一、疑不レ能レ明也。又經二十餘國一、達二於海岸一。自二竹斯國㆒以東、皆附㆔庸於倭㆒。倭王遣㆓小德阿輩臺㆒、從㆓數百人㆒、設㆓儀仗㆒、鳴㆓鼓角㆒來迎。後十日、又遣㆓大禮哥多毗㆒、從㆓二百餘騎㆒郊勞。既至㆓彼都㆒、其王與㆑清相見、大悅、曰、我聞海西有㆓大隋㆒、禮義之國。故遣朝貢。我夷人、僻在㆓海隅㆒、不㆑聞㆓禮義㆒。是以稽㆔留境內㆒、不㆓卽相見㆒。今故清㆑道飾㆑館、以待㆓大使㆒、冀聞㆓大國惟新之化㆒。清答曰、皇帝德竝㆓二儀㆒、澤流㆓四海㆒。以㆓王慕㆑化、故遣㆓行人㆒來㆑此宣諭。既而引㆑清就㆑館。其後清遣㆑人謂㆓其王㆒曰、朝命既達、請卽戒塗。於㆑是設㆑宴享以遣㆑清、復令㆔使者隨㆑清來貢㆓方物㆒。此後遂絕。

舊唐書（卷一百九十九上・東夷）

倭國

倭國者、古倭奴國也。去二京師一一萬四千里、在二新羅東南大海中一。依二山島一而居。東西五月行、南北三月行。世與二中國一通。其國、居無二城郭一、以レ木爲レ柵、以レ草爲レ屋。四面小島五十餘國、皆附屬焉。其王姓阿每氏。置二一大率一、檢二察諸國一。皆畏二附之一。設レ官有二十二等一。其訴訟者、匍匐而前。地多レ女少レ男。頗有二文字一。俗敬二佛法一。竝皆跣足、以二幅布一蔽二其前後一。貴人戴二錦帽一、百姓皆椎髻、無二冠帶一。婦人衣二純色裙、長腰襦一、束二髮於後一、佩二銀花、長八寸、左右各數枝一、以明二貴賤等級一。衣服之制、頗類二新羅一。

貞觀五年、遣レ使獻二方物一。太宗矜二其道遠一、勅二所司一無レ令二歲貢一、又遣二新州刺史高表仁一持レ節往撫レ之。表仁無二綏遠之才一、與二王子一爭レ禮、不レ宣二朝命一而還。至二二十二年一、又附二新羅一奉レ表、以通二起居一。

日本

日本國者、倭國之別種也。以三其國在二日邊一、故以二日本一爲レ名。或曰、倭國自惡二其名不レ雅、改爲二日本一。或云、日本舊小國、併二倭國之地一。其人入レ朝者、多自矜レ大、不二以レ實對一、故中國疑レ焉。又云、其國界東西南北各數千里、西界・南界咸至二大海一、東界・北界有二大山一爲レ限。山外卽毛人之國。

長安三年、其大臣朝臣眞人來貢二方物一。朝臣眞人者、猶二中國戶部尚書一。冠二進德冠一、其頂爲レ花、分而四散、身服二紫袍一、以レ帛爲二腰帶一。眞人好レ讀二經史一、解レ屬レ文、容止溫雅。則天宴二之於麟德殿一、授二司膳卿一、放還二本國一。

開元初、又遣レ使來朝。因請二儒士授レ經。詔二四門助教趙玄默就二鴻臚寺一敎レ之。乃遣二玄默闊幅布一以爲二束修之禮一。題云二白龜元年調布一。人亦疑二其僞一。所レ得錫賚、盡市二文籍一、泛レ海而還。其偏使朝臣仲滿、慕二中國之風一、因留不レ去、改二姓名一爲二朝衡一、仕歷二左補闕・儀王友一。衡留二京師一五十年、好二書籍一、放歸レ鄉、逗留不レ去。天寶十二年、又遣レ使貢。上元中、擢レ衡爲二左散騎常侍・鎭南都護一。貞元二十年、遣レ使來朝。留二學生橘逸勢・學問僧空海一。元和元年、日本國使判官高階眞人上言、前件學生、藝業稍成、願レ歸二本國一、便請二與レ臣同歸一。從レ之。開成四年、又遣レ使朝貢。

新唐書（巻二百二十・東夷）

百濟

百濟、扶餘別種也。直二京師東六千里而贏、濱海之陽一、西界越州、南倭、北高麗、皆踰レ海乃至。其東、新羅也。王居二東・西二城一。官有二内臣佐平者一宣二納號令一。内頭佐平主二帑聚一、内法佐平主レ禮、衞士佐平典二衞兵一、朝廷佐平主レ獄、兵官佐平掌二外兵一。有二六方一、方統二十郡一。大姓有レ八、沙氏・燕氏・劦氏・解氏・貞氏・國氏・木氏・苩氏。其法、反逆者誅、籍二其家一。殺レ人者、輸二奴婢三一贖レ罪。吏受レ賕及盜、三倍償、錮終身。俗與二高麗一同。有二三島一、生二黄漆一、六月刺取レ瀋。色若レ金。王服三大袖紫袍・靑錦袴・素皮帶・烏革履・烏羅冠飾以二金蘤一。羣臣絳衣、飾レ冠以二銀蘤一。禁三民衣二絳紫一。有二文籍一、紀二時月一如二華人一。

武德四年、王扶餘璋始遣レ使獻二果下馬一。自レ是數朝貢。高祖册爲二帶方郡王・百濟王一。後五年、獻二明光鎧一、且訟三高麗梗二貢道一。太宗貞觀初、詔二使者一平二其怨一。又與二新羅一世仇、數相侵。帝賜二璽書一曰、新羅、朕蕃臣、王之鄰國。聞二數相侵暴一。朕已詔二高麗・新羅一申レ和。王宜下忘二前怨一、識中朕本懷上。璋奉レ表謝。然兵亦不レ止。再遣レ使朝、上二鐵甲雕斧一。帝優二勞之一、賜二帛段三千一。十五年、璋死。使者素服奉レ表曰、君外臣百濟王扶餘璋卒。帝爲擧二哀玄武門一、贈二光祿大夫一、賻賜甚厚。命二祠部郎中鄭文表一册二其子義慈一爲二柱國一、紹レ王。

義慈事レ親孝、與二兄弟一友。時號二海東曾子一。明年、與二高麗一連和伐二新羅一。取二四十餘城一、發レ兵守レ之。又謀下取二棠項城一、絶中貢道上。新羅告レ急。帝遣二司農丞相里玄奬一齎二詔書一諭解。聞三帝新討二高麗一、乃閒三取新羅七城一。久レ之、又奪二十餘城一。因不二朝貢一。高宗立、乃遣二使者一來。帝詔二義慈一曰、海東三國、開レ基舊矣。地固犬牙。比者隙爭侵校無二寧歲一。新羅高城重鎭皆爲レ王幷、歸二窮于朕一、丐二王歸一レ地。昔齊桓一諸侯、尙存二亡國一。況朕萬方主、可レ不レ卹二其危一邪。王所レ兼城宜レ還レ之、新羅所レ俘亦畀三還王一。不レ如レ詔者、任二王決戰一、朕將下發二契丹諸國一、度レ遼深入上。王可レ思レ之。無二後悔一。

永徽六年、新羅訴三百濟・高麗・靺鞨取二北境三十城一。顯慶五年、乃詔二左衛大將軍蘇定方一爲二神丘道行軍大總管一、率二左衛將軍劉伯英・右武衛將軍馮士貴・左驍衛將軍龐孝泰一發二新羅兵一討レ之。自二城山一濟レ海。百濟守二熊津口一、定方縱擊。虜大敗、王師乘レ潮帆以進、趨二眞都城一一舍止。虜悉レ衆拒、復破レ之、斬首萬餘級、拔二其城一。義慈挾二太子隆一走二北鄙一。定方圍レ之。次子泰自立爲レ王、率レ衆固守、義慈孫文思曰、王・太子固在、叔乃自王。若唐兵解去、如二我父子一何。與二左右一縋而出、民皆從レ之、泰不レ能レ止。定方令二士超レ堞立一レ幟、泰開レ門降。定方執二義慈・隆及小王孝演、酋長五十八人一送二京師一、平二其國五部、三十七郡、二百城、戸七十六萬一。乃析置二熊津・馬韓・東明・金漣・德安五都督府一、擢二酋渠長一治レ之、命二郎將劉仁願一守二百濟城一、左衛郎將王文度爲二熊津都督一。九月、定方以レ所レ俘見。詔二釋不一レ誅。義慈病死。贈二衛尉卿一、許二舊臣赴臨一、詔葬二孫晧・陳叔寶墓左一、授二隆司稼卿一。文度濟レ海卒。以二劉仁軌一代レ之。

璋從子福信嘗將レ兵。乃與二浮屠道琛一據二周留城一反、迎二故王子扶餘豐於倭一、立爲レ王。西部皆應。引レ兵圍二仁願一。龍朔元年、仁軌發二新羅兵一往救。道琛立二二壁熊津江一。仁軌與二新羅兵一夾三擊之一。奔三入壁一、爭レ梁墮溺者萬人、新羅兵還。道琛保二任孝城一、自稱二領軍將軍一、福信稱二霜岑將軍一、告二仁軌一曰、聞唐與二新羅一約、破二百濟一、無二老孺一皆殺レ之、畀以レ國。我與レ受レ死、不レ若レ戰。仁軌遣レ使齎レ書答說。道琛倨甚、館二使者于外一、嫚報曰、使人官小、我國大將、禮不レ當レ見。徒遣レ之。仁軌以二衆少一、乃休レ軍養レ威、請下合二新羅一圖上之。福信俄殺二道琛一、幷二其兵一、豐不レ能レ制。二年七月、仁願等破二之熊津一、拔二支羅城一、夜薄二眞峴一、比レ明入レ之、斬首八百級、新羅餉道乃開。仁願請レ濟レ師。詔二右威衞將軍孫仁師一爲二熊津道行軍總管一、發二齊兵七千一往。福信顓レ國、謀レ殺レ豐、豐率二親信一斬二福信一、與二高麗・倭一連和。仁願已得二齊兵一、士氣振。乃與二新羅王金法敏一率二步騎一。而遣二劉仁軌一率二舟師一、自二熊津江一偕進、趨二周留城一。豐衆屯二白江口一、四遇皆克、火二四百艘一。豐走、不レ知二所在一。僞王子扶餘忠勝・忠志率二殘衆及倭人一請レ命。諸城皆復。仁願勒レ軍還、留二仁軌一代守。

帝以二扶餘隆一爲二熊津都督一、俾二歸國一、平二新羅故憾一、招三還遺人一。麟德二年、與二新羅王一會二熊津城一、刑二白馬一以盟。仁軌爲二盟辭一曰、往百濟先王、罔レ顧二逆順一、不レ敦レ鄰、不レ睦レ親、與二高麗・倭一共侵三削新羅一、破レ邑屠レ城。天子憐二百姓無辜一、命二行人一脩レ好、先王負レ險恃レ遐、侮慢弗レ恭。皇赫斯怒、是伐是夷。但興レ亡繼レ絕、王者通制。故立二前太子隆一爲二熊津都督一、守二其祭祀一、附三杖新羅一、長爲二與國一、結レ好除レ怨、恭二天子命一、永爲二藩服一。右威衞將軍・魯城縣公仁願、親臨二厥盟一。有下貳二其德一、興レ兵動上衆、明神監レ之、百殃是降、子孫不レ育、社稷無レ守。世世毋二敢犯一。乃作二金書鐵契一、藏二新羅廟中一。仁願等還、隆畏二衆携散一、亦歸二京師一。儀鳳時、進二帶方郡王一、遣歸藩。是時、新羅彊、隆不三敢入二舊國一、寄三治高麗二死。武后又以二其孫敬一襲レ王、而其地已爲二新羅・渤海靺鞨所一レ分、百濟遂絶。

新羅

新羅、弁韓苗裔也。居二漢樂浪地一。橫千里、縱三千里、東拒二長人一、東南日本、西百濟、南瀕レ海、北高麗。而王居二金城一。環八里所、衞兵三千人。謂レ城爲二侵牟羅一、邑在レ內曰二喙評一、外曰二邑勒一。有二喙評六、邑勒五十二一。朝服尙レ白、好祠二山神一。八月望日、大宴賚二官吏一、射。其建レ官、以二親屬一爲レ上、其族名二第一骨・第二骨一以自別。兄弟女・姑・姨・從姉妹、皆聘爲レ妻。王族爲二第一骨一、妻亦其族。生子皆爲二第一骨一、不レ娶二第二骨女一、雖レ娶、常爲二妾媵一。官有二宰相・侍中・司農卿・太府令一、凡十有七等、第二骨得レ爲レ之。事必與レ衆議、號二和白一、一人異則罷。宰相家不レ絶レ祿、奴僮三千人、甲兵・牛・馬・猪稱レ之。畜二牧海中山一、須レ食乃射。息二穀米於人一、償不レ滿、庸爲二奴婢一。王姓金、貴人姓朴、民無レ氏有レ名。食用二柳杯若銅・瓦一。元日相慶、是日拜二日月神一。男子褐袴、婦長襦。見レ人必跪、則以レ手据レ地爲レ恭。不二粉黛一、率美髮以繚レ首、以二珠綵一飾レ之。男子翦レ髮鬻、冒以二黑巾一。市皆婦女貿販。冬則作二竈堂中一、夏以レ食置二冰上一。畜無レ羊、少二驢・騾一、多レ馬。馬雖二高大一、不二善行一。

長人者、人類長三丈、鋸牙鉤爪、黒毛覆レ身、不二火食一、噬二禽獸一、或搏レ人以食。得二婦人一、以治二衣服一。其國連山數十里、有レ峡。固以二鐵闔一、號二關門一、新羅常屯二弩士數千一守レ之。初、百濟伐二高麗一、來請レ救。悉レ兵往破レ之。自レ是相攻不レ置。後獲二百濟王一殺レ之、滋結レ怨。武徳四年、王眞平遣二使者一入朝。高祖詔二通直散騎侍郎庾文素一持レ節答賚。後三年、拜二柱國一、封二樂浪郡王・新羅王一。

貞觀五年、獻二女樂二一。太宗曰、比林邑獻二鸚鵡一、言レ思レ鄉、丐レ還、況於レ人乎。付二使者一歸レ之。是歳、眞平死、無レ子、立二女善德一爲レ王、大臣乙祭柄レ國。詔贈二眞平左光祿大夫一、賻二物段二百一。九年、遣二使者一冊二善德一襲二父封一。國人號二聖祖皇姑一。十七年、爲二高麗・百濟所レ攻、使者來乞レ師。亦會三帝親伐二高麗一。詔率レ兵以披二虜勢一。善德使三兵五萬入二高麗南鄙一、拔二水口城一以聞。二十一年、善德死。贈二光祿大夫一、而妹眞德襲レ王。明年、遣二子文王及弟伊贊子春秋一來朝。拜二文王左武衞將軍、春秋特進一。因レ請下改二章服一、從中中國制上、内出二珍服一賜レ之。又詣二國學一觀二釋奠・講論一。帝賜二所レ製晉書一。辭歸、敕三三品以上郊餞。

高宗永徽元年、攻二百濟一、破レ之、遣二春秋子法敏一入朝。眞德織レ錦爲レ頌以獻、曰、巨唐開二洪業一、巍巍皇猷昌。止レ戈成二大定一、興レ文繼二百王一。統レ天崇二雨施一、治レ物體含レ章。深仁諧二日月一、撫運邁二時康一。幡旗既赫赫、鉦鼓何鍠鍠。外夷違レ命者、翦覆被二天殃一。淳風凝幽顯、遐邇競呈レ祥。四時和二玉燭一、七耀巡二萬方一。維岳降二宰輔一、維帝任二忠良一。三五成二一德一、昭二我唐家唐一。帝美二其意一、擢二法敏太府卿一。

五年、眞德死。帝爲擧レ哀、贈二開府儀同三司一、賜二綵段三百一、命二太常丞張文收一持レ節弔祭、以二春秋一襲レ王。明年、百濟・高麗・靺鞨共伐二取其三十城一。使者來請レ救。帝命二蘇定方一討レ之、以二春秋一爲二嵎夷道行軍總管一、遂平二百濟一。龍朔元年、死、法敏襲レ王。以二其國一爲二鷄林州大都督府一、授二法敏都督一。

咸亨五年、納二高麗叛衆一、略二百濟地一守レ之。帝怒、詔削二官爵一、以二其弟右驍衛員外大將軍・臨海郡公仁問一爲二新羅王一、自二京師一歸國。詔二劉仁軌一爲二鷄林道大總管一、衞尉卿李弼・右領軍大將軍李謹行副レ之、發レ兵窮討。上元二年二月、仁軌破二其衆於七重城一。以二靺鞨兵一浮レ海略二南境一、斬獲甚衆。詔二李謹行一爲二安東鎭撫大使一、屯二買肖城一。三戰、虜皆北。法敏遣レ使入朝謝罪、貢篚相望。仁問乃還、辭レ王。詔復二法敏官爵一。然多取二百濟地一、遂抵二高麗南境一矣。置二尙・良・康・熊・全・武・漢・朔・溟九州一、州有二都督一、統二郡十或二十一。郡有二大守一、縣有二小守一。開耀元年、死、子政明襲レ王。遣二使者一朝、丐二唐禮及它文辭一。武后賜二吉凶禮并文詞五十篇一。死、子理洪襲レ王。死、弟興光襲レ王。

玄宗開元中、數入朝、獻二果下馬・朝霞紬・魚牙紬・海豹皮一。又獻二二女一、帝曰、女皆王姑姉妹、違二本俗一、別レ所レ親。朕不レ忍レ留。厚賜還レ之。又遣二子弟一入二太學一學二經術一。帝閒賜二興光瑞文錦・五色羅・紫繡紋袍・金銀精器一、興光亦上二異狗馬・黃金・美髢諸物一。初、渤海靺鞨掠二登州一、興光擊二走之一。帝進二興光寧海軍大使一、使レ攻二靺鞨一。二十五年死、帝尤悼レ之、贈二太子太保一、命二邢璹以二鴻臚少卿一弔祭、子承慶襲レ王。詔レ璹曰、新羅號二君子國一、知二詩・書一。以二卿惇レ儒、故持レ節往。宜下演二經誼一、使上知二大國之盛一。又以二國人善レ棋、詔二率府兵曹參軍楊季鷹一爲レ副。國高弈皆出二其下一。於レ是厚遺二使者金寶一。俄册二其妻朴一爲レ妃。承慶死。

詔二使者一臨レ弔、以二其弟憲英一嗣レ王。帝在レ蜀、遣レ使泝レ江至二成都一朝二正月一。

大暦初、憲英死、子乾運立、甫丱、遣二金隠居一入朝待レ命。詔二倉部郎中歸崇敬一往弔、監察御史陸珽・顧愔爲レ副册三授之一、并母金爲二太妃一。會其宰相爭レ權相攻、國大亂、三歲乃定。於レ是、歲朝獻。建中四年死、無レ子、國人共立二宰相金良相一嗣。貞元元年、遣二戸部郎中蓋塤一持レ節命レ之。是年死、立二良相從父弟敬信一襲レ王。十四年、死、無レ子、立二嫡孫俊邕一。明年、遣二司封郎中韋丹持一レ册、未レ至、俊邕死、丹還。子重興立。永貞元年、詔二兵部郎中元季方一册命。後三年、使者金力奇來謝、且言、往歲册二故主俊邕爲一レ王、母申太妃、妻叔妃、而俊邕不幸、册今留二省中一。臣請二授以歸一。又爲二其宰相金彥昇・金仲恭・王之弟蘇金添明一丐二門戟一。詔二皆可一。凡再朝貢。七年死、彥昇立、來告レ喪。命二職方員外郎崔廷一弔、且命二新王一以二妻貞一爲レ妃。長慶・寶曆間、再遣二使者一來朝、留宿衞。彥昇死、子景徽立。大和五年、以二太子左諭德源寂一册三弔如レ儀。開成初、遣二子義琮一謝。願二留衞一、見レ聽。明年遣レ之。五年、鴻臚寺籍質子及學生歲滿者一百五人、皆還レ之。

有二張保皐・鄭年者一、皆善二鬬戰一、工レ用レ槍。年復能沒レ海、履二其地五十里一不レ噎、角二其勇健一、保皐不レ及也、年以レ兄呼二保皐一。保皐以レ齒、年以レ藝、常不二相下一。自二其國一皆來爲二武寧軍小將一。後保皐歸二新羅一、謁二其王一曰、遍二中國一以二新羅人一爲二奴婢一。願得レ鎭二清海一、使三賊不二得掠一レ人西去。清海、海路之要也。王與二保皐萬人一守レ之。自二大和一後、海上無下鬻二新羅人一者上。保皐既貴二於其國一、年飢寒客二漣水一。一日謂二戍主馮元規一曰、我欲三東歸、乞二食於張保皐一。元規曰、若與二保皐一所レ負何如。奈何取レ死二其手一。年曰、飢寒死、不レ如二兵死

快。況死二故郷一邪。年遂去。至、謁二保皐一、飲レ之極レ歡。飲未レ卒、聞下大臣殺二其王一、國亂無上レ主。保皐分二兵五千人一與レ年、持レ年泣曰、非レ子不レ能レ平二禍難一。年至二其國一、誅二反者一、立レ王以報。王遂召二保皐一爲レ相、以レ年代守二清海一。會昌後、朝貢不二復至一。

日本

日本、古倭奴也。去二京師一萬四千里、直二新羅東南一、在二海中一。島而居。東西五月行、南北三月行。國無二城郛一、聯レ木爲二柵落一、以レ草茨レ屋。左右小島五十餘、皆自名レ國、而臣二附之一。置二本率一人一、檢二察諸部一。其俗多レ女少レ男。有二文字一、尚二浮屠法一。其官十有二等。其王姓阿毎氏、自言初主號二天御中主一、至二彦瀲一、凡三十二世、皆以レ尊爲レ號、居二筑紫城一。彦瀲子神武立、更以二天皇一爲レ號、徙二治大和州一。次曰二綏靖一、次安寧、次懿徳、次孝昭、次天安、次孝靈、次孝元、次開化、次崇神、次垂仁、次景行、次成務、次仲哀。仲哀死、以二開化曾孫女神功一爲レ王。次應神、次仁徳、次履中、次反正、次允恭、次安康、次雄略、次清寧、次顯宗、次仁賢、次武烈、次繼體、次安閑、次宣化、次欽明。欽明之十一年、直二梁承聖元年一。次海達、次用明、亦曰二目多利思比孤一、直二隋開皇末一、始與二中國一通。次崇峻。崇峻死、欽明之孫女雄古立。次舒明、次皇極。其俗椎髻、無二冠帶一、跣以行、幅巾蔽レ後。貴者冒レ錦。婦人衣二純色裙、長腰襦一、結二髮于後一。至二煬帝一、賜二其民錦綫冠一、飾以二金玉一、文布爲レ衣、左右佩二銀蘤一、長八寸一、以二多少一明二貴賤一。

太宗貞觀五年、遣二使者一入朝。帝矜二其遠一、詔二有司一毋レ拘二歳貢一。遣二新州刺史高仁表一往諭、與レ王爭レ禮不レ平、不レ肯レ宣二天子命一而還。久レ之、更附二新羅使者一上レ書。

永徽初、其王孝德卽位、改元曰二白雉一、獻三虎魄大如レ斗、碼碯若二五升器一。時新羅爲二高麗・百濟所一レ暴、高宗賜二璽書一、令三出レ兵援二新羅一。未レ幾孝德死、其子天豐財立。死、子天智立。明年使者與二蝦蛦人一偕朝。蝦蛦亦居二海島中一、其使者鬚長四尺許、珥二箭於首一、令二人戴レ瓠立數十步一、射無レ不レ中。天智死、子天武立。死、子總持立。咸亨元年、遣レ使賀レ平二高麗一。後稍習二夏音一、惡二倭名一、更號二日本一。使者自言、國近二日所一レ出、以爲レ名。或云日本乃小國、爲二倭所一レ幷。故冒二其號一。使者不レ以レ情、故疑レ焉。又妄夸其國都方數千里、南・西盡レ海、東・北限二大山一、其外卽毛人云。

長安元年、其王文武立、改元曰二太寶一。遣二朝臣眞人粟田一貢二方物一。朝臣眞人者、猶二唐尙書一也。冠二進德冠一、頂有二華蘤四披一、紫袍帛帶。眞人好レ學、能屬レ文、進止有レ容。武后宴二之麟德殿一、授二司膳卿一、還レ之。文武死、子阿用立。死、子聖武立、改元曰二白龜一。開元初、粟田復朝、請下從二諸儒一受上レ經。詔二四門助敎趙玄默一卽二鴻臚寺一爲レ師。獻二大幅布一爲レ贄、悉二賞物一貿レ書以歸。其副朝臣仲滿慕レ華不レ肯レ去、易二姓名一曰二朝衡一、歷二左補闕・儀王友一、多レ所二該識一、久乃還。聖武死、女孝明立、改元曰二天平勝寶一。天寶十二載、朝衡復入朝、上元中、擢二左散騎常侍・安南都護一。新羅梗二海道一、更繇二明・越州一朝貢。孝明死、大炊立。死、以二聖武女高野姬一爲レ王。死、白壁立。建中元年、使者眞人興能獻二方物一。眞人、蓋因レ官而氏者也。興能善レ書、其紙似レ繭而澤、人莫レ識。貞元末、其王曰二桓武一、遣二使者一朝。其學子橘免勢・浮屠空海願二留肄一レ業。歷二二十餘年一、使者高階眞人來請二免勢等俱還一。詔レ可。次諾樂立。次嵯峨、次浮和、次仁明。仁明直二開成四年一、復入貢。次文德、次淸和、次陽成。次光孝、直二光啓元年一。

其東海嶼中又有二邪古・波邪・多尼三小王一レ、北距二新羅一、西北百濟、西南直二越州一。有二絲絮・怪珍一云。

宋史（卷四百九十一・外國七）

日本國

日本國者、本倭奴國也。自以其國近二日所一レ出。故以二日本一爲レ名。或云、惡二其舊名一改レ之也。其地東西南北各數千里、西南至レ海、東北隅隔以二大山一。山外卽毛人國。自二後漢始朝貢一、歷二魏・晉・宋・隋一皆來貢。唐永徽・顯慶・長安・開元・天寶・上元・貞元・元和・開成中、竝遣レ使入朝。

雍熙元年、日本國僧奝然與二其徒五六人一浮レ海而至。獻二銅器十餘事、幷本國職員令・王年代紀各一卷一。奝然衣レ綠、自云姓藤原氏、父爲二眞連一。眞連、其國五品品官也。奝然善二隸書一、而不レ通二華言一、問二其風土一、但書以對云、國中有二五經書及佛經・白居易集七十卷一、竝得レ自二中國一。土宜二五穀一而少レ麥。交易用二銅錢一。文曰二乾文大寶一。畜有二水牛・驢・羊一、多二犀・象一。產二絲蠶一、多織レ絹。薄緻可レ愛。樂有二中國・高麗二部一。四時寒暑、大類二中國一。國之東境接二海島一、夷人所レ居、身面皆有レ毛。東奧州產二黃金一、西別島出二白銀一、以爲二貢賦一。國王以レ王爲レ姓、傳襲至二今王一六十四世、文武僚吏皆世官。

其年代紀所レ記云、初主號二天御中主一。次曰二天村雲尊一、其後皆以レ尊爲レ號。次天八重雲尊、次天彌聞尊、次天忍勝尊、次瞻波尊、次萬魂尊、次利利魂尊、次國狹槌尊、次角龔魂尊、次汲津丹尊、次面垂見尊、次國常立尊、次天鑑尊、次天萬尊、次沫名杵尊、次伊奘諾尊、次素戔烏尊、次天照大神尊、次正哉吾勝速日天押穂耳尊、次天彦尊、次炎尊、次彦瀲尊、凡二十三世、竝都二於筑紫日向宮一。

彦瀲第四子號二神武天皇一、自二筑紫宮一入三居大和州橿原宮一、卽位元年甲寅、當二周僖王時一也。次綏靖天皇、次安寧天皇、次懿德天皇、次孝昭天皇、次孝天皇、次孝靈天皇、次孝元天皇、次開化天皇、次崇神天皇、次垂仁天皇、次景行天皇、次成務天皇。次仲哀天皇、國人言今爲二鎭國香椎大神一。次神功天皇、開化天皇之曾孫女、又謂二之息長足姫天皇一、國人言今爲二太奈良姫大神一。次應神天皇、甲辰歳、始於二百濟一得二中國文字一、今號二八蕃菩薩一、有三大臣號二紀武內一、年三百七歳。次仁德天皇、次履中天皇、次反正天皇、次允恭天皇、次安康天皇、次雄略天皇、次清寧天皇、次顯宗天皇、次仁賢天皇、次武烈天皇、次繼體天皇、次安開天皇、次宣化天皇。次天國排開廣庭天皇。亦名二欽明天皇一。卽位十三年、壬申歳始傳二佛法於百濟國一。當二此土梁承聖元年一。

次敏達天皇。次用明天皇、有レ子曰二聖德太子一、年三歳、聞二十人語一、同時解レ之、七歳悟二佛法于菩提寺一、講二聖鬘經一、天雨二曼陀羅華一。當二此土隋開皇中一、遣レ使泛レ海至二中國一、求二法華經一。

次崇峻天皇。次推古天皇、欽明天皇之女也。次舒明天皇、次皇極天皇。次孝德天皇、白雉四年、律師道照求レ法至二中國一、從二三藏僧玄奘一受二經・律・論一、當二比土唐永徽四年一也。次天豐財重日足姫天皇、令三僧智通等入レ唐求二大乘法相教一。當二顯慶三年一。次天智天皇、次天武天皇、次持總天皇。次文武天皇、大寶三年、當二長安元年一、遣二粟田眞人一入レ唐求二書籍一、律師道慈求レ經。次阿閉天皇、次歸依天皇。次聖武天皇。寶龜二年、遣二僧正玄昉一入朝、當二開元四年一。次孝明天皇、聖武天皇之女也。天平勝寶四年、當二天寶中一。遣二使及僧一入唐、求二內外經教及傳戒一。次天炊天皇。次高野姬天皇、聖武天皇之女也。次白璧天皇。二十四年、遣二二僧靈仙・行賀一入唐、禮二五臺山一學二佛法一。次桓武天皇、遣二騰元葛野與空海大師及延歷寺僧澄一入唐。詣二天台山一傳二智者止觀義一。當二元和元年一也。次諾樂天皇、次嵯峨天皇、次淳和天皇。次仁明天皇、當二開成・會昌中一、遣レ僧入唐、禮二五臺一。次文德天皇、當二大中年閒一。次清和天皇、次陽成天皇。次光孝天皇、遣二僧宗叡一入唐、傳レ教。當二光啓元年一也。

次仁和天皇、當二比土梁龍德中一、遣二僧寬建等一入朝。次醍醐天皇、次天慶天皇。次封上天皇、當二比土周廣順年一也。次冷泉天皇、今爲二太上天皇一。次守平天皇、即今王也。凡六十四世。

畿內有二山城・大和・河內・和泉・攝津凡五州一、共統二五十三郡一。東海道有二伊賀・伊勢・志摩・尾張・參河・遠江・駿河・伊豆・甲斐・相模・武藏・安房・上總・常陸凡十四州一、共統二一百一十六郡一。東山道有二通江・美濃・飛驒・信濃・上野・下野・陸奧・出羽凡八州一、共統二一百二十二郡一。北陸道有二若狹・越前・加賀・能登・越中・越後・佐渡凡七州一、共統二三十郡一。山陰道有二丹波・丹彼・徂馬・因幡・伯耆・出雲・石見・隱伎凡八州一、共統二五十二郡一。小陽道有二播磨・美作・備前・備中・備後・安藝・周防・長門凡八州一、共統二六十九郡一。南海道有二伊紀・淡路・河波・讚耆・伊豫・土佐凡六州一、共統二四十八郡一。西海道有二筑前・

筑後・豊前・豊後・肥前・肥後・日向・大隅・薩摩凡九州㆒、共統㆓九十三郡㆒。又有㆓壹伎・對馬・多褹凡三島㆒、各統㆓二郡㆒。是謂㆓五畿・七道・三島㆒、凡三千七百七十二都、四百一十四驛、八十八萬三千三百二十九課丁。課丁之外、不㆑可㆓詳見㆒。皆奝然所㆑記云。

按隋開皇二十年、倭王姓阿毎、名自多利思比孤、遣㆑使致㆑書。唐永徽五年、遣㆑使獻㆓琥珀・馬腦㆒。長安二年、遣㆓其朝臣眞人㆒貢㆓方物㆒。開元初、遣㆑使來朝。天寶十二年、又遣㆑使來貢。元和元年、遣㆓高階眞人㆒來貢。開成四年、又遣㆑使來貢。此與㆓其所㆑記皆同。大中・光啓・龍德及周廣順中、皆嘗遣㆑僧至㆓中國㆒、唐書中・五代史失㆓其傳㆒。唐咸亨中及開元二十三年、大曆十二年、建中元年、皆來朝貢、其記不㆑載。

太宗召㆔見奝然㆒、存㆔撫之㆒甚厚、賜㆓紫衣㆒、館㆓于太平興國寺㆒。上聞㆓其國王一姓傳繼、臣下皆世官㆒、因歎息謂㆓宰相㆒曰、此島夷耳。乃世祚遐久、其臣亦繼襲不㆑絕。此蓋古之道也。中國自㆓唐季之亂㆒、宇縣分裂、梁・周五代享歷尤促、大臣世冑、鮮㆑能㆓嗣續㆒。朕雖㆔德慚㆓往聖㆒、常夙夜寅畏、講㆔求治本㆒、不㆓敢暇逸㆒。建㆓無窮之業㆒、垂㆓可㆑久之範㆒。亦以爲㆓子孫之計㆒、使㆔大臣之後世㆓襲祿位㆒、此朕之心焉。

其國多有㆓中國典籍㆒、奝然之來、復得㆓孝經一卷・越王孝經新義第十五一卷㆒、皆金縷紅羅縹、水晶爲㆑軸。孝經卽鄭氏注者。越王者、乃唐太宗子越王貞。新義者、記室參軍任希古等撰也。奝然復求㆑詣㆓五臺㆒。許㆑之、令㆓所㆑過續㆒㆑食。又求㆓印本大藏經㆒、詔亦給㆑之。二年、隨㆓台州寧海縣商人鄭仁德船㆒歸㆓其國㆒。

後數年、仁德還、奝然遣㆓其弟子喜因㆒奉㆑表來謝曰、日本國東大寺大朝法濟大師・賜紫・

沙門奝然啓、傷鱗入夢、不レ忘二漢主之恩一。枯骨合歡、猶亢二魏氏之敵一。雖レ云二羊僧之拙一、誰忍二鴻霈之誠一。奝然誠惶誠恐、頓首頓首、死罪。奝然附二商船之離一レ岸、期二魏闕於生涯一、望二落日一而西行、十萬里之波濤難レ盡。顧信レ風而東別、數千里之山嶽易レ過。妄以二下根之卑一、適詣二中華之盛一。於レ是宣旨頻降、恣ニ許二荒外之跋渉一。宿心克協、粗ニ觀二宇內之瓌奇一。況乎金闕曉後、望二堯雲於九禁之中一、巖扃晴前、拜二聖燈於五臺之上一。就二三藏一而稟レ學、巡二數寺一而優游。遂使下蓮華迴文神筆出二於北闕之北一、貝葉印字佛詔傳中於東海之東上。重蒙二宣恩一、忽趁二來跡一。季夏解二台州之纜一、孟秋達二本國之郊一。爰逮二明春一、初到二舊邑一。緇素欣待、侯伯慕迎。伏惟陛下惠溢二四溟一、恩高二五嶽一、世超二黃・軒之古一、人直二金輪之新一。奝然空辭二鳳凰之窟一、更還二螻蟻之封一、在レ彼在レ斯、只仰二皇德之盛一、越レ山越レ海、敢忘二帝念之深一。縱粉二百年之身一、何報二一日之惠一。染レ筆拭レ淚、伸レ紙搖レ魂、不レ勝二慕恩之至一。謹差二上足弟子傳燈大法師位嘉因、幷大朝剃頭受戒僧祚乾等二拜、表以聞。稱二其本國永延二年歲次戊子二月八日一、實端拱元年也。

又別啓、貢二佛經一、納二青木函一。琥珀・青紅白水晶・紅黑木槵子念珠各一連、竝納二螺鈿花形平函一。毛籠一、納二螺杯二口一。葛籠一、納二法螺二口、染皮二十枚一。金銀蒔繪筥一合、納二髮鬘二頭一、又一合、納二參議正四位上藤佐理手書二卷、及進奉物數一卷、表狀一卷一。又金銀蒔繪硯一筥一合、納二金硯一・鹿毛筆・松烟墨・金銅水瓶・鐵刀一。又金銀蒔繪扇筥一合、納二檜扇二十枚・蝙蝠扇二枚一。螺鈿梳函一對、其一納二赤木梳二百七十一、其一納二龍骨十橛一。螺鈿書案一、螺鈿書几一。金銀蒔繪平筥一合、納二白細布五匹一。鹿皮籠一、納二貂裘一領一。螺鈿鞍轡一副・銅鐵鐙・紅絲鞦・泥障・倭畫屛風一雙・石流黃七百斤。

咸平五年、建州海賈周世昌遭レ風飄至二日本一、凡七年得レ還。與二其國人滕木吉一至。上皆召三見之一。世昌以二其國人唱和詩一來上。詞甚雕刻膚淺無レ所レ取。詢二其風俗一、云三婦人皆被髮、一衣用二二三縑一。又陳三所レ記州名・年號一。上令下滕木吉以二所レ持木弓矢一挽射上、矢不レ能レ遠。詰二其故一、國中不レ習二戰鬥一。賜二木吉時裝錢一遣還。景德元年、其國僧寂照等八人來朝。寂照不レ曉二華言一、而識二文字一、繕寫甚妙。凡問答竝以二筆札一。詔號二圓通大師一。賜二紫方袍一。天聖四年十二月、明州言日本國太宰府遣レ人貢二方物一、而不レ持二本國表一。詔却レ之。其後亦未レ通二朝貢一。南賈時有下傳二其物貨一至二中國一者上。

熙寧五年、有二僧誠尋一至二台州一、止二天台國淸寺一、願レ留。州以聞。詔使レ赴レ闕。誠尋獻二銀香爐・木槵子・白琉璃・五香・水精・紫檀・琥珀所レ飾念珠、及靑色織物綾一。神宗以三其遠人而有二戒業一、處二之開寶寺一、盡賜二同來僧紫方袍一。是後連貢二方物一、而來者皆僧也。元豐元年、使三通事僧仲回來一、賜三號慕化懷德大師一。明州又言得二其國太宰府牒一、因二使人孫忠還一、遣二仲回等一貢二絁二百匹・水銀五千兩一。以下孫忠乃海商、而貢禮與二諸國一異上、請自移レ牒報、而答二其物直一、付二仲回一東歸。從レ之。

乾道九年、始附二明州綱首一以二方物一入貢。淳熙二年、倭船火兒滕太明毆二鄭作一死。詔械二太明一付二其綱首一歸、治以二其國之法一。三年、風泊日本舟至二明州一。衆皆不レ得レ食。行乞至二臨安府一者復百餘人。詔人日給二錢五十文・米二升一、俟二其國舟至日一遣歸。十年、日本七十三人復飄至二秀州華亭縣一。給二常平義倉錢米一以振レ之。紹熙四年、泰州及秀州華亭縣復有下倭人爲二風所レ泊而至者上。詔勿レ取二其貨一、出二常平米一振給而遣レ之。慶元六年至二平江府一、嘉泰二年至二定海縣一。詔竝給二錢米一遣二歸國一。

元史（卷二百八・外夷一）

日本

日本國在二東海之東一。古稱二倭奴國一。或云惡二其舊名一、故改二名日本一。以三其國近二日所一レ出也。其土疆所レ至與國王世系及物產風俗、見二宋史本傳一。日本爲レ國、去二中土一殊遠、又隔二大海一。自二後漢一歷二魏・晉・宋・隋一皆來貢。唐永徽・顯慶・長安・開元・天寶・上元・貞元・元和・開成中、竝遣レ使入朝。宋雍熙元年、日本僧奝然、與二其徒五六人一浮レ海而至、奉二職貢一、幷獻二銅器十餘事一。奝然善二隸書一、不レ通二華言一。問二其風土一、但書以對。云其國中有二五經書及佛經・白居易集七十卷一。奝然還後、以二國人一來者曰二滕木吉一、以レ僧來者曰二寂照一。寂照識二文字一、繕寫甚妙。至二熙寧以後一、連貢二方物一。其來者皆僧也。

元世祖之至元二年、以三高麗人趙彝等言二日本國可一レ通、擇下可二奉使一者上。三年八月、命兵部侍郎黑的給二虎符一、充二國信使一、禮部侍郎殷弘給二金符一、充二國信副使一、持二國書一使二日本一。書曰、

大蒙古國皇帝奉二書日本國王一。朕惟自レ古小國之君、境土相接、尙三務講信修睦一。況我祖宗、受二天明命一、奄二有區夏一。遐方異域畏レ威懷レ德者、不レ可二悉數一。朕卽位之初、以三高麗無辜之民久瘁二鋒鏑一、卽令罷レ兵還二其疆域一、反二其旄倪一。高麗君臣感戴來朝。義雖二君臣一、

歡若二父子一。計王之君臣亦已知レ之。高麗、朕之東藩也。日本密三邇高麗一。開國以來亦時通二中國一。至二於朕躬一、而無三一乘之使以通二和好一。尙恐王國知レ之未レ審。故特遣レ使持レ書、布三告朕志一。冀自レ今以往、通レ問結レ好、以相親睦。且聖人以二四海一爲レ家。不二相通好一、豈一家之理哉。以至レ用レ兵、夫孰所レ好。王其圖レ之。

黑的等道由二高麗一。高麗國王王禃以二帝命一遣二其樞密院副使宋君斐、借禮部侍郎金贊等一導二詔使黑的等一往二日本一、不レ至而還。

四年六月、帝謂王禃以レ辭爲レ解、令三去使徒還一。復遣二黑的等一至二高麗一諭レ禃、委以二日本事一、以三必得二其要領一爲レ期。禃以爲、海道險阻、不レ可レ辱二天使一。九月、遣二其起居舍人潘阜等一持レ書往二日本一。留六月、亦不レ得二其要領一而歸。

五年九月、命二黑的・弘一復持レ書往。至二對馬島一、日本人拒而不レ納。執二其塔二郞・彌二郞二人一而還。

六年六月、命二高麗金有成一送三還執者一、俾三中書省牒二其國一、亦不レ報。有成留二其太宰府守護所一者久レ之。十二月、又命二祕書監趙良弼一往使。書曰、蓋聞王者無レ外。高麗與レ朕既爲二一家一。王國實爲二鄰境一。故嘗馳二信使一修レ好、爲二疆場之吏一抑而弗レ通。所レ獲二人、敕二有司一慰撫、俾二齎レ牒以還一、遂復寂無レ所レ聞。繼欲二通問一、屬高麗權臣林衍構レ亂、坐レ是弗レ果。豈王亦因レ此輟不レ遣レ使、或已遣而中路梗塞、皆不レ可レ知。不レ然、日本素號二知レ禮之國一、王之君臣寧肯漫爲二弗思之事一乎。近已滅二林衍一、復三舊王位一、安三集其民一。特命二少中大夫祕書監趙良弼一充二國信使一、持レ書以往。如卽發レ使與レ之偕來、親仁善隣、國之美事。其或猶豫以至レ

用レ兵、夫誰所二樂爲一也、王其審圖レ之。良弼將レ往、乞レ定下與二其王一相見之儀上。廷議與二其國一上下之分未レ定、無二禮數可一レ言。帝從レ之。

七年十二月、詔二諭高麗王禃一送二國信使趙良弼一通二好日本一、期二於必達一。仍以二忽林失・王國昌・洪茶丘一將レ兵送二抵海上一、比二國信使還一、姑令二金州等處屯駐一。

八年六月、日本通事曹介升等上言、高麗迂路導二引國使一。外有二捷徑一。倘得二便風一半日可レ到。若使臣去、則不二敢同往一。若大軍進征、則願爲二鄉導一。帝曰、如レ此則當レ思レ之。九月、高麗王禃遣二其通事別將徐稱一導二送良弼一使二日本一。日本始遣二彌四郎者一入朝。帝宴勞遣レ之。

九年二月、樞密院臣言、奉二使日本一趙良弼遣二書狀官張鐸一來言、去歲九月、與二日本國人彌四郎等一至二太宰府西守護所一。守者云、曩爲二高麗所一レ紿、屢言二上國來伐一。豈期下皇帝好レ生惡レ殺、先遣二行人二下中示璽書上、然王京去レ此尙遠、願先遣レ人從二奉使一回報。良弼乃遣レ鐸同二其使二十六人一至二京師一求レ見。帝疑二其國主使之來一、云二守護所者詐一也。詔二翰林承旨和禮霍孫一以問二姚樞・許衡等一。皆對曰、誠如二聖算一。彼懼二我加一レ兵、故發二此輩一伺二吾强弱一耳。宜レ示二之寬仁一。且不レ宜レ聽二其入見一。從レ之。是月、高麗王禃致二書日本一。五月、又以レ書往、令三必通二好大朝一、皆不レ報。

十年六月、趙良弼復使二日本一、至二太宰府一而還。

十一年三月、命二鳳州經略使忻都・高麗軍民總管洪茶丘一、以二千料舟・拔都魯輕疾舟・汲水小舟各三百、共九百艘一、載二士卒一萬五千一、期下以二七月一征中日本上。冬十月、入二其國一、敗レ之。而官軍不レ整、又矢盡、惟虜二掠四境一而歸。

十二年二月、遣二禮部侍郎杜世忠・兵部侍郎何文著・計議官撒都魯丁一往。使二復致レ書、亦不レ報。

十四年、日本遣二商人一持レ金來易二銅錢一。許レ之。

十七年二月、日本殺二國使杜世忠等一。征東元帥忻都・洪茶丘請二自率レ兵往討一。廷議姑少緩レ之。五月、召二范文虎一、議レ征二日本一。八月、詔募下征二日本一士卒上。

十八年正月、命二日本行省右丞相阿剌罕・右丞范文虎及忻都・洪茶丘等一率二十萬人一征二日本一。二月、諸將陛辭。帝敕曰、始因二彼國使來一、故朝廷亦遣レ使往。彼遂留二我使一不レ還。故使三卿輩爲二此行一。朕聞二漢人言一、取二人家國一、欲レ得二百姓土地一。若盡殺二百姓一、徒得レ地何用。又有二一事一。朕實憂レ之、恐卿輩不レ和耳。假若彼國人至、與二卿輩一有レ所レ議、當下同心協謀、如レ出二一口一答上之。五月、日本行省參議裴國佐等言、本省右丞相阿剌罕・范右丞・李左丞先與二忻都・茶丘一入朝。時同二院官一議定、領二舟師一至二高麗金州一、與二忻都・茶丘軍一會、然後入ラ征日本一。又爲二風水不便一、再議定レ會二於一岐島一。今年三月、有下日本船爲二風水一漂至者上。令三其水工畫二地圖一。因見近二太宰府一西有二平戸島者一、周圍皆水、可レ屯二軍船一。此島非二其所レ防。若徑往據二此島一、使三人乘レ船往二一岐一、呼二忻都・茶丘一來會進討爲レ利。帝曰、此間不レ悉二彼中事宜一、阿剌罕輩必知。令三其自ラ處之一。六月、阿剌罕以レ病不レ能レ行、命二阿塔海一代三總軍事一。八月、諸將未レ見レ敵、喪二全師一以還。乃言、至二日本一、欲レ攻二太宰府一、暴風破レ舟。猶欲レ議レ戰、萬戸厲德彪・招討王國佐・水手總管陸文政等不レ聽二節制一、輒逃去。本省載二餘軍一至二合浦一、散遣還二鄉里一。未レ幾、敗卒于閶脫歸、言、官軍六月入レ海、七月至二平壺島一、移㆓五龍山㆒。八月一日、風破㆑舟。五日、文虎等諸將各自擇㆓堅好船㆒乘㆑之、棄㆓士卒十餘萬于山下㆒。衆議推㆓張百戸者㆒爲㆓主帥㆒、號㆑之曰㆓張總管㆒、聽㆓其約束㆒。方伐㆑木作㆑舟欲㆑還、七日、日本人來戰、盡死。餘二三萬爲㆓其虜㆒去。九日、至㆓八角島㆒、盡殺㆓蒙古・高麗・漢人㆒、謂㆓新附軍㆒爲㆓唐人㆒、不㆑殺而奴㆑之。閶輩是也。蓋行省官議㆑事不㆓相下㆒、故皆棄㆑軍歸。久㆑之、莫青與㆓吳萬五者㆒亦逃還、十萬之衆得㆑還者三人耳。

二十年、命㆓阿塔海㆒爲㆓日本省丞相㆒、與㆓徹里帖木兒右丞・劉二拔都兒左丞㆒、募㆑兵造㆑舟、欲㆔復征㆓日本㆒。淮西宣慰使昂吉兒上㆔言民勞㆒、乞㆑寢㆑兵。

二十一年、又以㆓其俗尚㆑佛、遣㆔王積翁與㆓補陀僧如智㆒往使。舟中有㆓不㆑願㆑行者㆒、共謀殺㆓積翁㆒、不㆑果㆑至。

二十三年、帝曰、日本未㆓嘗相侵㆒、今交趾犯㆑邊。宜㆘置㆓日本㆒、專事㆗交趾㆖。

成宗大德二年、江浙省平章政事也速答兒乞㆑用㆓兵日本㆒。帝曰、今非㆓其時㆒、朕徐思㆑之。

三年、遣㆓僧寧一山者㆒、加㆓妙慈弘濟大師㆒附㆓商船㆒往㆔使日本㆒。而日本人竟不㆑至。

明史（巻三百二十二・外國三）

日本

日本、古倭奴國。唐咸亨初、改㆓日本㆒。以㆑近㆓東海日出㆒而名也。地環㆑海、惟東北限㆓大山㆒。有㆓五畿、七道、三島㆒、共二百十五州、統㆓五百八十七郡㆒。其小國數十、皆服㆓屬焉㆒。國小者百里、大不㆑過㆓五百里㆒。戸小者千、多不㆑過㆓一二萬㆒。國主世以㆑王爲㆑姓、群臣亦世官。宋以前皆通㆓中國㆒、朝貢不㆑絶、事具㆓前史㆒。惟元世祖數遣㆓使趙良弼㆒招㆑之不㆑至。乃命㆓忻都・范文虎等㆒帥㆓舟師十萬㆒征㆑之、至㆓五龍山㆒遭㆓暴風㆒、軍盡沒。後屢招不㆑至、終㆓元世㆒未㆓相通㆒也。

明興、高皇帝卽位、方國珍・張士誠相繼誅服。諸豪亡命、往往糾㆓島人㆒入㆓寇山東濱海州縣㆒。洪武二年三月、帝遣㆓行人楊載㆒詔㆓諭其國㆒、且詰以㆓入寇之故㆒、謂、宜㆑朝則來庭、不則修㆑兵自固。倘必爲㆓寇盜㆒、卽命㆑將徂征耳、王其圖㆑之。日本王良懷不㆑奉㆑命、復寇㆓山東㆒、轉掠㆓溫・台・明州旁海民㆒、遂寇㆓福建沿海郡㆒。

三年三月、又遣㆓萊州府同知趙秩㆒責㆓讓之㆒。泛㆑海至㆓析木崖㆒、入㆓其境㆒。守㆑關者拒弗㆑納。秩以㆑書抵㆓良懷㆒、良懷延㆑秩入。諭以㆓中國威德㆒、而詔書有㆘責㆓其不臣㆒語㆖。良懷曰、吾國雖㆑處㆓扶桑東㆒、未㆓嘗不㆑慕㆓中國㆒。惟蒙古與㆑我等夷、乃欲㆑臣㆓妾我㆒。我先王不㆑服。乃使㆓其臣趙姓者誂レ我以二好語一。語未レ既、水軍十萬列二海岸一矣。以二天之靈一、雷霆波濤、一時軍盡覆。今新天子帝二中夏一。天使亦趙姓、豈蒙古裔耶。亦將下誂レ我以二好語一而襲上我也。目二左右一將レ兵レ之。秩不二爲動一、徐曰、我大明天子神聖文武、非二蒙古比一。我亦非二蒙古使者後一。能兵、兵レ我。良懷氣沮、下レ堂延レ秩、禮遇甚優。遣二其僧祖來一奉レ表稱レ臣、貢二馬及方物一、且送三還明・台二郡被レ掠人口七十餘一。以二四年十月一至レ京。太祖嘉レ之、宴三賚其使者一。念下其俗佞レ佛、可中以二西方教一誘上之也。乃命二僧祖闡・克勤等八人一送二使者還レ國、賜二良懷大統曆及文綺・紗羅一。是年掠二溫州一。五年、寇二海鹽・澉浦一、又寇二福建海上諸郡一。六年、以二於顯一爲二總兵官一、出レ海巡レ倭。倭寇二萊・登一。祖闡等既至、爲二其國一演レ教、其國人頗敬信。而王則傲慢無禮、拘レ之二年、以二七年五月一還レ京。倭寇二膠州一。

時良懷年少、有二時明者一、與レ之爭レ立、國內亂。是年七月、其大臣遣二僧宣聞溪等一齎レ書上二中書省一。貢二馬及方物一、而無レ表。帝命却レ之、仍賜二其使者一遣還。未レ幾、其別島守臣氏久遣レ僧奉レ表來貢。帝以下無二國王之命一、且不上奉二正朔一、亦却レ之、而賜二其使者一、命二禮臣一移牒、責以三越レ分私貢之非一。又以二頻入寇掠一、命二中書一移レ牒責レ之。乃以二九年四月一、遣二僧圭廷用等一來貢、且謝罪。帝惡二其表詞不レ誠、降レ詔戒諭、宴三賚使者一如レ制。十二年、來貢。十三年、復貢、無レ表。但持下其征夷將軍源義滿奉二丞相一書上。書辭又倨。乃却二其貢一、遣レ使齎レ詔譙讓。十四年、復來貢。帝再却レ之、命二禮官一移書責二其王一、并責二其征夷將軍一、示以二欲レ征之意一。良懷上言、

臣聞三皇立レ極、五帝禪レ宗。惟中華之有レ主、豈夷狄而無レ君。乾坤浩蕩、非二一主之獨

權㆒。宇宙寬洪、作㆓諸邦㆒以分守。蓋天下者、乃天下之天下、非㆓一人之天下㆒也。臣居㆓遠弱之倭、褊小之國㆒、城池不㆑滿六十㆒、封疆不㆑足㆓三千㆒、尙存㆓知足之心㆒。陛下作㆓中華之主㆒、爲㆓萬乘之君㆒。城池數千餘、封疆百萬里、猶有㆓不足之心㆒、常起㆓滅絕之意㆒。夫天發㆓殺機㆒、移㆑星換㆑宿。地發㆓殺機㆒、龍蛇走㆑陸。人發㆓殺機㆒、天地反覆。昔堯・舜有㆑德、四海來賓、湯・武施㆑仁、八方奉貢。

臣聞天朝有㆓興戰之策㆒、小邦亦有㆓禦敵之圖㆒。論㆑文有㆓孔・孟・道德之文章㆒。論㆑武有㆓孫・吳・韜略之兵法㆒。又聞陛下選㆓股肱之將㆒、起㆓精銳之師㆒、來侵㆓臣境㆒。水澤之地、山海之洲、自有㆓其備㆒。豈肯㆓跪㆑途而奉㆒㆑之乎。順㆑之未㆓必其生㆒。逆㆑之未㆓必其死㆒。相㆓逢賀蘭山前㆒、聊以博戲。臣何懼哉。倘君勝臣負、且滿㆓上國之意㆒。設臣勝君負、反作㆓小邦之羞㆒。自㆑古講㆑和爲㆑上、罷㆑戰爲㆑强。免㆓生靈之塗炭㆒、拯㆓黎庶之艱辛㆒。特遣㆓使臣㆒、敬叩㆓丹陛㆒、惟上國圖㆑之。

帝得㆑表慍甚、終鑑㆓蒙古之轍㆒、不㆑加㆑兵也。

十六年、倭寇㆓金鄕・平陽㆒。十九年、遣㆑使來貢、却㆑之。明年、命㆓江夏侯周德興㆒往㆓福建濱海四郡㆒、相㆓視形勢㆒。衞・所城不㆑當㆓要害㆒者移㆓置之㆒、民戶三丁取㆑一、以充㆓戍卒㆒。乃築㆓城一十六㆒、增㆓巡檢司四十五㆒、得㆓卒萬五千餘人㆒。又命㆓信國公湯和㆒行㆓視浙東・西諸郡㆒、整㆓飭海防㆒、乃築㆓城五十九㆒。民戶四丁以上者以㆑一爲㆓戍卒㆒、得㆓五萬八千七百餘人㆒、分㆓戍諸衞㆒、海防大飭。閏六月、命㆓福建㆒備㆓海舟百艘㆒、廣東倍㆑之。以㆓九月㆒會㆓浙江㆒捕㆑倭、既而不㆑行。先㆑是、胡惟庸謀㆑逆、欲㆘藉㆓日本㆒爲㆖助。乃厚結㆓寧波衞指揮林賢㆒、佯奏㆓賢罪㆒、謫居㆓日本一、令レ交二通其君臣一。尋奏二復賢職一、遣レ使召レ之。密致二書其王一、借レ兵助レ己。賢還、其王遣二僧如瑤一率二兵卒四百餘人一、詐稱二入貢一、且獻二巨燭一、藏二火藥・刀劍其中一。既至、而惟庸已敗、計不レ行。帝亦未レ知二其狡謀一也。越二數年一、其事始露、乃族レ賢、而怒二日本一特甚。決レ意絕レ之、專以二防海一爲レ務。然其時王子滕祐壽者、來入二國學一。帝猶善待レ之。二十四年五月、特授二觀察使一、留二之京師一。後著二祖訓一、列二不征之國十五一、日本與レ焉。自レ是、朝貢不レ至、而海上之警亦漸息。

成祖卽位、遣レ使以二登極一詔二諭其國一。永樂元年、又遣二左通政趙居任・行人張洪一、偕二僧道成一往。將レ行、而其貢使已達二寧波一。禮官李至剛奏、故事、番使入二中國一、不レ得下私攜二兵器一鬻中民。宜下敕二所司一覈二其舶一、諸犯レ禁者悉籍送中京師上。帝曰、外夷修レ貢、履レ險蹈レ危、來遠、所レ費實多。有レ所レ賚以助二資斧一、亦人情。豈可三概拘以二禁令一。至二其兵器一、亦准二時直一市レ之、毋レ阻二向化一。十月、使者至、上二王源道義表及貢物一。帝厚禮レ之、遣レ官偕二其使一還、賚二道義冠服・龜鈕金章及錦綺・紗羅一。

明年十一月、來賀レ冊二立皇太子一。時對馬・臺岐諸島賊掠二濱海居民一。因諭二其王一捕レ之。王發レ兵盡殲二其衆一、縶二其魁二十人一、以二三年十一月一獻二於朝一、且修レ貢。帝益嘉レ之、遣二鴻臚寺少卿潘賜一偕二中官王進一賜二其王九章冕服及錢鈔・錦綺一加等。而還二其所レ獻之人一、令二其國自治一レ之。使者至二寧波一、盡置二其人於甑一、烝二殺之一。明年正月、又遣二侍郎俞士吉一齎二璽書一褒嘉、賜賚優渥。封二其國之山一爲二壽安鎭國之山一、御二製碑文一、立二其上一。六月、使來謝。賜二冕服一。五年、六年、頻入貢、且獻二所レ獲海寇一。使還、請レ賜二仁孝皇后所レ製勸善・內訓二書一、卽命各給二百本一。十一月、再貢。十二月、其國世子源義持遣レ使來告二父喪一。命二中官周全一往祭、賜二謚恭獻一、且致レ賻。又遣レ官齎レ敕、封二義持一爲二日本國王一。時海上復以レ倭警告。再遣レ官諭二義持一剿捕。

八年四月、義持遣レ使謝レ恩、尋獻二所レ獲海寇一、帝嘉レ之。明年二月、復遣二王進一齎レ敕褒賚、收二市物貨一。其君臣謀二阻レ進不一レ使レ歸。進潛登レ舶、從二他道一遁還。自レ是、久不レ貢。是年、倭寇二盤石一。十五年、倭寇二松門・金鄉・平陽一。有下捕二倭寇數十人一至レ京者上。廷臣請レ正レ法。帝曰、威レ之以レ刑、不レ若二懷レ之以一レ德。宜レ還レ之。乃命二刑部員外郎呂淵等一齎レ敕責讓、令二悔レ罪自新一。中華人被レ掠者、亦令二送還一。明年四月、其王遣レ使隨二淵等一來貢、謂、海寇旁午、故貢使不レ能二上達一。其無賴鼠竊者、實非二臣所一レ知。願貸レ罪、容二其朝貢一。帝以二其詞順一、許レ之、禮二使者一如レ故。然海寇猶不レ絕。

十七年、倭船入二王家山島一。都督劉榮率二精兵一疾馳入二望海堝一。賊數千人分二乘二十舟一、直抵二馬雄島一、進圍二望海堝一。榮發レ伏出戰、奇兵斷二其歸路一。賊奔二櫻桃園一。榮合レ兵攻レ之、斬レ首七百四十二、生擒八百五十七。召レ榮至レ京、封二廣寧伯一。自レ是、倭不三敢窺二遼東一。二十年、倭寇二象山一。

宣德七年正月、帝念二四方蕃國皆來朝、獨日本久不一レ貢、命二中官柴山一往二琉球一、令下其王轉二諭日本一、賜中之敕上。明年夏、王源義教遣レ使來。帝報レ之、賚二白金・綵幣一。秋復至。十年十月、以二英宗嗣一レ位、遣レ使來貢。

正統元年二月、使者還、賚二王及妃銀幣一。四月、工部言、宣德間、日本諸國皆給二信符一勘合。今改元伊始。例當二更給一。從レ之。四年五月、倭船四十艘連二破台州桃渚・寧波大嵩二千戸所一、又陷二昌國衛一、大肆二殺掠一。八年五月、寇二海寧一。先レ是、洪熙時、黄巖民周來保・龍巖民鍾普福困二於徭役一、叛入レ倭。倭每二來寇一、爲二之鄉導一。至レ是、導レ倭犯二樂清一、先登レ岸偵伺。俄倭去、二人留二村中一丐食。被レ獲、置二極刑一、梟二其首於海上一。倭性黠、時載二方物・戎器一、出二沒海濱一、得レ閒則張二其戎器一而肆侵掠、不レ得則陳二其方物一而稱二朝貢一。東南海濱患レ之。

景泰四年入貢。至二臨清一、掠二居民貨一。有二指揮一往詰、毆幾死。所司請二執治一、帝恐レ失二遠人心一、不レ許。先レ是、永樂初、詔二日本一十年一貢、人止二二百一、船止二二艘一、不レ得レ攜二軍器一、違者以レ寇論。乃賜以二二舟一、爲二入貢用一、後悉不レ如レ制。宣德初、申二定要約一、人毋レ過二三百一、舟毋レ過二三艘一。而倭人貪レ利、貢物外所レ攜私物增二十倍一、例當レ給レ直。禮官言、宣德閒所レ貢硫黃・蘇木・刀・扇・漆器之屬、估二時直一給二錢鈔一、或折二支布帛一、爲レ數無レ多、然已大獲レ利。今若仍舊制、當レ給二錢二十一萬七千一、銀價如レ之。宜大減二其直一、給二銀三萬四千七百有奇一。從レ之。使臣不レ悅、請レ如二舊制一。詔增二錢萬一、猶以爲レ少、求レ增二賜物一。詔增二布帛千五百一。終怏怏去。

天順初、其王源義政以下前使臣獲二罪天朝一、蒙中恩宥上、欲二遣レ使謝レ罪而不二敢自達一、移二書朝鮮王一、令二轉請一。朝鮮以聞。廷議敕二朝鮮一覈實、令乙擇下老成識二大體一者上充レ使、不甲レ得二仍レ前肆擾一、既而貢使亦不レ至。

成化四年夏、乃遣レ使貢レ馬謝恩。禮レ之如レ制。其通事三人、自言、本寧波村民、幼爲レ賊

掠、市二與日本一。今請二使道省祭一。許レ之。戒其勿下同二使臣一至レ家、引二中國人一下海上。十一月、使臣清啓復來貢、傷二人於市一。有司請レ治二其罪一、詔付二清啓一。奏言、犯レ法者當レ用二本國之刑一、容二還レ國如レ法論治一。且自服下不レ能二鈐束一之罪上、帝俱赦レ之。自レ是、使者益無レ忌。十三年九月、來貢、求二佛祖統紀諸書一。詔以二法苑珠林一賜レ之。使者述二其王意一、請二於常例外增賜一。命レ賜二錢五萬貫一。二十年十一月、復貢。弘治九年三月、王源義高遣レ使來。還至二濟寧一、其下復持レ刀殺レ人。所司請レ罪レ之。詔、自レ今止許二五十人入一レ都、餘留二舟次一、嚴防禁焉。十八年冬、來貢。時武宗已卽位。命如二故事一、鑄二金牌勘合一給レ之。正德四年冬、來貢。禮官言、明年正月、大祀慶成宴、朝鮮陪臣在二殿東第七班一、日本向無レ例。請殿西第七班。從レ之。禮官又言、日本貢物向用二舟三一、今止一、所レ賜銀幣、宜レ如二其舟之數一。且無二表文一。賜レ敕與否、請二上裁一。命二所司一移レ文答レ之。五年春、其王源義澄遣二使臣宋素卿一來貢。時劉瑾竊レ柄、納二其黃金千兩一、賜二飛魚服一、前所レ未レ有也。素卿、鄞縣朱氏子、名縞、幼習二歌唱一。倭使見、悅レ之、而縞叔澄負二其直一、因以レ縞償。至レ是、充二正使一、至二蘇州一、澄與相見。後事覺、法當レ死、劉瑾庇レ之謂、澄已自首。竝獲レ免。七年、義澄使復來貢。浙江守臣言、今畿輔・山東盜充斥、恐二使臣遇レ之爲一レ所レ掠。請以二貢物一貯二浙江官庫一、收二其表文一送二京師一。禮官會二兵部一議、請レ令下南京守備官卽二所在一宴賚上、遣歸、附進方物、皆予二全直一、毋カレ阻二遠人向レ化心一。從レ之。

嘉靖二年五月、其貢使宗設抵二寧波一。未レ幾、素卿偕二瑞佐一復至、互爭二眞僞一。素卿賄二市舶太監賴恩一、宴時坐二素卿於宗設上一、船後至又先爲二驗發一。宗設怒、與レ之鬭、殺二瑞佐一、焚二其舟一、追二素卿一至二紹興城下一。素卿竄二匿他所一免。凶黨還二寧波一。所レ過焚掠、執二指揮袁璡一、奪レ船出レ海。都指揮劉錦追至二海上一、戰沒。巡按御史歐珠以聞、且言、據二素卿狀一、西海路多羅氏義興者、向屬二日本統轄一。無二入貢例一。因三貢道必經二西海一、正德朝勘合爲レ所レ奪。我不レ得レ已、以二弘治朝勘合一、由二南海路一起程、比至二寧波一。因レ詰二其僞一、致レ啓レ釁。章下二禮部一。部議、素卿言未レ可レ信、不レ宜レ聽二入朝一。但釁起二宗設一、素卿之黨被レ殺者多、其前雖レ有二投番罪一、已經二先朝宥赦一、毋レ容レ問。惟宣二諭素卿一還レ國、移二咨其王一、令レ察二勘合有無一、行二究治一。帝已報レ可。御史熊蘭・給事張翀交章言、素卿罪重不レ可レ貸、請拼二治賴恩及海道副使張芹・分守參政朱鳴陽・分巡副使許完・都指揮張浩一。閉レ關絶レ貢、振二中國之威一、寢二狡寇之計一。事方議行、會宗設黨中林・望古多羅逸出之舟、爲二暴風一飄至二朝鮮一。朝鮮人擊二斬三十級一、生二擒二賊一以獻。給事中夏言因請下逮二赴浙江一、會二所司一與二素卿一雜治上、因遣二給事中劉穆・御史王道一往。至二四年一、獄成、素卿及中林・望古多羅竝論レ死、繫レ獄。久レ之、皆瘐死。時有二琉球使臣鄭繩歸國一。命傳二諭日本一以下擒二獻宗設一、還二袁璡及海濱被レ掠之人一、否則閉レ關絶レ貢、徐議中征討上。

九年、琉球使臣蔡瀚者、道經二日本一。其王源義晴附レ表言、向因二本國多事、干戈梗レ道、正德勘合不レ達二東都一。以レ故素卿捧二弘治勘合一行、乞二貸遣一。望幷賜二新勘合・金印一、修貢如レ常。禮官驗二其文一、無二印篆一。言、倭譎詐難レ信、宜下敕二琉球王一傳諭、仍遵中前命上。十八年七月、義晴貢使至二寧波一、守臣以聞。時不レ通レ貢者已十七年、敕二巡按御史一督二同三司官一覈、果誠心效レ順、如レ制遣送、否則却回、且嚴二居民交通之禁一。明年二月、貢使碩鼎等至レ京申二

前請一、乞下賜二嘉靖新勘合一、還中素卿及原留貢物上。部議、勘合不レ可二遽給一、務繳レ舊易レ新。貢期限二十年一、人不レ過レ百、舟不レ過レ三、餘不レ可レ許。詔如レ議。二十三年七月、復來貢、未レ及レ期、且無二表文一。部臣謂レ不レ當レ納、却レ之。其人利二互市一、留二海濱一不レ去。巡按御史高節請下治二沿海文武將吏罪一、嚴中禁奸豪交通上、得レ旨允行。而内地諸奸利二其交易一、多爲二之囊橐一、終不レ能二盡絶一。

二十六年六月、巡按御史楊九澤言、浙江寧・紹・台・溫皆濱海、界連二福建福・興・漳・泉諸郡一、有二倭患一。雖レ設二衞・所城池及巡海副使・備倭都指揮一、但海寇出沒無レ常、兩地官弁不レ能二通攝一、制禦爲レ難。請如二往例一、特遣二巡視重臣一、盡二統海濱諸郡一、庶事權歸レ一、威令易レ行。廷議稱レ善。乃命二副都御史朱紈一巡二撫浙江一兼二制福・興・漳・泉・建寧五府軍事一。未レ幾、其王義晴遣二使周良等一先レ期來貢、用二舟四、人六百一、泊二於海外一、以待二明年貢期一。守臣沮レ之、則以レ風爲レ解。十一月、事聞。帝以二先レ期非レ制、且人船越レ額、敕二守臣一勒回。十二月、倭賊犯二寧・台二郡一、大肆二殺掠一。二郡將吏竝獲レ罪。

明年六月、周良復求レ貢。紈以聞。禮部言、日本貢期及舟與人數雖レ違レ制、第表辭恭順。去二貢期一亦不レ遠、若概加二拒絶一、則航海之勞可レ憫。若稍務二含容一、則宗設・素卿之事可レ鑑。宜下敕レ紈循二十八年例一、起二送五十人一、餘留二嘉賓館一、量加二犒賞一、諭令上レ歸レ國。若二互市防守事一、宜三在レ紈善二處之一。報レ可。紈力言、五十人過レ少。乃令二百人赴レ都。部議但賞二百人一、餘罷勿レ賞。良訴、貢舟高大、勢須二五百人一。中國商舶入レ海、往往藏二匿島中一爲レ寇。故增二一舟一防レ寇。非二敢違一レ制。部議量增二其賞一、且謂、百人之制、彼國勢難二遵行一。宜下相二其貢舟大小、以施禁令。從之。

日本故有孝・武兩朝勘合幾二百道。使臣前此入貢請易新者、而令繳其舊。至是良持弘治勘合十五道、言、其餘爲素卿子所竊、捕之不獲。正德勘合留十五道爲信、而以四十道來還。部議令異時悉繳舊、乃許易新、亦報可。

當是時、日本王雖入貢、其各島諸倭歲常侵掠、濱海奸民又往往勾之。紈乃嚴爲申禁、獲交通者、不俟命輒以便宜斬之。由是、浙・閩大姓素爲倭內主者、失利而怨。紈又數騰疏於朝、顯言大姓通倭狀。以故閩・浙人皆惡之、而閩尤甚。巡按御史周亮、閩產也、上疏詆紈。請改巡撫爲巡視、以殺其權。其黨在朝者左右之、竟如其請。又奪紈官、羅織其擅殺罪。紈自殺。自是不置巡撫者四年、海禁復弛、亂益滋甚。

祖制、浙江設市舶提擧司。以中官主之、駐寧波。海船至則平其直、制馭之權在上。及世宗、盡撤天下鎭守中官、幷撤市舶。而濱海奸人遂操其利。初市猶商主之。及嚴通番之禁、遂移之貴官家。負其直者愈甚。索之急、則以危言嚇之、或又以好言紿之謂、我終不負若直。倭喪其貲不得返、已大恨。而大奸若汪直・徐海・陳東・麻葉輩素窟其中、以內地不得逞、悉逸海島爲主謀。倭聽指揮、誘之入寇。海中巨盜、遂襲倭服飾・旂號、竝分艘掠內地、無不大利。故倭患日劇。於是廷議復設巡撫。三十一年七月、以僉都御史王忬任之。而勢已不可撲滅。

明初、沿海要地建衞・所、設戰船、董以都司・巡視・副使等官、控制周密。迨承平久、船敝伍虛。及遇警、乃募漁船以資哨守。兵非素練、船非專業。見寇船至、輒

望レ風逃匿。而上又無二統率御一レ之。以レ故賊帆所レ指、無レ不二殘破一。

三十二年三月、汪直勾二諸倭一大擧入寇。連レ艦數百、蔽レ海而至。浙東・西、江南・北、濱海數千里、同時告レ警。破二昌國衞一。四月、犯二太倉一、破二上海縣一、掠二江陰一、攻二乍浦一。八月、劫二金山衞一、犯二崇明及常熟・嘉定一。三十三年正月、自二太倉一掠二蘇州一、攻二松江一、復趨二江北一、薄二通・泰一。四月、陷二嘉善一、破二崇明一、復薄二蘇州一、入二崇德縣一。六月、由二吳江一掠二嘉興一、還屯二柘林一。縱横來往、若レ入二無人之境一。忬亦不レ能レ有レ所レ爲。未レ幾、忬改撫二大同一、以二李天寵一代、又命二兵部尚書張經一總二督軍務一。乃大徵二兵四方一、協レ力進剿。

是時、倭以二川沙窪・柘林一爲レ巢、抄掠四出。明年正月、賊奪レ舟犯二乍浦・海寧一、陷二崇德一、轉掠二塘棲・新市・横塘・雙林等處一、攻二德淸縣一。五月、復合二新倭一、突犯二嘉興一、至二王江涇一、乃爲レ經擊二斬千九百餘級一。餘奔二柘林一。其他倭復掠二蘇州境一、延及二江陰・無錫一、出二入太湖一。大抵眞倭十之三、從レ倭者十之七。倭戰則驅二其所レ掠之人一爲二軍鋒一。法嚴、人皆致レ死。而官軍素懦怯、所レ至潰奔。帝乃遣二工部侍郎趙文華一督二察軍情一。文華顚二倒功罪一、諸軍益解體。經・天寵竝被レ逮、代以二周琉・胡宗憲一。踰レ月、琉罷、代以二楊宜一。

時賊勢蔓延、江・浙無レ不二蹂躪一。新倭來益衆、益肆レ毒。每自焚二其舟一、登レ岸劫掠。自二杭州北新關一西剽二淳安一、突二徽州歙縣一、至二績谿・旌德一。過二涇縣一、趨二南陵一、遂達二蕪湖一。燒二南岸一、奔二太平府一、犯二江寧鎭一、徑侵二南京一。倭紅衣黃蓋、率レ衆犯二大安德門一。及二夾岡一、乃趨二秣陵關一而去。由二溧水一流二劫溧陽・宜興一。聞下官兵自二太湖一出上、遂越二武進一、抵二無錫一、駐二惠山一。一晝夜奔百八十餘里、抵二滸墅一。爲二官軍所一レ圍、追及二於楊林橋一、殲レ之。是役也、賊不レ過㆓六七十人㆒、而經㆓行數千里㆒、殺戮戰傷者幾四千人、歷㆓八十餘日㆒始滅。此三十四年九月事也。

應天巡撫曹邦輔以㆑捷聞。文華忌㆓其功㆒。以㆔倭之巢㆓於陶宅㆒也、乃大集㆓浙・直兵㆒、與㆓宗憲㆒親將㆑之。又約㆓邦輔㆒合剿、分㆑道竝進、營㆓於松江之甎橋㆒。倭悉㆑銳來衝。遂大敗。文華氣奪、賊益熾。十月、倭自㆓樂清㆒登㆑岸。流㆓劫黃巖・仙居・奉化・餘姚・上虞㆒。被㆓殺擄㆒者無㆑算。至㆓嵊縣㆒乃殲㆑之、亦不㆑滿㆓二百人㆒。顧深㆓入三府㆒、歷㆓五十日㆒始平。其先一枝自㆓山東日照㆒流㆓劫東安衞㆒。至㆓淮安・贛榆・沭陽・桃源㆒。至㆓清河㆒阻㆑雨。爲㆓徐・邳官兵所㆒㆑殲、亦不㆑過㆓數十人㆒、流㆓害千里㆒、殺㆓戮千餘㆒、其悍如㆑此。而文華自㆓甎橋之敗㆒、見㆚倭寇勢甚、其自㆓柘林㆒移㆓於周浦㆒、與㆘泊㆓於川沙舊巢及嘉定高橋㆒者㆖自如㆙。他侵犯者無㆓虛日㆒、文華乃以㆓寇息㆒請㆑還㆑朝。

明年二月、罷㆑宜、代以㆓宗憲㆒。以㆓阮鶚㆒巡㆓撫浙江㆒。於㆑是宗憲乃請㆘遣㆑使諭㆓日本國王㆒、禁㆓戢島寇㆒、招㆓還通番奸商㆒、許㆗立功免罪㆖。既得㆑旨、遂遣㆓寧波諸生蔣洲・陳可願㆒往。及㆑是、可願還言、至㆓其國五島㆒、遇㆓汪直・毛海峰㆒。謂、日本內亂、王與㆓其相㆒俱死。諸島不㆓相統攝㆒、須徧諭乃可㆑杜㆓其入犯㆒。又言、有㆓薩摩洲者㆒、雖㆓已揚㆑帆入寇㆒、非㆓其本心㆒、乞㆓通貢互市㆒、願㆓殺㆑賊自効㆒。乃留㆑洲傳㆓諭各島㆒、而送㆓可願㆒還。宗憲以聞。兵部言、直等本編民。既稱㆓効順㆒、卽當㆑釋㆑兵。乃絕不㆓言及㆒。第求㆓開市・通貢㆒。隱若㆓屬國㆒然。其奸叵㆑測。宜㆑令㆘督臣振㆓揚國威㆒、嚴加㆗備禦㆖。移㆓檄直等㆒、俾㆑剿㆓除舟山諸賊巢㆒以自明。果海疆廓淸、自有㆓恩賚㆒。從㆑之。

時兩浙皆被レ倭、而慈谿焚殺獨慘、餘姚次レ之。浙西柘林・乍浦・烏鎭・皂林閒、皆爲二賊巢一、前後至者二萬餘人、命二宗憲二亟圖二方略一。七月、宗憲言、賊首毛海峯自二陳可願還一、一敗二倭寇於舟山一、再敗二之瀝表一。又遣二其黨一招二諭各島一、相率效順、乞加二重賞一。部令下宗憲以二便宜一行上。當二是時一、徐海・陳東・麻葉、方連レ兵攻二圍桐鄉一。宗憲設レ計閒レ之。海遂擒二東・葉一以降、盡殲二其餘衆於乍浦一。未レ幾、復蹴二海於梁莊一。海亦授レ首。餘黨盡滅。江南・浙西諸寇略平、而江北倭則犯二丹陽一及掠二瓜洲一。燒二漕艘一者、明春復犯二如皐・海門一、攻二通州一、掠二揚州・高郵一、入二寶應一、遂侵二淮安府一、集二於廟灣一、逾レ年乃克。其浙東之倭則盤二踞於舟山一、亦先後爲二官軍所レ襲。

先レ是、蔣洲宣二諭諸島一、至二豐後一被レ留、令下僧人往二山口等島一傳中諭禁戢上。於レ是山口都督源義長具レ咨送二還被レ掠人口一。而咨乃用二國王印一。豐後太守源義鎭遣二僧德陽等一具二方物一、奉レ表謝罪、請下頒二勘合一修貢上、送レ洲還。前楊宜所レ遣鄭舜功出レ海哨探者、行至二豐後島一。島主亦遣二僧淸授一附レ舟來謝罪、言、前後侵犯、皆中國奸商潛二引諸島夷衆一、義鎭等實不レ知。於レ是宗憲疏二陳其事一。言、洲奉レ使二年、止二歷豐後・山口二島一。或有二貢物一而無二印信・勘合一、或有二印信一而無二國王名稱一。皆違二朝典一。然彼既以レ貢來、又送二還被レ掠人口一。實有二畏レ罪乞レ恩意一。宜下禮遣二其使一、令丙傳二諭義鎭・義長一、轉二諭日本王一、擒乙獻倡亂諸渠、及中國奸究甲、方許二通貢一。詔可。

汪直之踞二海島一也、與二其黨王滶・葉宗滿・謝和・王淸溪等一、各挾二倭寇一爲レ雄。朝廷至下懸二伯爵・萬金之賞一以購上レ之、迄不レ能レ致。及レ是、內地官軍頗有レ備。倭雖レ橫、亦多被二剿戮、有三全島無二一人歸者一、往往怨レ直、直漸不二自安一。宗憲與レ直同郡、館下直母與二其妻孥一於杭州上、遣二蔣洲一齎二其家書一招レ之。直知二家屬固無レ恙、頗心動。義鎭等以三中國許二互市一、亦喜。乃裝二巨舟一、遣二其屬善妙等四十餘人一隨二直等一來貢市。於二三十六年十月初一、抵二舟山之岑港一。將吏以爲二入寇也一、陳レ兵備。直乃遣二王滶一入見二宗憲一、謂、我以レ好來、何故陳レ兵待レ我。滶卽毛海峯、直養子也。宗憲慰勞甚至、指レ心誓レ無レ他。俄善妙等見二副將盧鏜於舟山一、鏜令二擒レ直以獻一。語洩、直益疑。宗憲開諭百方、直終不レ信、曰、果爾、可三遣レ滶出一、吾當入見。宗憲立遣レ之。直又邀二一貴官一爲レ質。卽命二指揮夏正一往。直以爲レ信、遂與二宗滿・淸溪一偕來。宗憲大喜、禮三接之一甚厚。令レ謁二巡按御史王本固於杭州一、本固以二屬吏一。滶等聞、大恨、支三解夏正一、焚レ舟登レ山、據二岑港一堅守。

逾レ年、新倭大至、屢寇二浙東三郡一。其在二岑港一者、徐移三之柯梅一、造二新舟一出レ海。宗憲不二之追一。十一月、賊揚レ帆南去、泊二泉州之浯嶼一、掠二同安・惠安・南安諸縣一、攻二福寧州一、破二福安・寧德一。明年四月遂圍二福州一、經レ月不レ解。福淸・永福諸城皆被二攻燬一、蔓三延於興化一、奔三突於漳州一。其患盡移二於福建一、而潮・廣閒亦紛紛以二倭警一聞矣。至二四十年一、浙東・江北諸寇以レ次平。宗憲尋坐レ罪被レ逮。明年十一月陷二興化府一、大殺掠、移據二平海衞一不レ去。初、倭之犯二浙江一也、破二州・縣・衞・所城一以レ百數。然未レ有下破二府城一者上。至レ是、遠近震動、亟徵二兪大猷・戚繼光・劉顯諸將一合擊、破レ之。其侵三犯他州・縣一者、亦爲二諸將所レ破、福建亦平。

其後、廣東巨寇曾一本・黃朝太等、無レ不三引レ倭爲レ助。隆慶時、破二碣石・甲子諸衞・所一。

已、犯二化州石城縣一、陷二錦囊所・神電衞一。吳川・陽江・茂名・海豐・新寧・惠來諸縣、悉遭二焚掠一。轉入二雷・廉・瓊三郡境一、亦被二其患一。萬曆二年犯二浙東寧・紹・台・溫四郡一、又陷二廣東銅鼓石・雙魚所一。三年犯二電白一。四年犯二定海一。八年犯二浙江韭山及福建彭湖・東湧一。十年犯二溫州一、又犯二廣東一。十六年犯二浙江一。然時疆吏懲二嘉靖之禍一、海防頗飭。賊來輒失レ利。其犯二廣東一者、爲二蜑賊梁本豪勾引一、勢尤猖獗。總督陳瑞集二衆軍一擊レ之、斬首千六百餘級、沈二其船一百餘艘、本豪亦授レ首。帝爲告二謝郊廟一、宣レ捷受レ賀云。

日本故有レ王、其下稱二關白一者最尊。時以二山城州渠信長一爲レ之。偶出レ獵、遇三一人臥二樹下一、驚起衝突。執而詰レ之。自言爲二平秀吉、薩摩州人之奴一。雄健蹻捷、有二口辯一。信長悅レ之、令レ牧レ馬、名曰二木下人一。後漸用レ事。爲二信長一畫策、奪二幷二十餘州一。遂爲二攝津鎭守大將一。有二參謀阿奇支者一。得二罪信長一、命二秀吉一統レ兵討レ之。俄信長爲二其下明智所一レ殺。秀吉方攻二滅阿奇支一。聞レ變、與二部將行長等一乘レ勝還レ兵誅レ之。威名益振。尋廢二信長三子一、僭二稱關白一、盡有二其衆一。時爲二萬曆十四年一。於レ是益治レ兵、征二服六十六州一、又以レ威脅二琉球・呂宋・暹羅・佛郎機諸國一、皆使二奉貢一。乃改二國王所レ居山城一爲二大閣一、廣築二城郭一、建二宮殿一。其樓閣有下至二九重一者上、實二婦女珍寶其中一。其用レ法嚴、軍行有レ進無レ退。違者雖二子壻一必誅。以レ故所レ向無レ敵。乃改二元文祿一、幷欲下侵二中國一、滅二朝鮮一而有上レ之。召二問故時汪直遺黨一、知二唐人畏一レ倭如レ虎、氣益驕。益大治二兵甲一、繕二舟艦一、與二其下一謀、入二中國北京一者用二朝鮮人一爲レ導、入二浙・閩沿海郡縣一者用二唐人一爲レ導。慮三琉球洩二其情一、使レ毋二入貢一。

同安人陳甲者、商二於琉球一。懼レ爲二中國害一、與二琉球長史鄭迥一謀、因二進貢請封之使一、具以二其情一來告。甲又旋二故鄉一、陳二其事於巡撫趙參魯一。參魯以聞、下二兵部一。部移三咨朝鮮王一。王但深辨二嚮導之誣一、亦不レ知二其謀一レ己也。

初、秀吉廣徵二諸鎭兵一、儲二三歲糧一、欲三自將以犯二中國一。會其子死、旁無二兄弟一。前奪二豐後島主妻一爲レ妾。慮三其爲二後患一。而諸鎭怨二秀吉暴虐一、咸曰、此擧非レ襲二大唐一、乃襲レ我耳。各懷二異志一。由レ是、秀吉不二敢親行一。二十年四月、遣二其將清正・行長・義智・僧玄蘇・宗逸等一、將二舟師數百艘一、由二對馬島一渡レ海陷二朝鮮之釜山一、乘レ勝長驅、以二五月一渡二臨津一、掠二開城一、分陷二豐德諸郡一。朝鮮望レ風潰、清正等遂偪二王京一。朝鮮王李昖棄レ城奔二平壤一。又奔二義州一、遣レ使絡繹告レ急。倭遂入二王京一、執二其王妃・王子一、追奔至二平壤一、放レ兵淫掠。七月、命二副總兵祖承訓一赴援、與レ倭戰二於平壤城外一、大敗、承訓僅以レ身免。八月、中朝乃以二兵部侍郎宋應昌一爲二經略一、都督李如松爲二提督一、統レ兵討レ之。

當是時、寧夏未レ平、朝鮮事起。兵部尙書石星計無レ所レ出。募二能說レ倭者一偵レ之。於レ是嘉興人沈惟敬應レ募。星卽假二游擊將軍銜一、送二之如松麾下一。明年、如松師大捷二於平壤一、朝鮮所レ失四道竝復。如松乘レ勝趨二碧蹄館一、敗而退レ師。於レ是封貢之議起。中朝彌三縫惟敬一以成二款局一。事詳二朝鮮傳一。久レ之、秀吉死、諸倭揚レ帆盡歸、朝鮮患亦平。然自三關白侵二東國一、前後七載、喪レ師數十萬、糜レ餉數百萬、中朝與二朝鮮一迄無二勝算一。至二關白死一、兵禍始休。諸倭亦皆退守二島巢一、東南稍有二安レ枕之日一矣。秀吉凡再傳而亡。

終二明之世一、通レ倭之禁甚嚴。閭巷小民、至二指レ倭相詈罵一、甚以噤二其小兒女一云。

日中交渉史年表

・ここには文献に表れた日中交渉史上の主な事項をとりあげた。
・下限は本書の扱う範囲（『明史』は秀吉の死まで）とした。
・出典が複数ある場合は、主なもののみをあげた。

中国			西暦	事項	日本
漢				▼この頃、倭人、百余国に分立。その一部は、楽浪郡に定期的に献見す（漢書）	
後漢	光武帝	建武中元二	五七	倭の奴国王、後漢に朝貢。光武帝より印綬を賜わる（後漢書）	
	安帝	永初一	一〇七	倭国王〔倭面土国王〕帥升〔師升〕ら、生口百六十人を献上す（後漢書） ▼この頃、倭、韓・濊と共に、朝鮮の弁韓・辰韓の鉄をとる（魏志） ▼この頃、倭国大乱。一女子〔卑弥呼〕を擁立し、王となす（魏志） ▼この頃、楽浪郡南部に帯方郡分立。以後、倭・韓、帯方郡に属す（魏志）	
三国 魏	明帝	景初三	二三九	6倭女王卑弥呼、大夫難升米らを帯方郡に派遣。郡太守劉夏、吏に命じて魏都洛陽に送らす。12倭女王、明帝より親魏倭王の称号と、金印紫綬を賜わる（魏志）	
	少帝（斉王芳）	正始一	二四〇	帯方郡太守弓遵、建中校尉梯儁らに、詔書・印綬を託して倭国へ遣わす。倭王、その使に託して上表、詔恩に答謝す（魏志）	
		四	二四三	倭王、大夫伊声耆・掖邪狗ら八人を魏に遣わし朝貢。掖邪狗ら、率善中郎将の印綬を賜わる（魏志）	
		六	二四五	魏の少帝、帯方郡に託して、大夫難升米に黄幢を賜う（魏志）	
		八	二四七	倭女王、載斯・烏越らを帯方郡に遣わし、狗奴国との交戦の状況を報告。少帝、塞の曹掾史張政等を派遣し、檄文をもって倭人に告喩	

王朝	皇帝	年号	西暦	事項	日本
				す（魏志）	
				▼この間、卑弥呼死す。倭国再び乱れ、卑弥呼の宗女壱与〔台与〕を擁立。魏使張政ら、壱与に告喩。壱与、大夫掖邪狗らを遣わして朝献す（魏志）	
西晋	武帝	泰始二	二六六	11倭女王（壱与か）、西晋に朝貢す（晋書・日本書紀）	
			三九一	倭、海を渡り、百済・新羅を破り臣民となす（高句麗広開土王碑）	
				▼この頃、倭王讃あり	
東晋	安帝	義熙九	四一三	倭国、高句麗と共に東晋に方物を献上す（晋書）	（允恭）
宋（南朝）	武帝	永初二	四二一	倭の讃、修貢。除授を賜う（宋書）	
	文帝	元嘉二	四二五	倭の讃、司馬曹達を遣わして上表、方物を献ず（宋書）	
		七	四三〇	1倭国王、宋に遣使、方物を献ず（宋書）	
		一五	四三八	これより先、倭王讃死して、弟珍立つ。この年、倭国王珍、貢献、自ら使持節・都督倭百済新羅任那秦韓慕韓六国諸軍事・安東大将軍・倭国王と称して、除正を求む。文帝、珍を安東将軍・倭国王に任ず。また、倭の隋ら十三人にも、将軍号を授く（宋書）	
		二〇	四四三	倭国王済、朝貢す。安東将軍・倭国王に任命さる（宋書）	
		二八	四五一	倭国王済、使持節・都督倭新羅任那加羅秦韓慕韓六国諸軍事を加えらる。安東将軍はもとのまま。また、済、二十三人に軍郡の除正を要請し、許可さる。倭国王済、安東大将軍に進めらる（宋書）	
	孝武帝	大明四	四六〇	倭国、貢献す（宋書）	（雄略）
		六	四六二	倭王世子興、安東将軍・倭国王に任命さる（宋書）	
	順帝	昇明一	四七七	倭国、貢献す（宋書）	
		二	四七八	これより先、興死して弟武立ち、自ら使持節・都督倭百済新羅任那加羅秦韓慕韓七国諸軍事・安東大将軍・倭国王と称す。この年、倭	

中国				西暦	事項	日本	
宋(南朝)					王武、上表して自ら開府儀同三司を称す。使持節・都督倭新羅任那加羅秦韓慕韓六国諸軍事・安東大将軍・倭王に任命さる（宋書）		
斉	高帝	建元	一	四七九	倭王武、鎮東大将軍に進めらる（南斉書）		(雄略)
梁	武帝	天監	一	五〇二	倭王武、征東将軍に進めらる（梁書）		(武烈)
		大同	四	五三八	百済の聖明王、仏像と経論を欽明天皇に贈る（上宮聖徳法王帝説）		欽明
隋	文帝	開皇	二〇	六〇〇	倭王、阿毎多利思比孤、隋に使者を遣す〔第一次遣隋使〕（隋書）	推古 八	推古
	煬帝	大業	三	六〇七	7小野妹子を隋に派遣す〔第二次遣隋使〕（日本書紀）。倭王多利思比孤、遣使朝貢、その国書に「日出ずる処の天子、云々」とあり、煬帝、これを覧て悦ばず（隋書）	一五	
			四	六〇八	4小野妹子、隋使文林郎裴世清を伴い、百済を経て帰国す（隋書・日本書紀）。9隋使帰国に伴って、小野妹子を再び隋へ派遣す。高向玄理ら、学生・学問僧八人を同行させる〔第三次遣隋使〕（日本書紀）	一六	
			六	六一〇	1倭国、遣使朝貢す〔第四次遣隋使〕（隋書）	一八	
			一〇	六一四	6犬上御田鍬らを、隋に派遣す〔第五次遣隋使〕（日本書紀）	二二	
	太宗	貞観	四	六三〇	8犬上御田鍬・薬師恵日を使として、唐に派遣す〔第一次遣唐使〕（日本書紀）	舒明 二	舒明
			五	六三一	倭国の使、入唐して方物を献ず（旧唐書）	三	
			六	六三二	10遣唐使、留学僧僧旻らと共に、唐使高表仁を伴って帰国す。新羅の送使、随伴す（日本書紀）	四	
			七	六三三	1唐使、帰国す（日本書紀）「王子と礼を争い朝命を宣べずして還る」（旧唐書）	五	
			一三	六三九	9唐より留学僧恵隠・恵雲帰国す（日本書紀）	一一	

唐		一四	六四〇	10唐より南淵請安・高向玄理帰国す（日本書紀）	一二	
	高宗	永徽四	六五三	5吉士長丹・高田根麻呂を遣唐大使とし、僧道昭ら、学問僧・学生を中心とする二百四十一人を唐へ派遣す〔第二次遣唐使〕（日本書紀）	白雉四	孝徳
		五	六五四	2遣唐押使高向玄理・大使河辺麻呂・副使薬師恵日らを唐に派遣す〔第三次遣唐使〕（日本書紀）	五	
		顕慶四	六五九	7坂合部石布らを唐へ派遣、蝦夷の男女二人を奉献す〔第四次遣唐使〕（日本書紀）	斉明五	斉明
		五	六六〇	唐・新羅軍の攻撃により百済滅亡す（三国史記）	六	
		竜朔三	六六三	3上毛野稚子・阿倍比羅夫らを将として、兵二万七千を率いて新羅征討に向かわしむ（日本書紀）。8日本・百済軍、唐・新羅軍と白江〔白村江〕に戦い惨敗す（新唐書・日本書紀）	天智二	天智
		麟徳一	六六四	5唐の百済鎮将劉仁願、使者の郭務悰らを日本に遣わすも、朝廷、入京を許さず。12唐使、筑紫より還る（日本書紀）	三	
		二	六六五	9唐使劉徳高・郭務悰ら来朝す。この年、守大石・坂合部石積らを唐に派遣す〔第五次遣唐使〕（日本書紀）	四	
		三	六六七	11唐将劉仁願の使者司馬法聡ら来朝す。この年、伊吉博徳、司馬法聡らを送って唐へ行く（日本書紀）	六	
		総章一	六六八	9唐・新羅軍、高句麗を滅ぼし、朝鮮半島を平定す（新唐書）	七	
		二	六六九	この年、河内鯨らを唐に派遣す〔第六次遣唐使〕（日本書紀）	八	
	則天武后	長安二	七〇二	6遣唐執節使粟田真人・副使坂合部大分ら、唐へ出発す。山上憶良・僧道慈ら随行す〔第七次遣唐使〕（続日本紀）	大宝二	文武
	玄宗	開元五	七一七	遣唐押使多治比県守・大使大伴山守・副使藤原馬養ら、唐へ出発す。阿倍仲麻呂・吉備真備・僧玄昉、これに随って留学す〔第八次遣唐使〕（続日本紀）	養老一	元正

中国			西暦	事項	日本	
唐		一五	七二七	12渤海使来朝し、入京す（続日本紀）	神亀四	聖武
		二一	七三三	4遣唐大使多治比広成ら、難波津を発つ〔第九次遣唐使〕（続日本紀）	天平五	
		二三	七三五	3遣唐大使多治比広成帰朝す。吉備真備・僧玄昉も共に帰る。4真備、「唐礼」・「大衍暦経」等を献上す（続日本紀）。玄昉、仏像・経論五千余巻を献上す（扶桑略記）	七	
		二四	七三六	8遣唐副使中臣名代、唐人・波斯人〔ペルシア人〕らを率いて拝朝す（続日本紀）	八	
		天宝一一	七五二	遣唐大使藤原清河、副使大伴古麻呂・吉備真備ら、出発す〔第十次遣唐使〕（続日本紀）	天平勝宝四	孝謙
		一二	七五三	12遣唐副使大伴古麻呂、唐僧鑑真ら、薩摩国秋妻屋浦に着く（唐大和上東征伝）	五	
		一三	七五四	1大伴古麻呂、唐僧鑑真・法進ら八人を伴って帰朝す（続日本紀） この年、鑑真、律宗を伝う（唐大和上東征伝）	六	
	粛宗	乾元二	七五九	2迎入唐大使使高元度、先の遣唐大使藤原清河を迎えるため出発す〔第十一次遣唐使〕（続日本紀）	天平宝字三	淳仁
		上元二	七六一	8高元度、安禄山の乱のため使命を果たせず帰国す。10仲石伴、遣唐大使に任命さる〔第十二次遣唐使〕（続日本紀）	五	
	代宗	宝応一	七六二	4遣唐使船の破損により、大使仲石伴ら、出発できず。7送唐客使中臣鷹主ら、順風を得ずして渡海できず〔第十三次遣唐使〕（続日本紀）	六	
		大暦一一	七七六	閏8遣唐大使佐伯今毛人ら、肥前国に着くも、順風を得ずして引き返す（続日本紀）	宝亀七	光仁

	一二	七七七	大使佐伯今毛人の病により、副使小野石根ら、唐へ出発す〔第十四次遣唐使〕(続日本紀)	八	
	一三	七七八	10遣唐第三船、肥前国橘浦に到る。11第二船・第四船は薩摩国に至るも、第一船は難破し、副使小野石根・唐客ら、溺死す(続日本紀)	九	
	一四	七七九	5送唐客使布勢清直、唐客孫興進らを送って、唐へ出発す〔第十五次遣唐使〕(続日本紀)	一〇	
徳宗	貞元二〇	八〇四	7遣唐大使藤原葛野麻呂ら、唐へ出発す。僧最澄・空海、これに従う〔第十六次遣唐使〕(扶桑略記)	延暦二三	桓武
順宗	永貞一	八〇五	8最澄、唐より帰国し、殿上で悔過読経、唐仏を献上す(日本後紀)	二四	
憲宗	元和一	八〇六	8空海、高階真人らと帰国す(扶桑略記)	大同一	平城
	一四	八一九	6唐人周光翰、唐国の騒乱を報ず(日本紀略)	弘仁一〇	嵯峨
文宗	開成三	八三八	7遣唐大使藤原常嗣ら、唐へ出発す。副使小野篁、病と称して乗船せず。僧円仁ら、遣唐使に同行す〔第十七次遣唐使〕(続日本後紀)	承和五	仁明
武宗	会昌二	八四二	5僧恵運、入唐のため博多津より出発す(安祥寺伽藍縁起資財帳)	九	
宣宗	大中一	八四七	10僧円仁ら、唐人四十二人と共に帰国す(続日本後紀)	一四	
	三	八四九	8大宰府、唐商五十三人の来着を報告す(続日本後紀)	嘉祥二	
	七	八五三	7僧円珍ら、唐へ出発(天台宗延暦寺座主円珍伝) ▼この頃、唐の商人、しばしば来航す(三代実録)	仁寿三	文徳
懿宗	咸通一〇	八六九	5新羅の海賊が博多津に来襲す(三代実録)	貞観一一	清和
僖宗	光啓一	八八五	10大宰府に来着した唐商人との私交易を禁ず(三代実録)	仁和一	光孝
昭宗	景福二	八九三	3在唐の僧中瓘、唐商人に託して唐国の衰退を報告す(菅家文草)	寛平五	宇多
	乾寧一	八九四	8菅原道真を遣唐大使に任命す〔第十八次遣唐使〕。9菅原道真の	六	

中国			西暦	事項	日本	
				建言により、遣唐使の派遣を中止す（日本紀略）		
唐		天復三	九〇三	8唐船来着時に院宮・王臣家らが私に唐物を買うことを禁ず（類聚三代格）	延喜三	醍醐
後梁	末帝	貞明五	九一九	7唐商人、孔雀を献上す（日本紀略）	一九	
後晋	高祖	天福一	九三六	7大宰府、呉越人来着を報告す。8藤原忠平、呉越王に書状を贈る（日本紀略）	承平六	朱雀
		五	九四〇	7藤原仲平、呉越王に書状を贈る（日本紀略）	天慶三	
後周	太祖	広順三	九五三	僧日延、呉越商人蔣承勲の帰船で入唐す（大宰府神社文書）	天暦七	村上
宋	太宗	太平興国八	九八三	僧奝然、呉越商人陳仁爽らの船で入宋す（成算法師記）	永観一	円融
		雍熙二	九八五	7僧奝然、宋商鄭仁徳の船に便乗して帰る（宋史・扶桑略記）	寛和一	花山
		三		1源信、往生要集などを宋の周文徳に贈る（大日本国法華経験記）		一条
		端拱一	九八八	2僧奝然の請により、弟子僧嘉因等を宋に派遣す（続左丞抄）	永延二	
		至道二	九九六	閏7宋人が鵞・羊を献上す。11明法博士らに宋商朱仁聡の罪名を調べさせる（日本紀略）	長徳二	
	真宗	咸平五	一〇〇二	宋商周世昌、日本に漂着す（宋史）	長保四	
		景徳一	一〇〇四	僧寂照ら八人入宋す（宋史）	寛弘一	
		三	一〇〇六	10宋商曾令文、藤原道長に文選・白氏文集などを贈る（御堂関白記）	三	
		天禧三	一〇一九	3刀伊（女真族）国人が対馬・壱岐に来襲し島民多数を掠奪、ついで筑前国怡土郡を襲う（刀伊の入寇）（朝野群載）	寛仁三	後一条
	仁宗	天聖四	一〇二六	10宋商周良史、大宰府進貢使と称し、日本の土宜を明州の市舶司に進む（宋会要）	万寿三	
		七	一〇二九	3宋商周文裔が藤原実資に書状を呈し、錦綾などを贈る（小右記）	長元二	

王朝	皇帝	年号	西暦	事項	日本年号	天皇
		慶暦七	一〇四七	12密かに入宋した筑前国の清原守武を佐渡に配流す（扶桑略記）	永承二	後冷泉
	神宗	熙寧五	一〇七二	3僧成尋ら、宋商孫忠の船で入宋す（参天台五台山記）	延久四	後三条
		八	一〇七五	1宋の神宗、入宋僧成尋の弟子に託し経論・錦などを贈献す（百錬抄）	承保二	白河
		元豊一	一〇七八	1僧仲回、宋帝への返書・答信物をたずさえて入宋（玉葉）。宋商孫忠、宋の牒状を携えて大宰府に来着す（善隣国宝記）。この年、僧仲回、宋商孫忠の帰便で入宋（宋史）	承暦二	
		五	一〇八二	11宋への返牒を宋商孫忠に交付す（百錬抄）	永保二	
		七	一〇八四	この年、宋朝、商人を募って日本に遣わし、硫黄を購入せしむ（続資治通鑑長編）	応徳一	
	哲宗	元祐六	一〇九一	9大宰権帥藤原伊房、僧明範ら二十八人を遼に遣わす（遼史）	寛治五	堀河
		八	一〇九三	7倭人と宋人の乗った船が高麗軍に捕らえられる（高麗史）	七	
		紹聖一	一〇九四	5藤原伊房、僧明範を契丹〔遼〕に派遣し、私に貿易したことにより処罰さる（中右記）	嘉保一	
		四	一〇九七	9宋国明州より牒状が到来する（師守記）	永長二	
	徽宗	政和六	一一一六	5宋の牒状到来し、朝議す（百錬抄）	永久四	鳥羽
南宋	高宗	紹興三	一一三三	8宋の商船来着。平忠盛、院宣と称してその貨物を奪う（長秋記）	長承二	崇徳
		一五	一一四五	11日本の商人男女十九人、宋の温州平陽県に漂着、船内に硫黄を積む（建炎以来繫年要録）	久安一	近衛
		二一	一一五一	9藤原頼長、宋商劉文冲に前年の史書受領の返礼として砂金を贈る（宇槐記抄）	仁平一	
		二五	一一五五	6宋朝、銅銭の輸出を禁ず（建炎以来繫年要録）	久寿二	
	孝宗	乾道四	一一六八	4僧栄西、宋に赴く。9栄西、僧重源と共に帰朝す（元亨釈書）	仁安三	高倉
		六	一一七〇	9宋人が摂津国に来着、後白河法皇、平清盛の福原山荘で引見す	嘉応二	

中国	西暦	事項	日本（将軍）	日本	日本（天皇）
		（玉葉）			
南宋 八	一一七二	9宋国明州の使者、後白河法皇・平清盛に物を贈る（玉葉）		承安 二	
九	一一七三	3後白河法皇、宋の使者に物を贈り、平清盛に返牒を送らす（玉葉）。5日本の返牒、宋に到る（宋会要）。この年、平清盛、摂津国兵庫島を築く（帝王編年記）		三	
		▼この頃、平清盛、宋との貿易を計る（百錬抄他）			
淳熙 二	一一七五	日本船の火児滕太明、宋人を殴り殺す。宋朝はこれに械をはめて日本に送り返し日本の法によって処罰せしむ（宋史）		安元 一	
三	一一七六	日本船、明州に漂着し、宋朝これに糧食を給す（宋史）		二	
七	一一八〇	9宋の商船が大輪田泊に来着す（山槐記）		治承 四	安徳
九	一一八二	宋の仏工陳和卿来日す（玉葉）		寿永 一	
一〇	一一八三	日本人七十三人、宋の秀州華亭県に漂着、賑給を得て帰る（宋史）		二	
一四	一一八七	3僧栄西、再び宋へ渡る（興禅護国論）		文治 三	後鳥羽
光宗 紹熙 一	一一九〇	日本船、宋の泰州に漂着す（文献通考）		建久 一	
二	一一九一	7僧栄西、宋より帰国し、臨済禅を伝う（興禅護国論）	〔将軍〕	二	
四	一一九三	日本船、宋の泰州及び秀州華亭県に漂着す（宋史）	源 頼朝	四	
寧宗 慶元 五	一一九九	4僧俊芿が入宋す（泉涌寺不可棄法師伝）。7宋朝、日本・高麗商人の銅銭博易を禁ず（宋史）		正治 一	土御門
六	一二〇〇	日本船、宋の平江府に漂着す（宋史）		二	
嘉泰 二	一二〇二	日本船、宋の定海県に漂着す（宋史）	源 頼家	建仁 二	
嘉定 四	一二一一	4僧俊芿、宋人蘇張六の船に便乗して帰る（泉涌寺不可棄法師伝）	源 実朝	建暦 一	順徳
九	一二一六	11源実朝、渡宋を計画し、宋の仏工陳和卿に造船を命ず		建保 四	

王朝	皇帝	年号	西暦	事項	〔執権〕	年号	天皇
				（吾妻鏡）			
		一六	一二二三	2僧道元・明全ら入宋す（正法眼蔵） ▼この頃、宋、日本との貿易を禁ずるも、密貿易盛んに行わる	北条義時	貞応 二	後堀河
	理宗	端平 二	一二三五	僧弁円、入宋す（元亨釈書）	北条泰時	嘉禎 一	四条
		淳祐 一	一二四一	5僧弁円、明州を発して漂流す。7博多に帰る（聖一国師年譜）		仁治 二	
		二	一二四二	7西園寺公経の渡宋船帰朝し、珍宝及び銭貨十万貫を持ち帰る（経光卿記）	北条経時	三	後嵯峨
		六	一二四六	宋僧蘭渓道隆、弟子を従えて博多に来着す（元亨釈書）	北条時頼	寛元 四	後深草
		宝祐 二	一二五四	4幕府、宋船入港数を五艘と定む（吾妻鏡）		建長 六	
		景定 一	一二六〇	宋僧兀庵普寧、来着す（元亨釈書）	北条長時	文応 一	亀山
元	世祖	至元 三	一二六六	蒙古の使者黒的・殷弘、高麗の臣宋君斐・金賛に導かれて日本招諭に赴くも、至らずして還る〔第一次日本招諭〕（元史）	北条政村	文永 三	
		五	一二六八	1高麗の使者藩阜、大宰府に来着し、蒙古・高麗の国書を呈す〔第二次日本招諭〕（関東評定伝）。2幕府、蒙古・高麗の国書を奏上す（深心院関白記）。讃岐国の御家人に蒙古来襲の備えをさせる（新式目）。9蒙古使黒的・高麗使等が対馬に来着、返牒を求め島民二人を掠奪して帰る〔第三次日本招諭〕（元史・歴代編年集成）。	北条時宗	五	
		六	一二六九	6高麗使金有成ら対馬に来着、島民二人を返し、国書および蒙古の牒を呈す〔第四次日本招諭〕（元史・関東評定伝）		六	

中国	西暦	事項	日本	
元	八 一二七二	9幕府、鎮西の御家人に命じ海防を厳しくす（島津家文書）元の使者趙良弼、筑前の今津に来着、国書を呈す〔第五次日本招諭〕（新元史・五代帝王物語）	八	
	一〇 一二七三	6元使趙良弼、大宰府に来着、入京できず帰国す〔第六次日本招諭〕（元史・東国通鑑）	一〇	
	一一 一二七四	3元の世祖、忻都・洪茶丘らに日本征伐を命ず（元史） 10元・高麗軍、壱岐・対馬を侵し、ついで博多湾岸に上陸するも、大風によりその軍船二百余沈没す〔文永の役〕（元史・八幡愚童訓）	一一	後宇多
	一二 一二七五	2幕府、異国警固番役を定む（比志島文書）。4元使杜世忠ら、長門国室津に来着す（関東評定伝）。5幕府、周防・安芸などの御家人に長門国を防備せしむ（東寺百合文書）。9幕府、元使杜世忠ら五人を鎌倉竜ノ口に斬る（関東評定伝）	建治 一	
	一三 一二七六	3幕府、鎮西の将士に石塁築造を命ず（深江文書）	二	
	一四 一二七七	日本商人金を持ち元に渡る。元、銅銭と易えることを許す（元史）	三	
	一五 一二七八	11元、日本商船に交易を許す（元史）	弘安 一	
	一六 一二七九	6宋僧無学祖元ら、北条時宗の招きにより来日す（元亨釈書）。日本商船四艘、慶元に至り、交易を許さる（元史）	二	
	一八 一二八一	6元軍十万、高麗軍と共に襲来、筑前・肥前の海上に迫る。閏7再び大風により壊滅す〔弘安の役〕（元史・八幡	四	

王朝	皇帝	年号	西暦	事項	執権・将軍	年号	天皇	南朝年号	南朝天皇
				愚童訓）					
		二一	一二八四	7元使王積翁・僧如智、対馬に来着す（善隣国宝記）		七			
		二九	一二九二	7元の燕公南、日本商船に託して牒状を送る（鎌倉年代記裏書）		正応 五	伏見		
	成宗	大徳 三	一二九九	10日本商船、元の四明に赴き交易を求む（元史） 10元使僧一山一寧、鎌倉に到り国書を呈す（元史・鎌倉年代記裏書）		正安 三	後伏見		
		一〇	一三〇六	4日本商人有慶ら、元に赴き交易す（元史）	北条師時	徳治 一	後二条		
	仁宗	延祐 五	一三一八	僧印元・善玖・斉哲ら入元す（本朝高僧伝）	北条高時	文保 二	後醍醐		
	英宗	至治 三	一三二三	東福寺造営料唐船、帰国の途中朝鮮半島南岸で遭難す（東福寺銘文簡）		元亨 三			
	泰定帝	泰定 二	一三二五	7幕府、建長寺造営料唐船を元に派遣す（中村文書）		正中 二			
		三	一三二六	6元僧清拙正澄、入元僧を従え博多に来着す（本朝高僧伝）。建長寺船、元より帰る（比志島文書）	金沢貞顕	嘉暦 一			
	明宗	天暦 二	一三二九	6元僧明極楚俊・竺仙梵僊、元より来日す（本朝高僧伝）	北条守時	四			
	順帝	元統 一	一三三三	住吉神社造営料唐船、元より帰る（住吉大社文書）	〔将軍〕	〔北朝〕 正慶二	光厳	〔南朝〕 元弘三	後醍醐
		至正 一	一三四一	12足利直義、夢窓疎石の請により、天竜寺造営料唐船を元に派遣す（天竜寺造営記録）	足利尊氏	暦応四	光明	興国二	
		一〇	一三五〇	3僧竜山徳見等十八人、元より帰国す（園太暦） ▼この頃、倭寇、高麗の沿岸を襲い、農民・米・漁船等を掠奪す		観応一	崇光	正平五	後村上
		二七	一三六七	2高麗使入京し、倭寇の禁圧を要請す（後愚昧記）	足利義詮	貞治六	後光厳	二二	
明	太祖	洪武 一	一三六八	2僧絶海中津ら入明す（仏智広照浄印翊聖国師年譜）		応安一		二三	
		二	一三六九	倭寇、明の山東を侵す。洪武帝、南朝の征西将軍懐良親	足利義満	二		二四	長慶

中国	西暦	事項	日本	
		王に倭寇の禁圧を要請す（明史）		
明 三	一三七〇	▼この頃、連年、倭寇が明の沿岸を襲う（明史）	三	建徳一
四	一三七一	10懐良親王の使僧祖来ら、入明し南京に到る（明史）	四 後円融	二
五	一三七二	5明使僧祖闡・克勤、筑前国博多に来着す（隣交徴書）。倭寇、浙江・福建を襲う（明史）	五	文中一
六	一三七三	足利義満の使僧入明するも、太祖に退けらる（明史）	六	二
八	一三七五	高麗使が来航し、倭寇禁圧を要請す（東国通鑑）	永和一	天授一
九	一三七六	4幕府、僧文珪を明に派遣す（明史）	二	二
一〇	一三七七	6高麗、使を派遣して倭寇禁圧を要請す（東国通鑑）	三	三
一六	一三八三	明帝、日本との通交を断つ（辺裔典） ▼この頃、明の対倭寇防備策、次々に実施さる（明史）	永徳三 後小松	弘和三
	一三九二	▼この頃、林賢の事件があり、発覚すという（明史） 高麗滅び、李氏朝鮮建国。以後十五世紀の中頃まで、ほとんど連年通交し貿易を行う（李朝実録）	明徳三	元中九 後亀山
恵帝 建文 三	一四〇一	5足利義満、肥富某・僧祖阿らを明に派遣す（善隣国宝記）	足利義持 応永 八 後小松	
成祖 永楽 一	一四〇三	足利義満、堅中圭密らを明に派遣す（善隣国宝記）	一〇	
二	一四〇四	5明使、「日本国王之印」・永楽勘合符などを携え来航、足利義満、北山第で引見す（善隣国宝記） ▼この頃、ほぼ連年、日本は遣明船を派遣す	一一	
九	一四一一	9足利義持、明使王進を入京せしめず、帰国せしむ（如是院年代記）	一八	

	一七	一四一九	6倭船二十隻、遼東の望海堝で都督劉栄に敗る（明史）。朝鮮軍、対馬に来襲す〔応永の外寇〕（看聞御記）。7足利義持、兵庫に来着した明使呂淵を帰国せしむ（満済准后日記）		二六	称光
		一四二三	5朝鮮使、銭数万貫・大蔵経を幕府に贈る（看聞御記）	足利義量	三〇	
宣宗	宣徳七	一四三二	8足利義教、遣明船を復活させ、摂津国兵庫に遣明船見物に下向す（満済准后日記）	足利義教	永享四	後花園
	九	一四三四	5遣明使道淵ら、明使と共に帰国す。9明使雷春ら、帰国、遣明船同行す（看聞御記）		六	
英宗	正統八	一四四三	対馬国の宗貞盛、朝鮮貿易船数を五十と定める〔嘉吉（発亥）条約〕（朝鮮通交大紀）	足利義勝	嘉吉三	
代宗	景泰四	一四五三	遣明船九隻で入貢、臨清で殴打事件（明史）	足利義政	享徳二	
		一四五五	建仁寺勧進船を朝鮮へ派遣す（海東諸国記）		康正一	
憲宗	成化三	一四六七	遣明使僧清啓、出発、桂庵玄樹・雪舟等楊ら随行す（島隠漁唱）		応仁一	後土御門
	一〇	一四七四	9足利義政、書を朝鮮王に送り、明の勘合符を求む（京華集）	足利義尚	文明六	
	一二	一四七六	4遣明使竺芳妙茂ら、堺を出発す（大乗院寺社雑事記）		八	
	二〇	一四八四	11遣明使、明に至る（明史）		一六	
孝宗	弘治九	一四九六	3遣明使、明に至る。帰路済寧で刃傷事件（明史）	足利義澄	明応五	
武宗	正徳五	一五一〇	細川氏の宋素卿、明に至る（明史）。4朝鮮三浦の在留日本人、宗義盛の支援を得て、釜山浦を攻略す〔三浦の乱〕（朝鮮通交大紀）	足利義稙	永正六	後柏原
	七	一五一二	了庵桂悟を綱首とする大内氏の遣明船、明に至る（明史）		九	

中国			西暦	事項	日本		
				宗盛長、朝鮮と壬申約条を結び、貿易を再開す（李朝実録）			
明	世宗	嘉靖二	一五二三	5細川高国・大内義興の各使者、明の寧波で争う（寧波の乱）（明史）	足利義晴	大永三	
		九	一五三〇	3幕府、大内義隆の請により、遣明船復旧を許す（御内書案）		享禄三	後奈良
		一八	一五三九	7遣明使湖心碩鼎ら、明に至る（明史）		天文八	
		二二	一五四三	8ポルトガル商船、大隅国種ケ島に漂着、鉄砲を伝う（南海文集）		一二	
		二六	一五四七	5遣明使策彦周良、肥前五島を出発す（再渡集）	足利義輝	一六	
				▼この頃、江南・浙江・福建方面で倭寇の害甚し（明史）			
		三四	一五五五	7倭寇、明の南京大安徳門を焼く（明史）		弘治一	
		三八	一五五九	肥前国松浦に拠り、明の沿海を侵す。明人汪直、処刑さる（明史）		永禄二	正親町
	神宗	万暦一六	一五八八	7豊臣秀吉、諸国に海賊禁止令を発布（小早川家文書）	豊臣秀吉（関白）	天正一六	後陽成
			一五九一	9豊臣秀吉、朝鮮出兵を命ず（伊達家文書）		一九	
		二〇	一五九二	4朝鮮派遣軍、釜山に到来す（明史・西征日記）。8明の将軍沈惟敬、平壌に小西行長と会い、和平を約す（文禄の役）（明史稿・朝鮮陣御実記）。豊臣秀吉、朱印船制度を定む（長崎志）		文禄一	
		二四	一五九六	9豊臣秀吉、朝鮮への再度の出兵を決意す（島津家文書）		慶長一	
		二五	一五九七	6豊臣秀吉、朝鮮駐留の小西行長・加藤清正らに攻撃を命ず（慶長の役）（相良家文書）		二	

一五九八	二	8豊臣秀吉没す（北野文書）。12朝鮮派遣軍の撤退ほぼ完了す（島津家文書）
		三

KODANSHA

本書の原本は一九八五年、学習研究社から刊行されました。

藤堂明保（とうどう　あきやす）

1915~1985。東京帝国大学支那哲学科卒業。東京大学文学部教授，日中学院院長を務める。文学博士。専攻は中国語学，中国文学。

竹田　晃（たけだ　あきら）

1930年生まれ。東京大学大学院中国語中国文学専門課程修士課程修了。東京大学・明海大学名誉教授。専攻は中国古典小説。2021年没。

影山輝國（かげやま　てるくに）

1949年生まれ。東京大学大学院人文科学研究科中国哲学専門課程修士課程修了。実践女子大学名誉教授。専攻は中国古代哲学。

講談社学術文庫

定価はカバーに表示してあります。

倭国伝《わこくでん》　中国正史《ちゅうごくせいし》に描《えが》かれた日本《にほん》

全訳注　藤堂明保《とうどうあきやす》・竹田《たけだ》 晃《あきら》・影山輝國《かげやまてるくに》

2010年9月13日　第1刷発行
2025年5月12日　第19刷発行

発行者　篠木和久
発行所　株式会社講談社
東京都文京区音羽 2-12-21 〒112-8001
電話　編集（03）5395-3512
販売（03）5395-5817
業務（03）5395-3615

装　幀　蟹江征治
印　刷　株式会社ＫＰＳプロダクツ
製　本　株式会社国宝社
本文データ制作　講談社デジタル製作

ISBN978-4-06-292010-0

「講談社学術文庫」の刊行に当たって

これは、学術をポケットに入れることをモットーとして生まれた文庫である。学術は少年の心を養い、成年の心を満たす。その学術がポケットにはいる形で、万人のものになることは、生涯教育をうたう現代の理想である。

こうした考え方は、学術を巨大な城のように見る世間の常識に反するかもしれない。また、一部の人たちからは、学術の権威をおとすものと非難されるかもしれない。しかし、それはいずれも学術の新しい在り方を解しないものといわざるをえない。

学術は、まず魔術への挑戦から始まった。やがて、いわゆる常識をつぎつぎに改めていった。学術の権威は、幾百年、幾千年にわたる、苦しい戦いの成果である。こうしてきずきあげられた城が、一見して近づきがたいものにうつるのは、そのためである。しかし、学術の権威を、その形の上だけで判断してはならない。その生成のあとをかえりみれば、その根は常に人々の生活の中にあった。学術が大きな力たりうるのはそのためであって、生活をはなれた学術は、どこにもない。

開かれた社会といわれる現代にとって、これはまったく自明である。生活と学術との間に、もし距離があるとすれば、何をおいてもこれを埋めねばならない。もしこの距離が形の上の迷信からきているとすれば、その迷信をうち破らねばならぬ。

学術文庫は、内外の迷信を打破し、学術のために新しい天地をひらく意図をもって生まれた。文庫という小さい形と、学術という壮大な城とが、完全に両立するためには、なおいくらかの時を必要とするであろう。しかし、学術をポケットにした社会が、人間の生活にとってより豊かな社会であることは、たしかである。そうした社会の実現のために、文庫の世界に新しいジャンルを加えることができれば幸いである。

一九七六年六月

野間省一